21世纪经济管理精品教材·财政与税务系列

税收学

（第3版）

谭光荣 曹越 ◎ 编著

清华大学出版社
北京

内 容 简 介

本书不仅包括税收基础理论和商品与劳务税、所得税、财产税、行为税等17个税种的税收实务，还重点讲述了国际税收的核心内容。教材强调实操性和时效性，重点和难点突出，强化归纳与总结。教材根据《中华人民共和国契税法》和《中华人民共和国城市维护建设税法》，以及我国关税政策的变化、国际税收的新政策，大幅度调整相关内容，并在每章开头通过扫码方式精简引入核心文件。本书可用作本科及研究生教学的教材以及税务人员、财会人员培训的参考读物。

本书封面贴有清华大学出版社防伪标签，无标签者不得销售。
版权所有，侵权必究。举报：010-62782989，beiqinquan@tup.tsinghua.edu.cn。

图书在版编目（CIP）数据

税收学/谭光荣，曹越编著．—3版．—北京：清华大学出版社，2021.4
21世纪经济管理精品教材．财政与税务系列
ISBN 978-7-302-57734-8

Ⅰ．①税… Ⅱ．①谭… ②曹… Ⅲ．①税收理论-高等学校-教材 Ⅳ．①F810.42

中国版本图书馆CIP数据核字(2021)第050141号

责任编辑：张　伟
封面设计：李召霞
责任校对：王荣静
责任印制：宋　林

出版发行：清华大学出版社
网　　址：http://www.tup.com.cn，http://www.wqbook.com
地　　址：北京清华大学学研大厦A座
邮　　编：100084
社 总 机：010-62770175
邮　　购：010-62786544
投稿与读者服务：010-62776969，c-service@tup.tsinghua.edu.cn
质 量 反 馈：010-62772015，zhiliang@tup.tsinghua.edu.cn
课 件 下 载：http://www.tup.com.cn，010-83470332

印 装 者：三河市吉祥印务有限公司
经　　销：全国新华书店
开　　本：185mm×260mm　　印　张：22.75　　字　数：524千字
版　　次：2013年1月第1版　　2021年6月第3版　　印　次：2021年6月第1次印刷
定　　价：64.00元

产品编号：088483-01

第 3 版前言

2011年全国税务专业硕士学位首次招生，湖南大学是首批获得招生资格的高校。"税收学"一直被很多学校列为财税类本科专业（会计学和财政学）的必修课程。"税务专业基础"是全国税务专业硕士入学考试初试的必考课程，该课程要求考核哪些知识、使用何种教材，这些问题一直困惑着我们。近20年的税收实务本科教学、研究生教学和税收业务培训经验，使我们感到写一本理论与实际相结合的税收学教材很有必要。2013年1月，我们在清华大学出版社出版了第1版《税收学》教材；2016年在原版的基础上反复征求理论与实务界的意见，对原版进行大幅度的修订；本次修订是在税收法治化进程取得显著成果的基础上进行的。

本书共十九章，分为五篇：第Ⅰ篇为基础理论，包括第一章税法基本原理；第Ⅱ篇为商品与劳务税，包括第二章增值税、第三章消费税和第四章关税；第Ⅲ篇为所得税，包括第五章个人所得税、第六章企业所得税和第七章国际税收；第Ⅳ篇为财产税，包括第八章土地增值税、第九章房产税、第十章车船税、第十一章资源税、第十二章契税和第十三章城镇土地使用税；第Ⅴ篇为行为税，包括第十四章印花税、第十五章耕地占用税、第十六章车辆购置税、第十七章船舶吨税、第十八章环境保护税和第十九章城市维护建设税、教育费附加与烟叶税。

除保持以前版本的"强调实操性和时效性""重点和难点突出""强化归纳与总结"外，本次修订还具有如下特点。

（1）引入扫描二维码（简称扫码）扩充知识外延。这是本书与前版体例上的变化。一方面，突出书中的重要内容，将书中非重点内容通过扫码方式扩展阅读；另一方面，将书中的重要法律、法规或规章及归类总结通过扫码方式扩充阅读。当然，扫码还包括了课堂上每一章节的"即测即练"。

（2）大幅度更新与补充重点章节的内容。按2020年8月11日第十三届全国人民代表大会常务委员会第二十一次会议表决通过的《中华人民共和国契税法》和《中华人民共和国城市维护建设税法》调整了第十二章与第十九章的内容；根据2019年以来我国关税政策的变化重新调整第四章；根据国际税收的新政策大量增加"国际税收抵免制度"的实质性内容，并将其调整入"所得税"章节。当然，所有章节都根据新的体例和新政策进行了相应更新与调整。

（3）精简引入核心文件。改变以前版本引入细节文件过多的做法，在每章的前面通过扫码加载本章核心文件的全文，只对部分重点文件全文扫码录入。

本书每一个知识点都与税收法规相关联。请读者通过"标题关键词"或"发文字号"上"国家税务总局税收政策高级搜索"查找（http://www.chinatax.gov.cn/chinatax/n810341/c101637/index.html）。对书中列出的知识点请读者一定要结合我们附在网上的习题与习题解答及课程PPT学习。

本书是集体智慧的结晶。具体编写分工如下：第Ⅰ篇基础理论、第Ⅱ篇商品与劳务税由曹越负责；其余部分由谭光荣负责。本书的总体设计、最终修改与定稿由谭光荣负责。本书在编写过程中汲取了许多专家、学者的研究成果，陈艺玲、蒋薇、唐静鸿、魏瑶堃、严宇琪等参与了初稿的整理工作，在此一并表示衷心的感谢。

感谢清华大学出版社编辑的认真校阅与修正。同时，由于作者学识水平有限，书中难免出现不足，恳请广大读者批评指正。我们期待全国兄弟院校主讲教师和莘莘学子的反馈意见。

本书可用作本科及研究生教学的教材以及税务干部、财会人员培训的参考读物。本书献给所有对中国税收业务感兴趣的读者朋友，献给致力于教给学生实用知识的高校教师。

为更好地服务教学，我们为采用本书作为教材的老师提供电子课件和教学大纲建议。该部分资源仅提供给授课教师使用，请您直接用手机扫描下方二维码完成认证及申请。

任课教师扫描二维码
可获取教学辅助资源

谭光荣　曹　越
于湖南大学岳麓山下
2020年12月

目录

第 I 篇 基础理论

第一章 税法基本原理 ... 3
- 第一节 税法概述 ... 3
- 第二节 税法的分类 ... 9
- 第三节 税收法律关系 ... 12
- 第四节 税收实体法与税收程序法 ... 16
- 即测即练 ... 21

第 II 篇 商品与劳务税

第二章 增值税 ... 25
- 第一节 增值税概述 ... 25
- 第二节 纳税人与扣缴义务人 ... 27
- 第三节 征税范围 ... 31
- 第四节 税率 ... 39
- 第五节 增值税的减税、免税 ... 47
- 第六节 销项税额与进项税额 ... 56
- 第七节 应纳税额的计算 ... 66
- 第八节 特定企业（或交易行为）的增值税政策 ... 77
- 第九节 申报与缴纳 ... 87
- 第十节 增值税专用发票的使用和管理 ... 90
- 第十一节 出口货物劳务增值税和消费税退（免）税 ... 91
- 即测即练 ... 98

第三章 消费税 ... 99
- 第一节 消费税概述 ... 99
- 第二节 纳税人 ... 100
- 第三节 税目与税率 ... 100
- 第四节 计税依据 ... 106
- 第五节 应纳税额的一般计算 ... 109
- 第六节 自产自用应税消费品应纳税额的计算 ... 110

第七节　委托加工应税消费品应纳税额的计算 …………………………………… 112
第八节　进口应税消费品应纳税额的计算 ………………………………………… 114
第九节　出口应税消费品消费税退（免）税 ……………………………………… 115
第十节　消费税征税环节的特殊规定 ……………………………………………… 116
第十一节　申报与缴纳 ……………………………………………………………… 117
即测即练 …………………………………………………………………………… 120

第四章　关税 ………………………………………………………………………… 121

第一节　关税概述 …………………………………………………………………… 121
第二节　征税对象、纳税人和税率 ………………………………………………… 122
第三节　关税完税价格和应纳税额的计算 ………………………………………… 124
第四节　关税减免 …………………………………………………………………… 128
第五节　申报和缴纳 ………………………………………………………………… 130
即测即练 …………………………………………………………………………… 132

第Ⅲ篇　所　得　税

第五章　个人所得税 ………………………………………………………………… 135

第一节　个人所得税概述 …………………………………………………………… 135
第二节　征税范围、纳税人和税率 ………………………………………………… 135
第三节　应纳税所得额的确定 ……………………………………………………… 145
第四节　应纳税额的计算 …………………………………………………………… 151
第五节　减免税优惠 ………………………………………………………………… 161
第六节　申报和缴纳 ………………………………………………………………… 163
即测即练 …………………………………………………………………………… 172

第六章　企业所得税 ………………………………………………………………… 173

第一节　企业所得税概述 …………………………………………………………… 173
第二节　纳税人、征税对象与税率 ………………………………………………… 174
第三节　应纳税所得额的计算 ……………………………………………………… 176
第四节　资产的所得税处理 ………………………………………………………… 192
第五节　资产损失税前扣除的所得税处理 ………………………………………… 199
第六节　企业重组的所得税处理 …………………………………………………… 202
第七节　房地产开发经营业务的所得税处理 ……………………………………… 205
第八节　应纳税额的计算 …………………………………………………………… 209
第九节　税收优惠 …………………………………………………………………… 212
第十节　源泉扣缴 …………………………………………………………………… 219
第十一节　特别纳税调整 …………………………………………………………… 220
第十二节　征收管理 ………………………………………………………………… 224

即测即练 ··· 226

第七章　国际税收 ·· 227

第一节　国际税收的概念及原则 ································· 227
第二节　税收管辖权 ··· 228
第三节　国际重复征税 ··· 233
第四节　国际避税与反避税 ······································· 246
第五节　国际税收协定 ··· 250
本章习题 ·· 256
即测即练 ·· 257

第Ⅳ篇　财　产　税

第八章　土地增值税 ·· 261

第一节　土地增值税概述 ·· 261
第二节　征税范围、纳税人和税率 ······························ 261
第三节　转让房地产增值额的确定 ······························ 265
第四节　应纳税额的计算 ·· 269
第五节　减免税优惠 ·· 270
第六节　申报和缴纳 ·· 271
本章习题 ·· 273
即测即练 ·· 274

第九章　房产税 ·· 275

第一节　房产税概述 ·· 275
第二节　征税范围、纳税人和税率 ······························ 275
第三节　计税依据和应纳税额的计算 ··························· 277
第四节　减免税优惠 ·· 279
第五节　申报和缴纳 ·· 280
即测即练 ·· 281

第十章　车船税 ·· 282

第一节　车船税概述 ·· 282
第二节　征税范围、纳税人和适用税额 ························ 282
第三节　应纳税额的计算与代收代缴 ··························· 284
第四节　减免税优惠 ·· 284
第五节　申报和缴纳 ·· 285
即测即练 ·· 286

第十一章 资源税 ... 287

第一节 资源税概述 ... 287
第二节 纳税人与扣缴义务人 ... 287
第三节 征税范围 ... 288
第四节 税目与税额 ... 289
第五节 应纳税额的计算 ... 289
第六节 申报与缴纳 ... 292
即测即练 ... 293

第十二章 契税 ... 294

第一节 契税概述 ... 294
第二节 征税范围、纳税人和税率 ... 294
第三节 计税依据和应纳税额的计算 ... 298
第四节 减免税优惠 ... 299
第五节 申报和缴纳 ... 301
即测即练 ... 302

第十三章 城镇土地使用税 ... 303

第一节 城镇土地使用税概述 ... 303
第二节 征税范围、纳税人和应纳税额的计算 ... 303
第三节 减免税优惠 ... 304
第四节 申报和缴纳 ... 307
即测即练 ... 308

第V篇 行 为 税

第十四章 印花税 ... 311

第一节 印花税概述 ... 311
第二节 征税范围、纳税人和税率 ... 311
第三节 计税依据和应纳税额的计算 ... 316
第四节 减免税优惠 ... 319
第五节 申报和缴纳 ... 322
即测即练 ... 323

第十五章 耕地占用税 ... 324

第一节 耕地占用税概述 ... 324
第二节 纳税人和征税范围 ... 324
第三节 应纳税额的计算 ... 325

第四节	税收优惠	326
第五节	申报和缴纳	328
即测即练		328

第十六章　车辆购置税 — 329

第一节	车辆购置税概述	329
第二节	纳税人	329
第三节	征税对象和征税范围	330
第四节	税率与计税依据	331
第五节	税收优惠	332
第六节	应纳税额的计算	333
第七节	申报与缴纳	334
即测即练		335

第十七章　船舶吨税 — 336

第一节	船舶吨税概述	336
第二节	税目、税率和应纳税额	336
第三节	减免税优惠	337
第四节	申报和缴纳	338
即测即练		340

第十八章　环境保护税 — 341

第一节	环境保护税概述	341
第二节	计税依据和应纳税额	342
第三节	减免税优惠	344
第四节	申报和缴纳	345
即测即练		346

第十九章　城市维护建设税、教育费附加与烟叶税 — 347

第一节	城市维护建设税	347
第二节	教育费附加	350
第三节	烟叶税	352
即测即练		353

参考文献 — 354

第Ⅰ篇 基础理论

第一章

税法基本原理

第一节 税法概述

一、税法的概念与特点

（一）税法的概念

讨论税法的概念，首先要明确什么是税收。一般认为，税收是国家为满足社会公共需要，凭借其政治权力，按照法律规定，强制、无偿地参与剩余产品分配所形成的分配关系，是国家取得财政收入的基本形式。

税收的内涵包括：第一，课税的主体是国家或政府；第二，纳税的主体是社会成员；第三，课税的目的是满足社会公共需要；第四，课税凭借的是国家政权；第五，税收的课征是强制、无偿的；第六，税收借助法律形式进行征收；第七，税收是政府收入形式、征税活动和税收制度的统一。总之，税收对纳税人而言，实质是纳税人换取公共物品或服务的消费权而必须支付的代价；对政府而言，实质是政府部门履行提供公共物品或服务的义务而必须筹措的财源。

税收是经济学概念，税法则是法学概念。税法是有权的国家机关制定的，用以调整税收分配过程中形成的权利义务关系的法律规范总和。

税法定义要点如下。

（1）立法机关——有权的机关。在我国即是全国人民代表大会及其常务委员会、地方立法机关、获得授权的行政机关。

（2）调整对象——税收分配中形成的权利义务关系。

（3）范围——有广义与狭义之分。广义的税法包括各级有权的机关制定的税收法律、法规、规章，是由税收实体法、税收程序法、税收争讼法等构成的法律体系。狭义的税法仅指全国人民代表大会及其常务委员会制定的税收法律。

税收之所以必须采用法的形式，是由税收的本质与特性决定的。

第一，税收的本质是一种分配关系。国家通过征税，一部分社会剩余产品或一部分既得利益从纳税人所有转变为国家所有，又以公共产品和公共服务的形式提供给纳税人，因此征税过程实际上就是国家参与社会产品的分配过程。税收所反映的分配关系必须通过法的形式才得以实现。

第二，税收的特征是强制性、无偿性、固定性。其中，无偿性是其核心，强制性是其基本保障。税收要求有很高的强制权力做征税保障，这种权力只能是国家政治权力，法使这种政治权力得以固定、体现和落实。

第三，从税收职能来看，调节经济是其重要方面。税收通过法的约束力调整纳税人的经济行为，这样才能达到调节经济的预期目的。

第四，国家课征税款的目的是满足社会公共需要。国家在履行其公共职能的过程中必然要有一定的公共支出。

（二）税法的特点

税法的特点，是指税法带共性的特征，可以概括为以下几个方面。

（1）从立法过程看，税法属于制定法。税法是由国家制定而不是由习惯做法或司法判例认可的，这表明税法属于制定法而不是习惯法。

（2）从法律性质看，税法属于义务性法规。义务性法规是相对授权性法规而言的，是指直接要求人们从事或不从事某种行为的法规，即直接规定人们某种义务的法规。义务性法规的一个显著特点是具有强制性，它所规定的行为方式明确而肯定，不允许任何个人或机关随意改变或违反。

（3）从内容看，税法具有综合性。税法不是单一的法律，而是由实体法、程序法、争讼法等构成的综合法律体系，其内容涉及课税的基本原则、征纳双方的权利义务、税收管理规则、法律责任、解决税务争议的法律规范等，包括立法、行政执法、司法各个方面。

二、税法的原则

税法的原则反映税收活动的根本属性，是税收法律制度建立的基础。税法的原则可以分为税法基本原则和税法适用原则（表1-1）。

表1-1 税法的原则

两类原则	具体原则
税法基本原则（4项）	税收法律原则
	税收公平原则
	税收合作信赖原则
	实质课税原则
税法适用原则（6项）	法律优位原则
	法律不溯及既往原则
	新法优于旧法原则
	特别法优于普通法原则
	实体从旧、程序从新原则
	程序优于实体原则

（一）税法基本原则

（1）税收法律原则——税法主体的权利义务必须由法律加以规定，税法的各类构成要素都必须且只能由法律予以明确规定，超越法律规定的课税是违法和无效的，该原则是税法基本原则中的核心。

（2）税收公平原则——税收负担必须根据纳税人的负担能力分配，负担能力相等，税负相同；负担能力不等，税负不同。

（3）税收合作信赖原则——包括两个方面：一方面，纳税人应按照税务机关的决定及时缴纳税款；另一方面，没有充足的依据，税务机关不能对纳税人是否依法纳税有所怀疑。

（4）实质课税原则——应根据客观事实确定是否符合课税要件，并根据纳税人的真实负担能力决定其税负，不能仅考核其表面是否符合课税要件。

（二）税法适用原则

税法适用原则是指税务行政机关和司法机关运用税收法律规范解决具体问题所必须遵循的准则。税法适用原则在一定程度上体现着税法基本原则。但是与其相比，税法适用原则含有更多的法律技术性准则，更为具体化。

（1）法律优位原则。含义：法律>行政法规>行政规章。税收法律的效力高于税收行政法规的效力，税收行政法规的效力高于税收行政规章的效力，效力高的税法高于效力低的税法。处理不同等级税法的关系上，效力低的税法与效力高的税法发生冲突，效力低的税法即是无效的。

（2）法律不溯及既往原则。含义：新法实施后，之前人们的行为不适用新法，而只沿用旧法。

（3）新法优于旧法原则。含义：新法、旧法对同一事项有不同规定时，新法效力优于旧法。

（4）特别法优于普通法原则。含义：对同一事项两部法律分别定有一般和特别规定时，特别规定的效力高于一般规定的效力。居于特别法地位的级别较低的税法，其效力可以高于作为普通法的级别较高的税法。

（5）实体从旧、程序从新原则。含义：实体法不具备溯及力，而程序法在特定条件下具备一定溯及力。实体性权利义务以其发生的时间为准；而新税法对程序性问题（如税款征收方法、税务行政处罚等）具有约束力。

（6）程序优于实体原则。含义：在税收争讼发生时，程序法优于实体法，以保证国家课税权的实现。

【例 1-1·单选题】 纳税人李某和税务所在缴纳税款上发生了争议，必须在缴纳有争议的税款后，税务复议机关才能受理李某的复议申请，这体现了税法适用原则中的（　　）。

A. 新法优于旧法原则
B. 特别法优于普通法原则
C. 程序优于实体原则
D. 实体从旧、程序从新原则

【答案】 C

【解析】 在税收争讼发生时，程序法优于实体法，以保证国家课税权的实现。

三、税法的效力与解释

（一）税法的效力

税法的效力是指税法在什么地方、什么时间、对什么人具有法律约束力。税法的效力范围表现为空间效力、时间效力和对人的效力。

1. 税法的空间效力

税法的空间效力指税法在特定地域内发生的效力。由一个主权国家制定的税法，原则上必须适用于其主权管辖的全部领域，但是具体情况有所不同。我国税法的空间效力主要包括以下两种情况。

（1）在全国范围内有效。由全国人民代表大会及其常务委员会制定的税收法律，国务院颁布的税收行政法规，财政部、国家税务总局制定的税收行政规章以及具有普遍约束力的税务行政命令在除个别特殊地区外的全国范围内有效。这里所谓个别特殊地区，主要指香港、澳门、台湾和保税区等。

（2）在地方范围内有效。这里包括两种情况：一是由地方立法机关或政府依法制定的地方性税收法规、税收规章、具有普遍约束力的税收行政命令在其管辖区域内有效；二是由全国人民代表大会及其常务委员会、国务院、财政部、国家税务总局制定的具有特别法性质的税收法律、税收法规、税收规章和具有普遍约束力的税收行政命令在特定地区（如经济特区，老、少、边、贫地区等）有效。

2. 税法的时间效力

税法的时间效力是指税法何时开始生效、何时终止效力和有无溯及力的问题，具体如表1-2所示。

表1-2 税法的时间效力

分 类	具体情况或类型
税法的生效 （三种情况）	税法通过一段时间后开始生效
	税法自通过发布之日起生效（个别条款或小税种）
	税法公布后授权地方政府自行确定实施日期，这种税法生效方式实质上是将税收管理权限下放给地方政府
税法的失效 （三种类型）	以新税法代替旧税法（最常见）
	直接宣布废止
	税法本身规定废止日期

3. 税法对人的效力

税法对人的效力即指税法对什么人适用、能管辖哪些人。由于税法的空间效力、时间效力最终都要归结为对人的效力，因此在处理税法对人的效力时，国际上通行的原则有三个：一是属人主义原则，凡是本国的公民或居民，不管其身居国内还是国外，都要受本国税法的管辖。二是属地主义原则，凡是本国领域内的法人和个人，不管其身份如何，都适用本国税法。三是属人、属地相结合的原则，我国税法即采用这一原则。凡我国公民，在我国居住的外籍人员，以及在我国注册登记的法人，或虽未在我国设立机构，但有来自我国收入的外国企业、公司、经济组织等，均适用我国税法。

（二）税法的解释

税法的解释指其法定解释，即有法定解释权的国家机关，在法律赋予的权限内，对有关税法或其条文进行的解释，具体如图1-1所示。

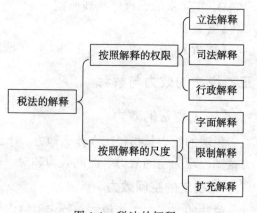

图1-1 税法的解释

（1）按照解释的权限，税法的法定解释可以分为立法解释、司法解释和行政解释（表1-3）。

表 1-3 税法的法定解释

种类	解释主体	法律效力	其他
立法解释	三部门：全国人民代表大会及其常务委员会、最高行政机关、地方立法机关作出的税务解释	可作为判案依据	属于事后解释
司法解释	两高：最高人民法院、最高人民检察院联合解释、作出的税务刑事案件或税务行政诉讼案件解释或规定	有法的效力（可作为判案依据）	在我国仅限于税收犯罪范围
行政解释	国家税务行政主管机关（包括财政部、国家税务总局、海关总署）	不具备与被解释的税法同等的法律效力（原则上不作为判案依据）	执行中有普遍约束力

（2）按照解释的尺度，税法的解释可以分为字面解释、限制解释与扩充解释。

①字面解释：严格依税法条文的字面含义进行的解释，既不扩大也不缩小。

②限制解释：是指为了符合立法精神与目的，对税法条文所进行的窄于其字面含义的解释。

③扩充解释：是指为了更好地体现立法精神，对税法条文所进行的大于其字面含义的解释。

税法的解释对于税收执法、税收法律纠纷的解决是必不可少的。

四、税法的作用

（一）税法的规范作用

税法的规范作用是指税法调整、规范人们行为的作用，其实质是法律的基本作用在税法中的体现与引申。具体可以分为以下几种。

（1）指引作用。
（2）评价作用。
（3）预测作用。
（4）强制作用。
（5）教育作用。

（二）税法的经济作用

（1）税法是税收根本职能得以实现的法律保障。
（2）税法是正确处理税收分配关系的法律依据。
（3）税法是国家宏观调控经济的重要手段。
（4）税法是监督管理经济活动的有力武器。
（5）税法是维护国家权益的重要手段。

五、税法与其他部门法的关系

（一）税法与宪法的关系

宪法是国家的根本大法。税法属于部门法，其位阶低于宪法，依据宪法制定。

（二）税法与民法的关系

民法是用来调整平等主体的公民之间、法人之间、公民和法人之间的财产关系和人身关系的法律规范的总和。税法作为新兴部门法与民法的密切联系主要表现在大量借用了民法的概念、规则和原则。但是税法与民法分别属于公法和私法体系，其调整对象不同，法律关系建立及调整适用的原则不同，调整的程序和手段不同。

（三）税法与行政法的关系

（1）税法与行政法有着十分密切的联系。这种联系主要表现在税法具有行政法的一般特征。

①调整国家机关之间、国家机关与法人或自然人之间的法律关系。
②法律关系中居于领导地位的一方总是国家。
③体现国家单方面的意志，不需要双方意思表示一致。
④解决法律关系中的争议，一般都按照行政复议程序和行政诉讼程序进行。

（2）税法与行政法有以下区别。

①税法具有经济分配的性质，并且是经济利益由纳税人向国家的无偿单向转移，这是一般行政法所不具备的。
②税法与社会再生产，特别是与物质资料再生产的全过程密切相连，其联系的深度和广度是一般行政法所无法比拟的。
③税法是一种义务性法规，而行政法大多为授权性法规。

（四）税法与经济法的关系

（1）税法与经济法有着十分密切的关系，表现在以下几方面。

①税法具有较强的经济属性，即在税法运行过程中，始终伴随着经济分配的进行。
②经济法中的许多法律、法规是制定税法的重要依据。
③经济法中的一些概念、规则、原则也在税法中大量应用。

（2）税法与经济法之间也有差别，其表现在以下几方面。

①从调整对象来看，经济法调整的是经济管理关系，而税法的调整则含有较多的税务行政管理的性质。
②税法属于义务性法规，而经济法基本上属于授权性法规。
③税法解决争议的程序适用行政复议、行政诉讼等行政法程序，而不适用经济法中普遍采用的协商、调解、仲裁、民事诉讼程序。

（五）税法与刑法的关系

刑法是实现税法强制性最有力的保证。税法和刑法对于违反税法的行为都规定了处罚条款，两者之间的区别就在于情节是否严重，轻者给予行政处罚，重者要承担刑事责任，给予刑事处罚。2009年《中华人民共和国刑法修正案（七）》将原来的"偷税罪"修改为"逃避缴纳税款罪"。

（六）税法与国际法的关系

被一个国家承认的国际税法，也应该是这个国家税法的组成部分。国际法高于国内法的原则，使国际法对国内法的立法产生较大的影响和制约作用。税法与国际法的关系为：两者是相互影响、相互补充、相互配合的。

【例1-2·单选题】（2016年税务师）下列关于税法与民法关系的说法中，错误的是（　　）。

A. 税法调整手段具有综合性，民法调整手段较单一

B. 税法与民法调整的都是财产关系和人身关系

C. 税法中经常使用的居民概念借用了民法的概念

D. 税法借用了民法的原则和规则

【答案】 B

【解析】 民法调整的是平等主体的财产关系和人身关系，而税法调整的是国家与纳税人之间的税收征纳关系。

第二节　税法的分类

一、按照税法内容分类

按照税法内容的不同，可以将税法分为税收实体法和税收程序法（详细内容见本章第四节）。

二、按照税法效力分类

按照税法效力的不同，可以将税法分为税收法律、税收法规和税务规章。

（一）税收法律

税收法律由全国人民代表大会及其常务委员会制定。

（1）创制程序（4项）：提出—审议—表决通过—公布。

（2）有哪些：属于全国人民代表大会通过的税收法律有《中华人民共和国企业所得税法》（以下简称《企业所得税法》）、《中华人民共和国个人所得税法》（以下简称《个人所得税法》）等。属于全国人民代表大会常务委员会通过的税收法律有《中华人民共和国车辆购置税法》（以下简称《车辆购置税法》）、《中华人民共和国车船税法》（以下简称《车船税法》）、《中华人民共和国船舶吨税法》（以下简称《船舶吨税法》）、《中华人民共和国烟叶税法》（以下简称《烟叶税法》）、《中华人民共和国耕地占用税法》（以下简称《耕地占用税法》）、《中华人民共和国资源税法》（以下简称《资源税法》）、《中华人民共和国环境保护税法》（以下简称《环境保护税法》）和《中华人民共和国税收征收管理法》（以下简称《税收征收管理法》）等。

（二）税收法规

税收法规是目前我国税收立法的主要形式。

（1）创制程序（4项）：立项—起草—审查—决定和公布。

（2）有哪些：《中华人民共和国个人所得税法实施条例》《中华人民共和国增值税暂行条例》等都属于税收行政法规。

（3）效力：税收法规的效力低于宪法、税收法律，而高于税务规章。

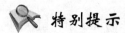 **特别提示**

税收法律法规创制程序如表1-4所示。

表1-4 税收法律法规创制程序

类　型	提　议　阶　段	审　议　阶　段	通过和公布阶段
税收法律	一般由国务院授权其税务主管部门（财政部或国家税务总局）负责立法的调查研究等准备工作，并提出立法方案或税法草案，上报国务院	由全国人民代表大会或其常务委员会审议通过	以国家主席名义发布实施
税收法规		由国务院负责审议	以国务院总理名义发布实施

（三）税务规章

税务规章是指根据法律或者国务院的行政法规、决定、命令，在国家税务总局职权范围内制定的，在全国范围内对税务机关、纳税人、扣缴义务人及其他税务当事人具有普遍约束力的税收规范性文件。

1. 税务规章的权限范围

（1）税务规章属于法律、法规决定的事项，包括以下三个要点。

①只有在法律或国务院行政法规等对税收事项已有规定的情况下，才可以制定税务规章；否则，不得以税务规章的形式予以规定，除非得到国务院的明确授权。

②制定税务规章的目的是执行法律和国务院的行政法规、决定、命令，而不能另行创设法律和国务院的行政法规、决定、命令所没有规定的内容。

③税务规章原则上不得重复法律和国务院的行政法规、决定、命令已经明确规定的内容。

（2）对于涉及国务院两个以上部门职权范围的事项，一般应当提请国务院制定行政法规。条件尚不成熟，可出台联合规章，单独制定无效。

2. 税务规章的制定程序

（1）立项。

（2）起草。

（3）审查。

（4）决定。

（5）公布。

（6）解释。

（7）修改和废止。

3. 税务规章的清理

根据全面深化改革、经济社会发展需要以及上位法规定，应及时组织开展税务规章清理工作。对不适应全面深化改革和经济社会发展要求、不符合上位法规定的税务规章，应当及时修改或者废止。

在税收征管实践中，还存在大量的税务行政规范，作为指导税收征管实践活动的依据，纳税人也必须严格遵守。

扩展阅读1.1：税务规章的适用与监督

税务行政规范,即通常所称的税务规范性文件,是指县以上税务机关依照法定职权和规定程序制定并发布的,影响纳税人、缴费人、扣缴义务人等税务行政相对人权利、义务,在本辖区内具有普遍约束力并在一定期限内反复适用的文件。

扩展阅读 1.2:《国家税务总局关于修改〈税收规范性文件制定管理办法〉的决定》(国家税务总局令第 50 号)

 特别提示

税务规范性文件与税务规章的区别表现在四个方面:制定程序、设定权、效力和发布形式。

税务行政规范的特征体现为以下几个方面:一是属于非立法行为的行为规范;二是适用主体的非特定性;三是效力的普遍性和向后发生效力。

 归纳

税法立法权及形式如表 1-5 所示。

表 1-5 税法立法权及形式

分类	立法机关	形式	举例	效力
税收法律	全国人民代表大会及其常务委员会正式立法	10 部法律	《车辆购置税法》《车船税法》《船舶吨税法》《烟叶税法》《耕地占用税法》《资源税法》《环境保护税法》《税收征收管理法》	除《中华人民共和国宪法》,在税收法律体系中,税收法律具有最高的法律效力
	全国人民代表大会及其常务委员会授权国务院立法	3 个暂行条例	《中华人民共和国增值税暂行条例》《中华人民共和国消费税暂行条例》《中华人民共和国土地增值税暂行条例》等	授权立法的法律效力高于行政法规
税收法规	国务院——税收行政法规	条例、暂行条例、实施细则	《中华人民共和国企业所得税法实施条例》《中华人民共和国税收征收管理法实施细则》等	行政法规的效力低于宪法、法律,高于地方法规、部门规章、地方规章
	地方人民代表大会及其常务委员会制定的税收地方性法规(目前只有海南省、少数民族自治区按全国人民代表大会授权立法)			
税务规章	财政部、国家税务总局、海关总署——税务部门规章	办法、规则、规定	《中华人民共和国增值税暂行条例实施细则》(以下简称《增值税暂行条例实施细则》)、《税收代理试行办法》等	不得与税收法律、行政法规相抵触
	省级地方政府——税收地方规章		《中华人民共和国房产税暂行条例实施细则》等	

【例 1-3·单选题】 2016 年 3 月财政部、国税总局颁发的《营改增试点实施办法》的法律层次是( )。

A. 税收法律
B. 税收法规
C. 税务规章
D. 税法规范性文件

【答案】 C

【解析】 税务规章的表现形式有办法、规则、规定。

【例 1-4·单选题】 按照《税收规范性文件制定管理办法》,可以自己名义制定税收规范性文件的单位有( )。

A. 县级以下税务机关
B. 省级税务机关的内设机构
C. 市级税务机关
D. 省级税务机关的直属机构

【答案】 C

【解析】 县以下税务机关及各级税务机关的内设机构、派出机构、直属机构和临时性机构,不得以自己的名义制定税收规范性文件。

第三节 税收法律关系

一、税收法律关系的概念与特点

(一)税收法律关系的概念

税收法律关系是税法所确认和调整的,国家与纳税人之间、国家与国家之间以及各级政府之间在税收分配过程中形成的权利义务关系。

(二)税收法律关系的特点

1. 主体的一方只能是国家

在税收法律关系中,国家不仅以立法者与执法者的姿态参与税收法律关系的运行与调整,而且直接以税收法律关系主体的身份出现。因为税收本身就是国家参与社会剩余产品分配而形成的特殊社会关系。

2. 体现国家单方面的意志

税收法律关系只体现国家单方面的意志,不体现纳税人一方主体的意志。税收法律关系的成立、变更、消灭不以主体双方意思表示一致为要件。只要当事人发生了税法规定的应纳税的行为或事件,就产生了税收法律关系。

3. 权利义务关系具有不对等性

税法作为一种义务性法规,其规定的权利义务是不对等的。即在税收法律关系中,国家享有较多的权利,承担较少的义务;而纳税人则承担较多的义务,享受较少的权利。

4. 具有财产所有权或支配权单向转移的性质

在税收法律关系中,纳税人履行纳税义务,缴纳税款,就意味着将自己拥有或支配的一部分财物,无偿地交给国家,国家不再直接返还给纳税人。所以,税收法律关系中的财产转移,具有无偿、单向、连续等特点。

二、税收法律关系的主体

征纳主体,即税收法律关系的主体,是指税收法律关系中依法享有权利和承担义务的双方当事人，一方为税务机关，另一方为纳税人。

（一）征税主体

严格意义上讲，唯一享有税收所有权的国家才是真正的征税主体。但是，国家总是通过法律授权的方式赋予具体的国家职能机关来代其行使征税权力，因此，税务机关通过获得授权成为法律意义上的征税主体。税务机关行使的征税权极具程序性，不能自由放弃或转让。

根据现行的《税收征收管理法》，可以将税务机关的职权与职责归纳如下。

1. 税务机关的职权

（1）税务管理权。其包括有权办理税务登记、审核纳税申报、管理有关发票事宜等。

（2）税收征收权。这是税务机关最基本的权力，包括有权依法征收税款和在法定权限范围内依法自行确定税收征管方式或时间、地点等。

（3）税收检查权。其包括有权对纳税人的财务会计核算、发票使用和其他纳税情况，以及纳税人的应税商品、货物或其他财产进行查验登记等。

（4）税务违法处理权。其包括有权对违反税法的纳税人采取行政强制措施，对情节严重、触犯刑律的，移送有权机关依法追究其刑事责任。

（5）税收行政立法权。被授权的税务机关有权在授权范围内依照一定程序制定税收行政规章及其他规范性文件，作出行政解释等。

（6）代位权和撤销权。《税收征收管理法》为了保证税务机关及时、足额追回由于债务关系造成的、过去难以征收的税款，赋予税务机关可以在特定情况下依法行使代位权和撤销权。

2. 税务机关的职责

（1）税务机关不得违反法律、行政法规的规定开征、停征、多征或少征税款，或擅自决定税收优惠。

（2）税务机关应当将征收的税款和罚款、滞纳金按时足额并依照预算级次入库，不得截留和挪用。

（3）税务机关应当依照法定程序征税，依法确定有关税收征收管理的事项。

（4）税务机关应当依法办理减税、免税等税收优惠，对纳税人的咨询、请求和申诉作出答复处理或报请上级机关处理。

（5）税务机关对纳税人的经营状况负有保密义务。

（6）税务机关应当按照规定付给扣缴义务人代扣、代收税款的手续费，且不得强行要求非扣缴义务人代扣、代收税款。

（7）税务机关应当严格按照法定程序实施和解除税收保全措施，如因税务机关的原因，致使纳税人的合法权益遭受损失，税务机关应当依法承担赔偿责任。

（8）税务机关要广泛宣传税收法律、行政法规，普及纳税知识，无偿提供纳税咨询服务。

（9）税务机关的工作人员在征收税款和查处税收违法案件时，与纳税人、扣缴义务人或者税收违法案件有利害关系的，应当回避。

（二）纳税主体

纳税主体，就是通常所称的纳税人，即法律、行政法规规定负有纳税义务的单位和个人。

对于纳税主体，有许多不同的划分方法。按照纳税主体在民法中身份的不同，可以将纳税主体分为自然人、法人、非法人单位；根据征税权行使范围的不同，可以将纳税主体分为居民纳税人和非居民纳税人（表1-6）。

表1-6　纳税主体的划分

划分方法	划分类别	说　明
按纳税主体在民法中身份的不同	自然人、法人、非法人单位	不同种类的纳税主体，在税收法律关系中享受的权利和承担的义务也不尽相同
按征税权行使的范围不同	居民纳税人、非居民纳税人	

根据《税收征收管理法》，纳税人的权利与义务可以归纳如下。

1. 纳税人的权利

（1）知情权。有权向税务机关了解国家税收法律、行政法规的规定以及与纳税程序有关的情况。

（2）保密权。有权要求税务机关为纳税人的商业秘密和个人隐私保密。

（3）税收监督权。依法对税务人员的违法行为进行检举和控告的权利。

（4）纳税申报方式选择权。有权选择某种方式办理纳税申报。

（5）申请延期申报权。因不可抗力或其他特殊困难影响按期申报时，有权申请延期申报。

（6）申请延期纳税权。因不可抗力或当期货币资金短缺影响按期缴纳税款时，有权申请延期缴纳税款。

（7）申请退还多缴纳税款权。发现自己有超过应纳税额多缴的税款时，有权要求退还多缴税款并加算银行同期利息。

（8）依法享受税收优惠权。有权依照法律、行政法规的规定书面申请减税、免税。

（9）委托办理税务事项权。有权委托税务代理人代为办理税务事宜。

（10）陈述权与申辩权。对税务机关所作出的决定享有陈述权、申辩权。

（11）拒绝非法检查权。税务人员检查时没有出具税务检查证和税务检查通知书的，有权拒绝检查。

（12）法律救济权。依法享有申请行政复议、提起行政诉讼、请求国家赔偿的权利。

（13）依法要求听证权。

（14）索取有关税收凭证权利。依法缴纳税款后，有权从税务机关取得完税凭证，或者要求扣缴义务人开具代扣、代收税款凭证。

2. 纳税人的义务

（1）依法办理税务登记。

（2）依法设置、保管账簿以及依法开具、使用和保管发票。

（3）按期报送财务会计制度或财务会计处理办法、财务会计核算软件及说明。

（4）按照规定安装、使用税控装置。

（5）按期如实申报。

（6）按期如实缴纳税款。

（7）代扣、代收税款。

（8）接受依法进行的税务检查。
（9）及时提供信息。
（10）报告其他涉税信息。

三、税收法律关系的客体

税收法律关系的客体即税收法律关系主体的权利、义务所共同指向的对象，也就是征税对象。

四、税收法律关系的内容

税收法律关系的内容就是主体所享有的权利和所应承担的义务，这是税收法律关系中最实质的东西，也是税法的灵魂。

五、税收法律关系的产生、变更、消灭

税收法律关系与其他社会关系一样，是处于不断发展变化之中的，这一发展变化过程可以概括为税收法律关系的产生、变更、消灭。

（一）税收法律关系的产生

税收法律关系的产生是指在税收法律关系主体之间形成权利义务关系。由于税法属于义务性法规，税收法律关系的产生应以引起纳税义务成立的法律事实为基础和标志。

（二）税收法律关系的变更

税收法律关系的变更是指由于某一法律事实的发生，税收法律关系的主体、内容和客体发生变化。税收法律关系变更的原因主要有以下几个方面。

（1）纳税人自身的组织状况发生变化。
（2）纳税人的经营或财产情况发生变化。
（3）税务机关组织形式或管理方式的变化。
（4）税法的修订或调整。
（5）因不可抗力造成的破坏。

（三）税收法律关系的消灭

税收法律关系的消灭是指这一法律关系的终止即其主体间权利义务关系的终止。税收法律关系消灭的原因主要有以下几个方面。

（1）纳税人履行了纳税义务。
（2）纳税义务超过期限。
（3）纳税义务的免除。
（4）某些税法的废止。
（5）纳税主体的消失。

【例 1-5·多选题】下列属于引起税收法律关系变更原因的有（　　）。
A. 纳税人自身组织状况发生变化
B. 纳税人履行了纳税义务
C. 纳税人经营或财产情况发生变化

D. 纳税义务超过追缴期限

E. 税法修订或调整

【答案】 ACE

【解析】 选项B、D属于税收法律关系消灭的原因。

第四节 税收实体法与税收程序法

一、税收实体法

税收实体法是规定税收法律关系主体的实体权利义务的法律规范的总称。其主要内容包括纳税主体、征税客体、计税依据、税目、税率、减税免税等，是国家向纳税人行使征税权和纳税人负担纳税义务的要件，只有具备这些要件，纳税人才负有纳税义务，国家才能向纳税人征税。税收实体法是税法的核心部分，没有税收实体法，税法体系就不能成立。

税收实体法要素主要有六个：纳税义务人，课税对象，税率，减税、免税，纳税环节和纳税期限。

（一）纳税义务人

纳税义务人简称纳税人，也称纳税主体，是税法规定的直接负有纳税义务的单位和个人，包括法人和自然人。

相关概念辨析如下。

（1）负税人：实际负担税款的单位和个人。现实中，纳税人与负税人有时一致，有时不一致。

（2）代扣代缴义务人：有义务从持有的纳税人收入中扣除其应纳税款并代为缴纳的企业、单位或个人。

（3）代收代缴义务人：有义务借助与纳税人的经济交往而向纳税人收取应纳税款并代为缴纳的单位。

扩展阅读1.3：法人和自然人的定义

（4）代征代缴义务人：受税务机关委托而代征税款的单位和个人。

（5）纳税单位：申报缴纳税款的单位，是纳税人的有效集合。

（二）课税对象

课税对象又称征税对象，是税法中规定的征税目的物，是国家据以征税的依据。它是税法诸要素中的基础性要素，是一种税区别于另一种税的最主要标志。

相关概念辨析如下。

（1）计税依据。计税依据又称税基，是指税法中规定的据以计算各种应征税款的依据或标准。

课税对象和计税依据的关系：课税对象是指征税的目的物，计税依据则是在目的物已经确定的前提下，对目的物据以计算税款的依据或标准；课税对象是从质的方面对征税所做的规定，而计税依据则是从量的方面对征税所做的规定，是课税对象量的表现。

课税对象和计税依据有时是一致的,有时是不一致的,如表1-7所示。

表1-7 课税对象和计税依据的关系

税种举例	课税对象	计税依据	课税对象和计税依据的关系
所得税	所得额	所得额	一致
车船税	车辆、船舶	车船吨位（辆、整备质量、净吨位等）	不一致

（2）税源。税源是指税款的最终来源,是税收负担的最终归宿。税源的大小体现着纳税人的负担能力。税源和征税对象有时是一致的,有时是不一致的。

（3）税目。税目是课税对象的具体化,反映具体的征税范围,代表征税的广度。税目一般可分为列举税目和概括税目两类。

（三）税率

税率是计算税额的尺度,代表课税的深度,关系着国家的收入多少和纳税人的负担程度。

（1）我国现行税率主要有比例税率、累进税率和定额税率三种形式,如表1-8所示。

表1-8 我国现行税率的主要形式

税率形式	含义	形式及应用举例
比例税率	对同一征税对象,不分数额大小,规定相同的征收比例	（1）单一比例税率 （2）差别比例税率 （3）幅度比例税率
累进税率	征税对象按数额（或相对率）大小分成若干等级,每一等级规定一个税率,税率依次提高	（1）全额累进税率 （2）超额累进税率 （3）超率累进税率
定额税率	按征税对象确定的计算单位,直接规定一个固定的税额	如城镇土地使用税、车船税、耕地占用税等

【例1-6·单选题】 下列关于累进税率的表述正确的是（ ）。

A. 超额累进税率计算复杂,累进程度缓和,税收负担透明度高

B. 全额累进税率计算简单,但在累进分界点上税负呈跳跃式,不尽合理

C. 计税基数是绝对数时,超倍累进税率实际上是超率累进税率

D. 计税基数是相对数时,超倍累进税率实际上是超额累进税率

扩展阅读1.4:比例税率、累进税率、定额税率的详细说明

【答案】 B

【解析】 超额累进税率计算复杂,累进程度缓和,税收负担透明度低。计税基数是绝对数时,超倍累进税率实际上是超额累进税率,因为可以把递增倍数换算成递增额;计税基数是相对数时,超倍累进税率实际上是超率累进税率,因为可以把递增倍数换算成递增率。

（2）其他形式的税率（表1-9）。

（四）减税、免税

减税、免税是对某些纳税人或课税对象的鼓励或照顾措施。减税是从应征税款中减

征部分税款；免税是免征全部税款。

表1-9 其他形式的税率

税率其他形式	含 义	备 注
名义税率	税法规定的税率	
实际税率	实际负担率＝实际缴纳税额÷课税对象实际数额	实际税率常常低于名义税率
边际税率	边际税率＝Δ税额÷Δ收入	在比例税率条件下，边际税率等于平均税率；在累进税率条件下，边际税率往往大于平均税率
平均税率	平均税率＝∑税额÷∑收入	
零税率	以零表示的税率，表明课税对象的持有人负有纳税义务，但不需要缴纳税款	零税率是免税的一种方式，负税率主要用于负所得税的计算
负税率	政府利用税收形式对所得额低于某一特定标准的家庭或个人予以补贴的比例	

（1）减税、免税的基本形式（表1-10）。

表1-10 减税、免税的基本形式

基本形式	特 点	具 体 表 现
税基式减免	通过直接缩小计税依据的方式实现减税、免税，适用范围最广泛	起征点、免征额、项目扣除、跨期结转
税率式减免	通过直接降低税率的方式实行的减税、免税，适用于对行业、产品等"线"上的减免，在流转税中运用得最多	重新确定税率、选用其他税率、零税率
税额式减免	通过直接减少应纳税额的方式实行的减税、免税，限于解决"点"上的个别问题，在特殊情况下适用	全部免征、减半征收、核定减免率、抵免税额、另定减征税额

在上述三种形式的减税、免税中，税基式减免适用范围最广泛，从原则上说它适用于所有生产经营情况；税率式减免比较适合于对某个行业或某种产品这种"线"上的减免，所以流转税中运用最多；税额式减免适用范围最窄，它一般仅限于解决"点"上的个别问题，往往仅在特殊情况下适用。

（2）减税、免税的分类（表1-11）。

表1-11 减税、免税的分类

分 类	特 点
法定减免	由各税种基本法规规定，具有长期的适用性
临时减免	又称困难减免，主要是照顾纳税人的特殊困难，具有临时性的特点
特定减免	是法定减免的补充，分为无期限和有期限两种，大多有期限

（五）纳税环节

纳税环节是指税法规定的课税对象从生产到消费的流转过程中应当缴纳税款的环节。广义的纳税环节指全部课税对象在再生产中的分布情况，如资源税在生产环节，所得税在分配环节。狭义的纳税环节是商品课税中的特殊概念。按照纳税环节的多少，可将税收征收制度分为一次课征制和多次课征制。

扩展阅读1.5：税收附加与加成

（六）纳税期限

纳税期限是纳税人向国家缴纳税款的法定期限。税法关于纳税时限的规定，有三个概念：一是纳税义务发生的时间；二是纳税期限，纳税人每次发生纳税义务后，不可能马上去缴纳税款，税法规定了每种税的纳税期限；三是缴库期限，即税法规定的纳税期满后，纳税人将应纳税款缴入国库的期限。

纳税期限有三种形式：①按期纳税，如一般情况下的消费税。②按次纳税，如耕地占用税。③按年计征，分期预缴或缴纳，如企业所得税按年计征，分期预缴；房产税、土地使用税按年计算，分期缴纳。

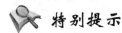 特别提示

（1）辨析纳税期限和交款期限的联系与区别。
（2）商品课税一般采用"按期纳税"，所得课税一般采用"按年计征，分期预缴"。
（3）纳税期限顺延的两种情况：①最后一天是法定节假日；②期限内有3日以上的法定节假日。

【例1-7·多选题】 按照税收实体法要素的规定，下列表述正确的有（   ）。
A. 课税对象是据以征税的依据，税源的大小体现着纳税人的负担能力
B. 跨期结转属于税基式减免
C. 在比例税率条件下，边际税率往往要大于平均税率
D. 税目的作用是进一步明确征税范围
E. 定额税率不受课税对象价值量变化的影响
【答案】 ABDE
【解析】 在比例税率条件下，边际税率等于平均税率；在累进税率条件下，边际税率往往要大于平均税率。

二、税收程序法

税收程序法是指以国家税收活动中所发生的程序关系为调整对象的税法，是规定国家征税权行使程序和纳税人纳税义务履行程序的法律规范的总称。其内容主要包括税收确定程序、税收征收程序、税收检查程序和税务争议的解决程序。税收程序法是指如何具体实施税法的规定，是税法体系的基本组成部分。《税收征收管理法》即属于税收程序法，现将该法所涉及的主要内容做一介绍。

（一）税务登记

税务登记是整个征收管理的首要环节，是税务机关对纳税人的开业、变更、歇业以及生产经营范围实行法定登记的一项管理制度，其内容包括开业登记、变更登记、注销登记、报验登记、停复业处理、税务登记证验审和更换、非正常户处理等。办理税务登记是纳税人的法定义务。

（二）账簿

账簿是指纳税人、扣缴义务人以会计凭证为依据，全面、连续、系统地记录各种经

济业务的账册或簿籍，包括总账、明细账、日记账及其他各种辅助账簿。

（三）纳税申报

纳税申报是指纳税人依照法律、行政法规的规定或者税务机关依法确定的申报期限、申报内容，如实向税务机关报送纳税申报表、财务会计报表以及税务机关根据实际需要要求纳税人报送的其他纳税资料的活动。

（四）税款征收

税款征收是指税务机关依据法律、行政法规规定的标准和范围将纳税人依法应该向国家缴纳的税款，及时足额地征收入库的一系列活动的总和。税款征收的内容包括征收方式的确定、核定应纳税额、税款入库、减免税管理、欠税的追缴等。税款征收是税收征管的目的，在整个税收征管中处于核心环节和关键地位，是税收征管的出发点和归宿。

（五）税收保全措施和强制执行措施

1. 税收保全措施的条件

（1）行为条件——纳税人有逃避纳税义务的行为。逃避纳税义务行为主要包括转移、隐匿商品、货物或者其他财产等。

（2）时间条件——纳税人在规定的纳税期届满之前和责令缴纳税款的期限之内。

（3）担保条件——在上述两个条件具备的情况下，税务机关可以责成纳税人提供纳税担保，纳税人不提供纳税担保的，税务机关可以依照法定权限和程序，采取税收保全措施。

2. 税收保全措施的内容

（1）书面通知纳税人的开户银行或者其他金融机构冻结纳税人相当于应纳税款的存款。

（2）扣押、查封纳税人价值相当于应纳税款的商品、货物或者其他财产。

3. 强制执行措施的条件

（1）超过纳税期限。未按照规定的期限纳税或者解缴税款。

（2）告诫在先。税务机关必须责令限期缴纳税款。

（3）超过告诫期。经税务机关责令限期缴纳，逾期仍未缴纳的。

4. 强制执行措施的内容

（1）书面通知纳税人的开户银行或者其他金融机构从其存款中扣缴税款。

（2）扣押、查封、依法拍卖或者变卖其相当于应纳税款的商品、货物或者其他财产。

特别提示

税务机关采取强制执行措施时，对纳税人、扣缴义务人、纳税担保人未缴纳的滞纳金同时强制执行。

（六）税款征收中的相关制度

税款征收中的相关制度主要包括应纳税额核定制度、纳税调整制度、代扣代缴税款制度、欠税管理制度、滞纳金征收制度、延期纳税制度、报验征收制度、税款的退还和追征制度、减免税管理制度、税收凭证管理制度。下面择其要点而述之。

（1）应纳税额核定制度。核定税额是针对由于纳税人的原因导致税务机关难以查账征收税款而采取的一种措施。

（2）欠税管理制度。欠税是指纳税人未按照规定期限缴纳税款，扣缴义务人未按照规定的期限解缴税款的行为。欠税时间是指从规定的纳税期限届满的次日至纳税人、扣缴义务人缴纳或者解缴税款的当日。欠税金额是指纳税人、扣缴义务人缴纳或者应解缴税款与纳税人、扣缴义务人实际缴纳或者解缴纳税款的差额。自 2001 年 5 月 1 日起，对欠税的纳税人、扣缴义务人按日征收欠缴税款万分之五的滞纳金。

（3）税款的退还和追征制度（表 1-12）。

表 1-12　税款的退还和追征制度

制　度	适 用 情 况	具 体 制 度 规 定
税款的退还	退还多缴的税款主要包括两种情况： （1）因为技术上的原因或计算上的错误，造成纳税人多缴或税务机关多征的税款 （2）正常税收征管的情况下造成的多缴税款	税务机关发现应立即退还
		纳税人发现自纳税之日起 3 年内书面申请退税，并加算银行同期存款利息
税款的追征	因税务机关的责任造成的未缴或者少缴税款	税务机关可在 3 年内要求纳税人、扣缴义务人补缴税款，但是不得加收滞纳金
	因纳税人、扣缴义务人的责任造成的未缴或者少缴税款	一般计算失误情况，税务机关发现在 3 年内追征，并按日加收万分之五滞纳金
		特殊情况（累计金额大），追征期延长至 5 年，并按日加收万分之五滞纳金
		偷、抗、骗税的，可无限期地追征，并按日加收万分之五滞纳金

【例 1-8·单选题】　税收程序法是指如何具体实施税法的规定。下列有关税收程序法的表述中，正确的是（　　）。

A．办理税务登记是纳税人应尽而非法定义务
B．纳税申报是纳税人履行纳税义务的程序
C．提供担保是纳税人纳税前必经的程序
D．纳税人只要有逃避纳税义务的行为即可对其实施税收强制执行措施

【答案】　B

【解析】　选项 A，办理税务登记是纳税人应尽法定义务；选项 C，提供担保不是纳税人纳税前必经的程序；选项 D，强制执行措施需要同时满足超过纳税期限、告诫在先和超过告诫期的条件。

　即测即练

第Ⅱ篇 商品与劳务税

第二章

增 值 税

第一节 增值税概述

一、增值税的概念

增值税是以单位和个人生产经营过程中取得的增值额为课税对象征收的一种税。我国现行的增值税主要依据 2017 年国务院颁布的《中华人民共和国增值税暂行条例》(以下简称《增值税暂行条例》)和 2016 年财政部、国家税务总局颁布的《财政部 国家税务总局关于全面推开营业税改征增值税试点的通知》。《中华人民共和国增值税法》(征求意见稿)已广泛征求意见,将由全国人大表决通过。

扩展阅读 2.1:《中华人民共和国增值税暂行条例》(国务院令第 691 号)与《财政部 国家税务总局关于全面推开营业税改征增值税试点的通知》(财税〔2016〕36 号)

(一)关于增值额的问题

从不同角度对增值额的理解如表 2-1 所示。

表 2-1 增值额的概念

角 度	对增值额的理解
从理论上讲	增值额是企业在生产经营过程中新创造的那部分价值,即货物、服务、无形资产、不动产和金融商品价值中的 $V+M$ 部分,在我国相当于净产值或国民收入部分
从一个生产经营单位来看	增值额是指该单位发生应税交易的收入额扣除为生产经营应税交易标的物而外购的那部分货物、服务价款后的余额
从某一货物来看	增值额是该货物经历的生产和流通各环节所创造的增值额之和,也就是该项货物的最终销售价值

(二)增值税一般不直接以增值额作为计税依据

各国计算增值税时都不是先求出各生产经营环节的增值额,然后再据此计算增值税,而是采取从销售总额的应纳税款中扣除外购项目已纳税款的税款抵扣法。

二、增值税的类型

增值税按对外购固定资产处理方式的不同可划分为生产型增值税、收入型增值税和消费型增值税(表 2-2)。

表 2-2　增值税的类型

增值税的类型	特　　点	优　　点	缺　　点
生产型增值税	课税基数大体相当于国民生产总值的统计口径，不允许扣除任何外购固定资产的价款 法定增值额＞理论增值额	保证财政收入	对固定资产存在重复征税，不利于鼓励投资
收入型增值税	课税基数相当于国民收入部分，外购固定资产价款只允许扣除当期计入产品价值的折旧费部分 法定增值额＝理论增值额	一种标准的增值税	给凭发票扣税的计算方法带来困难
消费型增值税 （我国 2009 年全面实施）	课税基数仅限于消费资料价值的部分，允许将当期购入的固定资产价款一次全部扣除 法定增值额＜理论增值额	凭发票扣税，便于操作管理，最能体现增值税的优越性	购进固定资产的当期因扣除额大大增加而减少财政收入

三、增值税的性质及其计税原理

（一）增值税的性质

增值税属于流转税性质的税种。

（1）以全部流转额为计税销售额，同时实行税款抵扣制度，是一种只就未税流转额征税的新型流转税。

（2）税负具有转嫁性。增值税属于间接税。

（3）按产品或行业实行比例税率，作用在于广泛征集财政收入，而不是调节收入差距。

（二）增值税的计税原理

采用整体税负扣除以前环节已纳税款的原理。具体体现如下。

（1）按全部销售额计算税款，但只对货物或劳务价值中新增价值部分征税。

（2）实行税款抵扣制度，对以前环节已纳税款予以扣除。

（3）税款随着货物的销售逐环节转移，最终消费者是全部税款的承担者，纳税人与负税人相分离。

四、增值税的计税方法

（一）直接计算法

直接计算法是指首先计算出应税货物或劳务的增值额，然后用增值额乘以适用税率求出应纳税额。

（二）间接计算法

间接计算法是指不直接根据增值额计算增值税，而是首先计算出应税货物的整体税负，然后从整体税负中扣除法定的外购项目已纳税款。这种方法是实行增值税的国家广泛采用的计税方法。

五、增值税的特点和优点

（一）增值税的特点

（1）不重复征税，具有中性税收的特征。

（2）逐环节征税，逐环节扣税，最终消费者是全部税款的承担者。
（3）税基广阔，具有征收的普遍性和连续性。

（二）增值税的优点

（1）能够平衡税负，促进公平竞争。
（2）既便于对出口商品退税，又可避免对进口商品征税不足。
（3）在组织财政收入上具有稳定性和及时性。
（4）在税收征管上可以互相制约，交叉审计。

第二节 纳税人与扣缴义务人

一、增值税纳税人与扣缴义务人的基本规定

（一）纳税人

在中华人民共和国境内销售货物或者加工、修理修配劳务，销售服务、无形资产、不动产和金融商品，以及进口货物的单位和个人为增值税的纳税人。

单位租赁或者承包给其他单位或者个人经营的，以承租人或者承包人为纳税人。

单位以承包、承租、挂靠方式经营的，承包人、承租人、挂靠人（统称承包人）以发包人、出租人、被挂靠人（统称发包人）名义对外经营并由发包人承担相关法律责任的，以发包人为纳税人。否则，以承包人为纳税人。

报关进口货物的纳税人是进口货物收货人或办理报关手续的单位和个人。代理进口的，以海关完税凭证（专用缴款书）上的纳税人为增值税的纳税人。

资管产品运营过程中发生的增值税应税行为，以资管产品管理人为增值税纳税人。

建筑企业与发包方签订建筑合同后，以内部授权或者第三方协议等方式，授权集团内其他纳税人（以下称第三方）为发包方提供建筑服务，并由第三方直接与发包方结算工程款的，由第三方缴纳增值税。

（二）扣缴义务人

中华人民共和国境外的单位或者个人在境内提供应税劳务，在境内未设有经营机构的，以其境内代理人为扣缴义务人；在境内没有代理人的，以购买方为扣缴义务人。具体如表 2-3 所示。

表 2-3 扣缴义务人

境外单位或个人在境内提供应税劳务	扣缴义务人
境内未设有经营机构	境内代理人
境内没有代理人	购买方

【例 2-1·单选题】 （2019 年税务师）关于增值税纳税人的规定，说法正确的是（　　）。

A. 单位租赁或承包给其他单位或个人经营的，以出租人为纳税人
B. 报关进口货物，以进口货物的发货人为纳税人
C. 境外单位在境内提供应税劳务，一律以购买者为纳税人
D. 资管产品运营过程中发生的增值税行为，以资管产品管理人为纳税人

【答案】D

【解析】选项 A，单位租赁或承包给其他单位或者个人经营的，以承租人或承包人为纳税人；选项 B，对报关进口的货物，以进口货物的收货人或办理报关手续的单位和个人为进口货物的纳税人；选项 C，境外的单位或个人在境内提供应税劳务，在境内未设有经营机构的，其应纳税款以境内代理人为扣缴义务人，在境内没有代理人的，以购买者为扣缴义务人。

二、增值税纳税人的分类

（一）增值税纳税人分类的依据

现行增值税制度是以纳税人年应税销售额的大小、会计核算水平和能否提供准确税务资料等标准为依据来划分一般纳税人和小规模纳税人的。

（二）划分一般纳税人与小规模纳税人的目的

对增值税纳税人进行分类，主要是为了适应纳税人经营管理规模差异大、财务核算水平不一的情况。分类管理有利于加强重点税源管理，简化小型企业计算缴纳程序；有利于对专用发票正确使用与安全管理要求的落实。

三、小规模纳税人的认定及管理

（一）小规模纳税人的认定

自 2018 年 5 月 1 日起，增值税小规模纳税人统一标准为年应征增值税销售额 500 万元及以下。

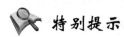
特别提示

应征增值税销售额是指纳税人在连续不超过 12 个月的经营期内累计应征增值税销售额，包括纳税申报销售额、稽查查补销售额、纳税评估调整销售额、税务机关代开发票销售额和免税销售额。其中稽查查补销售额和纳税评估调整销售额计入查补税款申报当月的销售额，不计入税款所属期的销售额。

（二）特殊规定

年应税销售额超过小规模纳税人标准的其他个人按小规模纳税人纳税；年应税销售额超过规定标准但不经常发生应税行为的单位和个体工商户，以及非企业性单位、不经常发生应税行为的企业，可选择按照小规模纳税人纳税。

兼有销售货物、提供加工修理修配劳务以及应税服务，且不经常发生应税行为的单位和个体工商户可选择按照小规模纳税人纳税。

（三）小规模纳税人的管理

小规模纳税人实行简易办法征收增值税。

小规模纳税人（其他个人除外）发生增值税应税行为，需要开具增值税专用发票的，可以自愿使用增值税发票管理系统自行开具。选择自行开具增值税专用发票的小规模纳税人，税务机关不再为其代开增值税专用发票。

四、一般纳税人的认定及管理

（一）一般纳税人的认定范围

（1）增值税纳税人，年应税销售额超过财政部、国家税务总局规定的小规模纳税人标准的（即超过500万元），除另有规定，应当向主管税务机关办理一般纳税人登记。

纳税申报销售额是指纳税人自行申报的全部应征增值税销售额，其中包括免税销售额和税务机关代开发票销售额。

销售服务、无形资产或者不动产有扣除项目的纳税人，其应税行为年应税销售额按未扣除之前的销售额计算。纳税人偶然发生的销售无形资产、转让不动产的销售额，不计入应税行为年应税销售额。

（2）年应税销售额未超过规定标准的纳税人，会计核算健全，能够提供准确税务资料的，可以向主管税务机关办理一般纳税人登记。

（3）纳税人兼有销售货物、提供加工修理修配劳务和销售服务、无形资产、不动产和金融商品的，应税货物及劳务销售额与应税行为销售额分别计算，分别适用增值税一般纳税人登记标准，其中有一项销售额超过规定标准，就应当按照规定办理增值税一般纳税人登记相关手续。

（4）下列纳税人不办理一般纳税人资格认定。

①按照政策规定，选择按照小规模纳税人纳税的。

②年应税销售额超过规定标准的其他个人。其他个人指自然人。

纳税人登记为一般纳税人后，不得转为小规模纳税人，国家税务总局另有规定的除外。

（5）自2015年4月1日起，增值税一般纳税人资格实行登记制，登记事项由增值税纳税人向其主管税务机关办理。

（6）纳税人自一般纳税人生效之日起，按照增值税一般计税方法计算应纳税额，并可以按照规定领用增值税专用发票，财政部、国家税务总局另有规定的除外。

生效之日是指纳税人办理登记的当月1日或者次月1日，由纳税人在办理登记手续时自行选择。

扩展阅读2.2：《增值税一般纳税人登记管理办法》（国家税务总局令第43号）

（二）一般纳税人纳税辅导期管理

（1）纳税辅导期管理的类型。主管税务机关可以在一定期限内对下列一般纳税人实行纳税辅导期管理。

①按照认定办法规定新认定为一般纳税人的小型商贸批发企业。

②国家税务总局规定的其他一般纳税人。

（2）纳税辅导期管理的期限。新认定为一般纳税人的小型商贸批发企业实行纳税辅导期管理的期限为3个月；其他一般纳税人实行纳税辅导期管理的期限为6个月。

一般纳税人纳税辅导期管理类型、范围与期限见表2-4。

（3）纳税辅导期进项税额的抵扣。辅导期纳税人取得的增值税专用发票（简称专用发票）抵扣联、海关进口增值税专用缴款书以及运输费用结算单据应当在交叉稽核比对无误后，方可抵扣进项税额。

表 2-4　一般纳税人纳税辅导期管理类型、范围与期限

类　型	具体范围	期　限
按规定新认定为一般纳税人的小型商贸批发企业	注册资金≤80 万元、职工人数≤10 人的批发企业	3 个月
国家税务总局规定的其他一般纳税人	具有下列情形之一的一般纳税人： （1）增值税偷税数额占应纳税额的 10%以上并且偷税数额在 10 万元以上； （2）骗取出口退税； （3）虚开增值税扣税凭证； （4）国家税务总局规定的其他情形	6 个月

（4）主管税务机关对辅导纳税人实行限量限额发售专用发票。实行纳税辅导期管理的小型商贸批发企业，领购专用发票的最高开票限额不得超过 10 万元；其他一般纳税人专用发票最高开票限额应根据企业实际经营情况重新核定。

辅导期纳税人专用发票的领购实行按次限量控制，主管税务机关可根据纳税人的经营情况核定每次专用发票的供应数量，但每次发售专用发票数量不得超过 25 份。

辅导期纳税人领购的专用发票未使用完而再次领购的，主管税务机关发售专用发票的份数不得超过核定的每次领购专用发票份数与未使用完的专用发票份数的差额。

（5）辅导期纳税人一个月内多次领购专用发票的，应从当月第二次领购专用发票起，按照上一次已领购并开具的专用发票销售额的 3%预缴增值税，未预缴增值税的，主管税务机关不得向其发售专用发票。

预缴增值税时，纳税人应提供已领购并开具的专用发票记账联，主管税务机关根据其提供的专用发票记账联计算应预缴的增值税。

辅导期纳税人按规定预缴的增值税可在本期增值税应纳税额中抵减，抵减后预缴增值税仍有余额的，可抵减下期再次领购专用发票时应当预缴的增值税。

扩展阅读 2.3：《增值税一般纳税人纳税辅导期管理办法》（国税发〔2010〕40 号）

纳税辅导期结束后，纳税人因增购专用发票发生的预缴增值税有余额的，主管税务机关应在纳税辅导期结束后的第一个月内，一次性退还纳税人。

（三）一般纳税人转登记为小规模纳税人

一般纳税人的单位和个人转登记为小规模纳税人需要满足的条件期限及转登记后常遇问题的处理。

1. 条件与期限

（1）转登记日前连续 12 个月（以 1 个月为一个纳税期）或者连续 4 个季度（以 1 个季度为一个纳税期）累计应征增值税销售额（以下称应税销售额）未超过 500 万元的一般纳税人。

（2）期限：在 2019 年 12 月 31 日前，可选择转登记为小规模纳税人。

2. 纳税处理

一般纳税人转登记为小规模纳税人后，自转登记日的下期起，按照简易计税方法计算缴纳增值税；转登记日当期仍按照一般纳税人的有关规定计算缴纳增值税。

3. 转登记之后

自转登记日的下期起连续不超过 12 个月或者连续不超过 4 个季度的经营期内，转登记纳税人应税销售额超过财政部、国家税务总局规定的小规模纳税人标准的，应当向主管税务机关办理一般纳税人登记。

需要明确的是，纳税人是否由一般纳税人转为小规模纳税人，由其自主选择。自转登记日的下期起连续不超过 12 个月或者连续不超过 4 个季度的经营期内，转登记纳税人应税销售额超过财政部、国家税务总局规定的小规模纳税人标准的，应当按照《增值税一般纳税人登记管理办法》的有关规定，向主管税务机关办理一般纳税人登记。转登记纳税人按规定再次登记为一般纳税人后，不得再转登记为小规模纳税人。

【例 2-2·多选题】 根据增值税纳税人登记管理的规定，下列说法正确的有（   ）。
A. 个体工商户年应税销售额超过小规模纳税人标准的，不能申请登记为一般纳税人
B. 增值税纳税人应税销售额超过小规模纳税人标准的，除另有规定外，应当向主管税务机关办理一般纳税人登记
C. 非企业性单位、不经常发生应税行为的企业，可以选择按照小规模纳税人纳税
D. 纳税人登记时所依据的年应纳税额，不包括税务机关代开发票的销售额
E. 纳税人偶然发生的销售无形资产、转让不动产的销售额，不计入应税行为年应税销售额

【答案】 BCE
【解析】 选项 A，个体工商户年应税销售额超过小规模纳税人标准的，可以申请登记为一般纳税人；选项 D，年应税销售额包括纳税申报销售额、稽查查补销售额、纳税评估调整销售额，其中，纳税申报销售额中包括免税销售额和税务机关代开发票销售额。

第三节 征 税 范 围

一、我国现行增值税征税范围的一般规定

（一）销售货物

销售货物是指有偿转让货物的所有权。货物是指有形动产，包括电力、热力、气体在内。

电力公司向发电企业收取的过网费，应当征收增值税。

（二）销售劳务

劳务是指提供加工、修理修配劳务。主要包括：
（1）加工是指受托加工货物，即委托方提供原料及主要材料，受托方按照委托方的要求，制造货物并收取加工费的业务。
（2）修理修配是指受托对损伤和丧失功能的货物进行修复，使其恢复原状和功能的业务。
（3）提供加工、修理修配劳务（统称应税劳务）是指有偿提供加工、修理修配劳务。有偿是指从购买方取得货币、货物或者其他经济利益。

（三）销售服务

1. 交通运输服务

交通运输服务是指利用运输工具将货物或者旅客送达目的地，使其空间位置得到转移的业务活动，包括陆路运输服务、水路运输服务、航空运输服务和管道运输服务，具体内容如表2-5所示。

表2-5　交通运输服务

行　　业	应税服务	具 体 内 容
交通运输服务	陆路运输服务	包括铁路、公路、缆车、索道、地铁、城市轨道、出租车运输等
	水路运输服务	远洋运输的程租、期租业务，属于水路运输服务
	航空运输服务	航空运输的湿租业务、航天运输，属于航空运输服务
	管道运输服务	通过管道输送气体、液体、固体物质

 特别提示

（1）出租车公司向使用本公司自有出租车的出租车司机收取的管理费用，按照陆路运输服务项目缴纳增值税。

（2）自2018年1月1日起，纳税人已售票但客户逾期未消费相关政策如表2-6所示。

表2-6　纳税人已售票但客户逾期未消费相关政策

情　　形	相　关　政　策
纳税人已售票但客户逾期未消费取得的运输逾期票证收入	按照交通运输服务项目缴纳增值税
纳税人为客户办理退票而向客户收取的退票费、手续费等收入	按照其他现代服务项目缴纳增值税

2. 邮政服务

邮政服务是指中国邮政集团公司及其所属邮政企业提供邮件寄递、邮政汇兑和机要通信等邮政基本服务的业务活动，包括邮政普遍服务、邮政特殊服务和其他邮政服务，具体内容如表2-7所示。

扩展阅读2.4：关于运输工具舱位承包和舱位互换业务

表2-7　邮政服务

行　　业	应税服务	具 体 内 容
邮政服务	邮政普遍服务	函件、包裹等邮件寄递，以及邮票发行、报刊发行和邮政汇总等
	邮政特殊服务	义务兵平常信函、机要通信、盲人读物和革命烈士遗物的寄递等

3. 电信服务

电信服务是指利用有线、无线的电磁系统或者光电系统等各种通信网络资源，提供语音通话服务，传送、发射、接收或者应用图像、短信等电子数据和信息的业务活动，包括基础电信服务和增值电信服务，具体内容如表2-8所示。

4. 建筑服务

建筑服务是指各类建筑物、构筑物及其附属设施的建造、修缮、装饰，线路、管道、设备、设施等的安装以及其他工程作业的业务活动，包括工程服务、安装服务、修缮服务、装饰服务和其他建筑服务，具体内容如表2-9所示。

表2-8 电信服务

行业	应税服务	具体内容
电信服务	基础电信服务	利用固网、移动网、卫星、互联网提供语音通话服务，以及出租或者出售宽带、波长等网络元素
	增值电信服务	提供短信和彩信服务、电子数据和信息的传输及应用服务、互联网接入服务等

表2-9 建筑服务

行业	应税服务	具体内容
建筑服务	工程服务	新建、改建各种建筑物、构筑物的工程作业
	安装服务	包括固话、有线电视、宽带、水、电、燃气、暖气等经营者向用户收取的安装费、初装费、开户费、扩容费以及类似收费
	修缮服务	对建筑物进行修补、加固、养护、改善
	装饰服务	修饰装修使之美观或特定用途的工程
	其他建筑服务	如钻井（打井）、拆除建筑物、平整土地、园林绿化等

特别提示

（1）物业服务企业为业主提供的装修服务，按照"建筑服务"缴纳增值税。
（2）纳税人将建筑施工设备出租给他人使用并配备操作人员，按"建筑服务"缴纳增值税。

5. 现代服务

现代服务是指围绕制造业、文化产业、现代物流产业等提供技术性、知识性服务的业务活动，包括研发和技术服务、信息技术服务、文化创意服务、物流辅助服务、租赁服务、鉴证咨询服务、广播影视服务、商务辅助服务和其他，具体内容如表2-10所示。

表2-10 现代服务

行业	应税服务	具体内容
现代服务	研发和技术服务	包括研发服务、合同能源管理服务、工程勘察勘探服务、专业技术服务（如气象服务、地震服务、海洋服务、测绘服务、城市规划服务、环境与生态监测服务等）
	信息技术服务	包括软件服务、电路设计及测试服务、信息系统服务、业务流程管理服务
	文化创意服务	包括设计服务、知识产权服务、广告服务和会议展览服务
	物流辅助服务	包括航空服务、港口码头服务、货运客运场站服务、打捞救助服务、装卸搬运服务、仓储服务、收派服务
	租赁服务	形式包括融资租赁和经营性租赁，范围包括动产和不动产 经营性租赁中： （1）远洋运输的光租业务、航空运输的干租业务 （2）将不动产或飞机、车辆等动产的广告位出租给其他单位或个人用于发布广告 （3）车辆停放服务、道路通行服务（包括过路费、过桥费、过闸费等）
	鉴证咨询服务	包括认证服务、鉴证服务和咨询服务，如会计税务法律鉴证、工程监理、资产评估、环境评估、房地产土地评估、建筑图纸审核、医疗事故鉴定等。 翻译服务、市场调查服务按照咨询服务缴纳增值税

续表

行　业	应税服务	具 体 内 容
	广播影视服务	包括广播影视节目（作品）的制作服务、发行服务、播映（含放映）服务
	商务辅助服务	包括企业管理服务、经纪代理服务、人力资源服务、安全保护服务（如金融代理、知识产权代理、货物运输代理、代理报关、法律代理、房地产中介、婚姻中介、代理记账、拍卖等）
	其他	纳税人安装运行后的电梯提供的维修保养服务；为客户办理退票而向客户收取的退票费、手续费等

6. 生活服务

生活服务包括文化体育服务、教育医疗服务、旅游娱乐服务、餐饮住宿服务、居民日常服务和其他，具体内容如表 2-11 所示。

表 2-11　生活服务

行　业	应税服务	具 体 内 容
生活服务	文化体育服务	包括文艺表演、比赛，档案馆的档案管理，文物及非物质遗产保护，提供游览场所等 纳税人在游览场所经营索道、摆渡车、电瓶车、游船等取得的收入，按照"文化体育服务"缴纳增值税
	教育医疗服务	教育服务，是指提供学历教育服务、非学历教育服务、教育辅助服务的业务活动
	旅游娱乐服务	包括旅游服务和娱乐服务
	餐饮住宿服务	纳税人以长（短）租形式出租酒店式公寓并提供配套服务的，按照住宿服务缴纳增值税 提供餐饮服务的纳税人销售的外卖食品
	居民日常服务	包括市容市政管理、家政、婚庆、养老、殡葬、护理、美容美发、按摩、桑拿、沐浴、洗染、摄影扩印等服务
	其他	植物养护服务等

【例 2-3·单选题】（2019 年注会）出租车公司向使用本公司自有出租车的司机收取管理费用，应缴纳增值税，该业务属于增值税征税范围中的（　　）。

A. 物流辅助服务　　　　　　　B. 交通运输服务
C. 居民日常服务　　　　　　　D. 商务辅助服务

【答案】　B

【解析】出租车公司向使用本公司自有出租车的出租车司机收取的管理费用，按照陆路运输服务项目缴纳增值税。

（四）销售无形资产

销售无形资产是指转让无形资产所有权或者使用权的业务活动。无形资产是指不具实物形态，但能带来经济利益的资产，包括技术、商标、著作权、商誉、自然资源使用权和其他权益性无形资产。

（1）技术包括专利技术和非专利技术。

（2）自然资源使用权包括土地使用权、海域使用权、探矿权、采矿权、取水权和其他自然资源使用权。

（3）其他权益性无形资产包括基础设施资产经营权、公共事业特许权、配额、经营权（包括特许经营权、连锁经营权、其他经营权）、经销权、分销权、代理权、会员权、席位权、网络游戏虚拟道具、域名、名称权、肖像权、冠名权、转会费等。

（五）销售不动产

销售不动产是指转让不动产所有权的业务活动。不动产是指不能移动或者移动后会引起性质、形状改变的财产，包括建筑物、构筑物等。

转让建筑物有限产权或者永久使用权的，转让在建的建筑物或者构筑物所有权的，以及在转让建筑物或者构筑物时一并转让其所占土地的使用权的，按照销售不动产项目缴纳增值税。

（六）金融服务

金融服务是指经营金融保险的业务活动，包括贷款服务、直接收费金融服务、保险服务和金融商品转让，具体内容如表2-12所示。

表2-12 金融服务

行业	应税服务	具体内容
金融服务	贷款服务	各种占用、拆借资金（取得收入），以及融资性售后回租、罚息、票据贴现、转贷等业务（取得利息）
	直接收费金融服务	包括提供信用卡管理、基金管理、金融交易所管理、资金结算、资金清算等服务
	保险服务	包括人身保险服务和财产保险服务
	金融商品转让	包括转让外汇、有价证券、非货物期货和其他金融商品所有权的业务活动

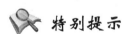
特别提示

（1）融资性售后回租取得的利息及利息性质的收入，按照贷款服务缴纳增值税。融资性售后回租是指承租方以融资为目的，将资产出售给从事融资性售后回租业务的企业后，从事融资性售后回租业务的企业将该资产出租给承租方的业务活动。

（2）以货币资金投资收取的固定利润或者保底利润，按照贷款服务项目缴纳增值税。

（3）纳税人转让因同时实施股权分置改革和重大资产重组而首次公开发行股票并上市形成的限售股，以及上市首日至解禁日期间由上述股份孳生的送、转股，以该上市公司股票上市首日开盘价为买入价，按照"金融商品转让"缴纳增值税。

【例2-4·单选题】（2018年注会）金融企业提供金融服务取得的下列收入中，按"贷款服务"缴纳增值税的有（ ）。

A. 以货币资金投资收取的保底利润
B. 融资性售后回租业务取得的利息收入
C. 买入返售金融商品利息收入
D. 金融商品持有期间取得的非保本收益

【答案】 ABC

【解析】 金融商品持有期间（含到期）利息（保本收益、报酬、资金占用费、补偿金等）收入、信用卡透支利息收入、买入返售金融商品利息收入、融资融券收取的利息收入，以及融资性售后回租、押汇、罚息、票据贴现、转贷等业务取得的利息及利息性质的收入，按照"贷款服务"缴纳增值税。

（七）进口货物

进口货物是指申报进入我国海关境内的货物。

（八）境内销售的界定

（1）境内销售货物，是指货物的起运地或者所在地在境内。

（2）境内销售界定如表 2-13 所示。

表 2-13　境内销售界定

销售货物	销售货物的起运地或者所在地在境内
加工、修理修配劳务	提供的应税劳务发生在境内
销售服务、无形资产或不动产	服务（租赁不动产除外）或者无形资产（自然资源使用权除外）的销售方或者购买方在境内
	所销售或者租赁的不动产在境内
	所销售自然资源使用权的自然资源在境内

（3）下列情形不属于在境内提供销售服务或无形资产。

①境外单位或者个人向境内单位或者个人销售完全在境外发生的服务。

②境外单位或者个人向境内单位或者个人销售完全在境外使用的无形资产。

③境外单位或者个人向境内单位或者个人出租完全在境外使用的有形动产。

二、对视同销售货物行为的征税规定

（一）视同销售货物

（1）将货物交付其他单位或者个人代销。

（2）销售代销货物。

（3）设有两个以上机构并实行统一核算的纳税人，将货物从一个机构移送其他机构用于销售，但相关机构设在同一县（市）的除外。

（4）将自产或者委托加工的货物用于集体福利或者个人消费。

（5）将自产、委托加工或者购进的货物作为投资，提供给其他单位或者个体工商户。

（6）将自产、委托加工或者购进的货物分配给股东或者投资者。

（7）将自产、委托加工或者购进的货物无偿赠送其他单位或者个人。

（二）视同销售服务、无形资产或者不动产

（1）单位或者个体工商户向其他单位或者个人无偿提供服务，但用于公益事业或者以社会公众为对象的除外。

（2）单位或者个人向其他单位或者个人无偿转让无形资产或者不动产，但用于公益事业或者以社会公众为对象的除外。

（3）财政部和国家税务总局规定的其他情形。

纳税人出租不动产，租赁合同中约定免租期的，不属于视同销售服务。

三、对混合销售行为和兼营行为的征税规定

（一）混合销售

一项销售行为如果既涉及货物又涉及服务，为混合销售。从事货物的生产、批发或者零售的单位和个体工商户的混合销售行为，按照销售货物项目缴纳增值税；其他单位和个体工商户的混合销售行为，按照销售服务项目缴纳增值税。

上述从事货物的生产、批发或者零售的单位和个体工商户，包括以从事货物的生产、批发或者零售为主，并兼营销售服务的单位和个体工商户在内。

（二）兼营

兼营是指纳税人的经营范围包括适用不同税率或征收率的应税项目，或者涉及增值税的不同应税项目。但是，不同的应税项目不同时发生在同一项销售行为中。例如，某药店除销售药品，还提供医疗服务，医疗服务即属于药店兼营的不同税率或征收率的应税项目。

纳税人兼营适用不同税率或征收率的增值税应税项目的，应分别核算货物或者应税劳务的销售额和非增值税应税项目的营业额；未分别核算的，从高适用税率或征收率。

（三）混合销售与兼营的异同点及其税务处理的规定

混合销售与兼营的相同点是：两种行为的经营范围都包括适用不同税率或征收率的增值税应税项目。

混合销售与兼营的区别是：混合销售强调的是在同一项销售行为中存在两类经营项目的混合，销售货款及劳务价款是同时从一个购买方取得的；兼营强调的是在同一纳税人的经营活动中存在两类经营项目，但这两类经营项目不在同一项销售行为中发生。

混合销售与兼营在税务处理上的规定不同。混合销售只按一个增值税税率或征收率征税。兼营的纳税原则是分别核算、分别征税，即对适用不同税率或征收率的增值税应税项目按其对应税目征税。对兼营行为不分别核算的，从高适用税率或征收率。

特别提示

自2017年5月1日起，纳税人销售活动板房、机器设备、钢结构件等自产货物的同时提供建筑、安装服务，不属于混合销售，按照兼营的有关规定，分别核算机器设备和安装服务的销售额，分别适用不同的税率或征收率。

四、征税范围的特别规定

（一）其他按规定属于增值税征税范围的规定

（1）货物期货（包括商品期货和贵金属期货），应当征收增值税。

（2）银行销售金银的业务，应当征收增值税。

（3）典当业的死当物品销售业务和寄售业代委托人销售寄售物品的业务，均应征收增值税。

（4）邮政部门销售集邮邮票、首日封，应当征收增值税。

（5）缝纫，应当征收增值税。

（6）印刷企业接受出版单位委托，自行购买纸张，印刷有统一刊号（CN）以及采用国际标准书号编序的图书、报纸和杂志，按照销售货物项目征收增值税。

（7）电力公司利用自身电网为发电企业输送电力过程中，需要利用输变电设备进行调压，属于提供加工劳务。电力公司向发电企业收取的过网费，应当征收增值税。

（8）供电企业利用自身输变电设备对并入电网的企业自备电厂生产的电力产品进行电压调节，属于提供加工劳务。对于上述供电企业进行电力调压并按电量向电厂收取的并网服务费，应当征收增值税。

（9）纳税人转让土地使用权或者销售不动产的同时一并销售的附着于土地或者不动产上的固定资产，应分别核算增值税应税货物和不动产的销售额，未分别核算或核算不清的，从高适用税率（征收率），计算缴纳增值税。

（二）特殊销售的征税规定

1. 执罚部门和单位查处的商品

（1）属于一般商业部门经营的商品，具备拍卖条件的，由执罚部门或单位商同级财政部门同意后，公开拍卖。其拍卖收入作为罚没收入由执罚部门和单位如数上缴财政，不予征税。

（2）对经营单位购入拍卖物品再销售的，应照章征收增值税。

2. 预付卡业务的征税规定

（1）单用途商业预付卡的增值税规定。

发卡或售卡企业：销售单用途卡，或接受单用途卡持卡人充值取得的预收资金，不缴纳增值税，不得开具增值税专用发票。因发行或者销售单用途卡并办理相关资金收付结算业务取得的手续费、结算费、服务费、管理费等收入，应按照现行规定缴纳增值税。

销售方：持卡人使用单用途卡购买货物或服务时，货物或者服务的销售方应按照现行规定缴纳增值税。

（2）多用途商业预付卡的增值税规定。

支付机构：销售多用途卡、接受多用途卡充值，不缴纳增值税，不得开具增值税专用发票。因发行或者受理多用途卡并办理相关资金收付结算业务取得的手续费、结算费、服务费、管理费等收入，应按照现行规定缴纳增值税。

特约商户（销售方）：持卡人使用多用途卡购买货物或服务，销售方应按照现行规定缴纳增值税，且不得向持卡人开具增值税发票。

特约商户：收到支付机构结算的销售款时，应向支付机构开具增值税普通发票。

3. 发售加油卡、加油凭证销售成品油的增值税处理

发售加油卡、加油凭证销售成品油的纳税人在售卖加油卡、加油凭证时，应按预收账款方法做相关账务处理，不征收增值税。

(三)不征收增值税的货物和收入

(1)代为收取的同时满足以下条件的政府性基金或者行政事业性收费。由国务院或者财政部批准设立的政府性基金,由国务院或者省级人民政府及其财政、价格主管部门批准设立的行政事业性收费,收取时开具省级以上(含省级)财政部门监(印)制的财政票据,所收款项全额上缴财政。

(2)单位或者个体工商户聘用的员工为本单位或者雇主提供取得工资的服务。

(3)单位或者个体工商户为员工提供应税服务。

(4)各党派、共青团、工会、妇联、中科协、青联、台联、侨联收取党费、团费、会费,以及政府间国际组织收取会费,属于非经营活动,不征收增值税。

(5)存款利息。

(6)被保险人获得的保险赔付。

(7)国务院财政、税务主管部门规定的其他情形。

①纳税人根据国家指令无偿提供的铁路运输服务、航空运输服务,属于以公益活动为目的的服务,不征收增值税。

②房地产主管部门或者其指定机构、公积金管理中心、开发企业以及物业管理单位代收的住宅专项维修资金,不征收增值税。

③纳税人在资产重组过程中,通过合并、分立、出售、置换等方式,将全部或者部分实物资产以及与其相关联的债权、负债和劳动力一并转让给其他单位和个人,不属于增值税的征税范围,其中涉及的货物转让,不动产、土地使用权转让行为,不征收增值税。

④自2020年1月1日起,纳税人取得的财政补贴收入与其销售货物、劳务、服务、无形资产、不动产的收入或者数量直接挂钩的,应按规定计算缴纳增值税。纳税人取得的其他情形的财政补贴收入不属于增值税应税收入,不征收增值税。

纳税人2020年1月1日后收到2019年12月31日以前销售新能源汽车对应的中央财政补贴收入,无须缴纳增值税。

第四节 税　　率

一、我国增值税税率

为贯彻落实党中央、国务院决策部署,推进增值税实质性减税,增值税一般纳税人适用税率不断调低。我国目前采用三档税率和零税率形式。

(一)基本税率

纳税人销售货物、劳务、有形动产租赁服务或者进口货物,适用税率13%。这一税率就是通常所说的基本税率。

(二)较低税率

纳税人销售交通运输、邮政、基础电信、建筑、不动产租赁服务,销售不动产,转让土地使用权,销售或者进口税法列举的下列货物,适用9%的低税率。

（1）粮食等农产品、食用植物油、食用盐。

（2）自来水、暖气、冷气、热水、煤气、石油液化气、天然气、二甲醚、沼气、居民用煤炭制品。

（3）图书、报纸、杂志、音像制品、电子出版物。

（4）饲料、化肥、农药、农机、农膜。

（5）国务院规定的其他货物。

（三）低税率

纳税人销售服务、无形资产以及增值电信服务，适用6%的低税率。

（四）零税率

纳税人出口货物或者境内单位和个人销售国务院规定范围内的服务、无形资产，税率为零。但是国务院另有规定的除外。

（五）其他规定

（1）纳税人兼营不同税率的货物或者应税劳务的，应当分别核算不同税率货物或者应税劳务的销售额。未分别核算销售额的，从高适用税率。

（2）试点纳税人销售电信服务时，附带赠送用户识别卡、电信终端等货物或者电信服务，应将其取得的全部价款和价外费用进行分别核算，按各自适用的税率计算缴纳增值税。

自2019年4月1日起的增值税税率如表2-14所示。

表2-14　增值税税率

税率类型	税率	适用范围
基本税率	13%	销售货物、劳务、有形动产租赁服务或者进口货物
低税率	9%	销售交通运输、邮政、基础电信、建筑、不动产租赁服务，销售不动产，转让土地使用权，销售或者进口税法列举的货物
	6%	销售服务、无形资产（转让土地使用权除外，含纳税人通过省级土地行政主管部门设立的交易平台转让补充耕地指标），以及增值电信服务
零税率	0	出口货物或者境内单位和个人销售国务院规定范围内的服务、无形资产

二、适用9%较低税率货物的具体范围

（一）农业产品

农业产品是指种植业、养殖业、林业、牧业、水产业生产的各种植物、动物的初级产品。农业产品的征税范围如下。

1. 植物类

植物类包括人工种植和天然生长的各种植物的初级产品。具体征税范围如下。

（1）粮食。本货物的征税范围包括小麦、稻谷、玉米、高粱、谷子和其他杂粮（如大麦、燕麦等），以及经碾磨、脱壳等工艺加工后的粮食（如面粉、米、玉米面、玉米楂等）。

切面、饺子皮、馄饨皮、面皮、米粉等粮食复制品，也属于本货物的征税范围。

根据现行增值税政策规定，玉米胚芽属于《农业产品征税范围注释》中初级农产品的范围，适用9%的增值税税率；玉米浆、玉米皮、玉米纤维（又称喷浆玉米皮）和玉米蛋白粉不属于初级农产品，也不属于《财政部、国家税务总局关于饲料产品免征增值税问题的通知》中免税饲料的范围，适用13%的增值税税率。

以粮食为原料加工的速冻食品、方便面、副食品和各种熟食品，不属于本货物的征税范围。

（2）蔬菜。本货物的征税范围包括各种蔬菜、菌类植物和少数可做副食的木本植物。

经晾晒、冷藏、冷冻、包装、脱水等工序加工的蔬菜、腌菜、咸菜、酱菜和盐渍蔬菜等，也属于本货物的征税范围。

各种蔬菜罐头（罐头是指以金属罐、玻璃瓶和其他材料包装，经排气密封的各种食品）不属于本货物的征税范围。

（3）烟叶。本货物的征税范围包括晒烟叶、晾烟叶和初烤烟叶。

（4）茶叶。本货物的征税范围包括各种毛茶（如红毛茶、绿毛茶、乌龙毛茶、白毛茶、黑毛茶等）。

精制茶、边销茶及掺兑各种药物的茶和茶饮料，不属于本货物的征税范围。

（5）园艺植物。园艺植物如水果、果干（如荔枝干、桂圆干、葡萄干等）、干果、果仁、果用瓜（如甜瓜、西瓜、哈密瓜等），以及胡椒、花椒、大料、咖啡豆等。

经冷冻、冷藏、包装等工序加工的园艺植物，也属于本货物的征税范围。

各种水果罐头，果脯，蜜饯，炒制的果仁、坚果，碾磨后的园艺植物（如胡椒粉、花椒粉等），不属于本货物的征税范围。

（6）药用植物。药用植物是指用作中药原药的各种植物的根、茎、皮、叶、花、果实等。

利用上述药用植物加工制成的片、丝、块、段等中药饮片，也属于本货物的征税范围。

中成药不属于本货物的征税范围。

（7）油料植物。油料植物是指主要用作榨取油脂的各种植物的根、茎、叶、果实、花或者胚芽组织等初级产品，如菜籽（包括芥菜籽）、花生、大豆、葵花子、蓖麻子、芝麻子、胡麻子、茶子、桐子、橄榄仁、棕榈仁、棉籽等。

提取芳香油的芳香油料植物，也属于本货物的征税范围。

（8）纤维植物。如棉（包括籽棉、皮棉、絮棉）、大麻、黄麻、槿麻、苎麻、茼麻、亚麻、罗布麻、蕉麻、剑麻等。

棉短绒和麻纤维经脱胶后的精干（洗）麻，也属于本货物的征税范围。

（9）糖料植物。糖料植物是指主要用作制糖的各种植物，如甘蔗、甜菜等。

（10）林业产品。征税范围包括原木、原竹、天然树脂、其他林业产品。

盐水竹笋也属于本货物的征税范围。锯材、竹笋罐头不属于本货物的征税范围。

（11）其他植物。如树苗、花卉、植物种子、植物叶子、草、麦秸、豆类、薯类、藻类植物等。

干花、干草、薯干、干制的藻类植物，农业产品的下脚料等，也属于本货物的征税范围。

2. 动物类

具体征税范围如下。

（1）水产品。本货物的征税范围包括鱼、虾、蟹、鳖、贝类、棘皮类、软体类、腔肠类、海兽类、鱼苗（卵）、虾苗、蟹苗、贝苗（秧），以及经冷冻、冷藏、盐渍等防腐处理和包装的水产品。

干制的鱼、虾、蟹、贝类、棘皮类、软体类、腔肠类，如干鱼、干虾、干虾仁、干贝等，以及未加工成工艺品的贝壳、珍珠，也属于本货物的征税范围。

熟制的水产品和各类水产品的罐头，不属于本货物的征税范围。

（2）畜牧产品。本货物的征税范围如下。

①兽类、禽类和爬行类动物，如牛、马、猪、羊、鸡、鸭等。

②兽类、禽类和爬行类动物的肉产品，包括整块或者分割的鲜肉、冷藏或者冷冻肉、盐渍肉，兽类、禽类和爬行类动物的内脏、头、尾、蹄等组织。

各种兽类、禽类和爬行类动物的肉类生制品，如腊肉、腌肉、熏肉等，也属于本货物的征税范围。

各种肉类罐头、肉类熟制品，不属于本货物的征税范围。

③蛋类产品。包括鲜蛋、冷藏蛋。

经加工的咸蛋、松花蛋、腌制的蛋等，也属于本货物的征税范围。

各种蛋类的罐头不属于本货物的征税范围。

④鲜奶。用鲜奶加工的各种奶制品，如酸奶、奶酪、奶油等，不属于本货物的征税范围。

（3）动物皮张。动物皮张是指从各种动物（兽类、禽类和爬行类动物）身上直接剥取的，未经鞣制的生皮、生皮张。

将生皮、生皮张用清水、盐水或者防腐药水浸泡、刮里、脱毛、晒干或者熏干，未经鞣制的，也属于本货物的征税范围。

（4）动物毛绒。动物毛绒是指未经洗净的各种动物的毛发、绒发和羽毛。洗净毛、洗净绒等不属于本货物的征税范围。

（5）其他动物组织。其他动物组织是指上述列举以外的兽类、禽类、爬行类动物的其他组织，以及昆虫类动物。

①蚕茧，包括鲜茧和干茧，以及蚕蛹。

②天然蜂蜜，是指采集的未经加工的天然蜂蜜、鲜蜂王浆等。

③动物树脂，如虫胶等。

④其他动物组织，如动物骨、壳、兽角、动物血液、动物分泌物、蚕种等。

（二）食用植物油

食用植物油仅指芝麻油、花生油、豆油、菜籽油、米糠油、葵花籽油、棉籽油、玉米胚油、茶油、胡麻油，以及以上述油为原料生产的混合油。棕榈油、核桃油、橄榄油、花椒油、牡丹籽油，也属于本货物的征税范围。

皂角不属于食用植物油，应按照13%的税率征收增值税。

肉桂油、桉油、香茅油不属于农业产品的征税范围，其增值税适用税率为13%。

环氧大豆油、氢化植物油不属于食用植物油的征税范围，应适用13%增值税税率。

（三）自来水

农业灌溉用水、引水工程输送的水等，不属于本货物的征税范围。

（四）暖气、热水

利用工业余热生产、回收的暖气、热气和热水，也属于本货物的征税范围。

（五）冷气

（六）煤气

煤气的范围包括焦炉煤气、发生炉煤气、液化煤气。

（七）石油液化气

（八）天然气

天然气包括气田天然气、油田天然气、煤矿天然气和其他天然气。

（九）沼气

沼气包括天然沼气和人工生产的沼气。

（十）居民用煤炭制品

居民用煤炭制品是指煤球、煤饼、蜂窝煤和引火炭。

（十一）图书、报纸、杂志

其还包括国内印刷企业承印的经新闻出版主管部门批准印刷且采用国际标准书号编序的境外图书。

（十二）饲料

本货物的范围包括免征增值税饲料产品和直接用于动物饲养的粮食、饲料添加剂以外的其他饲料。

免税饲料产品的范围包括单一大宗饲料、混合饲料、配合饲料、复合预混料、浓缩饲料。

直接用于动物饲养的粮食、饲料添加剂适用13%的增值税税率。

（十三）化肥

化肥的范围包括化学氮肥、磷肥、钾肥、复合肥料、微量元素肥及其他肥料。

（十四）农药

农药包括农药原药和农药制剂，如杀虫剂、杀菌剂、除草剂、植物生长调节剂、植物性农药、微生物农药、卫生用药、其他农药原药、制剂等。

用于人类日常生活的各种类型包装的日用卫生用药（如卫生杀虫剂、驱虫剂、驱蚊剂、蚊香、消毒剂等），不属于本货物的征税范围，应按13%的税率征收增值税。

（十五）农膜

（十六）农机

农机的范围包括拖拉机、土壤耕整机械、农田基本建设机械、种植机械、植物保护和管理机械、收获机械、场上作业机械、排灌机械、农副产品加工机械、农业运输机械、畜牧业机械、渔业机械、林业机械、小农具。

（十七）食用盐

食用盐适用 9%的增值税税率，具体范围是指符合《食用盐》（GB 5461—2000）和《食用盐卫生标准》（GB 2721—2003）两项国家标准的食用盐。

扩展阅读 2.5：适用 9%较低税率货物的范围归类

（十八）音像制品

（十九）电子出版物

（二十）二甲醚

【例 2-5·单选题】（2016 年税务师改）某超市为增值税一般纳税人，20×8 年 6 月销售蔬菜取得销售收入 24 000 元，销售粮食、食用油取得销售收入 13 200 元，销售其他商品取得销售收入 98 000 元，20×8 年 6 月该超市的销项税额为（　　）。

A. 18 518.97 元　　　　B. 12 364.24 元　　　　C. 16 157.27 元　　　　D. 18 918.33 元

【答案】　B

【解析】　根据规定，免征蔬菜流通环节增值税。销项税额 = 13 200 ÷（1 + 9%）× 9% + 98 000 ÷（1 + 13%）× 13% = 12 364.24（元）。

三、零税率

（一）零税率的适用范围

（1）境内单位和个人提供的国际运输服务。国际运输服务是指在境内载运旅客或者货物出境、在境外载运旅客或者货物入境、在境外载运旅客或者货物。

（2）航天运输服务。

（3）向境外单位提供的完全在境外消费的下列服务。

①研发服务。

②合同能源管理服务。

③设计服务。

④广播影视节目（作品）的制作和发行服务。

⑤软件服务。

⑥电路设计及测试服务。

⑦信息系统服务。

⑧业务流程管理服务。

⑨离岸服务外包业务。

⑩向境外单位转让完全在境外消费的技术。完全在境外消费是指：

第一，服务的实际接受方在境外，且与境内的货物与不动产无关。

第二，无形资产完全在境外使用，且与境内的货物与不动产无关。

第三，财政部和国家税务总局规定的其他情形。

（4）程租业务、期租和湿租业务零税率的适用。境内单位和个人以无运输工具承运方式提供的国际运输服务，境内实际承运人适用增值税零税率；无运输工具承运业务的经营者适用增值税免税政策。

(5)境内单位和个人发生的与香港、澳门、台湾有关的应税行为,除另有规定外,参照上述零税率。

(二)放弃零税率的规定

境内的单位或个人销售适用增值税零税率的服务或无形资产,可以放弃适用增值税零税率,选择免税或按规定缴纳增值税。放弃适用增值税零税率后,36个月内不得再申请适用增值税零税率。

四、征收率

由于小规模纳税人会计核算不健全,无法准确核算进项税额和销项税额,在增值税征收管理中,采用简便方式,按照其销售额与规定的征收率计算缴纳增值税,不准许抵扣进项税额;对于一般纳税人生产销售的特定货物,确定征收率,适用简易计税方法征收增值税,并视不同情况采取不同的征收管理办法。

(一)小规模纳税人征收率的规定

(1)小规模纳税人增值税征收率一般为3%,但对不动产的销售与出租其征税率为5%。此外还有预征率的形式(详见本章第七节)。征收率的调整由国务院决定。

(2)小规模纳税人(除其他个人,下同)销售自己使用过的固定资产(有形动产),减按2%的征收率征收增值税。

(3)小规模纳税人销售自己使用过的固定资产以外的物品,应按3%的征收率征收增值税。

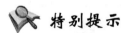
特别提示

小规模纳税人征收率适用的两种情况如下:

1. 法定征收率3%

小规模纳税人销售货物和提供应税劳务一般适用于3%的征收率。

计税公式:

$$销售额 = 含税销售额 \div (1 + 3\%)$$

$$应纳税额 = 销售额 \times 3\%$$

(1)小规模纳税人销售自己使用过的除固定资产以外的物品,应按3%的征收率征收增值税。

(2)应开具普通发票,可由税务机关代开增值税专用发票。

2. 减按2%的征收率

(1)小规模纳税人(除其他个人,下同)销售自己使用过的固定资产。

(2)小规模纳税人销售旧货。所称旧货,是指进入二次流通的具有部分使用价值的货物,但不包括自己使用过的物品。

计税公式:

$$销售额 = 含税销售额 \div (1 + 3\%)$$

$$应纳税额 = 销售额 \times 2\%$$

归 纳

小规模纳税人征收率适用情况如表 2-15 所示。

表 2-15　小规模纳税人征收率适用情况

小规模纳税人销售的标的物		征收率
自己使用过的	固定资产（动产）	减按 2%
	物品	3%
自己未使用过的	固定资产（动产）	
	旧货	减按 2%

扩展阅读 2.6：《财政部 税务总局关于支持个体工商户复工复业增值税政策的公告》（财政部 税务总局公告 2020 年第 13 号）、《财政部 税务总局关于延长小规模纳税人减免增值税政策执行期限的公告》（财政部 税务总局公告 2020 年第 24 号）及增值税税率调整汇总情况

为支持广大个体工商户在做好新冠肺炎疫情防控的同时加快复工复业，有关增值税政策的变化公告如下。

自 2020 年 3 月 1 日至 12 月 31 日，对湖北省增值税小规模纳税人，适用 3%征收率的应税销售收入，免征增值税；适用 3%预征率的预缴增值税项目，暂停预缴增值税。除湖北省外，其他省、自治区、直辖市的增值税小规模纳税人，适用 3%征收率的应税销售收入，减按 1%征收率征收增值税；适用 3%预征率的预缴增值税项目，减按 1%预征率预缴增值税。

【例 2-6·单选题】（2019 年税务师）关于小规模纳税人缴纳增值税，下列说法正确的是（　　）。

A. 销售自己使用过的不动产，以 3%征收率减按 2%计算缴纳增值税

B. 提供建筑服务，以取得的全部价款和价外费用为销售额，按照 3%征收率计算缴纳增值税

C. 出租不动产按 5%征收率计算缴纳增值税（不含个人出租住房）

销售边角料收入应按照 3%征收率减按 2%计算缴纳增值税

【答案】　C

【解析】　选项 A，销售自己使用过的不动产按照 5%的征收率计算增值税，小规模纳税人销售自己使用过的固定资产（有形动产），适用简易办法依照 3%征收率减按 2%征收增值税；选项 B，提供建筑服务，以取得的全部价款和价外费用扣除支付的分包款后的余额为销售额，按照 3%的征收率计算增值税；选项 D，小规模纳税人销售边角料收入应按照 3%的征收率计算增值税。

（二）一般纳税人按照简易办法征收增值税的征收率规定

（1）一般纳税人适用简易计税方法，增值税征收率为 3%。

（2）一般纳税人销售自己使用过的按规定不得抵扣且未抵扣进项税额的固定资产和自己未使用过的旧货，适用简易计税方法按 3%的征收率减按 2%征收增值税。

其具体内容如表 2-16 所示。

表 2-16　一般纳税人销售固定资产和旧货

一般纳税人销售的标的物			税率或征收率
自己使用过的	固定资产（动产）	不允许抵扣进项税额的	减按 2%
		允许抵扣进项税额的	法定税率
	物品		
自己未使用过的	有形动产		
	旧货		减按 2%

（3）自 2016 年 5 月 1 日起，纳税人销售、出租其 2016 年 4 月 30 日前取得的不动产，房地产开发企业销售的老项目，可以选择适用简易计税方法，按 5%的征收率计算应纳税额。其他具体规定详见本章第七节。

 归纳

一般纳税人征收率适用范围如表 2-17 所示。

表 2-17　一般纳税人征收率适用范围

适用范围	征收率
小规模纳税人缴纳增值税	3%
一般纳税人适用简易计税方法缴纳增值税（列举货物、应税服务）	
自 2016 年 5 月 1 日起，销售、出租其 2016 年 4 月 30 日前取得的不动产、土地使用权，房企销售的老项目，选择适用简易计税方法的不动产经营租赁	5%
小规模纳税人销售、出租其 2016 年 5 月 1 日后取得的不动产	

第五节　增值税的减税、免税

一、法定免税项目

（1）农业生产者销售自产农产品（初级产品）免征增值税。

（2）避孕药品和用具免征增值税。

（3）古旧图书免征增值税。

（4）直接用于科学研究、科学试验和教学的进口仪器、设备免征增值税。

（5）外国政府、国际组织无偿援助的进口物资和设备免征增值税。

（6）由残疾人组织直接进口供残疾人专用的物品免征增值税。

（7）销售自己使用过的物品免征增值税。自己使用过的物品是指其他个人使用过的物品。

除上述规定，增值税的免税、减税项目由国务院规定。任何地区、部门均不得规定免税、减税项目。

二、特定免税项目

（一）销售货物

（1）对承担粮食收储任务的国有粮食购销企业销售的粮食。

除经营军队用粮、救灾救济粮、水库移民口粮之外,其他粮食企业经营粮食一律征收增值税。

(2)自 2014 年 5 月 1 日起,粮食和大豆也实行上述政策,并可对免税业务开具增值税专用发票。

(3)政府储备食用植物油的销售免征增值税。

(4)销售饲料免征增值税。饲料产品的范围包括单一大宗饲料、混合饲料、配合饲料、复合预混料、浓缩饲料。

(5)蔬菜流通环节免征增值税。

(6)部分鲜活肉蛋产品流通环节(批发、零售)免征增值税。

(7)对供热企业向居民个人供热而取得的采暖费收入免征增值税。

免征增值税的采暖费收入,应单独核算。通过热力产品经营企业向居民供热的热力产品生产企业,应当根据热力产品经营企业实际从居民取得的采暖费收入占该经营企业采暖费总收入的比例,计算免征的增值税。

(8)铁路系统内部单位为本系统修理货车的业务免征增值税。

(二)销售服务

(1)托儿所、幼儿园提供的保育和教育服务。

(2)养老机构提供的养老服务。

(3)残疾人福利机构提供的育养服务。

(4)婚姻介绍服务。

(5)殡葬服务。

(6)残疾人员本人为社会提供的服务。

(7)学生勤工俭学提供的服务。

(8)农业机耕、排灌、病虫害防治、植物保护、农牧保险以及相关技术培训业务,家禽、牲畜、水生动物的配种和疾病防治。

自 2020 年 1 月 1 日起,动物诊疗机构提供的动物疾病预防、诊断、治疗和动物绝育手术等动物诊疗服务属于家禽、牲畜、水生动物的配种和疾病防治,免征增值税。

(9)纪念馆、博物馆、文化馆、文物保护单位管理机构、美术馆、展览馆、书画院、图书馆在自己的场所提供文化体育服务取得的第一道门票收入。

(10)寺院、宫观、清真寺和教堂举办文化、宗教活动的门票收入。

(11)福利彩票、体育彩票的发行收入。

(12)社会团体收取的会费,免征增值税。

(13)医疗机构提供的医疗服务。

对非营利性医疗机构自产自用的制剂,免征增值税。

(14)从事教育的学校提供的教育服务。

(15)军队转业干部就业。

(16)随军家属就业。

(17)符合条件的合同能源管理服务。

(18)台湾航运公司、航空公司从事海峡两岸海上直航、空中直航业务在大陆取得的运输收入。

（19）纳税人提供的直接或者间接国际货物运输代理服务。

（三）销售无形资产

（1）个人转让著作权。
（2）纳税人提供技术转让、技术开发和与之相关的技术咨询、技术服务。

（四）销售不动产及不动产租赁服务

（1）个人销售自建自用住房。
（2）涉及家庭财产分割的个人无偿转让不动产、土地使用权。
（3）个人出租住房，按照5%的征收率减按1.5%计算增值税。
（4）个人将购买的住房对外销售的税收优惠。

①个人将购买不足2年的住房对外销售的，按照5%的征收率全额缴纳增值税；个人将购买2年以上（含2年）的住房对外销售的，免征增值税。上述政策适用于北京市、上海市、广州市和深圳市之外的地区。

②个人将购买不足2年的住房对外销售的，按照5%的征收率全额缴纳增值税；个人将购买2年以上（含2年）的非普通住房对外销售的，以销售收入减去购买住房价款后的差额按照5%的征收率缴纳增值税；个人将购买2年以上（含2年）的普通住房对外销售的，免征增值税。上述政策适用于北京市、上海市、广州市和深圳市。

（5）将土地使用权转让给农业生产者用于农业生产。

自2020年1月20日起，纳税人将国有农用地出租给农业生产者用于农业生产，免征增值税。

（6）土地所有者出让土地使用权和土地使用者将土地使用权归还给土地所有者。
（7）县级以上地方人民政府或自然资源行政主管部门出让、转让或收回自然资源使用权（不含土地使用权）。
（8）军队空余房产租赁收入。

（五）金融服务

（1）下列利息收入免征增值税。
①国家助学贷款。
②国债、地方政府债。
③人民银行对金融机构的贷款。
④住房公积金管理中心用住房公积金在指定的委托银行发放的个人住房贷款。
⑤外汇管理部门在从事国家外汇储备经营过程中，委托金融机构发放的外汇贷款。
⑥统借统还业务中，企业集团或企业集团中的核心企业以及集团所属财务公司按不高于支付给金融机构的借款利率水平或者支付的债券票面利率水平，向企业集团或者集团内下属单位收取的利息。

自2019年2月1日至2020年12月31日，对企业集团内单位（含企业集团）之间的资金无偿借贷行为，免征增值税。

（2）被撤销金融机构以货物、不动产、无形资产、有价证券、票据等财产清偿债务。
（3）保险公司开办的一年期以上人身保险产品取得的保费收入。
（4）下列金融商品转让收入免征增值税。

①合格境外投资者（QFII）委托境内公司在我国从事证券买卖业务。

②香港市场投资者（包括单位和个人）通过沪港通买卖上交所、深交所上市 A 股。

③对香港市场投资者（包括单位和个人）通过基金互认买卖内地基金份额。

④证券投资基金管理人运用基金买卖股票、债券。

⑤个人从事金融商品转让业务。

（5）金融同业往来利息收入。

①金融机构与人民银行所发生的资金往来业务，包括人民银行对一般金融机构贷款，以及人民银行对商业银行的再贴现等。

②银行联行往来业务。

③金融机构间的资金往来业务。

④金融同业往来利息收入，如同业存款、同业借款、同业代付等。

（6）创新企业境内发行存托凭证试点阶段有关税收政策，如：

①对个人投资者转让创新企业取得的差价收入，暂免征收增值税。

②对单位投资者转让创新企业取得的差价收入，按金融商品转让政策规定征免增值税。

（六）进口货物

（1）指定单位销售给国务院各部委、各直属机构及各省、自治区、直辖市所属科研机构和大专院校的进口的图书、报刊及其他资料等，在其销售时免征国内销售环节的增值税。

（2）对进口抗癌药品、进口罕见病药品，减按 3% 征收进口环节增值税。

三、临时减免税项目

（一）孵化服务

自 2019 年 1 月 1 日至 2021 年 12 月 31 日，国家级、省级科技企业孵化器、大学科技园和国家备案众创空间对其向在孵对象提供孵化服务取得的收入，免征增值税。

（二）经营公租房

自 2019 年 1 月 1 日至 2020 年 12 月 31 日，对经营公租房所取得的租金收入，免征增值税；公租房经营管理单位应单独核算公租房租金收入，未单独核算的，不得享受免征增值税、房产税优惠政策。

（三）文化企业

经国务院有关部门认定的动漫企业自主开发、生产动漫直接产品，确需进口的商品可享受免征进口关税及进口环节增值税的政策。

（四）社区家庭服务业

（1）提供社区养老、托育、家政服务取得的收入，免征增值税。

（2）符合条件的家政服务企业提供家政服务取得的收入，免征增值税。

（五）进口种子种源

2016 年 1 月 1 日至 2020 年 12 月 31 日，继续对进口种子（苗）、种畜（禽）、鱼种

（苗）和种用野生动植物种源免征进口环节增值税。

（六）边销茶

自 2019 年 1 月 1 日至 2020 年 12 月 31 日，对边销茶生产企业销售自产的边销茶及经销企业销售的边销茶免征增值税。

（七）国产抗病毒药品

自 2019 年 1 月 1 日至 2020 年 12 月 31 日，继续对国产抗艾滋病病毒药免征生产环节和流通环节增值税。

（八）农村饮水安全工程

自 2019 年 1 月 1 日至 2020 年 12 月 31 日，饮水工程运营管理单位向农村居民提供生活用水取得的自来水销售收入，免征增值税。

（九）科普单位的科普活动

自 2018 年 1 月 1 日至 2020 年 12 月 31 日，对科普单位的门票收入，以及县级及以上党政部门和科协开展科普活动的门票收入，免征增值税。

（十）金融机构发放小额贷款

自 2018 年 9 月 1 日至 2020 年 12 月 31 日，对金融机构向小型企业、微型企业和个体工商户发放小额贷款取得的利息收入，免征增值税。

（十一）境外机构投资境内债券市场

自 2018 年 11 月 7 日至 2021 年 11 月 6 日，境外机构投资境内债券市场取得的债券利息收入暂免征收增值税。

（十二）货物期货交割

自 2018 年 11 月 30 日至 2023 年 11 月 29 日，经国务院批准对外开放的货物期货品种保税交割业务，暂免征收增值税。

（十三）扶贫货物捐赠

自 2019 年 1 月 1 日至 2022 年 12 月 31 日，对单位或者个体工商户将自产、委托加工或购买的货物通过公益性社会组织、县级及以上人民政府及其组成部门和直属机构，或直接无偿捐赠给目标脱贫地区的单位和个人，免征增值税。

在政策执行期限内，目标脱贫地区实现脱贫的，可继续适用免征增值税政策。

自 2015 年 1 月 1 日至 2018 年 12 月 31 日，已发生的符合上述条件的扶贫货物捐赠，可追溯执行上述增值税政策。

（十四）研发机构采购国产设备全额退还增值税

（1）自 2019 年 1 月 1 日至 2020 年 12 月 31 日，继续对研发机构（包括内资研发机构和外资研发机构）采购国产设备全额退还增值税。

（2）已办理增值税退税的国产设备，自增值税发票开具之日起 3 年内，设备所有权转移或移作他用的，研发机构须按照规定向主管税务机关补缴已退税款，计算如下：

应补缴税款 = 增值税发票上注明的税额 ×（设备折余价值 ÷ 设备原值）

设备折余价值 = 增值税发票上注明的金额 − 累计已提折旧

（十五）北京 2022 年冬奥会和冬残奥会

对赞助企业及参与赞助的下属机构根据赞助协议及补充赞助协议向北京冬奥组委免费提供的，与北京 2022 年冬奥会、冬残奥会、测试赛有关的服务，免征增值税。

扩展阅读 2.7：《关于冬奥会和冬残奥会企业赞助有关增值税政策的通知》（财税〔2019〕6 号）

（十六）新型冠状病毒感染的肺炎疫情防控

（1）疫情防控重点保障物资生产企业可以按月向主管税务机关申请全额退还增值税增量留抵税额（与 2019 年 12 月底相比）。

（2）纳税人运输疫情防控重点保障物资取得的收入，免增值税。

（3）纳税人提供公共交通运输服务、生活服务，以及为居民提供必需生活物资快递收派服务取得的收入，免征增值税。

（4）单位和个体工商户将自产、委托加工或购买的货物，通过公益性社会组织和县级以上人民政府及其部门等国家机关，或直接向承担疫情防治任务的医院，无偿捐赠用于应对新冠肺炎疫情的，免征增值税、消费税、附加税费。

（5）境外捐赠人无偿向受赠人捐赠的用于防控新冠肺炎疫情的进口物资，可免征进口税收。

（6）支持复工复业。

①对湖北省增值税小规模纳税人，适用 3%征收率的应税销售收入，免征增值税；适用 3%预征率的预缴增值税项目，暂停预缴增值税。

②除湖北省外其他地区的增值税小规模纳税人，适用 3%征收率的应税销售收入，减按 1%征收增值税；适用 3%预征率的预缴增值税项目，减按 1%预征率预缴增值税。

扩展阅读 2.8：《财政部 税务总局关于支持新型冠状病毒感染的肺炎疫情防控有关税收政策的公告》（财政部公告 2020 年第 6 号、财政部 税务总局公告 2020 年第 8 号、财政部 税务总局公告 2020 年第 9 号、财政部 税务总局公告 2020 年第 28 号）

（十七）二手车经销企业销售旧车

自 2020 年 5 月 1 日至 2023 年 12 月底，对二手车经销企业销售旧车减按销售额 0.5%征收增值税。

扩展阅读 2.9：《财政部 税务总局关于二手车经销有关增值税政策的公告》（财政部 税务总局公告 2020 年第 17 号）

四、增值税即征即退

（一）资源综合利用产品和劳务增值税优惠政策

纳税人销售自产的资源综合利用产品和提供资源综合利用劳务，可享受增值税即征即退政策。

纳税人属于增值税一般纳税人，纳税信用等级不属于税务机关评定的 C 级或 D 级。

即征即退的退税比例有三档：30%、70%、100%。

（二）指定的货物、劳务、服务

（1）飞机维修劳务：增值税实际税负超过 6%的部分即征即退。

（2）提供管道运输服务：增值税实际税负超过 3%的部分即征即退。

（3）经人民银行、银监会或者商务部批准从事融资租赁业务的试点纳税人中的一般纳税人，提供有形动产融资租赁服务和有形动产融资性售后回租服务，对其增值税实际税负超过3%的部分实行增值税即征即退政策。

（4）销售自产的利用风力生产的电力产品，增值税即征即退50%。

（三）软件产品

（1）增值税政策。增值税一般纳税人销售其自行开发生产的软件产品，按照13%的税率征收增值税后，对其增值税实际税负超过3%的部分实行即征即退政策。

增值税一般纳税人将进口软件产品进行本地化改造后对外销售，其销售的软件产品可享受上述增值税即征即退政策。

本地化改造是指对进口软件产品进行重新设计、改进、转换等，单纯对进口软件产品进行汉字化处理不包括在内。

（2）自2018年5月1日至2020年12月31日，对动漫企业增值税一般纳税人销售其自主开发生产的动漫软件，按照13%的税率征收增值税后，对其增值税实际税负超过3%的部分实行即征即退政策。

（3）软件产品增值税即征即退税额的计算。软件产品增值税即征即退税额的计算方法如下：

即征即退税额 = 当期软件产品增值税应纳税额 − 当期软件产品销售额 × 3%

当期软件产品增值税应纳税额 = 当期软件产品销项税额 − 当期软件产品可抵扣进项税额

当期软件产品销项税额 = 当期软件产品销售额 × 13%

嵌入式软件产品增值税即征即退税额的计算方法如下：

即征即退税额 = 当期嵌入式软件产品增值税应纳税额 − 当期嵌入式软件产品销售额 × 3%

当期嵌入式软件产品增值税应纳税额 = 当期嵌入式软件产品销项税额 − 当期嵌入式软件产品可抵扣进项税额

当期嵌入式软件产品销项税额 = 当期嵌入式软件产品销售额 × 13%

当期嵌入式软件产品销售额 = 当期嵌入式软件产品与计算机硬件、机器设备销售额合计 − 当期计算机硬件、机器设备销售额

【例2-7·单选题】 某软件开发企业为增值税一般纳税人，2019年6月销售自行开发生产的软件产品，取得不含税销售额68 000元，从国外进口软件进行本地化改造后对外销售，取得不含税销售额200 000元。本月购进一批电脑用于软件设计，取得的增值税专用发票注明金额100 000元。该企业上述业务应退增值税（　　）元。

A. 6 920　　　　B. 8 040　　　　C. 13 800　　　　D. 21 840

【答案】 C

【解析】 当期软件产品增值税应纳税额 = 68 000 × 13% + 200 000 × 13% − 100 000 × 13% = 21 840（元），税负 = 21 840 ÷（68 000 + 200 000）× 100% = 8.15%，即征即退税额 = 21 840 −（68 000 + 200 000）× 3% = 13 800（元）。

（四）动漫产业

自2018年5月1日至2020年12月30日，对动漫企业增值税一般纳税人销售其自

主开发生产的动漫软件，按照基本税率征收增值税后，对其增值税实际税负超过 3%的部分，实行即征即退政策。动漫软件出口免征增值税。

（五）安置残疾人

安置残疾人的单位和个体工商户，按纳税人安置残疾人的人数，限额即征即退增值税。

（六）黄金期货交易

上海期货交易所会员和客户通过上海期货交易所销售标准黄金：
（1）发生实物交割但未出库的，免征增值税；
（2）发生实物交割并已出库的，由税务机关按照实际交割价格代开增值税专用发票，并实行增值税即征即退的政策。

（七）铂金交易

（1）对进口铂金免征进口环节增值税。
（2）国内铂金生产企业自产自销的铂金，增值税即征即退。

（八）管道运输服务

一般纳税人提供管道运输服务，对其增值税实际税负超过 3%的部分实行增值税即征即退政策。

（九）有形动产融资租赁和售后回租服务

经中国人民银行、中国银行保险监督管理委员会或者商务部批准从事融资租赁业务的试点纳税人中的一般纳税人，提供有形动产融资租赁服务和有形动产融资性售后回租服务，对其增值税实际税负超过 3%的部分实行增值税即征即退政策。

 特别提示

即征即退、先征后退和先征后返的区别：
（1）即征即退：指税务机关将应征的增值税征收入库后，即时退还，如对软件企业超 3%税负的部分即征即退，退税机关为税务机关。
（2）先征后退：与即征即退差不多，只是退税的时间略有差异。
（3）先征后返：指税务机关正常将增值税征收入库，然后由财政机关按税收政策规定审核并返还企业所缴入库的增值税，返税机关为财政机关。

五、增值税先征后退

（1）增值税 100%先征后退：
①在出版环节列举的出版物，如中小学的学生课本等；
②印刷、制作业务的列举出版物：对少数民族文字出版物的印刷或制作业务。
（2）增值税 50%先征后退：各类图书、期刊、音像制品、电子出版物，规定执行增值税 100%先征后退的出版物除外。

六、扣减增值税规定

（1）自办理个体工商户登记当月起，在 3 年（36 个月）内按每户每年 12 000 元为限额依次扣减其当年实际应缴纳的增值税、城市维护建设税、教育费附加、地方教育附加和个人所得税。限额标准最高可上浮20%。包括以下范围。

①退役士兵自主创业就业。

②重点群体创业就业、从事个体经营。人员具体包括：纳入全国扶贫开发信息系统的建档立卡贫困人口；社保机构登记失业半年以上的人员；零就业家庭、享受城市居民最低生活保障家庭劳动年龄内的登记失业人员；毕业年度内高校毕业生。

（2）企业招用贫困人口、失业人员。

①条件：企业招用建档立卡贫困人口，以及在人力资源社会保障部门公共就业服务机构登记失业半年以上且持《就业创业证》或《就业失业登记证》（注明"企业吸纳税收政策"）的人员，与其签订1年以上劳动合同并依法缴纳社会保险费的。

②税收优惠：签订劳动合同并缴纳社会保险当月起，在3年内按实际招用人数予以定额依次扣减增值税、城市维护建设税、教育费附加、地方教育附加和企业所得税优惠，定额标准为每人每年6 000元。最高可上浮30%。

（3）增值税纳税人初次购买增值税税控系统专用设备支付的费用以及缴纳的技术维护费，可在增值税应纳税额中全额抵减。

七、起征点

1. 个人销售起征点

对个人销售额未达到规定起征点的，免征增值税。增值税起征点的适用范围限于个人，不包括认定为一般纳税人的个体工商户。

（1）按期纳税的：为月销售额5 000~20 000元。

（2）按次纳税的，为每次（日）销售额300~500元。

2. 小规模纳税人免税规定

《财政部 税务总局关于实施小微企业普惠性税收减免政策的通知》，自2019年1月1日起实施：

（1）小规模纳税人发生增值税应税销售行为，合计月销售额超过10万元，但扣除本期发生的销售不动产的销售额后未超过10万元，其销售货物、劳务、服务、无形资产取得的销售额免征增值税。

（2）适用增值税差额征税政策的小规模纳税人，以差额后的销售额确定是否可以享受免征增值税政策。

（3）其他个人（除个体工商户以外的自然人），采取一次性收取租金形式出租不动产取得的租金收入，可在对应的租赁期内平均分摊，分摊后的月租金收入未超过10万元的，免征增值税。

（4）应当预缴增值税税款的小规模纳税人，凡在预缴地实现的月销售额未超过10万元的，当期无须预缴税款。

八、减免税其他规定

（1）纳税人兼营免减税项目的，应当分别核算销售额；未分别核算的，不得免税、减税。

（2）纳税人发生应税销售行为适用免税规定的，可以放弃免税，按照规定缴纳增值税。纳税人放弃免税优惠后，在36个月内不得再申请免税。

（3）纳税人要求放弃免税权，应当以书面形式提交放弃免税权声明，报主管税务机关备案。纳税人自提交备案资料的次月起，按照现行有关规定计算缴纳增值税。

（4）纳税人一经放弃免税权，其生产销售的全部增值税应税货物或劳务均应按照适用税率征税，不得选择某一免税项目放弃免税权，也不得根据不同的销售对象选择部分货物或劳务放弃免税权。

第六节　销项税额与进项税额

增值税一般纳税人当期应缴纳增值税的多少主要取决于当期销项税额和当期进项税额两个因素。

一、销项税额

销项税额是指纳税人发生应税行为按照销售额和增值税税率计算并收取的增值税税额。销项税额的计算公式为

$$销项税额 = 销售额 \times 税率$$

（一）销售额的一般规定

销售额为纳税人发生应税销售行为向购买方收取的全部价款、价外费用和消费税税金（价内税），但是不包括收取的销项税额（价外税）。

《增值税暂行条例实施细则》所称价外费用，包括价外向购买方收取的手续费、补贴、基金、集资费、返还利润、奖励费、违约金、滞纳金、延期付款利息、赔偿金、代收款项、代垫款项、包装费、包装物租金、储备费、优质费、运输装卸费以及其他各种性质的价外收费。但下列项目不包括在内。

（1）受托加工应征消费税的消费品所代收代缴的消费税。

（2）同时符合以下条件的代垫运输费用：

①承运部门的运输费用发票开具给购买方的。

②纳税人将该项发票转交给购买方的。

（3）同时符合以下条件代为收取的政府性基金或者行政事业性收费。

①由国务院或者财政部批准设立的政府性基金，由国务院或者省级人民政府及其财政、价格主管部门批准设立的行政事业性收费。

②收取时开具省级以上财政部门印制的财政票据。

③所收款项全额上缴财政。

（4）销售货物的同时因代办保险等而向购买方收取的保险费，以及向购买方收取的代购买方缴纳的车辆购置税、车辆牌照费。

销售额以人民币计算。纳税人按照人民币以外的货币结算销售额的，应当折合成人民币计算，折合率可以选择销售额发生的当天或者当月1日的人民币汇率中间价。纳税人应当在事先确定采用何种折合率，确定后12个月内不得变更。

（二）特殊销售方式的销售额

（1）以折扣方式销售货物，具体内容见表 2-18。

表 2-18　折扣销售

类　型	税 务 处 理	举　例
折扣销售 （商业折扣）	价格折扣：销售额和折扣额在同一张发票上的"金额"栏分别注明的，可按折扣后的销售额征收增值税；否则，折扣额不得从销售额中减除	产品不含税售价 100 元/件，购买 10 件以上八折优惠。一次销售 10 件，请计算销项税额。 【答案】　销项税额 = 100 × 10 × 80% × 13% = 104（元）
	实物折扣：按视同销售中"无偿赠送"处理	某企业采用买五送一的方式销售货物，单件产品不含税售价 245 元。请计算销项税额。 【答案】　销项税额 = 245 × 6 × 13% = 191.1（元）
销售折扣 （现金折扣）	不得从销售额中减除现金折扣额，现金折扣计入财务费用	销售价款 500 万元，购货方及时付款，给予 5% 的折扣，实收 475 万元。请计算销项税额。 【答案】　销项税额 = 500 × 13% = 65（万元）
销售折让	按规定开具红字专用发票，可以从销售额中减除折让额	

纳税人发生应税行为，将价款与折扣额在同一张发票上注明的，以折扣后的价款为销售额；将折扣额另开发票的，不论其在财务上如何处理，均不得从营业额中扣除。纳税人采取折扣方式销售货物，销售额和折扣额在同一张发票上的"金额"栏分别注明的，可按折扣后的销售额征收增值税。未在同一张发票"金额"栏注明折扣额，而仅在发票的"备注"栏注明折扣额的，折扣额不得从销售额中减除。

（2）以旧换新方式销售货物。纳税人采取以旧换新方式销售货物，应按新货物的同期销售价格确定销售额。对金银首饰以旧换新业务，可以按销售方实际收取的不含增值税的全部价款征收增值税。

（3）还本销售方式销售货物。所谓还本销售，是指销货方将货物出售之后，按约定的时间，一次或分次将购货款部分或全部退还给购货方，退还的货款即为还本支出。纳税人采取还本销售方式销售货物，不得从销售额中减除还本支出。

（4）采取以物易物方式销售。以物易物双方都应做购销处理，以各自发出的货物核算销售额及销项税额，以各自收到的货物核算购进额及进项税额。需要强调的是，在以物易物活动中，双方应各自开具合法的票据，如果收到货物不能取得相应的增值税专用发票或者其他增值税扣税凭证，不得抵扣进项税额。

（5）直销企业增值税销售额的确定。

①直销企业先将货物销售给直销员，直销员再将货物销售给消费者的，直销企业的销售额为其向直销员收取的全部价款和价外费用。直销员将货物销售给消费者时，应按照现行规定缴纳增值税。

②直销企业通过直销员向消费者销售货物，直接向消费者收取货款的，直销企业的销售额为其向消费者收取的全部价款和价外费用。

（6）包装物押金计税问题。包装物是指纳税人包装本单位货物的各种物品。

①对增值税一般纳税人向购买方收取的价外费用和逾期包装物押金，应视为含税收入，在征税时换算成不含税收入并入销售额计征增值税。逾期以 1 年（12 个月）为期

限。对于在 1 年以内且未逾期的包装物押金，单独核算者，不并入销售额。

②对销售啤酒、黄酒以外的其他酒类产品而收取的包装物押金，无论是否返还以及会计上如何核算，均应并入当期销售额征税。

以上内容归纳如表 2-19 所示。

表 2-19 包装物押金税务处理

具体类型	税务处理
一般货物（包括啤酒、黄酒）	如单独记账核算，时间在 1 年以内又未逾期的，不并入销售额征税
	因逾期（1 年为限）未收回包装物不再退还的押金，应并入销售额征税
	征税时注意：逾期包装物押金为含税收入，需换算成不含税价再并入销售额；税率为所包装货物适用税率
除啤酒、黄酒外的其他酒类产品	无论是否返还以及会计上如何核算，均应并入当期销售额征税

（7）贷款服务，以提供贷款服务取得的全部利息及利息性质的收入为销售额。

（8）直接收费金融服务，以提供直接收费金融服务收取的手续费、佣金、酬金、管理费、服务费、结算费等为销售额。

【例 2-8·单选题】 某啤酒厂为增值税一般纳税人，2020 年 6 月销售啤酒，开具增值税专用发票上的销售额 800 万元，已收取包装物押金 23.4 万元；本月逾期未退还包装物押金 56.5 万元。6 月该啤酒厂增值税销项税额为（　　）万元。

A. 110.5　　　　　　B. 116.24　　　　　　C. 136.07　　　　　　D. 144.5

【答案】 A

【解析】 应纳增值税税额 = 800 × 13% + 56.5 ÷（1 + 13%）× 13% = 110.5（万元）。

（三）视同销售行为销售额的确定

纳税人发生视同销售行为以及应税行为价格明显偏低或者偏高且不具有合理商业目的的，主管税务机关有权按照下列顺序确定销售额。

（1）按照纳税人最近时期销售同类服务、无形资产或者不动产的平均价格确定。

（2）按照其他纳税人最近时期销售同类服务、无形资产或者不动产的平均价格确定。

（3）按照组成计税价格确定。组成计税价格的计算公式为

$$组成计税价格 = 成本 \times (1 + 成本利润率)$$

属于应征消费税的货物，其组成计税价格应该加计消费税税额。组成计税价格的计算公式为

$$组成计税价格 = 成本 \times (1 + 成本利润率) + 消费税税额$$

或

$$组成计税价格 = 成本 \times (1 + 成本利润率) \div (1 - 消费税税率)$$

成本利润率由国家税务总局确定。

不具有合理商业目的是指以谋取税收利益为主要目的，通过人为安排，减少、免除、推迟缴纳增值税税款，或者增加退还增值税税款。

（四）含税销售额的换算

一般计税方法的销售额不包括销项税额，纳税人采用销售额和销项税额合并定价方

法的，按照下列公式计算销售额：

$$销售额 = 含税销售额 \div (1 + 税率)$$

价外收入如违约金、包装费、包装物租金、优质费、储备费、运输装卸费、代收款项、代垫款项及其他各种性质的价外收费视为含税，在并入销售额征税时应价税分离。其计算公式如下：

$$销售额 = 价外收入 \div (1 + 税率)$$

（五）销售额的特殊规定

1. 现代服务

（1）经纪代理服务，以取得的全部价款和价外费用，扣除向委托方收取并代为支付的政府性基金或者行政事业性收费后的余额为销售额。

（2）纳税人提供签证代理服务，以取得的全部价款和价外费用，扣除向服务接受方收取并代为支付给外交部和外国驻华使（领）馆的签证费、认证费后的余额为销售额。

（3）纳税人代理进口按规定免征进口增值税的货物，销售额不包括向委托方收取并代为支付的货款。

（4）客运场站服务，取得的全部价款和价外费用扣除支付给承运方运费后的余额为销售额，从承运方取得的增值税专用发票注明的增值税，不得抵扣。

（5）航空运输服务，扣除代收的机场建设费和代售其他航空运输企业客票而代收转付的价款为销售额。

（6）航空运输销售代理企业的销售额：

①提供境外航段机票代理服务，扣除向客户收取并支付给其他单位或者个人的境外航段机票结算款和相关费用后的余额为销售额。

②提供境内机票代理服务，扣除向客户收取并支付给航空运输企业或其他航空运输销售代理企业的境内机票净结算款和相关费用后的余额为销售额。

（7）劳务派遣服务、人力资源外包业务。

可选择简易计税方法，依5%征收率缴纳增值税。具体内容见表2-20。

表2-20 劳务派遣服务、人力资源外包业务税务处理

纳税人	计税方法	计税销售额
一般纳税人	一般计税方法（6%）	全额
	选择差额纳税（5%）	全部价款和价外费用，扣除代用工单位支付给劳务派遣员工的工资、福利、社保、住房公积金后的余额
小规模纳税人	选择差额纳税（5%）	
	简易计税方法（3%）	全额

2. 生活服务

（1）纳税人提供旅游服务，可选择以取得的全部价款和价外费用，扣除向旅游服务购买方收取并支付给其他单位或者个人的住宿费、餐饮费、交通费、签证费、门票费和支付给其他接团旅游企业的旅游费用后的余额为销售额。

纳税人提供旅游服务，将火车票、飞机票等交通费发票原件交付给旅游服务购买方而无法收回的，以交通费发票复印件作为差额扣除凭证；向旅游服务购买方收取并支付

的上述费用，不得开具增值税专用发票。

（2）境外单位通过教育部考试中心及其直属单位在境内开展考试，以取得的考试费收入扣除支付给境外单位考试费后的余额为销售额，按提供"教育辅助服务"缴纳增值税。

3. 金融服务

（1）金融商品转让，按照卖出价扣除买入价后的余额为销售额。

①买入价可选择加权平均法或移动加权平均法。

②转让金融商品出现的正负差，按盈亏相抵后的余额为销售额。若相抵后出现负差，可结转下一纳税期与下期转让金融商品销售额相抵，但年末时仍出现负差的，不得转入下一个会计年度。

（2）融资性售后回租和融资租赁

经中国人民银行、商务部、银监会批准从事融资租赁业务的试点纳税人，其租赁业务的计税方式见表2-21。

表 2-21　融资性售后回租和融资租赁的计税方式

税　目	税目及税率	计税销售额——差额
融资性售后回租服务	金融业（6%）	全部价款和价外费用（不含本金）扣除对外支付的借款利息、发行债券利息后的余额
融资租赁服务	现代服务业——租赁服务（13%、9%）	全部价款和价外费用扣除支付的借款利息、发行债券利息和车辆购置税后的余额

4. 销售不动产

（1）纳税人转让非自建不动产老项目：以取得的全部价款和价外费用减去该项不动产购置原价或者取得不动产时的作价后的余额为销售额。

（2）房地产开发企业中的一般纳税人销售其开发的房地产项目（选择简易计税方法的房地产老项目除外），以取得的全部价款和价外费用，扣除受让土地时向政府部门支付的土地价款（征地和拆迁补偿费用、土地前期开发费用和土地出让收益）后的余额为销售额。

房地产老项目，是指《建筑工程施工许可证》注明的合同开工日期在2016年4月30日前的房地产项目。

差额纳税可以扣除的项目如表2-22所示。

表 2-22　差额纳税可以扣除的项目

适用范围	可以扣除的项目
金融商品转让	买入价
经纪代理服务	向委托方收取并代为支付的政府性基金或者行政事业性收费
其他融资租赁服务	借款利息、发行债券利息和车辆购置税
融资性售后回租服务	借款利息、发行债券利息
客运场站服务	支付给承运方的运费
旅游服务	向旅游服务购买方收取并支付给其他单位或者个人的住宿费、餐饮费、交通费、签证费、门票费和支付给其他接团旅游企业的旅游费用

续表

适 用 范 围	可以扣除的项目
建筑服务适用简易计税方法的	支付的分包款
房地产开发企业中的一般纳税人销售其开发的房地产项目适用一般计税方法的	受让土地时向政府部门支付的土地价款
纳税人转让其取得（不含自建）的不动产	不动产购置原价或者取得不动产时的作价
劳务派遣	代用工单位支付给劳务派遣员工的工资、福利和为其办理社会保险及住房公积金
航空运输企业的销售额	代收的机场建设费和代售其他航空运输企业客票而代收转付的价款

二、进项税额

纳税人购进货物、劳务、服务、无形资产、不动产，所支付或者负担的增值税税额为进项税额。

（一）准予从销项税额中抵扣的进项税额

下列进项税额准予从销项税额中抵扣：

（1）从销售方取得的增值税专用发票上注明的增值税税额。

（2）从海关取得的海关进口增值税专用缴款书上注明的增值税税额。

（3）从适用简易计税方法按3%征收率计算缴纳增值税的小规模纳税人取得增值税专用发票的，以增值税专用发票上注明的金额和3%的扣除率计算进项税额。

（4）取得（开具）农产品销售发票或收购发票的，以农产品销售发票或收购发票上注明的农产品买价和 9%的扣除率计算进项税额。但纳税人购进用于生产销售或委托加工13%税率货物的农产品，按照10%的扣除率计算进项税额。

买价包括纳税人购进农产品在农产品收购发票或者销售发票上注明的价款和按规定缴纳的烟叶税。烟叶收购单位收购烟叶时按照国家有关规定以现金形式直接补贴烟农的生产投入补贴，属于农产品买价，为价款的一部分。价外补贴统一按烟叶收购价款的10%计算。烟叶收购单位应将价外补贴与烟叶收购价格在同一张农产品收购发票或者销售发票上分别注明，否则，价外补贴不得计算增值税进项税额进行抵扣。

农产品中收购烟叶的进项税额抵扣公式为

烟叶收购金额 = 烟叶收购价款 ×（1 + 10%）

烟叶税应纳税额 = 烟叶收购金额 × 税率（20%）

准予抵扣的进项税额 =（烟叶收购金额 + 烟叶税应纳税额）× 扣除率（9%或10%）

部分行业试点增值税进项税额核定扣除方法。自2012年7月1日起，以购进农产品为原料生产销售液体乳及乳制品、酒及酒精、植物油的增值税一般纳税人，纳入农产品增值税进项税额核定扣除试点范围，其购进农产品无论是否用于生产上述产品，增值税进项税额均按照《农产品增值税进项税额核定扣除试点实施办法》的规定抵扣。

扩展阅读 2.10：《财政部国家税务总局关于在部分行业试行农产品增值税进项税额核定扣除办法》（财税〔2012〕38号）

（5）自2019年4月1日起，纳税人购进国内旅客运输服务，其进项税额允许从销项税额中抵扣。纳税人未取得增值税专用发票，暂按表 2-23 的规定确定进项税额。

表 2-23 纳税人购进国内旅客运输服务未取得增值税专用发票的规定

取得凭证	抵扣依据	进项税额确定
取得增值税电子普通发票	电子普票	发票上注明的税额
旅客客运发票	注明旅客身份信息的航空运输电子客票行程单	航空旅客运输进项税额＝（票价＋燃油附加费）÷（1＋9%）×9% 【提示】不含机场建设费
	注明旅客身份信息的铁路车票	铁路旅客运输进项税额＝票面金额÷（1＋9%）×9%
	注明旅客身份信息的公路、水路等其他客票	公路、水路等其他旅客运输进项税额＝票面金额÷（1＋3%）×3%

特别提示

国内旅客运输服务，限于与本单位签订了劳动合同的员工，以及本单位作为用工单位接受的劳务派遣员工发生的国内旅客运输服务。自 2019 年 4 月 1 日起，纳税人购进国内旅客运输服务，以取得的增值税电子普通发票上注明的税额为进项税额的，增值税电子普通发票上注明的购买方"名称""纳税人识别号"等信息，应当与实际抵扣税款的纳税人一致，否则不予抵扣。

（6）自 2018 年 1 月 1 日起，纳税人支付的道路、桥、闸通行费，按照以下规定抵扣进项税额。

①纳税人支付的道路通行费，按照收费公路通行费增值税电子普通发票上注明的增值税税额抵扣进项税额。

②2018 年 1 月 1 日至 6 月 30 日，纳税人支付的高速公路通行费，如暂未能取得收费公路通行费增值税电子普通发票，可凭取得的通行费发票（不含财政票据，下同）上注明的收费金额按照下列公式计算可抵扣的进项税额：

高速公路通行费可抵扣的进项税额＝高速公路通行费发票上注明的金额÷（1＋3%）×3%

2018 年 1 月 1 日至 12 月 31 日，纳税人支付的一级、二级公路通行费，如暂未能取得收费公路通行费增值税电子普通发票，可凭取得的通行费发票上注明的收费金额按照下列公式计算可抵扣的进项税额：

一级、二级公路通行费可抵扣的进项税额＝一级、二级公路通行费发票上注明的金额÷（1＋5%）×5%

③纳税人支付的桥、闸通行费，暂凭取得的通行费发票上注明的收费金额按照下列公式计算可抵扣的进项税额：

桥、闸通行费可抵扣的进项税额＝桥、闸通行费发票上注明的金额÷（1＋5%）×5%

通行费是指有关单位依法或者依规设立并收取的过路、过桥和过闸费用。

以上内容归纳如表 2-24 所示。

表 2-24　纳税人支付的道路、桥、闸通行费税务处理

项　目	时　间	计 算 方 法
高速公路通行费	2018年1月1日至6月30日	通行费发票上注明的金额÷（1+3%）×3%
	2018年7月1日后	收费公路通行费增值税电子普通发票上注明的增值税税额（左上角：通行费，无通行费字样不得抵扣进项税额）
一级公路、二级公路通行费	2018年1月1日至12月31日	通行费发票上注明的金额÷（1+5%）×5%
	2019年1月1日后	收费公路通行费增值税电子普通发票上注明的增值税税额
桥、闸通行费	通行费发票上注明的金额÷（1+5%）×5%	

（7）保险服务进项税额的抵扣。

①提供保险服务的纳税人以实物赔付方式承担机动车辆保险责任的，自行向车辆修理劳务提供方购进的车辆修理劳务，其进项税额可以按规定从保险公司销项税额中抵扣。

②提供保险服务的纳税人以现金赔付方式承担机动车辆保险责任的，将应付给被保险人的赔偿金直接支付给车辆修理劳务提供方，不属于保险公司购进车辆修理劳务，其进项税额不得从保险公司销项税额中抵扣。

③纳税人提供的其他财产保险服务，比照上述规定执行。

（8）不动产进项税额抵扣。

①2016年5月1日—2019年3月31日取得并在会计制度上按固定资产核算的不动产或不动产在建工程，其进项税额分2年从销项税额中抵扣：第一年抵扣60%，第二年抵扣40%。

②自2019年4月1日起，纳税人取得不动产或不动产在建工程的进项税额一次性抵扣。

在此之前购进不动产进项税额分2年抵扣而尚未抵扣完毕的待抵扣进项税额，自2019年4月税款所属期起从销项税额中抵扣。

（9）建筑业进项税额抵扣的特殊规定。建筑企业与发包方签订建筑合同后，以内部授权或者三方协议等方式，授权集团内其他纳税人（第三方）为发包方提供建筑服务，并由第三方直接与发包方结算工程款的，由第三方向发包方开具增值税发票，发包方可凭实际提供建筑服务的纳税人开具的增值税专用发票抵扣进项税额。

（10）自2018年1月1日起，纳税人租入固定资产、不动产，既用于一般计税方法计税项目，又用于简易计税方法计税项目、免征增值税项目、集体福利或者个人消费的，其进项税额准予从销项税额中全额抵扣。

（11）自境外单位或者个人购进劳务、服务、无形资产或者境内的不动产，从税务机关或者扣缴义务人取得的代扣代缴税款的完税凭证上注明的增值税税额。

（二）加计抵减政策

自2019年4月1日至2021年12月31日，允许生产、生活性服务业纳税人按照当期可抵扣进项税额加计10%，抵减应纳税额。

（1）生产、生活性服务业纳税人，是指提供邮政服务、电信服务、现代服务、生活服务（以下称四项服务）取得的销售额占全部销售额的比重超过50%的纳税人。四项服务的具体范围按照《销售服务、无形资产、不动产注释》执行。

2019年3月31日前设立的纳税人,自2018年4月至2019年3月期间的销售额(经营期不满12个月的,按照实际经营期的销售额)符合上述规定条件的,自2019年4月1日起适用加计抵减政策。

2019年4月1日后设立的纳税人,自设立之日起3个月的销售额符合上述规定条件的,自登记为一般纳税人之日起适用加计抵减政策。

纳税人确定适用加计抵减政策后,当年内不再调整,以后年度是否适用,根据上年度销售额计算确定。

纳税人可计提但未计提的加计抵减额,可在确定适用加计抵减政策当期一并计提。

(2)纳税人应按照当期可抵扣进项税额的10%计提当期加计抵减额。按照现行规定不得从销项税额中抵扣的进项税额,不得计提加计抵减额;已计提加计抵减额的进项税额,按规定做进项税额转出的,应在进项税额转出当期,相应调减加计抵减额。计算公式如下:

当期计提加计抵减额 = 当期可抵扣进项税额 × 10%

当期可抵减加计抵减额 = 上期末加计抵减额余额 + 当期计提加计抵减额 − 当期调减加计抵减额

(3)纳税人应按照现行规定计算一般计税方法下的应纳税额(以下称抵减前的应纳税额)后,区分以下情形加计抵减。

①抵减前的应纳税额等于零的,当期可抵减加计抵减额全部结转下期抵减。

②抵减前的应纳税额大于零,且大于当期可抵减加计抵减额的,当期可抵减加计抵减额全额从抵减前的应纳税额中抵减。

③抵减前的应纳税额大于零,且小于或等于当期可抵减加计抵减额的,以当期可抵减加计抵减额抵减应纳税额至零。未抵减完的当期可抵减加计抵减额,结转下期继续抵减。

(4)纳税人出口货物劳务、发生跨境应税行为不适用加计抵减政策,其对应的进项税额不得计提加计抵减额。

纳税人兼营出口货物劳务、发生跨境应税行为且无法划分不得计提加计抵减额的进项税额,按照以下公式计算:

不得计提加计抵减额的进项税额 = 当期无法划分的全部进项税额 × 当期出口货物劳务和发生跨境应税行为的销售额 ÷ 当期全部销售额

扩展阅读 2.11:《财政部税务总局关于明确生活性服务业增值税加计抵减政策的公告》(财政部税务总局公告2019年第87号)

(三)不得从销项税额中抵扣的进项税额

(1)用于简易计税方法计税项目、免征增值税项目、集体福利或者个人消费的购进货物、加工修理修配劳务、服务、无形资产和不动产。其中涉及的固定资产、无形资产、不动产仅指专用于上述项目的固定资产、无形资产(不包括其他权益性无形资产)、不动产。

发生兼用于上述项目的可以抵扣。适用一般计税方法的纳税人,兼营简易计税方法计税项目、免税项目而无法划分不得抵扣的进项税额的计算按比例进行:

不得抵扣的进项税额 = 当月无法划分的全部进项税额 $\times \left(\dfrac{\text{当期简易计税方法计税项目销售额}}{} + \dfrac{\text{免税项目销售额}}{} \right) \div$ 当期全部销售额

纳税人的交际应酬消费属于个人消费。

（2）非正常损失的购进货物，以及相关的加工修理修配劳务和交通运输服务。

非正常损失是指因管理不善造成货物被盗、丢失、霉烂变质，以及因违反法律法规造成货物被依法没收、销毁、拆除的情形。这里界定的"非正常损失"实际上源于"人祸"。

（3）非正常损失的在产品、产成品所耗用的购进货物（不包括固定资产）、加工修理修配劳务和交通运输服务。

（4）非正常损失的不动产，以及该不动产所耗用的购进货物、设计服务和建筑服务。

（5）非正常损失的不动产在建工程所耗用的购进货物、设计服务和建筑服务。

（6）纳税人适用一般计税方法的，因销售折让、中止或者退回而退还给购买方的增值税税额，应当从当期的销项税额中扣减；因销售折让、中止或者退回而收回的增值税税额，应当从当期的进项税额中扣减，如未扣减，造成不纳税或者少纳税的，认定为逃避缴纳税款行为。

（7）有下列情形之一者，应当按照销售额和增值税税率计算应纳税额，不得抵扣进项税额，也不得使用增值税专用发票。

①一般纳税人会计核算不健全，或者不能够提供准确税务资料的。

②应当办理一般纳税人资格登记而未办理的。

（8）扣税凭证不合格，未按规定取得并保存增值税扣除凭证。

（9）购进的贷款服务、餐饮服务、居民日常服务和娱乐服务。

纳税人接受贷款服务向贷款方支付的与该笔贷款直接相关的投融资顾问费、手续费、咨询费等费用，其进项税额不得从销项税额中抵扣。

【例 2-9·单选题】 一般纳税人的下列购进项目中，其进项税额不得从销项税额中抵扣的有（   ）。

A. 因洪涝灾害毁损的外购商品
B. 因管理不善被盗窃的产成品所耗用的外购原材料
C. 公司招待客户购买的餐饮服务
D. 生产免税产品接受的加工劳务
E. 外购的自用小轿车

【答案】BCD

【解析】选项 A，不属于非正常损失；选项 E，属于经营的货物，可以抵扣进项税额。

（四）进项税额转出

已抵扣进项税额的购进货物或者应税劳务，发生不得抵扣进项税额情形的（免税项目、非增值税应税劳务除外），应当将该项购进货物或者应税劳务的进项税额从当期的进项税额中扣减；无法确定该项进项税额的，按当期实际成本计算应扣减的进项税额。

（1）能准确确定需要转出的进项税额时，按原抵扣的进项税额转出。

（2）无法准确确定需要转出的进项税额时，按当期实际成本（进价＋运费＋保险费＋其他有关费用）乘以征税时该货物或应税劳务适用的税率计算应扣减的进项税额。即

$$进项税额转出数额 = 实际成本 \times 税率$$

（3）一般纳税人已抵扣进项税额的不动产，发生非正常损失（如因违反法律法规造成不动产被依法没收、销毁、拆除的情形），或者改变用途，专用于简易计税方法计税项目、免征增值税项目、集体福利或者个人消费的，按照下列公式计算不得抵扣的进项税额，并从当期进项税额中扣减：

不得抵扣的进项税额＝已抵扣进项税额×不动产净值率

不动产净值率＝（不动产净值÷不动产原值）×100%

（4）商业企业向供货方收取的与商品销售量、销售额挂钩的各种返还收入，均应按平销返利行为的有关规定冲减当期增值税进项税额。

按平销返利行为的规定冲减当期增值税进项税额：

当期应冲减的进项税额＝当期取得的返还资金÷（1＋购进货物增值税税率）×购进货物增值税税率

（5）纳税人在购进货物时，因货物质量、规格等原因发生进货退回或折让而从销货方收回的增值税税额，应从发生进货退回或折让当期的进项税额中扣减。

【例2-10·多选题】 某食品加工厂（增值税一般纳税人企业），2018年5月向农民收购玉米一批用于生产糕点对外销售，入账成本为100万元（含运费成本7万元，玉米和运费已经抵扣进项税），7月因为管理不善，仓库积水导致此外购玉米生产的糕点全部烂掉。则该食品加工厂7月份应转出的进项税额（　　）万元。

A. 17.00　　　　B. 13.38　　　　C. 14.67　　　　D. 20.48

【答案】 B

【解析】 自2018年5月1日至2019年3月31日，纳税人发生增值税应税销售行为或者进口货物，原适用17%和11%税率的，税率分别调整为16%、10%。纳税人购进用于生产销售或委托加工16%税率货物的农产品，按照12%的扣除率计算进项税额，相应的按农产品采购成本÷（1－12%）×12%计算进项税额转出。7月应转出的进项税额＝（100－7）÷（1－12%）×12%＋7×10%＝13.38（万元）。

第七节　应纳税额的计算

一、一般纳税人应纳税额的计算

在确定了销项税额和进项税额后，就可以得出实际应纳税额，基本计算公式为

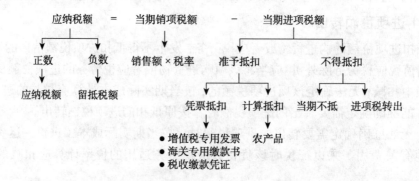

一般纳税人发生应税行为适用一般计税方法；一般纳税人发生财政部和国家税务总

局规定的特定应税行为,可以选择适用简易计税方法,且一经选择,36 个月内不得变更(财税〔2016〕36 号)。

(一)计算应纳税额的时间界定

(1)根据《增值税暂行条例》第十九条的规定,增值税纳税义务发生时间如下。

①销售货物或者应税劳务,为收讫销售款项或者取得索取销售款项凭据的当天;先开具发票的,为开具发票的当天。

②进口货物,为报关进口的当天。

③采取托收承付和委托银行收款方式销售货物,为发出货物并办妥托收手续的当天。

④采取赊销和分期收款方式销售货物,为书面合同约定的收款日期的当天。无书面合同或合同没有收款日期,为发出货物当天。

⑤采取预收货款方式销售一般货物,为货物发出的当天。

【比较】纳税人提供租赁服务采取预收款方式的,其纳税义务发生时间为收到预收款的当天。

⑥委托其他纳税人代销货物,为收到代销单位销售的代销清单或收到全部或部分货款的当天;未收到代销清单及货款的,其纳税义务发生时间为发出代销商品满 180 天的当天。

⑦除将货物交付其他单位或者个人代销和销售代销货物以外的视同销售货物行为,为货物移送的当天。

(2)进项税额抵扣时限的确定。

自 2020 年 3 月 1 日起,增值税一般纳税人取得 2017 年 1 月 1 日及以后开具的增值税专用发票、海关进口增值税专用缴款书、机动车销售统一发票、收费公路通行费增值税电子普通发票,取消认证确认、稽核比对、申报抵扣的期限。纳税人在进行增值税纳税申报时,应当通过本省(自治区、直辖市和计划单列市)增值税发票综合服务平台对上述扣税凭证信息进行用途确认(国家税务总局公告 2019 年第 45 号)。

(二)扣减当期销项税额的规定

纳税人提供的适用一般计税方法的应税服务,因服务中止或者折让而退还给购买方的增值税税额,应当从当期的销项税额中扣减。

(三)向供货方收取的返还收入的税务处理

对商业企业向供货方收取的与商品销售量、销售额挂钩(如以一定比例、金额、数量计算)的各种返还收入,均应按照平销返利行为的有关规定冲减当期增值税进项税额。应冲减进项税额的计算公式为

$$当期应冲减进项税额 = \frac{当期取得的返还资金}{1+所购货物适用增值税税率} \times 所购货物适用增值税税率$$

商业企业向供货方收取的各种收入,一律不得开具增值税专用发票。

(四)进项税额不足抵扣的税务处理

当期销项税额小于当期进项税额不足抵扣时,其不足部分可以结转下期继续抵扣。

(五)一般纳税人注销时存货及留抵税额的处理

一般纳税人注销或被取消辅导期一般纳税人资格,转为小规模纳税人时,其存货不

做进项税额转出处理,其留抵税额也不予退税。

(六)纳税人既欠缴增值税又有增值税留抵税额问题的税务处理

纳税人因销项税额小于进项税额而产生期末留抵税额的,应以期末留抵税额抵减增值税欠税(国税发〔2004〕112号)。抵减欠缴税款时,应按欠税发生时间逐笔抵扣,先发生的先抵。抵缴的欠税包含呆账税金及欠税滞纳金。

【例2-11·单选题】(2010年注税)以下关于增值税一般纳税人注销时税务处理的说法,正确的是( )。
  A. 增值税留抵税额可申请退税
  B. 企业可自行保留防伪税控专用设备
  C. 企业应将结存未用的纸质专用发票送交主管税务机关缴销
  D. 尚未销售的存货对应的增值税进项税额应作转出处理

【答案】C

【解析】增值税一般纳税人注销时企业应将结存未用的纸质专用发票送交主管税务机关缴销。

【例2-12·单选题】(2013年注税)根据增值税的规定,下列关于纳税人既欠缴增值税又有增值税留抵税额的税务处理,正确的是( )。
  A. 允许以期末留抵税额抵减增值税欠税,但不得抵减欠税滞纳金
  B. 抵减欠税时,既可以按欠税时间逐笔抵扣,也可以按欠税额度逐笔抵扣
  C. 若期末留抵税额大于欠缴总额,抵减后的余额不得结转下期继续抵扣
  D. 查补的增值税税款,可以按规定用留抵税额抵减

【答案】D

【解析】选项A,允许以留抵税额抵减增值税欠税,抵减的欠税包括呆账税金及欠税滞纳金;选项B,抵减欠税款时,应按欠税发生时间逐笔抵扣,先发生的先抵;选项C,若期末留抵税额大于欠缴总额,抵减后的余额可结转下期继续抵扣。

(七)关于增值税税控系统专用设备和技术维护费用抵减增值税税额的有关政策

(1)增值税纳税人2011年12月1日(含,下同)以后初次购买增值税税控系统专用设备(包括分开票机)支付的费用以及缴纳的技术维护费,可在增值税应纳税额中全额抵减。具体如表2-25和表2-26所示。

表2-25 增值税税控系统专用设备和技术维护费用抵减规则

纳税人购买或支付		抵减规则
购买税控系统专用设备	初次购买	可凭购买增值税税控系统专用设备取得的增值税专用发票,在增值税应纳税额中全额抵减(抵减额为价税合计额),不足抵减的可结转下期继续抵减,即用价税合计额抵减增值税税额
	非初次购买	费用由其自行负担,不得在增值税应纳税额中抵减,即只能凭专用发票抵税,不能抵价
支付技术服务费	2011年12月1日后缴纳的	可凭技术维护服务单位开具的技术维护费发票,在增值税应纳税额中全额抵减,不足抵减的可结转下期继续抵减

表 2-26 增值税税控系统和专用设备

增值税税控系统	专 用 设 备
增值税防伪税控系统	金税卡、IC 卡、读卡器或金税盘和报税盘
货物运输业增值税专用发票税控系统	税控盘和报税盘
机动车销售统一发票税控系统	税控盘和传输盘

 特别提示

注意区分增值税防伪税控系统的专用设备与通用设备。电脑、打印机、扫描仪等属于通用设备,不属于防伪税控系统的专用设备,只能抵税,不能抵价。

(2)增值税一般纳税人支付的两项费用在增值税应纳税额中全额抵减的,其增值税专用发票不作为增值税抵扣凭证,其进项税额不得从销项税额中抵扣。

(八)农产品增值税进项税额核定方法(试点)

自 2012 年 7 月 1 日起,以购进农产品为原料生产销售液体乳及乳制品、酒及酒精、植物油的增值税一般纳税人,纳入农产品增值税进项税额核定扣除试点范围,其购进农产品无论是否用于生产上述产品,增值税进项税额均按照《农产品增值税进项税额核定扣除试点实施办法》的规定抵扣。

(九)关于明确部分先进制造业增值税期末留抵退税政策

(1)自 2019 年 6 月 1 日起,同时符合以下条件的部分先进制造业纳税人,可以自 2019 年 7 月及以后纳税申报期向主管税务机关申请退还增量留抵税额:

①增量留抵税额大于零;

②纳税信用等级为 A 级或者 B 级;

③申请退税前 36 个月未发生骗取留抵退税、出口退税或虚开增值税专用发票情形;

④申请退税前 36 个月未因偷税被税务机关处罚两次及以上;

⑤自 2019 年 4 月 1 日起未享受即征即退、先征后返(退)政策。

(2)部分先进制造业纳税人当期允许退还的增量留抵税额,按照以下公式计算:

允许退还的增量留抵税额 = 增量留抵税额 × 进项构成比例

进项构成比例,为 2019 年 4 月至申请退税前一税款所属期内已抵扣的增值税专用发票(含税控机动车销售统一发票)、海关进口增值税专用缴款书、解缴税款完税凭证注明的增值税税额占同期全部已抵扣进项税额的比重。

纳税人按照《财政部 税务总局 海关总署关于深化增值税改革有关政策的公告》(财政部 税务总局 海关总署公告 2019 年第 39 号)、《财政部 税务总局关于明确部分先进制造业增值税期末留抵退税政策的公告》(财政部 税务总局公告 2019 年第 84 号)规定取得增值税留抵退税款的,不得再申请享受增值税即征即退、先征后返(退)政策。

本公告发布之日前,纳税人已按照上述规定取得增值税留抵退税款的,在 2020 年 6 月 30 日前将已退还的增值税留抵退税款全部缴回,可以按规定享受增值税即征即退、先征后返(退)政策;否则,不得享受增值税即征即退、先征后返(退)政策(财税〔2020〕2 号)。

二、简易计税方法

(一) 简易计税方法应缴纳增值税计算公式

简易计税方法的应纳税额是指按照销售额和增值税征收率计算的增值税税额,不得抵扣进项税额。应纳税额的计算公式为

$$应纳税额 = 销售额 \times 征收率$$

简易计税方法的销售额不包括其应纳税额,纳税人采用销售额和应纳税额合并定价方法的,按照下列公式计算销售额:

$$销售额 = 含税销售额 \div (1+征收率)$$

纳税人适用简易计税方法计税的,因销售折让、中止或者退回而退还给购买方的销售额,应当从当期销售额中扣减。扣减当期销售额后仍有余额造成多缴的税款,可以从以后的应纳税额中扣减。

【例 2-13·单选题】(2013 年注税) 某食品厂为增值税小规模纳税人,2012 年 8 月购进一批模具,取得的增值税普通发票注明金额 4 000 元;以赊销方式销售一批饼干,货已发出,开具了增值税普通发票,金额 60 000 元,截至当月底收到 50 000 元货款。当月该食品厂应缴纳增值税(   )。

A. 776.3 元   B. 1 067.57 元   C. 1 456.31 元   D. 1 747.57 元

【答案】 D

【解析】 应缴纳的增值税 = 60 000 ÷ (1+3%) × 3% = 1 747.57(元)。

 特别提示

增值税的计税方法如表 2-27 所示。

表 2-27 增值税的计税方法

类 型	适 用 范 围	应 纳 税 额
一般计税方法	一般纳税人	当期销项税额 − 当期进项税额
简易计税方法	小规模纳税人、一般纳税人(特定)	当期销售额(不含增值税) × 征收率
扣缴计税方法	境外单位或个人在境内发生应税行为,在境内未设有经营机构的	应扣缴税额 = 接受方支付的价款 ÷ (1+税率) × 税率

(二) 营业税改征增值税试点小规模纳税人缴纳增值税相关政策

1. 按 3%征收率

小规模纳税人跨县(市)提供建筑服务,应以取得的全部价款和价外费用扣除支付的分包款后的余额为销售额,按照 3%的征收率计算应纳税额。

$$应纳税额 = 计税销售额 \div (1+3\%) \times 3\%$$

【例 2-14·计算题】 甲建筑公司为增值税小规模纳税人,2016 年 5 月 1 日承接 A 工程项目,5 月 30 日发包方按进度支付工程价款 222 万元,该项目当月发生的工程成本为 100 万元,其中取得增值税发票上注明的金额为 50 万元。甲建筑公司 5 月需缴纳多少增值税?

【答案及解析】小规模纳税人适用简易计税方法，其进项税额不能抵扣。应纳税额＝销售额×征收率。该公司5月应缴纳的增值税＝222÷（1＋3%）×3%＝6.47（万元）。

2. 按5%征收率——小规模纳税人出售不动产

小规模纳税人出售不动产计税依据见表2-28。

表2-28　小规模纳税人出售不动产计税依据

纳税人	不动产性质	计税依据
非房地产开发企业	销售取得的不动产（不含自建）	全部价款和价外费用减去该项不动产购置原价或取得不动产时的作价后的余额
	销售自建的不动产	全部价款和价外费用
房地产开发企业	销售开发项目	全部价款和价外费用
其他个人	销售其取得的不动产（不含购买住房）	全部价款和价外费用减去该项不动产购置原价或取得不动产时的作价后的余额

3. 按5%征收率——小规模纳税人出租不动产

小规模纳税人出租不动产税务处理见表2-29。

表2-29　小规模纳税人出租不动产税务处理

纳税人	税务处理	计算公式
小规模纳税人出租其取得的不动产（不含个人出租住房）	按5%的征收率计算税额	税额＝租金收入÷（1＋5%）×5%
其他个人出租其取得的不动产（非住房）	按5%的征收率计算税额	税额＝租金收入÷（1＋5%）×5%
个人出租住房	按5%的征收率减按1.5%计算税额	税额＝租金收入÷（1＋5%）×1.5%

【例2-15·单选题】2016年7月，王某出租一处住房，预收半年租金48 000元，其应缴纳增值税（　　）元。
　　A. 720　　　　　　B. 0　　　　　　C. 685.71　　　　　　D. 2 285.71
【答案】　C
【解析】　应缴纳的增值税＝48 000÷（1＋5%）×1.5%＝685.71（元）。

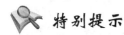 **特别提示**

简易计税征收率总结归纳如表2-30所示。

表2-30　简易计税征收率总结

情　形		征收率
建筑业	老项目、甲供、清包	3%
不动产	销售原有不动产、转让房地产老项目	5%
	出租原有不动产、原有不动产融资租赁合同、转让原有土地使用权	5%（个人住房：1.5%）
	收取试点前开工的一级公路、二级公路、桥、闸通行费	5%
	收取试点前开工的高速公路的车辆通行费	减按3%

(三)一般纳税人适用简易计税方法征收增值税的规定

1. 适用简易计税方法按 3% 的征收率减按 2% 征收

适用情况如下。

(1)一般纳税人销售自己使用过的按规定不得抵扣且未抵扣进项税额的固定资产。

(2)一般纳税人销售旧货。

其计算公式为

$$销售额 = 含税销售额 \div (1 + 3\%)$$
$$应纳税额 = 销售额 \times 2\%$$

2. 暂适用简易计税方法按 3% 的征收率征收

一般纳税人销售货物属于下列情形之一的,暂适用简易计税方法按 3% 的征收率计算缴纳增值税。

(1)寄售商店代销寄售物品(包括居民个人寄售的物品在内)(财税〔2014〕57 号)。

(2)典当业销售死当物品(财税〔2014〕57 号)。

(3)自 2018 年 5 月 1 日起,对进口抗癌药品,减按 3% 征收进口环节增值税。抗癌药品是指经国家药品监督管理部门批准注册的抗癌制剂及原料药(财税〔2018〕47 号)。

其计算公式为

$$销售额 = 含税销售额 \div (1 + 3\%)$$
$$应纳税额 = 销售额 \times 3\%$$

 特别提示

上述寄售商店和典当业可自行开具增值税专用发票(国税函〔2009〕90 号)。

3. 可选择适用简易计税方法按 3% 的征收率征收

(1)一般纳税人销售自产的下列货物,可选择适用简易计税方法按 3% 的征收率计算缴纳增值税。

①县级及县级以下小型水力发电单位生产的电力。小型水力发电单位是指各类投资主体建设的装机容量为 5 万千瓦以下(含 5 万千瓦)的小型水力发电单位。

②建筑用和生产建筑材料所用的砂、土、石料。

③以自己采掘的砂、土、石料或其他矿物连续生产的砖、瓦、石灰(不含黏土实心砖、瓦)。

④用微生物、微生物代谢产物、动物毒素、人或动物的血液或组织制成的生物制品。

⑤自来水。

⑥商品混凝土(仅限于以水泥为原料生产的水泥混凝土)。

(2)属于增值税一般纳税人的单采血浆站销售非临床用人体血液,可以适用简易计税方法按 3% 的征收率计算应纳税额,但不得对外开具增值税专用发票;也可以按照销项税额抵扣进项税额的办法依照增值税适用税率计算应纳税额(国税函〔2009〕456 号)。

计算公式为

$$销售额 = 含税销售额 \div (1 + 3\%)$$
$$应纳税额 = 销售额 \times 3\%$$

（3）属于增值税一般纳税人的药品经营企业销售生物制品，可选择适用简易计税方法按照生物制品销售额和 3%的征收率计算缴纳增值税（国家税务总局公告 2012 年第 20 号）。

计算公式为

$$销售额 = 含税销售额 \div (1 + 3\%)$$
$$应纳税额 = 销售额 \times 3\%$$

（4）对属于一般纳税人的自来水公司销售自来水适用简易计税方法按 3%的征收率征收增值税，不得抵扣其购进自来水取得增值税扣税凭证上注明的增值税税款（财税〔2014〕57 号）。

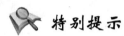 特别提示

提供物业管理服务的纳税人向服务接受方收取的自来水水费以扣除其对外支付的自来水水费后的余额为销售额，适用简易计税方法按3%的征收率征收增值税。

（5）非企业性单位中的一般纳税人提供的研发和技术服务、信息技术服务、鉴证咨询服务，以及销售技术、著作权等无形资产，可以选择适用简易计税方法按 3%的征收率计算缴纳增值税。

（6）一般纳税人提供教育辅助服务，可以选择适用简易计税方法按3%的征收率计算缴纳增值税（财税〔2016〕140 号）。

（7）自 2018 年 5 月 1 日起，增值税一般纳税人生产销售和批发、零售抗癌药品，可选择适用简易计税方法按 3%的征收率计算缴纳增值税。纳税人应单独核算抗癌药品的销售额。未单独核算的，不得适用简易征收政策（财税〔2018〕47 号）。

（8）自 2019 年 3 月 1 日起，增值税一般纳税人生产销售和批发、零售罕见病药品，可选择适用简易计税办法按 3%征收率计算缴纳增值税。对进口罕见病药品，减按 3%征收进口环节增值税（财税〔2019〕24 号）。

特别提示

（1）、（4）项可自行开具增值税专用发票。
（1）~（3）、（7）、（8）项，一般纳税人选择适用简易计税方法计算缴纳增值税后，36 个月内不得变更。

扩展阅读 2.12：营改增涉及一般纳税人适用简易计税方法汇总

【例 2-16·多选题】（2017 年注会）增值税一般纳税人可以选择增值税简易计税方法计税的有（ ）。
A. 提供文化体育服务　　　　B. 提供装卸搬运服务
C. 提供公共交通运输服务　　D. 提供税务咨询服务
【答案】 ABC
【解析】 选项 A、B、C 一般纳税人可以选择适用简易计税方法。

【例 2-17·计算题】 甲建筑公司为增值税一般纳税人，2016 年 4 月 1 日承接 A 工程项目（建筑工程施工许可证上注明的合同开工日期为 4 月 10 日），并将 A 项目中的部分施工项目分包给乙公司。5 月 30 日发包方按进度支付工程价款 222 万元。5 月甲公司支付给乙公司工程分包款 50 万元。对 A 工程项目甲建筑公司选择适用简易计税方法计算应纳税额，5 月需缴纳多少增值税？

【答案及解析】建筑工程施工许可证上注明的合同开工日期在 2016 年 4 月 30 日前的建筑工程项目为建筑工程老项目，可以选择适用简易计税方法，以取得的全部价款和价外费用扣除支付的分包款后的余额为销售额。该公司 5 月应缴纳的增值税为（222 − 50）÷（1 + 3%）× 3% = 5.01（万元）。

（四）一般纳税人销售自己使用过的固定资产

固定资产是指纳税人根据财务会计制度已经计提折旧的固定资产，具体内容总结如表 2-31 所示。

表 2-31　一般纳税人销售自己使用过的固定资产税务处理

销售自己使用过的固定资产	税 务 处 理	计 算 公 式
销售 2008 年 12 月 31 日前购进或自制的固定资产（不得抵扣进项税额）	适用简易计税方法，按 3% 的征收率减按 2% 征收增值税（自 2014 年 7 月 1 日起）	增值税 = 售价 ÷（1 + 3%）× 2%
销售 2009 年 1 月 1 日后购进或自制的固定资产	按正常销售货物适用税率征收增值税 【提示】 该固定资产的进项税额在购进当期已抵扣	增值税 = 售价 ÷（1 + 13%）× 13%

【例 2-18·单选题】（2013 年注税改）某企业为增值税一般纳税人，2015 年 11 月进行设备的更新换代，将一台旧设备出售，收取价款 20 万元，该设备系 2009 年购进，购进时该企业为小规模纳税人。该企业销售旧设备应缴纳增值税（　　）。

A. 0.39 万元　　　　B. 0.4 万元　　　　C. 2.91 万元　　　　D. 3.4 万元

【答案】 A

【解析】 该企业销售旧设备应缴纳的增值税 = 20 ÷（1 + 3%）× 2% = 0.39（万元）。

三、进口货物应纳税额的计算（国务院令第 538 号）

（一）进口货物征税的纳税人

进口货物的纳税人是进口货物的收货人或办理报关手续的单位和个人。对于代理进口货物，以海关开具的完税凭证上的纳税人为增值税纳税人（国税函发〔1995〕288 号）。

（二）进口货物的征税范围

申报进入中华人民共和国海关境内的货物，均应缴纳增值税。

（三）进口货物的适用税率

进口货物增值税税率与增值税一般纳税人在国内销售同类货物的税率相同。

（四）进口货物应纳税额的计算

纳税人进口货物，按照组成计税价格和规定的税率计算应纳税额。组成计税价格和

应纳税额的计算公式为

$$组成计税价格 = 关税完税价格 + 关税 + 消费税$$
$$应纳税额 = 组成计税价格 \times 税率$$

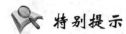**特别提示**

（1）在进口环节计算的应缴纳增值税不能抵扣任何境外税款。
（2）进口货物的增值税税率为13%和9%，不适用征收率。
（3）货物进口环节海关代征的增值税会构成一般纳税人货物销售环节的进项税额（图2-1）。

图2-1 进口货物纳税情况

【例2-19·综合题】 位于市区的某集团总部为增值税一般纳税人，2019年7月经营业务如下：

（1）销售一批货物，价税合计2 260万元，因购货方在两天内付款，给予现金折扣，实际收取2 100万元。

（2）向境外客户提供完全在境外消费的咨询服务，取得30万元。

（3）向境内客户提供会展服务，取得价税合计金额424万元。

（4）将一栋位于市区的办公楼对外出租，预收半年的租金价税合计105万元，该楼于2015年购入，选择简易方法计征增值税。

（5）购买银行非保本理财产品取得收益300万元。

（6）处置使用过的一台设备，当年采购该设备时按规定未抵扣进项税额，取得含税金额1.03万元，按购买方要求开具增值税专用发票。

（7）转让位于市区的一处厂房，取得含税金额1 040万元，该厂房2010年购入，购置价200万元，能够提供购房发票，选择简易方法计征增值税。

（8）进口一台厢式货车用于运营，关税完税价格为100万元。

（9）当期的其他进项税额如下：购进一批原材料，取得增值税专用发票注明税额180万元；发生其他无法准确划分用途的支出，取得增值税专用发票注明税额19.2万元。

（其他相关资料：销售货物的增值税税率为13%，进口厢式货车的关税税率为15%，进口业务当月取得海关进口增值税专用缴款书，上述业务涉及的相关票据均已申报抵扣。）

要求：根据上述资料，按照下列顺序计算回答问题，如有计算需计算出合计数。

（1）计算业务（1）销项税额。
（2）判断业务（2）是否需要缴纳增值税，并说明理由。
（3）计算业务（3）销项税额。
（4）计算业务（4）应缴纳的增值税税额。
（5）判断业务（5）是否需要缴纳增值税，并说明理由。

（6）计算业务（6）应缴纳的增值税税额。

（7）计算业务（7）应缴纳的增值税税额。

（8）计算业务（8）进口厢式货车应缴纳的关税、车辆购置税和增值税税额。

（9）根据业务（9）计算当期不可抵扣的增值税税额。

（10）回答主管税务机关是否有权对企业按月计算得出的不可抵扣进项税额进行调整；如果有权调整，应如何调整。

（11）计算当期应向主管税务机关缴纳的增值税税额。

（12）计算当期应缴纳的城市维护建设税税额和教育费附加、地方教育附加。

【答案】

（1）计算增值税销项税额时，现金折扣不得从销售额中减除。

业务（1）销项税额＝2 260÷（1＋13%）×13%＝260（万元）

（2）不需要缴纳增值税。

理由：向境外单位销售的完全在境外消费的鉴证咨询服务免征增值税。

（3）业务（3）销项税额＝424÷（1＋6%）×6%＝24（万元）

（4）纳税人提供租赁服务采取预收款方式的，其纳税义务发生时间为收到预收款的当天。

业务（4）应缴纳的增值税税额＝105÷（1＋5%）×5%＝5（万元）

（5）不需要缴纳增值税。

理由：金融商品持有期间取得的非保本收益，不属于利息或利息性质的收入，不征收增值税。

（6）一般纳税人销售自己使用过的不得抵扣且未抵扣进项税的固定资产，适用简易办法依照3%征收率减按2%征收增值税政策的，可以放弃减税，按照简易办法依照3%征收率缴纳增值税，并可以开具增值税专用发票。

业务（6）应缴纳的增值税税额＝1.03÷（1＋3%）×3%＝0.03（万元）

（7）一般纳税人转让其2016年4月30日前取得的不动产，可以选择适用简易计税方法以取得的全部价款和价外费用扣除不动产购置原价或者取得不动产时的作价后的余额为销售额。

业务（7）应缴纳的增值税税额＝（1 040－200）÷（1＋5%）×5%＝40（万元）

（8）进口厢式货车应缴纳的关税＝关税完税价格×关税税率＝100×15%＝15（万元）

进口厢式货车应缴纳的车辆购置税＝（关税完税价格＋关税）×10%＝（100＋15）×10%＝11.5（万元）

进口厢式货车应缴纳的增值税＝（关税完税价格＋关税）×13%＝（100＋15）×13%＝14.95（万元）

进口厢式货车应缴纳的关税、车辆购置税和增值税合计＝15＋11.5＋14.95＝41.45（万元）

（9）业务（9）当期不可抵扣的增值税税额＝19.2×［30＋105÷（1＋5%）＋1.03÷（1＋3%）＋（1 040－40－200）］÷［2 260÷（1＋13%）＋424÷（1＋6%）＋30＋105÷（1＋5%）＋1.03÷（1＋3%）＋（1 040－40－200）］＝5.37（万元）

（10）主管税务机关有权对企业按月计算得出的不可抵扣进项税额进行调整。主管税务机关可以依据年度数据对不得抵扣的进项税额进行清算。这是因为对于纳税人而言，进项税额转出是按月进行的，但由于年度内取得进项税额的不均衡性，有可能会造成按月计算的进项税额转出与按年度计算的进项税额转出产生差异，主管税务机关可在年度终了对纳税人进项税额转出计算公式进行清算，可对相关差异进行调整。

（11）当期应向主管税务机关缴纳的增值税税额 = 260 + 24 − 14.95 − 180 −（19.2 − 5.37）+ 5 + 0.03 + 40 = 120.25（万元）

（12）当期应缴纳的城市维护建设税税额、教育费附加及地方教育附加合计 = 120.25 ×（7% + 3% + 2%）= 14.43（万元）

【例 2-20·计算题】（2014 年注会改）位于县城的某石油企业为增值税一般纳税人，2020 年 3 月发生以下业务：

（1）进口原油 5 000 吨，支付买家 2 000 万元。运抵我国境内运输地点起卸前运输费用为 60 万元，保险费无法确定。

（2）开采石油 9 000 吨，其中当月销售 6 000 吨，取得不含税销售收入 2 700 万元，同时从购买方取得延期付款利息 3.51 万元，取得运输业增值税专用发票，注明运费 9.9 万元，税额 0.89 万元。

（其他相关资料：假定原油的资源税税率为 10%，进口关税税率为 1%，相关票据已经通过主管税务机关的比对认证。）

要求：根据上述材料，计算回答下列问题，如有计算需计算出合计数。

（1）计算当月进口原油应缴纳的关税。

（2）计算当月进口原油应缴纳的增值税。

（3）计算当月销售原油的增值税销项税额。

（4）计算当月向税务机关缴纳的增值税。

【答案及解析】

（1）当月进口原油应缴纳的关税 =（2 000 + 60）×（1 + 3‰）× 1% = 20.66（万元）。

（2）当月进口原油应缴纳的增值税 =（2 000 + 60）×（1 + 3‰）×（1 + 1%）× 13% = 271.29（万元）。

（3）当月销售原油的增值税销项税额 =（2 700 + 3.51 ÷ 1.13）× 13% = 351.4（万元）。

（4）当月向税务机关缴纳的增值税 = 351.4 − 271.29 − 0.89 = 79.22（万元）。

第八节 特定企业（或交易行为）的增值税政策

一、转让不动产增值税征收管理

（一）适用范围

不动产包括以直接购买、接受捐赠、接受投资入股、自建以及抵债等各种方式取得的不动产。

房地产开发企业销售自行开发的房地产项目不适用

扩展阅读 2.13：特定企业的增值税政策

本部分内容。

（二）计税方法及应纳税额计算

1. 一般纳税人转让不动产的计税方法

（1）一般纳税人转让其2016年4月30日前取得的自建和非自建项目的不动产，可以选择适用简易计税方法。

①非自建项目：以取得的全部价款和价外费用扣除不动产购置原价或者取得不动产时的作价后的余额为销售额，按5%计算税额向不动产所在地主管税务机关预缴税款。

②自建项目：以取得的全部价款和价外费用为销售额，按5%计算税额向不动产所在地主管税务机关预缴税款。

一般纳税人转让不动产的简易计税方法见表2-32。

表2-32 一般纳税人转让不动产的简易计税方法

项目性质	预缴	申报
非自建项目	增值税=转让差额÷（1+5%）×5%	与预缴相同
自建项目	增值税=出售全价÷（1+5%）×5%	与预缴相同

注：转让差额等于取得的全部价款和价外费用扣除不动产购置原价或者取得不动产时的作价（以下相同）。

（2）一般纳税人转让其2016年4月30日前取得的自建和非自建的不动产，可以选择适用一般计税方法。

（3）一般纳税人转让其2016年5月1日后取得的自建和非自建的不动产，适用一般计税方法。

一般纳税人转让不动产的一般计税方法见表2-33。

表2-33 一般纳税人转让不动产的一般计税方法

项目性质	预缴	申报
非自建项目	增值税=转让差额÷（1+5%）×5%	增值税=出售全价÷（1+9%）×9%－进项税额－预缴税款
自建项目	增值税=出售全价÷（1+5%）×5%	增值税=出售全价÷（1+9%）×9%－进项税额－预缴税款

2. 小规模纳税人转让不动产（其他个人转让住房除外）的计税方法

小规模纳税人转让其取得的自建和非自建的不动产，均按照5%的征收率计算应纳税额。具体处理如表2-34所示。

表2-34 小规模纳税人转让不动产的计税方法

项目性质	预缴（不动产所在地）	申报（机构所在地）
非自建项目	增值税=转让差额÷（1+5%）×5%	与预缴相同
自建项目	增值税=出售全价÷（1+5%）×5%	与预缴相同

3. 其他个人（自然人）转让其购买的住房

其他个人转让不动产的税务处理如表2-35所示。

表 2-35　其他个人转让不动产的税务处理

项目性质	应纳税额	纳税申报
差额缴纳（北上广深地区 2 年及以上转让非普通住宅）	增值税 = 转让差额÷（1+5%）×5%	住房所在地主管税务机关
全额缴纳（2 年以内转让）	增值税 = 出售全价÷（1+5%）×5%	

（三）扣减税款的凭证要求

纳税人按规定从取得的全部价款和价外费用中扣除不动产购置原价或者取得不动产时的作价的，应当取得符合法律、行政法规和国家税务总局规定的合法有效凭证。否则，不得扣除。上述凭证是指以下几种。

（1）税务部门监制的发票。

（2）法院判决书、裁定书、调解书，以及仲裁裁决书、公证债权文书。

（3）国家税务总局规定的其他凭证。

（四）发票的开具

（1）小规模纳税人转让其取得的不动产，不能自行开具增值税发票的，可向不动产所在地主管税务机关申请代开。

（2）纳税人向其他个人转让其取得的不动产，不得开具或申请代开增值税专用发票。

（五）其他问题

纳税人转让其取得的不动产，向不动产所在地主管税务机关预缴的增值税税款，可以在当期增值税应纳税额中抵减，抵减不完的，结转下期继续抵减。

纳税人转让不动产，按照规定应向不动产所在地主管税务机关预缴税款而自应当预缴之月起超过 6 个月没有预缴税款的，由机构所在地主管税务机关按照《税收征收管理法》及相关规定进行处理。

纳税人转让不动产，未按照规定缴纳税款的，由主管税务机关按照《税收征收管理法》及相关规定进行处理。纳税人以预缴税款抵减应纳税额，应以完税凭证作为合法有效凭证。

上述内容归纳如表 2-36 所示。

表 2-36　纳税人转让不动产情况总结

可差额纳税的情形	一般纳税人转让其 2016 年 4 月 30 日前取得（不含自建）的不动产，选择适用简易计税方法
	小规模纳税人转让其取得（不含自建）的不动产
差额计税	以取得的全部价款和价外费用扣除不动产购置原价或者取得不动产时的作价后的余额为销售额
确定差额的依据	发票
	以契税计税金额进行差额扣除

以契税计税金额进行差额扣除时增值税应纳税额的计算如表 2-37 所示。

表 2-37　以契税计税金额进行差额扣除时增值税应纳税额的计算

时间	增值税应纳税额
2016 年 4 月 30 日及以前	（全部交易价格（含增值税）− 契税计税金额（含营业税））÷1.05×5%
2016 年 5 月 1 日及以后	（全部交易价格（含增值税）÷1.05 − 契税计税金额（不含增值税））×5%

二、提供不动产经营租赁服务增值税征收管理

（一）适用范围

适用于纳税人以经营租赁方式出租其取得的不动产（简称出租不动产）。取得的不动产包括以直接购买、接受捐赠、接受投资入股、自建以及抵债等各种方式取得的不动产。

（二）计税方法和应缴纳增值税计算

1. 一般纳税人出租不动产

（1）一般纳税人出租其 2016 年 4 月 30 日前取得的不动产，可以选择适用简易计税方法，按照 5%的征收率计算应纳税额。

（2）一般纳税人出租其 2016 年 5 月 1 日后取得的不动产，适用一般计税方法。

一般纳税人提供不动产经营租赁服务增值税计税方法归纳如表 2-38 所示。

表 2-38　一般纳税人提供不动产经营租赁服务增值税计税方法

计税方法	税务局预缴	税务局申报
简易	增值税 = 含税销售额 ÷（1 + 5%）× 5%	与税务局预缴相同
一般	增值税 = 含税销售额 ÷（1 + 9%）× 3%	增值税 = 含税销售额 ÷（1 + 9%）× 9% – 进项税额 – 预缴税款

2. 小规模纳税人出租不动产

（1）单位和个体工商户出租不动产（不含个体工商户出租住房），按 5%的征收率计算应纳税额。个体工商户出租住房，按 5%的征收率减按 1.5%计算应纳税额。

（2）其他个人出租不动产（不含住房），按 5%的征收率计算应纳税额，向不动产所在地主管税务机关申报纳税。

其他个人出租住房，按 5%的征收率减按 1.5%计算应纳税额，向不动产所在地主管税务机关申报纳税。

其他个人（自然人）出租不动产增值税简易计税方法归纳如表 2-39 所示。

表 2-39　其他个人（自然人）出租不动产增值税简易计税方法

项目	税务处理	预缴	纳税申报
出租住房	按 5%减按 1.5%	无须预缴	租金 ÷ 1.05 × 1.5% 不动产所在地，主管税务机关
出租不动产（不含住房）	5%	无须预缴	租金 ÷ 1.05 × 5% 不动产所在地，主管税务机关

单位和个体工商户出租不动产增值税简易计税方法归纳如表 2-40 所示。

表 2-40　单位和个体工商户出租不动产增值税简易计税方法

项目	个体户出租住房	出租不动产（不含个体户出租住房）
应纳税额	租金 ÷ 1.05 × 1.5%	租金 ÷ 1.05 × 5%

续表

项　　目	个体户出租住房	出租不动产（不含个体户出租住房）
预缴税额	租金÷1.05×1.5%	租金÷1.05×5%
预缴地点	不动产所在地，主管税务机关	
申报	机构所在地，主管税务机关	

（三）预缴与申报

（1）纳税人出租不动产适用一般计税方法的，按照以下公式计算应预缴税款：

$$应预缴税款 = 含税销售额 \div (1 + 9\%) \times 3\%$$

（2）纳税人出租不动产适用简易计税方法的，除了个人出租住房，按照以下公式计算应预缴税款：

$$应预缴税款 = 含税销售额 \div (1 + 5\%) \times 5\%$$

（3）个体工商户出租住房，按照以下公式计算应预缴税款：

$$应预缴税款 = 含税销售额 \div (1 + 5\%) \times 1.5\%$$

（4）其他个人出租不动产，按照以下公式计算应纳税款。

①出租住房：

$$应纳税款 = 含税销售额 \div (1 + 5\%) \times 1.5\%$$

②出租非住房：

$$应纳税款 = 含税销售额 \div (1 + 5\%) \times 5\%$$

单位和个体工商户出租不动产，按照规定向不动产所在地主管税务机关预缴税款时，应填写增值税预缴税款表。

单位和个体工商户出租不动产，向不动产所在地主管税务机关预缴的增值税款，可以在当期增值税应纳税额中抵减，抵减不完的，结转下期继续抵减。

纳税人以预缴税款抵减应纳税额，应以完税凭证作为合法有效凭证。

（四）发票的开具

小规模纳税人中的单位和个体工商户出租不动产，不能自行开具增值税发票的，可向不动产所在地主管税务机关申请代开增值税发票。

其他个人出租不动产，可向不动产所在地主管税务机关申请代开增值税发票。

纳税人向其他个人出租不动产，不得开具或申请代开增值税专用发票。

其他个人委托房屋中介、住房租赁企业等单位出租不动产，需要向承租方开具增值税发票的，可以由受托单位代其向主管税务机关按规定申请代开增值税发票（国家税务总局公告2017年第30号）。

三、房地产开发企业销售自行开发的房地产项目增值税征收管理

自2016年5月1日起，房地产开发企业销售自行开发的房地产项目执行以下规定。

（一）适用范围

适用范围为房地产开发企业销售自行开发的房地产项目。

自行开发是指在依法取得土地使用权的土地上进行基础设施和房屋建设。

房地产开发企业以接盘等形式购入未完工的房地产项目继续开发后，以自己的名义

立项销售的,属于销售自行开发的房地产项目。

(二)一般纳税人征收管理

1. 销售额

房地产开发企业中的一般纳税人销售自行开发的房地产项目,适用一般计税方法,按照取得的全部价款和价外费用,扣除当期销售房地产项目对应的土地价款后的余额计算销售额。公式如下:

销售额 =(全部价款和价外费用 − 当期允许扣除的土地价款)÷(1 + 9%)

当期允许扣除的土地价款按照以下公式计算:

当期允许扣除的土地价款 =(当期销售房地产项目建筑面积 ÷ 房地产项目可供销售建筑面积)× 支付的土地价款

支付的土地价款是指向政府、土地管理部门或受政府委托收取土地价款的单位直接支付的土地价款,包括土地受让人向政府部门支付的征地和拆迁补偿费用、土地前期开发费用和土地出让收益等(财税〔2016〕140号)。

在计算销售额时从全部价款和价外费用中扣除土地价款,应当取得省级以上(含省级)财政部门监(印)制的财政票据。

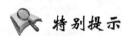 **特别提示**

一般纳税人销售自行开发的房地产老项目,可以选择适用简易计税方法按5%的征收率计税。一经选择简易计税方法,36个月内不得变更为一般计税方法。

特别提示

一般纳税人销售自行开发的房地产老项目适用简易计税方法的,以取得的全部价款和价外费用为销售额,不得扣除对应的土地价款。

2. 预缴税款

一般纳税人采取预收款方式销售自行开发的房地产项目,应在收到预收款时按3%的预征率预缴增值税。

应预缴税款按照以下公式计算:

应预缴税款 = 预收款 ÷(1 + 适用税率或征收率)× 3%

适用一般计税方法的,按9%的适用税率计算;适用简易计税方法的,按5%的征收率计算。

一般纳税人应在取得预收款的次月纳税申报期向主管税务机关预缴税款。

3. 进项税额

一般纳税人销售自行开发的房地产项目,兼有一般计税方法、简易计税方法、免征增值税的房地产项目而无法划分不得抵扣的进项税额的,应以建筑工程施工许可证注明的"建设规模"为依据进行划分,其计算公式如下:

不得抵扣的进项税额 = 当期无法划分的全部进项税额 ×(简易计税、免税房地产项目建设规模 ÷ 房地产项目总建设规模)

4. 纳税申报

一般纳税人销售自行开发的房地产项目适用一般计税方法（简易计税方法）的，应以当期销售额和9%的适用税率（5%的征收率）计算当期应纳税额，抵减已预缴税款后，向主管税务机关申报纳税。未抵减完的预缴税款可以结转下期继续抵减。

5. 发票开具

一般纳税人销售自行开发的房地产项目，自行开具增值税发票。

一般纳税人销售自行开发的房地产项目，其2016年4月30日前收取并已向主管税务机关申报缴纳营业税的预收款，未开具营业税发票的，可以开具增值税普通发票，不得开具增值税专用发票。

一般纳税人向其他个人销售自行开发的房地产项目，不得开具增值税专用发票。

（三）小规模纳税人征收管理

1. 预缴税款

房地产开发企业中的小规模纳税人采取预收款方式销售自行开发的房地产项目，应在收到预收款时按3%的预征率预缴增值税。

应预缴税款按照以下公式计算：

$$应预缴税款 = 预收款 \div (1 + 5\%) \times 3\%$$

小规模纳税人应在取得预收款的次月纳税申报期或主管税务机关核定的纳税期限向主管税务机关预缴税款。

 特别提示

房地产开发企业中的小规模纳税人销售自行开发的房地产项目（无论是新项目还是老项目），按5%的征收率计算应纳税额。

2. 纳税申报

小规模纳税人销售自行开发的房地产项目，应按照《营业税改征增值税试点实施办法》第四十五条规定的纳税义务发生时间，以当期销售额和5%的征收率计算当期应纳税额，抵减已预缴税款后，向主管税务机关申报纳税。未抵减完的预缴税款可以结转下期继续抵减。

3. 发票开具

小规模纳税人销售自行开发的房地产项目，自行开具增值税普通发票。购买方需要增值税专用发票的，小规模纳税人向主管税务机关申请代开。

小规模纳税人向其他个人销售自行开发的房地产项目，不得申请代开增值税专用发票。

总之，房地产开发企业销售自行开发的房地产项目计税方法如表2-41所示。

表2-41 房地产开发企业销售自行开发的房地产项目计税方法

情 形			销项税额（应纳税额）	进项税额
简易计税		全额计税	全款÷1.05×5%	不得抵扣
一般计税	从政府处取得土地	差额计税	（全款－土地价款）÷1.09×9%	可以抵扣
	其他方式取得土地	全额计税	全款÷1.09×9%	可以抵扣

四、资管产品运营业务增值税征收管理

2018年1月1日起,资管产品管理人(以下简称"管理人")运营资管产品过程中发生的增值税应税行为(以下简称"资管产品运营业务"),暂适用简易计税方法,按3%的征收率缴纳增值税。资管产品管理人和资管产品的界定请参见财税〔2017〕56号。

自2018年1月1日起,资管产品管理人运营资管产品提供的贷款服务、发生的部分金融商品转让业务,按照以下规定确定销售额(财税〔2017〕90号)。

(1)提供贷款服务,以2018年1月1日起产生的利息及利息性质的收入为销售额。

(2)转让2017年12月31日前取得的股票(不包括限售股)、债券、基金、非货物期货,可以选择按照实际买入价计算销售额,或者以2017年最后一个交易日的股票收盘价(2017年最后一个交易日处于停牌期间的股票,为停牌前最后一个交易日的收盘价)、债券估值(中债金融估值中心有限公司或中证指数有限公司提供的债券估值)、基金份额净值、非货物期货结算价格作为买入价计算销售额。

金融服务的税务处理如表2-42所示。

表2-42　金融服务的税务处理

情　形		税　务　处　理
金融商品	持有期间(含到期)取得的保本收益	缴纳增值税(6%)
	持有期间(含到期)取得的非保本收益	不纳税
	转让金融商品	差额÷1.06×6%
资管产品管理人	资管产品运营业务	简易计税(2018年1月1日)
	其他情形,包括管理服务等	按相应规定纳税
租赁	经营租赁、融资租赁	租赁服务(13%,9%)
	融资性售后回租	金融服务(6%)
以货币资金投资收取固定利润或保底利润		金融服务(6%)

【例2-21·计算题】 (2017年税务师)某金融机构为增值税一般纳税人,以一个季度为纳税期限,2020年第一季度发生下列业务:

(1)提供贷款服务取得不含税贷款利息收入1 200万元,提供货币兑换服务取得不含税收入25万元。发生人员工资支出65万元。

(2)转让金融商品,卖出价为10 557.60万元,另发生手续费支出,取得增值税专用发票,注明金额9万元,税额0.54万元。该批金融商品买入价为4 536.80万元。上述卖出价与买入价均为含税价格。

(3)以自有资金对外投资,按合同约定每季度收取固定利润3 000万元(含增值税)。由于被投资方资金紧张,本季度未收到应收的固定利润。

(4)购进办公设备取得增值税专用发票,注明税额64万元。为改善服务条件,2017年2月购买写字楼,取得增值税专用发票,注明税额1 530万元。

假设本期取得的相关票据均符合税法规定,并在当期按照规定认证抵扣进项税额。

要求:

(1)计算业务(1)的销项税额。

(2)计算业务(2)的销项税额。

（3）计算业务（3）的销项税额。
（4）计算2020年第一季度该金融机构增值税进项税额留抵金额。

【答案及解析】

（1）提供货币兑换服务，属于直接收费金融服务。贷款服务和直接收费金融服务，税率均为6%。业务（1）的销项税额＝（1 200＋25）×6%＝73.5（万元）。

（2）金融商品转让，以卖出价扣除买入价后的余额为销售额。发生的手续费支出，不能从销售额中扣除。业务（2）的销项税额＝（10 557.6－4 536.8）÷（1＋6%）×6%＝340.8（万元）。

（3）以货币资金投资收取的固定利润或保底利润，按照贷款服务缴纳增值税。业务（3）的销项税额＝3 000÷（1＋6%）×6%＝169.81（万元）。

（4）发生手续费支出，取得增值税专用发票，可以抵扣进项税额。购进办公设备取得增值税专用发票可以抵扣进项税额；购买写字楼取得增值税专用发票，可以抵扣进项税额。业务（2）的进项税额＝0.54（万元）；业务（4）的进项税额＝64＋1 530＝1 594（万元）；当期的销项税额＝73.5＋340.8＋169.81＝584.11（万元）；2020年第一季度该金融机构增值税进项税额留抵金额＝584.11－（0.54＋1 594）＝－1 010.43（万元）。

增值税为负数，可以作为留抵税额在下期抵扣。

五、单用途卡和多用途卡增值税征收管理

（一）单用途商业预付卡（单用途卡）业务

（1）发卡企业或售卡企业：销售单用途卡，或者接受单用途卡持卡人充值取得的预收资金，不缴纳增值税，不得开具增值税专用发票。

（2）售卡方：因发行或者销售单用途卡并办理相关资金收付结算业务取得的手续费、结算费、服务费、管理费等收入，应按照现行规定缴纳增值税。

（3）销售方：持卡人使用单用途卡购买货物或服务，销售方应按照现行规定缴纳增值税，且不得向持卡人开具增值税发票。

单用途卡税务处理如图2-2所示。

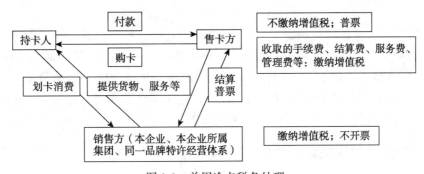

图2-2 单用途卡税务处理

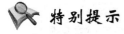

销售方不是售卡方时，销售方在收到售卡方结算的销售款时，应向售卡方开具增值税普通发票，不得开具增值税专用发票。

（二）支付机构预付卡（多用途卡）业务

1. 支付机构

（1）销售多用途卡、接受多用途卡充值，不缴纳增值税，不得开具增值税专用发票。

（2）支付机构因发行或者受理多用途卡并办理相关资金收付结算业务取得的手续费、结算费、服务费、管理费等收入，应按照现行规定缴纳增值税。

2. 特约商户

（1）持卡人使用多用途卡，特约商户应按照现行规定缴纳增值税，且不得向持卡人开具增值税发票。

（2）特约商户收到支付机构结算的销售款时，应向支付机构开具增值税普通发票。

多用途卡税务处理如图 2-3 所示。

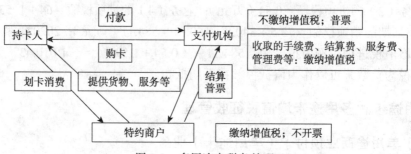

图 2-3　多用途卡税务处理

六、进口租赁飞机增值税征收管理

自 2018 年 6 月 1 日起，对申报进口监管方式为 1500（租赁不满一年）、1523（租赁贸易）、9800（租赁征税）的租赁飞机（税则品目：8802），海关停止代征进口环节增值税。进口租赁飞机增值税的征收管理由税务机关按照现行增值税政策组织实施。

七、其他行业的增值税政策

核电行业的增值税政策请参见财税〔2008〕38 号；黄金交易、铂金交易、货物期货与钻石交易的增值税政策请参见国税发明电〔2002〕47 号、财税〔2003〕86 号、国税发〔2005〕178 号、国税发〔2006〕131 号、财税〔2015〕35 号、国家税务总局公告 2018 年第 19 号以及国家税务总局公告 2017 年第 29 号等；利用石脑油和燃料油生产乙烯芳烃类产品的有关增值税政策请参见财税〔2014〕17 号。

八、异常增值税扣税凭证管理等有关事项

（1）符合下列情形之一的增值税专用发票，列入异常增值税扣税凭证（以下简称"异常凭证"）范围。

①纳税人丢失、被盗税控专用设备中未开具或已开具未上传的增值税专用发票。

②非正常户纳税人未向税务机关申报或未按规定缴纳税款的增值税专用发票。

③增值税发票管理系统稽核比对发现"比对不符""缺联""作废"的增值税专用

发票。

④经税务总局、省税务局大数据分析发现，纳税人开具的增值税专用发票存在涉嫌虚开、未按规定缴纳消费税等情形的。

⑤属于《国家税务总局关于走逃（失联）企业开具增值税专用发票认定处理有关问题的公告》（国家税务总局公告2016年第76号）第二条第（一）项规定情形的增值税专用发票。

（2）增值税一般纳税人申报抵扣异常凭证，同时符合下列情形的，其对应开具的增值税专用发票列入异常凭证范围。

①异常凭证进项税额累计占同期全部增值税专用发票进项税额70%（含）以上的；

②异常凭证进项税额累计超过5万元的。

纳税人尚未申报抵扣、尚未申报出口退税或已做进项税额转出的异常凭证，其涉及的进项税额不计入异常凭证进项税额的计算。

（3）增值税一般纳税人取得的增值税专用发票列入异常凭证范围的，应按照以下规定处理。

①尚未申报抵扣增值税进项税额的，暂不允许抵扣。已经申报抵扣增值税进项税额的，除另有规定外，一律做进项税额转出处理。

②尚未申报出口退税或者已申报但尚未办理出口退税的，除另有规定外，暂不允许办理出口退税。适用增值税免抵退税办法的纳税人已经办理出口退税的，应根据列入异常凭证范围的增值税专用发票上注明的增值税额做进项税额转出处理；适用增值税免退税办法的纳税人已经办理出口退税的，税务机关应按照现行规定对列入异常凭证范围的增值税专用发票对应的已退税款追回。

（4）经税务总局、省税务局大数据分析发现存在涉税风险的纳税人，不得离线开具发票，其开票人员在使用开票软件时，应当按照税务机关指定的方式进行人员身份信息实名验证。

（5）新办理增值税一般纳税人登记的纳税人，自首次开票之日起3个月内不得离线开具发票，按照有关规定不使用网络办税或不具备风险条件的特定纳税人除外。

第九节　申报与缴纳

一、增值税纳税义务发生时间

（一）基本规定

《增值税暂行条例》明确规定，增值税纳税义务发生时间有以下两种：发生应税销售行为（国务院令第691号），为收讫销售款或者取得索取销售款项凭据的当天；先开具发票的，为开具发票的当天。进口货物为报关进口的当天。增值税扣缴义务发生时间为纳税人增值税纳税义务发生的当天（国务院令第538号）。

其中，收讫销售款项是指纳税人销售服务、无形资产、不动产过程中或者完成后收到款项。取得索取销售款项凭据的当天是指书面合同确定的付款日期；未签订书面合同或者书面合同未确定付款日期的，为服务、无形资产转让完成的当天或者不动产权属变更的当天。

（二）具体规定

增值税纳税义务发生时间的具体规定如表 2-43 所示。

表 2-43 增值税纳税义务发生时间的具体规定

情 形	时 间
直接收款	不论货物是否发出，均为收到销售款或者取得索取销售款凭据的当天
	纳税人生产经营活动中采取直接收款方式销售货物，已将货物移送对方并暂估销售收入入账，但既未取得销售款或取得索取销售款凭据也未开具销售发票的，为取得销售款或取得索取销售款凭据的当天；先开具发票的，为开具发票的当天
托收承付和委托银行收款	为发出货物并办妥托收手续的当天
赊销和分期收款	为书面合同约定的收款日期的当天；无书面合同或者书面合同没有约定收款日期的，为货物发出的当天
预收货款	为货物发出的当天；但生产销售生产工期超过 12 个月的大型机械设备、船舶、飞机等货物的，为收到预收款或者书面合同约定的收款日期的当天
委托其他纳税人代销货物	为收到代销单位销售的代销清单或者收到全部或者部分货款的当天；未收到代销清单及货款的，为发出代销货物满 180 日的当天（即收到代销单位的代销清单、收到全部或者部分货款的当天、发出代销货物满 180 天的当天三者中较早一方）
其他视同销售行为	为货物移送的当天
销售劳务	为提供劳务同时收讫销售款或者取得索取销售款凭据的当天
进口货物	为报关进口的当天
先开具发票的，为开具发票的当天	

【例 2-22·计算题】（2019 年税务师）一生产企业 2019 年 2 月 10 日签订货物销售合同，合同约定 2019 年 3 月 10 日发货，3 月 15 日收款，生产企业按约定发货，5 月 5 日收到货款，则增值税纳税义务的发生时间是（　　）。

A. 2019 年 2 月 10 日　　　　　　　　B. 2019 年 3 月 10 日
C. 2019 年 5 月 5 日　　　　　　　　D. 2019 年 3 月 15 日

【答案】 D

【解析】 采取赊销和分期收款方式销售货物，纳税义务发生时间为书面合同约定的收款日期的当天，无书面合同的或者书面合同没有约定收款日期的，为货物发出的当天。

（三）营业税改征增值税行业增值税纳税义务、扣缴义务发生时间

（1）纳税人发生应税行为并收讫销售款项或者取得索取销售款项凭据的当天；先开具发票的，为开具发票的当天。

（2）纳税人提供租赁服务采取预收款方式的，为收到预收款的当天（财税〔2017〕58 号）。

（3）纳税人从事金融商品转让的，为金融商品所有权转移的当天。

（4）纳税人发生情形的，为服务、无形资产转让完成的当天或者不动产权属变更的当天。

（5）增值税扣缴义务发生时间为纳税人增值税纳税义务发生的当天。

二、纳税期限

增值税的纳税期限规定为 1 日、3 日、5 日、10 日、15 日、1 个月或者 1 个季度，以 1 个季度为纳税期限仅适用于小规模纳税人。纳税人的具体纳税期限，由主管税务机关根据纳税人应纳税额的大小分别核定；不能按照固定期限纳税的，可以按次纳税。

营业税改征增值税行业以 1 个季度为纳税期限的规定适用于小规模纳税人、银行、财务公司、信托投资公司、信用社，以及财政部和国家税务总局规定的其他纳税人。不能按照固定期限纳税的，可以按次纳税。

三、纳税地点

增值税纳税地点如表 2-44 所示。

表 2-44　增值税纳税地点

情　形	纳　税　地　点
固定业户	在机构所在地纳税
	总机构和分支机构不在同一县（市）的，应当分别向各自所在地主管税务机关申报纳税；经批准，可由总机构汇总向总机构所在地申报纳税
	（1）到外县（市）销售货物的，应向其机构所在地主管税务机关申请开具外出经营活动税收管理证明，向机构所在地申报纳税 （2）未开具证明的，应当向销售地或者劳务发生地的主管税务机关申报纳税 （3）未向销售地或者劳务发生地的主管税务机关申报纳税的，由其机构所在地的主管税务机关补征税款
非固定业户	在销售地或劳务发生地纳税，未在销售地或劳务发生地纳税的，应由其机构所在地或居住地的主管税务机关补征税款
进口货物	向报关地海关申报纳税
扣缴义务人	向机构所在地或居住地主管税务机关申报缴纳其扣缴的税款
其他个人提供建筑服务，销售或者租赁不动产，转让自然资源使用权	向建筑服务发生地、不动产所在地、自然资源所在地主管税务机关申报纳税
纳税人跨县（市）提供建筑服务	在建筑服务发生地预缴税款后，向机构所在地主管税务机关进行纳税申报

【例 2-23·单选题】（2009 年注会）如果某增值税纳税人总、分支机构不在同一县市，总机构已被认定为增值税一般纳税人，其分支机构在申请办理一般纳税人认定手续时，正确的做法是（　　）。

A. 不必申请，自动被视为一般纳税人
B. 在总机构所在地申请办理一般纳税人认定手续
C. 在分支机构所在地申请办理一般纳税人认定手续
D. 可自行选择所在地申请办理一般纳税人认定手续

【答案】　C

【解析】　总分机构不在同一县市，总机构已被认定为增值税一般纳税人，其分支机构在申请办理一般纳税人认定手续时，在分支机构所在地申请办理一般纳税人认定手续。

第十节　增值税专用发票的使用和管理

专用发票是增值税一般纳税人销售货物、劳务、服务、无形资产、不动产（国务院令第 691 号）开具的发票，是购买方支付增值税税额并可按照增值税有关规定据以抵扣增值税进项税额的凭证。

一、专用发票的构成和限额管理

增值税专用发票由基本联次或基本联次附加其他联次构成，基本联次为三联：发票联、抵扣联和记账联。

增值税专用发票实行最高开票限额管理，增值税专用发票最高开票限额由一般纳税人申请，须填报增值税专用发票最高开票限额申请单，区县税务机关审批，并根据需要实地查验，实地查验的范围和方法由各省国税机关确定（国家税务总局公告 2013 年第 39 号）。

二、专用发票的开具

（一）专用发票的开具范围

一般纳税人销售货物、劳务、服务、无形资产、不动产（国务院令第 691 号），应向购买方开具增值税专用发票。

一般纳税人有下列销售情形之一，不得开具增值税专用发票。

（1）商业企业一般纳税人零售的烟、酒、食品、服装、鞋帽（不包括劳保专用部分）、化妆品等消费品（国税发〔2006〕156 号）。

（2）销售免税货物或提供免征增值税的应税服务，法律、法规及国家税务总局另有规定的除外（国税发〔2006〕156 号）。

（3）销售自己使用过的不得抵扣且未抵扣进项税额的固定资产（国务院令第 538 号）。

（4）销售旧货（国税函〔2009〕90 号）。

（5）应税销售行为的购买方为消费者个人（国务院令第 691 号）。

【例 2-24·单选题】（2009 年注税）商业企业一般纳税人零售下列货物，可以开具增值税专用发票的是（　　）。

A. 烟酒　　　　　B. 食品　　　　　C. 化妆品　　　　　D. 办公用品

【答案】D

【解析】一般纳税零售烟酒、食品、化妆品时不能开具增值税专用发票。

（二）红字专用发票开具

增值税一般纳税人开具增值税专用发票后，发生销售退回、开票有误等情形但不符合作废条件，或者因销货部分退回及发生销售折让，应按规定开具红字专用发票。纳税人销售货物并向购买方开具增值税专用发票后，由于购货方在一定时期内累计购买货物达到一定数量，或者市场价格下降等原因，销货方给予购货方相应的价格优惠或补偿等折扣、折让行为，销货方也可按规定开具红字专用发票（国家税务总局公告 2014 年第 73 号）。

（三）税务机关代开专用发票

代开专用发票是指已办理税务登记的小规模纳税人（包括个体工商户）以及国家税务总局确定的其他可予代开增值税专用发票的纳税人，在发生增值税应税行为，需要开具专用发票时，主管税务机关为其开具专用发票。除了税务机关，其他单位和个人不得代开专用发票。

三、专用发票的管理

（一）关于被盗、丢失专用发票处理

增值税专用发票被盗、丢失，处 1 万元以下罚款；并可视具体情况，对丢失专用发票的纳税人在一定期限内（最长不得超过半年）停止领购专用发票。对遗失的专用发票，如果发现非法代开、虚开问题，该纳税人承担偷税、骗税的连带责任。

（二）关于对代开、虚开专用发票的处理

（1）一律按票面所列货物的适用税率全额征补税款。

（2）纳税人取得代开、虚开的专用发票，不得作为增值税合法有效的扣税凭证抵扣其进项税额。

（3）构成犯罪的，追究刑事责任。

【例 2-25·单选题】（2019 年税务师）A 单位发生的下列行为中，不属于虚开增值税专用发票的是（　　）。

A. 未在商场购物，让商场开具增值税专用发票

B. 购买用于劳动保护的 20 双雨鞋，让商场开具 25 双雨鞋的增值税专用发票

C. 从 B 单位购买货物，但让 C 单位为本单位开具增值税专用发票

D. 其他个人为本单位提供商铺租赁服务，取得税务机关代开增值税专用发票

【答案】 D

【解析】 虚开专用发票具体包括以下行为。

（1）没有货物购销或者没有提供或接受应税劳务而为他人、为自己、让他人为自己、介绍他人开具专用发票。

（2）有货物购销或者提供或接受了应税劳务但为他人、为自己、让他人为自己、介绍他人开具数量或者金额不实的专用发票。

（3）进行了实际经营活动，但让他人为自己代开专用发票。

第十一节　出口货物劳务增值税和消费税退（免）税

出口货物劳务退（免）税是指在国际贸易业务中，对报关出口的货物退还在国内各生产环节和流转环节按税法规定已缴纳的增值税和消费税，或免征应缴纳的增值税和消费税，是鼓励出口货物劳务公平竞争的一种税收措施。

一、适用增值税退（免）税政策的出口货物劳务

（一）出口企业出口货物

出口企业，是指依法办理工商登记、税务登记、对外贸易经营者备案登记，自营或委托出口货物的单位或个体工商户，以及依法办理工商登记、税务登记但未办理对外贸易经营者备案登记，委托出口货物的生产企业。

出口货物，是指向海关报关后实际离境并销售给境外单位或者个人的货物，分为自营出口货物和委托出口货物两大类。

（二）出口企业对外提供加工修理修配劳务

对外提供加工修理修配劳务是指对进境复出口货物或从事国际运输的运输工具进行的加工修理修配。

（三）跨境应税行为适用增值税零税率以及免税政策的规定

自 2016 年 5 月 1 日起，跨境应税行为适用增值税零税率。

从境内载运旅客或货物至国内海关特殊区域，不属于国际运输。

二、增值税退（免）税办法

（一）免抵退税办法

1. 免抵退税的含义

生产企业出口自产货物和视同自产货物及对外提供加工修理修配劳务，以及《财政部、国家税务总局关于出口货物劳务增值税和消费税政策的通知》（财税〔2012〕39 号）附件 5 列名生产企业出口非自产货物，免征增值税，相应的进项税额抵减应纳增值税额（不包括适用增值税即征即退、先征后退政策的应纳增值税额），未抵减完的部分予以退还。具体如图 2-4 所示。

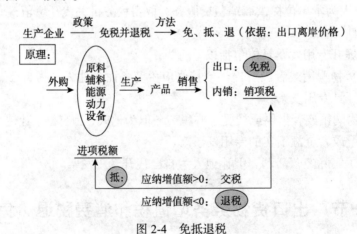

图 2-4　免抵退税

2. 适用范围

生产企业出口自产货物和视同自产货物及对外提供加工修理修配劳务以及列名的生产企业出口非资产货物。

（二）免退税办法

1. 免退税的含义

免退税是指免征增值税，相应的进项税额予以退还。

2. 适用范围

（1）不具有生产能力的出口企业（即外贸企业）或其他单位出口货物、劳务。

（2）外贸企业外购研发服务和设计服务出口。

（三）境内的单位和个人提供适用零税率的应税服务

境内的单位和个人提供适用增值税零税率的服务或者无形资产，属于适用简易计税方法的，实行免征增值税办法；属于适用一般计税方法的，生产企业实行免抵退税办法，外贸企业外购服务或者无形资产出口实行免退税办法，外贸企业直接将服务或自行研发的无形资产出口，视同生产企业连同其出口货物统一实行免抵退税办法。

境内的单位和个人销售适用增值税零税率的服务或无形资产的，可以放弃适用增值税零税率，选择免税或按规定缴纳增值税。放弃适用增值税零税率后，36个月内不得再申请适用增值税零税率。

以上内容可归纳为表 2-45。

表 2-45 境内的单位和个人提供适用零税率的应税服务的计税方法

计税方法	计税条件	计税要求
简易计税方法		免征增值税
一般计税方法	生产企业	免抵退税办法
	外贸企业外购的研发服务和设计服务出口	免退税办法
	外贸企业自行开发的研发服务和设计服务出口	免抵退税办法

三、增值税出口退税率

（1）退税率的一般规定。除财政部和国家税务总局根据国务院决定而明确的增值税出口退税率，出口货物退税率为其适用税率，出口应税服务退税率为应税服务适用的增值税税率。

（2）退税率的特殊规定。

①外贸企业购进适用简易计税方法的出口货物、从小规模纳税人购进的出口货物，其退税率分别为简易计税方法实际执行的征收率、小规模纳税人的征收率。上述出口货物取得增值税专用发票的，退税率按照增值税专用发票上的税率和出口货物退税率孰低的原则确定。

②出口企业委托加工修理修配货物，其加工修理修配费用的退税率为出口货物的退税率。

（3）适用不同退税率的货物劳务，应分开报关、核算并申报退（免）税，未分开报关、核算或划分不清的，从低适用退税率。

四、增值税退（免）税的计税依据

出口货物劳务的增值税退（免）税的计税依据，按出口货物劳务的出口发票（外销发票）、其他普通发票或购进出口货物劳务的增值税专用发票、海关进口增值税专用缴款书确定。

（1）生产企业出口货物劳务（进料加工复出口货物除外）增值税退（免）税的计税依据，为出口货物劳务的实际离岸价格。

（2）生产企业进料加工复出口货物增值税退（免）税的计税依据，按出口货物的离岸价格扣除出口货物耗用的保税进口料件的金额后的余额确定（国家税务总局公告2013年第12号）。

（3）生产企业国内购进无进项税额且不计提进项税额的免税原材料加工后出口的货物的计税依据，按出口货物的离岸价格扣除出口货物所含的国内购进免税原材料的金额后确定。

（4）外贸企业出口货物（委托加工修理修配货物除外）增值税退（免）税的计税依据，为购进出口货物的增值税专用发票注明的金额或海关进口增值税专用缴款书注明的完税价格。

（5）外贸企业出口委托加工修理修配货物增值税退（免）税的计税依据，为加工修理修配费用增值税专用发票注明的金额。外贸企业应将加工修理修配使用的原材料（进料加工海关保税进口料件除外）作价销售给受托加工修理修配的生产企业，受托加工修理修配的生产企业应将原材料成本并入加工修理修配费用，并开具发票。

（6）出口进项税额未计算抵扣的使用过的设备增值税退（免）税的计税依据，按下列公式确定：

退（免）税计税依据＝增值税专用发票上的金额或海关进口增值税专用缴款书注明的完税价格×使用过的设备固定资产净值÷使用过的设备原值

（7）增值税零税率应税服务退（免）税的计税依据。

①实行免抵退税办法的退（免）税计税依据如下。

以铁路运输方式载运旅客的，为按照铁路合作组织清算规则清算后的实际运输收入。

以铁路运输方式载运货物的，为按照铁路运输进款清算办法，对"发站"或"到站（局）"名称包含"境"字的货票上注明的运输费用以及直接相关的国际联运杂费清算后的实际运输收入。

以航空运输方式载运货物或旅客的，如果国际运输或港澳台运输各航段由多个承运人承运，为中国航空结算有限责任公司清算后的实际收入；如果国际运输或港澳台运输各航段由一个承运人承运，为提供航空运输服务取得的收入。

其他实行免抵退税办法的增值税零税率应税服务，为提供增值税零税率应税服务取得的收入。

②实行免退税办法的退（免）税计税依据如下。

实行免退税办法的退（免）税计税依据为购进应税服务的增值税专用发票或解缴税款的税收缴款凭证上注明的金额。

增值税退（免）税的计税依据具体内容归纳如表 2-46 所示。

表 2-46　增值税退（免）税的计税依据

类　　型		退（免）税的计税依据
生产企业出口货物、劳务及发生应税行为	除进料加工复出口货物外（一般贸易方式）	出口货物、劳务、应税行为的实际离岸价
	进料加工复出口货物	按出口货物的离岸价扣除出口货物所耗用的保税进口料件的金额后确定
	国内购进无进项税额且不计提进项税额的免税原材料加工后出口的货物	按出口货物的离岸价扣除出口货物所含的国内购进免税原材料的金额后确定
外贸企业	出口委托加工修理修配货物	加工修理修配费用增值税专用发票注明的金额
		外贸企业应将加工修理修配使用的原材料（进料加工海关保税进口料件除外）作价销售给受托加工修理修配的生产企业
		受托加工修理修配的生产企业应将原材料成本并入加工修理修配费用，并开具发票
	其他情形	购进出口货物的增值税专用发票注明的金额或海关进口增值税专用缴款书注明的完税价格
出口进项税额未计算抵扣的使用过的设备		退（免）税计税依据＝增值税专用发票注明的金额或海关进口增值税专用缴款书注明的完税价格×使用过的设备固定资产净值÷使用过的设备原值
增值税零税率应税服务		免抵退税办法：实际取得的收入
		免退税办法：专用发票或税收缴款凭证上注明的金额

五、增值税免抵退税和免退税的计算

生产企业出口货物劳务增值税免抵退税，依下列公式计算。

（1）当期应纳税额的计算。

当期应纳税额＝当期销项税额－（当期进项税额－当期不得免征和抵扣税额）

当期不得免征和抵扣税额＝当期出口货物离岸价×外汇人民币折合率×（出口货物适用税率－出口货物退税率）

当期不得免征和抵扣税额抵减额＝当期免税购进原材料价格×（出口货物适用税率－出口货物退税率）

（2）当期免抵退税额的计算。

当期免抵退税额＝当期出口货物离岸价×外汇人民币折合率×出口货物退税率－当期免抵退税额抵减额

当期免抵退税额抵减额＝当期免税购进原材料价格×出口货物退税率

（3）当期应退税额和免抵税额的计算。

第一，当期期末留抵税额小于等于当期免抵退税额，则

当期应退税额＝当期期末留抵税额

当期免抵税额＝当期免抵退税额－当期应退税额

第二,当期期末留抵税额大于当期免抵退税额,则

当期应退税额＝当期免抵退税额

当期免抵税额＝0

当期期末留抵税额为当期增值税纳税申报表中"期末留抵税额"。

(4)当期免税购进原材料的价格。包括当期国内购进的无进项税额且不计提进项税额的免税原材料的价格和当期进料加工保税进口料件的价格,其中当期进料加工保税进口料件的价格为组成计税价格,即

当期进料加工保税进口料件的组成计税价格＝当期进口料件到岸价格＋海关实征关税＋海关实征消费税

采用实耗法的,当期进料加工保税进口料件的组成计税价格为当期进料加工出口货物耗用的进口料件的组成计税价格,即(国家税务总局公告2013年第12号)

当期进料加工保税进口料件的组成计税价格＝当期进料加工出口货物离岸价格×外汇人民币折合率×计划分配率

计划分配率＝计划进口总值÷计划出口总值×100%

采用购进法的,当期进料加工保税进口料件的组成计税价格为当期实际购进的进料加工进口料件的组成计税价格。

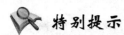
特别提示

自2013年7月1日起,进料加工生产企业免抵退税的进料计算方法由购进法改为实耗法(国家税务总局公告2013年第12号)。

归纳

免抵退税的步骤总结如下:

(1)剔税:不得免抵税额(进项税额转出)＝出口价×(征税率%－退税率%)。

(2)抵税:应纳税额＝内销销项税额－[进项税额－(1)]－上期未抵扣税额≤0。

(3)尺度:免抵退税额(最高限额)＝出口价×退税率%。

(4)比较:应退税额＝(2)与(3)中较小者。

(5)倒挤:免抵税额＝免抵退税额(最高限额)－应退税额。

六、适用增值税免税政策的出口货物劳务

适用增值税免税政策的出口货物劳务具体如下。

1. 出口企业或其他单位出口规定的货物

(1)增值税小规模纳税人出口的货物。

(2)避孕药品和用具,古旧图书。

(3)软件产品。

(4)含黄金、铂金成分的货物、钻石及钻石饰品。

(5)国家计划内出口的卷烟。

(6)使用过的设备。

（7）非出口企业委托出口的货物。
（8）非列名生产企业出口的非视同自产货物。
（9）农业生产者自产农产品。
（10）油画、花生果仁、黑大豆等财政部和国家税务总局规定的出口免税的货物。
（11）外贸企业取得增值税普通发票、废旧物资收购凭证、农产品收购发票、政府非税收入票据的货物。
（12）来料加工复出口货物。
（13）特殊区域内的企业出口的特殊区域内的货物。
（14）以人民币现金作为结算方式的边境地区出口企业从所在省（自治区）的边境口岸出口到接壤国家的一般贸易和边境小额贸易出口货物。
（15）以旅游购物贸易方式报关出口的货物。

2. 营业税改征增值税的免税规定

境内的单位和个人销售的下列服务与无形资产免征增值税，但财政部和国家税务总局规定适用增值税零税率的除外。

（1）下列服务。
①工程项目在境外的建筑服务。
②工程项目在境外的工程监理服务。
③工程、矿产资源在境外的工程勘察勘探服务。
④会议展览地点在境外的会议展览服务。
⑤存储地点在境外的仓储服务。
⑥标的物在境外使用的有形动产租赁服务。
⑦在境外提供的广播影视节目（作品）的播映服务。
⑧在境外提供的文化体育服务、教育医疗服务、旅游服务。
（2）为出口货物提供的邮政服务、收派服务、保险服务。
（3）向境外单位提供的完全在境外消费的下列服务和无形资产。
①电信服务。
②知识产权服务。
③物流辅助服务（仓储服务、收派服务除外）。
④鉴证咨询服务。
⑤专业技术服务。
⑥商务辅助服务。
⑦广告投放地在境外的广告服务。
⑧无形资产。
（4）以无运输工具承运方式提供的国际运输服务。
（5）为境外单位之间的货币资金融通及其他金融业务提供的直接收费金融服务，且该服务与境内的货物、无形资产和不动产无关。
（6）财政部和国家税务总局规定的其他服务。

3. 进项税额的处理计算

适用增值税免税政策的出口货物劳务，其进项税额不得抵扣和退税，应当转入成本。

七、出口应税消费品退（免）税

出口应税消费品退（免）税具体见第三章第九节"出口应税消费品消费税退（免）税"。

 即测即练

第三章

消费税

第一节 消费税概述

一、消费税的概念

消费税是对我国境内从事生产、委托加工和进口应税消费品的单位和个人,就其销售额或销售数量,在特定环节征收的一种税。简单地说,消费税就是对特定的消费品和消费行为征收的一种税。

扩展阅读3.1:《中华人民共和国消费税暂行条例》(国务院令第539号)、《中华人民共和国消费税暂行条例实施细则》(财政部 国家税务总局令第51号)

二、消费税的特点

一般来说,消费税的征税对象主要是与居民消费相关的最终消费品和消费行为。与其他税种比较,消费税具有以下几个特点。

(1)征税项目具有选择性。

(2)征税环节具有单一性(卷烟和高档汽车除外)。

(3)征收方法具有多样性。

(4)税收调节具有特殊性。

(5)消费税具有转嫁性。

三、消费税的征税原则

(一)征税范围的确定

在种类繁多的消费品中,列入消费税征税范围的消费品大体可归为以下五类。

(1)一些过度消费会对人身健康、社会秩序、生态环境等方面造成危害的特殊消费品,如烟、酒、鞭炮、焰火等。

(2)非生活必需品,如高档化妆品、贵重首饰、珠宝玉石等。

(3)高能耗及高档消费品,如摩托车、小汽车等。

(4)不可再生和替代的稀缺资源消费品,如汽油、柴油等油品。

(5)税基宽广、消费普遍、征税后不影响居民基本生活并具有一定财政意义的消费品。

(二)税率设计的原则

消费税税率设计的主要原则如下。

(1)体现国家产业政策和消费政策。

(2)正确引导消费方向,有效抑制超前消费倾向,调节供求关系。

（3）适应消费者的货币支付能力和心理承受能力。
（4）适当考虑消费品的原有税收负担水平。

第二节 纳税人

消费税的纳税人包括在中华人民共和国境内生产、委托加工和进口应税消费品的单位和个人，以及国务院确定的销售应税消费品的其他单位和个人。

所称在中华人民共和国境内，是指生产、委托加工和进口属于应当缴纳消费税的消费品的起运地或者所在地在境内。

消费税的纳税人具体包括五类，如表3-1所示。

表3-1 消费税纳税人种类

消费税的纳税人		备注
生产（含视同生产）应税消费品的单位和个人	自产销售	纳税人销售时纳税
	自产自用	纳税人自产的应税消费品，用于连续生产应税消费品的，不纳税；用于其他方面的，于移送使用时纳税
进口应税消费品的单位和个人		进口报关单位或个人、邮寄物品的收件人为消费税的纳税人，进口消费税由海关代征
委托加工应税消费品的单位和个人		委托加工的应税消费品，除受托方为个人，由受托方在向委托方交货时代收代缴税款
零售金银首饰、钻石、钻石饰品、铂金首饰的单位和个人		生产、进口和批发金银首饰、钻石、钻石饰品、铂金首饰时不征收消费税，纳税人在零售时纳税
从事卷烟批发业务的单位和个人		纳税人（卷烟批发商）销售给纳税人以外的单位和个人的卷烟于销售时纳税，纳税人之间销售的卷烟不缴纳消费税

特别提示

视同生产行为——工业企业以外的单位和个人的下列行为视为应税消费品的生产行为，按规定征收消费税。

（1）将外购的消费税非应税产品以消费税应税产品对外销售的。
（2）将外购的消费税低税率应税产品以高税率应税产品对外销售的。

第三节 税目与税率

一、税目

现行的消费税税目共有15个，具体征收范围如下。

（一）烟

烟即以烟叶为原料加工生产的特殊消费品，主要包括卷烟、雪茄烟和烟丝。

（二）酒

酒包括白酒、黄酒、啤酒和其他酒。葡萄酒属于其他酒。用甜菜酿制的白酒，比照薯类白酒征税。

无醇啤酒比照啤酒征税。对啤酒源、菠萝啤酒应按啤酒征收消费税。"果啤"属于啤酒，应征消费税。对饮食业、商业、娱乐业举办的啤酒屋（啤酒坊）利用啤酒生产设备生产的啤酒，应当征收消费税。调味料酒不征消费税。

扩展阅读 3.2："其他酒"的定义介绍和判断标准

（三）高档化妆品

本税目征收范围包括高档美容、修饰类化妆品，高档护肤类化妆品和成套化妆品。

高档美容、修饰类化妆品和高档护肤类化妆品是指生产（进口）环节销售（完税）价格（不含增值税）在 10 元/毫升（克）或 15 元/片（张）及以上的美容、修饰类化妆品和护肤类化妆品。

自 2016 年 10 月 1 日起，高档化妆品消费税纳税人以外购、进口和委托加工收回的高档化妆品为原料继续生产高档化妆品，准予从高档化妆品消费税应纳税额中扣除外购、进口和委托加工收回的高档化妆品已纳税款。

舞台、戏剧、影视演员化妆用的上妆油、卸妆油、油彩、发胶和头发漂白剂等，不属于本税目征收范围。

（四）贵重首饰及珠宝玉石

本税目征收范围包括各种金银珠宝首饰和经采掘、打磨、加工的各种珠宝玉石，如图 3-1 所示。

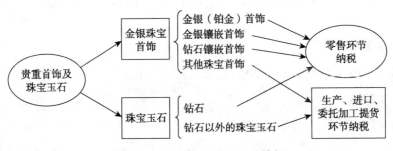

图 3-1　贵重首饰及珠宝玉石辨析

（五）鞭炮、焰火

本税目征收范围包括各种鞭炮、焰火，即火药接药引线制成的爆炸品。

体育上用的发令纸、鞭炮引线，不按本税目征收。

（六）成品油

本税目包括汽油、柴油、石脑油（也称化工轻油）、溶剂油、航空煤油、润滑油、燃料油（也称重油、渣油）7 个子目。

各子目计税时，吨与升之间计量单位换算标准的调整由财政部、国家税务总局确定。

特别提示

（1）航空煤油暂缓征收消费税。

（2）变压器油、导热类油等绝缘油类产品不属于应征消费税的"润滑油"，不征收消费税。

（3）符合条件的纯生物柴油以及在成品油生产过程中，作为燃料、动力及原料消耗掉的自产成品油免征消费税。

（七）摩托车

摩托车的征税范围包括轻便摩托车和摩托车（两轮、三轮）。气缸容量250毫升（不含）以下的小排量摩托车不征消费税。

（八）小汽车

本税目的征税范围包括乘用车和中轻型商用客车，含9座内乘用车、10~23座内中轻型商用客车（按额定载客区间值下限确定）。

电动汽车以及沙滩车、雪地车、卡丁车、高尔夫车等均不属于本税目征税范围，不征收消费税。

"小汽车"税目下增设"超豪华小汽车"子目，征税范围为每辆零售价格130万元（不含增值税）及以上的乘用车和中轻型商用客车。对超豪华小汽车，在生产（进口）环节按现行税率征收消费税的基础上，在零售环节加征消费税。

将超豪华小汽车销售给消费者的单位和个人为超豪华小汽车零售环节纳税人，该项规定自2016年12月1日起执行。

（九）高尔夫球及球具

本税目的征税范围包括高尔夫球、高尔夫球杆、高尔夫球包（袋）、高尔夫球杆的杆头、杆身和握把。

（十）高档手表

本税目的征税范围包括不含增值税售价每只在10 000元（含）以上的手表。

（十一）游艇

本税目征收范围包括艇身长度大于8米（含）小于90米（含），内置发动机，可以在水上移动，一般为私人或团体购置，主要用于水上运动和休闲娱乐等非营利活动的各类机动艇。

（十二）木制一次性筷子

本税目征收范围包括各种规格的木制一次性筷子。不包括其他木筷和筷子，但未经打磨、倒角的木制一次性筷子属于本税目征税范围。

（十三）实木地板

本税目征收范围包括各类规格的实木地板、实木指接地板、实木复合地板及用于装饰墙壁、天棚的侧端面为榫、槽的实木装饰板，以及未经涂饰的素板。

（十四）电池

电池的征收范围包括原电池、蓄电池、燃料电池、太阳能电池和其他电池。自2015年2月1日起，对无汞原电池、金属氢化物镍蓄电池（又称"氢镍蓄电池"或"镍氢蓄电池"）、锂原电池、锂离子蓄电池、太阳能电池、燃料电池和全钒液流电池免征消费税。自2016年1月1日起，对铅蓄电池按4%的税率征收消费税。

(十五)涂料

涂料是指涂于物体表面能形成具有保护、装饰或特殊性能的固态涂膜的一类液体或固体材料之总称。自 2015 年 2 月 1 日起,对涂料征收消费税,对施工状态下挥发性有机物(volatile organic compounds,VOC)含量低于 420 克/升(含)的涂料免征消费税。

二、税率

消费税的税率有两种形式:一种是比例税率;另一种是定额税率,即单位税额。各应税项目适用的税率形式见表 3-2。

表 3-2　各应税项目适用的税率形式

税 率 形 式	适用应税项目
定额税率	啤酒、黄酒、成品油
比例税率和定额税率复合计税	白酒,生产、进口、委托加工、批发卷烟
比例税率	啤酒、黄酒、成品油、卷烟、白酒以外的其他各项应税消费品

一般情况下,对一种消费品只选择一种税率形式。但为了更有效地保全消费税税基,对一些应税消费品如卷烟、白酒,则采用了定额税率和比例税率双重征收形式。消费税税目税率(税额)如表 3-3 所示。

表 3-3　消费税税目税率(税额)

税　目	计税单位	税率(税额)
一、烟		
1. 卷烟		
(1)每标准条(200 支)调拨价在 70 元(含)以上的	标准箱(5 万支)	56%;150 元
(2)每标准条(200 支)调拨价在 70 元以下的	标准箱(5 万支)	36%;150 元
2. 雪茄烟		36%
3. 烟丝		30%
4. 卷烟批发环节		11%;0.005 元/支
二、酒		
1. 白酒	斤或者 500 毫升	20%;0.5 元
2. 黄酒	吨	240 元
3. 啤酒		
(1)每吨出厂价格(包含包装物及包装物押金)在 3 000 元(含 3 000 元,不含增值税)以上的	吨	250 元
(2)每吨出厂价格在 3 000 元以下的	吨	220 元
4. 其他酒		10%
三、高档化妆品		15%
四、贵重首饰及珠宝玉石		
1. 金、银、铂金首饰和钻石、钻石饰品		5%(零售)
2. 其他贵重首饰和珠宝玉石		10%
五、鞭炮、焰火		15%
六、成品油(财税〔2015〕11 号、国家税务总局公告 2014 年第 65 号)		
1. 汽油	升	1.52 元

续表

税　　目	计税单位	税率（税额）
2. 柴油	升	1.2 元
3. 生物柴油	升	0.8 元
4. 石脑油	升	1.52 元
5. 溶剂油	升	1.52 元
6. 润滑油	升	1.52 元
7. 燃料油	升	1.2 元
8. 航空煤油（暂缓征收）	升	1.2 元
9. 灯用煤油、其他煤油	升	0.8 元
七、摩托车		
1. 气缸容量在 250 毫升的		3%
2. 气缸容量在 250 毫升以上的		10%
八、小汽车		
1. 乘用车		
（1）气缸容量在 1.0 升（含）以下的		1%
（2）气缸容量在 1.0 升至 1.5 升（含）之间的		3%
（3）气缸容量在 1.5 升至 2.0 升（含）之间的		5%
（4）气缸容量在 2.0 升至 2.5 升（含）之间的		9%
（5）气缸容量在 2.5 升至 3.0 升（含）之间的		12%
（6）气缸容量在 3.0 升至 4.0 升（含）之间的		25%
（7）气缸容量在 4.0 升以上的		40%
2. 中轻型商用客车		5%
3. 超豪华小汽车		零售环节加征 10%
九、高尔夫球及球具		10%
十、高档手表		20%
十一、游艇		10%
十二、木制一次性筷子		5%
十三、实木地板		5%
十四、电池		4%
十五、涂料		4%

存在下列情况时，应按适用税率中最高税率征税。

（1）纳税人兼营不同税率的应税消费品，即生产销售两种税率以上的应税消费品时，应当分别核算不同税率应税消费品的销售额或销售数量，未分别核算的，按最高税率征税。

（2）纳税人将应税消费品与非应税消费品以及适用税率不同的应税消费品组成成套消费品销售的，应根据组合产品的销售金额按应税消费品中适用最高税率的消费品税率征税。

三、适用税率的特殊规定

（一）卷烟的适用税率

2009 年 5 月 1 日以后的卷烟税目税率如表 3-4 所示。

表 3-4　卷烟税目税率

税　目		税　率
烟		
	1. 卷烟	
生产	（1）甲类卷烟——调拨价 70 元（不含增值税，含 70 元）/条以上	56%加 0.003 元/支
	（2）乙类卷烟——调拨价 70 元（不含增值税）/条以下	36%加 0.003 元/支
	商业批发	11%；0.005 元/支
	2. 雪茄烟	36%
	3. 烟丝	30%

只有卷烟在商业批发环节缴纳消费税，雪茄烟、烟丝以及其他应税消费品在商业批发环节只缴纳增值税，不缴纳消费税。

《中华人民共和国消费税暂行条例》（以下简称《消费税暂行条例》）将生产、进口、委托加工环节卷烟分为甲类和乙类。注意甲类卷烟、乙类卷烟税目及复合税率的换算和运用，具体如表 3-5 所示。

表 3-5　甲类、乙类卷烟税目及复合税率

分　类	比例税率/%	定额税率		
		每支/元	每标准条（200 支）/元	每标准箱（5 万支）/元
甲类卷烟	56	0.003	0.6	150
乙类卷烟	36	0.003	0.6	150

（二）酒的适用税率

粮食白酒和薯类白酒同时采用比例税率与定额税率。粮食白酒和薯类白酒的比例税率为 20%，但是定额税率要把握粮食白酒和薯类白酒税率时，要会运用 500 克、公斤、吨等不同计量标准的换算，具体如表 3-6 所示。

表 3-6　白酒税率换算表

计量单位	500 克或 500 毫升	1 公斤（1 000 克）	1 吨（1 000 公斤）
单位税额	0.5 元	1 元	1 000 元

糠麸白酒、其他原料白酒属于其他酒，适用 10%的比例税率。但是如果糠麸白酒、其他白酒与粮食白酒或薯类白酒混合生产白酒，则从高适用税率。具体如图 3-2 所示。

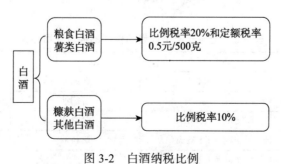

图 3-2　白酒纳税比例

啤酒分为甲类和乙类，分别适用 250 元/吨和 220 元/吨的税率。按照出厂价格（含包装物押金）划分档次。

啤酒的包装物押金不包括供重复使用的塑料周转箱的押金。饮食业、娱乐业自制啤酒适用 250 元/吨的税率。

（三）贵重首饰及珠宝玉石的适用税率

贵重首饰及珠宝玉石税率及纳税环节如表 3-7 所示。

表 3-7　贵重首饰及珠宝玉石税率及纳税环节

分类及规定	税率/%	纳税环节
金、银和金基、银基合金首饰，以及金、银和金基、银基合金的镶嵌首饰，钻石及钻石饰品，铂金首饰	5	零售环节
与金、银和金基、银基、钻、铂金首饰无关的其他首饰	10	生产、进口、委托加工提货环节

（四）成品油税率及政策的特殊规定

（1）自 2009 年 1 月 1 日起，对进口的石脑油恢复征收消费税。
（2）用作原料的部分油品或产品有特殊的退免税政策。

第四节　计税依据

一、实行从量定额的计税依据

从量定额通常以每单位应税消费品的重量、容积或数量为计税依据，并按每单位应税消费品规定固定税额。

（一）从量定额销售数量的确定

（1）销售应税消费品的，为应税消费品的销售数量。
（2）自产自用应税消费品的，为应税消费品的移送使用数量。
（3）委托加工应税消费品的，为纳税人收回的应税消费品数量。
（4）进口应税消费品的，为海关核定的应税消费品进口征税数量。

（二）从量定额的换算标准

为了规范不同产品的计量单位，《中华人民共和国消费税暂行条例实施细则》（以下简称《消费税暂行条例实施细则》）中具体规定了吨与升两个计量单位的换算标准。具体如表 3-8 所示。

表 3-8　吨与升两个计量单位间的换算税目标准

税　目	换算标准	税　目	换算标准
黄酒	1 吨 = 962 升	石脑油	1 吨 = 1 385 升
啤酒	1 吨 = 988 升	溶剂油	1 吨 = 1 282 升
汽油	1 吨 = 1 388 升	润滑油	1 吨 = 1 126 升
柴油	1 吨 = 1 176 升	燃料油	1 吨 = 1 015 升
航空煤油	1 吨 = 1 246 升		

二、实行从价定率的计税依据

实行从价定率办法征税的应税消费品，计税依据为应税消费品的销售额。

（一）应税消费行为的确定

纳税人的销售行为分为销售和视同销售两类。下列情况均应作销售或视同销售，确定销售额（也包括销售数量），并按规定缴纳消费税。

（1）有偿转让应税消费品所有权的行为。即以从受让方取得货币、货物、劳务或其他经济利益为条件转让应税消费品所有权的行为。具体包括纳税人用应税消费品换取生产资料和消费资料；用应税消费品支付代扣手续费或销售回扣；在销售数量之外另付给购货方或中间人作为奖励和报酬的应税消费品。

（2）纳税人自产自用的应税消费品用于其他方面的。纳税人用于生产非应税消费品和在建工程、管理部门、非生产机构、提供劳务以及用于馈赠、赞助、广告、样品、职工福利、奖励等，均视同对外销售。

（3）委托加工的应税消费品。委托加工是指由委托方提供原料和主要材料，受托方只收取加工费和代垫部分辅助材料加工的应税消费品。对于由受托方提供原材料生产的应税消费品，或者受托方先将原材料卖给委托方，然后再接受加工的应税消费品，以及由受托方以委托方名义购进原材料生产的应税消费品，不论纳税人在财务上是否做销售处理，都不得作为委托加工应税消费品，而应按照受托方销售自制应税消费品对待。对于委托加工收回的应税消费品直接出售的，可不计算销售额，不再征收消费税。

（二）销售额的确定

1. 销售额的基本内容

销售额是纳税人销售应税消费品向购买方收取的全部价款和价外费用，包括消费税但不包括增值税。价外费用是指价外向购买方收取的手续费、补贴、基金、集资费、返还利润、奖励费、违约金、滞纳金、延期付款利息、赔偿金、代收款项、代垫款项、包装费、包装物租金、储备费、优质费、运输装卸费以及其他各种性质的价外收费。

但下列项目不包括在内。

（1）同时符合以下条件的代垫运输费用：承运部门的运输费用发票开具给购买方的，纳税人将该项发票转交给购买方的。

（2）同时符合以下条件代为收取的政府性基金或者行政事业性收费：由国务院或者财政部批准设立的政府性基金，由国务院或者省级人民政府及其财政、价格主管部门批准设立的行政事业性收费；收取时开具省级以上财政部门印制的财政票据；所收款项全额上缴财政。

应税消费品的销售额 = 含增值税的销售额（以及价外费用）
÷（1 + 增值税税率或征收率）

特别提示

（1）白酒生产企业向商业销售单位收取的"品牌使用费"是随着应税白酒的销售而向购货方收取的，属于应税白酒销售价款的组成部分，因此，不论企业采取何种方式以何种名义收取价款，均应并入白酒的销售额中缴纳消费税。

（2）纳税人以人民币以外的货币结算销售额的，应当折合成人民币计算，折合率可以选择结算的当天或者当月1日的国家外汇牌价，纳税人应事先确定采取何种折合率，确定后一年内不得变更。

2. 包装物的计税问题

包装物的计税规则如表 3-9 所示。

表 3-9 包装物的计税规则

计税方式	包装物状态
直接并入销售额计税	（1）应税消费品连同包装物销售的，无论包装物是否单独计价，也不论在会计上如何核算，均应并入应税消费品的销售额中征收消费税 （2）包装物的租金 （3）对酒类产品（除啤酒、黄酒以外）产品生产企业销售酒类产品而收取的包装物押金，无论押金是否返还及会计上如何核算，均应并入酒类产品销售额中征收消费税
逾期并入销售额计税	对收取押金（酒类产品以外）的包装物，未到期押金不计税，但对逾期未收回的包装物不再退还的和已收取12个月以上的押金，应并入应税消费品的销售额，按照应税消费品的适用税率征收消费税。啤酒的包装物押金不包括供重复使用的塑料周转箱的押金

三、计税依据的若干特殊规定

计税价格的核定是确定计税依据的重要环节。卷烟、白酒和小汽车的计税价格由国家税务总局核定，其他应税消费品的计税价格由各省、自治区、直辖市税务机关核定。进口的应税消费品的计税价格由海关核定。

（一）卷烟最低计税价格的核定

自 2012 年 1 月 1 日起，卷烟消费税最低计税价格核定范围为卷烟生产企业在生产环节销售的所有牌号、规格卷烟。

扩展阅读 3.3："卷烟最低计税价格核定"补充知识

计税价格由国家税务总局按照卷烟批发环节销售价格扣除卷烟批发环节批发毛利核定并发布。计税价格的核定公式为

某牌号、规格卷烟计税价格 = 批发环节销售价格 × （1 − 适用批发毛利率）

（二）白酒最低计税价格核定管理办法

设白酒生产企业销售价格为 A，白酒销售企业销售价格为 B。

如果 A < 70%B，则 A 为不正常价格，需要核定最低计税价格。

如果 A ≥ 70%B，则 A 和 B 差价小，A 为正常价格，不需要核定最低计税价格。

1. 适用状况

（1）白酒生产企业销售给销售单位的白酒，生产企业消费税计税价格低于销售单位对外销售价格（不含增值税）70%以下的，税务机关应核定消费税最低计税价格。

（2）白酒生产企业销售给销售单位的白酒，生产企业消费税计税价格高于销售单位对外销售价格 70%（含70%）以上的，税务机关暂不核定消费税最低计税价格。

2. 基本程序

白酒消费税最低计税价格由白酒生产企业自行申报，税务机关核定。

已核定最低计税价格的白酒，销售单位对外销售价格持续上涨或下降时间达到3个月以上、累计上涨或下降幅度在20%（含）以上，税务机关重新核定最低计税价格。

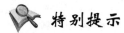 **特别提示**

自2015年6月1日起，纳税人将委托加工收回的白酒销售给销售单位，消费税计税价格低于销售单位对外销售价格（不含增值税）70%以下，需要核定消费税最低计税价格（国家税务总局公告2015年第37号）。

（三）自设非独立核算门市部计税的规定

纳税人通过非独立核算门市部销售的自产应税消费品，应按门市部对外销售额或者销售数量征收消费税。

（四）同类最高销售价格作为计税依据的规定

纳税人自产的应税消费品用于换取生产资料和消费资料、投资入股和抵偿债务等方面，应当按纳税人同类应税消费品的最高销售价格作为计税依据。

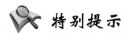 **特别提示**

自产应税消费品最高售价情形：换取资料/投资入股/抵偿债务

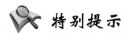 **特别提示**

消费税与增值税同是对货物征收，但两者之间与价格的关系是不同的。增值税是价外税，增值税的价格中不应包括增值税金额；消费税是价内税，消费税的价格中是包括消费税金额的。通常情况下，从价定率和复合计税中从价部分用于计算消费税的销售额，与计算增值税销项税的销售额是一致的，但有如下两点微小差异。

（1）酒类产品包装物押金。由于啤酒和黄酒在计征消费税时采用的是定额税率，押金是否计入销售额不会影响到啤酒、黄酒税额的计算，但押金计入销售额会影响啤酒适用税率档次的选择。

（2）纳税人用于换取生产资料和消费资料、投资入股和抵偿债务等方面的应税消费品，应当以纳税人同类消费品的最高销售价格作为计税依据计算消费税。而增值税没有最高销售价格的规定，只有平均销售价格的规定。

第五节 应纳税额的一般计算

按照《消费税暂行条例》，消费税应纳税额的计算分为从价定率、从量定额和复合计税三种，具体计算方法如下。

一、从价定率计算方法

在从价定率计算方法下，应纳税额的计算取决于应税消费品的销售额和适用税率两个因素。其基本计算公式为

$$应纳税额 = 应税消费品的销售额 \times 比例税率$$

二、从量定额计算方法

啤酒、黄酒、成品油采用从量定额计算方法。在该方法下，应纳税额的计算取决于消费品的应税数量和单位税额两个因素。其基本计算公式为

$$应纳税额 = 应税消费品的销售数量 \times 定额税率$$

三、复合计税计算方法

现行消费税的征税范围中，只有卷烟、白酒采用复合计算方法。其基本计算公式为

$$应纳税额 = 销售数量 \times 定额税率 + 销售额 \times 比例税率$$

消费税税率及计算公式如表 3-10 所示。

表 3-10 消费税税率及计税公式

税率及计税形式	适用项目	计税公式
定额税率（从量计征）	啤酒、黄酒、成品油	应纳税额 = 销售数量（交货数量、进口数量）× 单位税额
比例税率和定额税率并用（复合计税）	卷烟、白酒	应纳税额 = 销售数量（交货数量、进口数量）× 定额税率 + 销售额（同类应税消费品价格、组成计税价格）× 比例税率
比例税率（从价计征）	除上述以外的其他项目	应纳税额 = 销售额（同类应税消费品价格、组成计税价格）× 税率

第六节 自产自用应税消费品应纳税额的计算

在纳税人生产销售应税消费品中，有一种特殊的形式，即自产自用形式。

一、用于连续生产应税消费品的

纳税人自产自用的应税消费品，用于连续生产应税消费品的，不纳税。

所谓纳税人自产自用的应税消费品用于连续生产应税消费品，是指作为生产最终应税消费品的直接材料，并构成最终产品实体的应税消费品。这体现了税不重征和计税简便的原则，避免了重复征税。

二、用于其他方面的

纳税人自产自用的应税消费品，不是用于连续生产应税消费品，而是用于其他方面的，于移送使用时纳税。

所谓用于其他方面，是指纳税人用于生产非应税消费品和在建工程、管理部门、非生产机构、提供劳务以及用于馈赠、赞助、集资、广告、样品、职工福利、奖励等方面的应税消费品。这里所说的自产自用的应税消费品用于生产非应税消费品，是指把自产的应税消费品用于生产消费税税目税率表所列 15 类产品以外的产品。

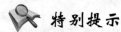 **特别提示**

自 2020 年 1 月 1 日起，单位和个体工商户将自产、委托加工或购买的货物，通过

公益性社会组织和县级以上人民政府及其部门等国家机关,或者直接向承担疫情防治任务的医院,无偿捐赠用于应对新冠肺炎疫情的,免征消费税。

三、组成计税价格

纳税人自产自用的应税消费品,凡用于其他方面的,应当纳税。具体分以下两种情况。

(一)有同类消费品的销售价格的

有同类消费品的销售价格的,按照纳税人生产的同类消费品销售价格计算纳税。

(二)没有同类消费品销售价格的

按照规定,如果是纳税人自产自用的应税消费品,在计算征收时,没有同类消费品销售价格,应按组成计税价格计算纳税。

(1)实行从价定率办法计算纳税的组成计税价格的计算公式为

组成计税价格=(成本+利润)÷(1-消费税比例税率)

=[成本×(1+成本利润率)]÷(1-消费税比例税率)

应纳税额=组成计税价格×适用税率

(2)实行复合计税办法计算纳税的组成计税价格的计算公式为

组成计税价格=(成本+利润+自产自用数量×定额税率)÷(1-比例税率)

=[成本×(1+成本利润率)+自产自用数量×定额税率]

÷(1-比例税率)

上述两式中,成本是指应税消费品的生产成本;利润是指根据应税消费品的全国平均成本利润率计算的利润,应税消费品的全国平均成本利润率由国家税务总局确定。

四、外购应税消费品已纳税款的扣除

(一)扣除范围

(1)外购已税烟丝生产的卷烟。

(2)外购已税化妆品生产的高档化妆品。

(3)外购已税珠宝玉石生产的贵重首饰及珠宝玉石。

(4)外购已税鞭炮、焰火生产的鞭炮、焰火。

(5)外购已税汽油、柴油、石脑油、燃料油、润滑油为原料生产的应税成品油。

(6)外购已税杆头、杆身和握把为原料生产的高尔夫球杆。

(7)外购已税木制一次性筷子为原料生产的木制一次性筷子。

(8)外购已税实木地板为原料生产的实木地板。

(9)外购葡萄酒连续生产应税葡萄酒。

(10)啤酒生产集团内部企业间用啤酒液连续灌装生产的啤酒。

需要指出的是,纳税人用外购的已税珠宝玉石生产的改在零售环节征收消费税的金银首饰(镶嵌首饰)、钻石及钻石饰品,在计税时,一律不得扣除外购珠宝玉石的已纳税款。

(二)抵扣税款的计算方法

(1)外购应税消费品连续生产应税消费品实行从价定率办法计算应纳税额的,当期

准予扣除外购应税消费品已纳消费税税款的计算公式为

当期准予扣除的外购应税消费品已纳税款 = 当期准予扣除的外购应税消费品买价
× 外购应税消费品的适用税率

当期准予扣除的外购应税消费品买价 = 期初库存的外购应税消费品的买价
+ 当期购进的应税消费品的买价
− 期末库存的外购应税消费品的买价

外购已税消费品的买价是指外购应税消费品增值税专用发票上注明的销售额（不包括增值税税额）。

（2）实行从量定额办法计算应纳税额的，其计算公式如下：

当期准予扣除的外购应税消费品已纳税款 = 当期准予扣除外购应税消费品数量
× 外购应税消费品单位税额 × 30%

当期准予扣除外购应税消费品数量 = 期初库存外购应税消费品数量
+ 当期购进外购应税消费品数量
− 期末库存外购应税消费品数量

外购应税消费品数量为规定的发票（含销货清单）注明的应税消费品的销售数量。

纳税人取得进口应税消费品已纳税款为《海关进口消费税专用缴款书》注明的进口环节消费税，可按上述计算方法抵扣。

第七节　委托加工应税消费品应纳税额的计算

委托加工应税消费品是生产应税消费品的另一种形式，也需要纳入消费税的计征范围。但其应纳税额的计算具有一定的特殊性，需要专门掌握。

一、委托加工应税消费品的确定

委托加工的应税消费品，是指委托方提供原料和主要材料，受托方只收取加工费和代垫部分辅助材料加工的应税消费品。

二、代收代缴税款

受托方是法定的代收代缴义务人，由受托方在向委托方交货时代收代缴消费税。如果受托方没有按有关规定代收代缴消费税，或没有履行代收代缴义务，就要按照《税收征收管理法》的有关规定，承担补税或罚款的有关责任。

纳税人委托个体经营者加工应税消费品，于委托方收回后在委托方所在地缴纳消费税。

在税收征管中，如果发现委托方委托加工的应税消费品，受托方没有代收代缴税款，委托方要补缴税款，受托方不再补税。对委托方补征税款的计税依据是：如果收回的应税消费品已直接销售，按销售额计税补征；如果收回的应税消费品尚未销售或用于连续生产等，按组成计税价格计税补征。

委托加工的应税消费品，受托方在交货时已代收代缴消费税，委托方收回后直接销售的，不再征收消费税。

自 2012 年 9 月 1 日起，委托方以高于受托方的计税价格出售的，不属于直接出售，需按照规定申报缴纳消费税，在计税时准予扣除受托方已代收代缴的消费税。

三、委托加工应税消费品组成计税价格

根据《消费税暂行条例》的规定，委托加工的应税消费品，按照受托方的同类消费品的销售价格计算纳税；没有同类消费品销售价格的，按照组成计税价格计算纳税。

（1）有同类消费品销售价格的，其应纳税额的计算公式为

应纳税额 = 同类消费品销售单价 × 委托加工数量 × 适用税率

（2）没有同类消费品销售价格的，按组成计税价格计税，计算公式为

组成计税价格 = （材料成本 + 加工费）÷ （1 - 比例税率）

（3）自 2009 年 1 月 1 日起，增加了实行复合计税办法计算纳税的组成计税价格计算公式：

组成计税价格 = （材料成本 + 加工费 + 委托加工数量 × 定额税率）÷ （1 - 比例税率）

应纳税额 = 组成计税价格 × 适用税率 + 委托加工数量 × 定额税率

式中，材料成本是指委托方所提供加工材料的实际成本。委托加工应税消费品的纳税人，必须在委托加工合同上如实注明（或以其他方式提供）材料成本，凡未提供材料成本的，受托方所在地主管税务机关有权核定其材料成本。加工费是指受托方加工应税消费品向委托方所收取的全部费用，包括代垫辅助材料的实际成本。

四、用委托加工收回的应税消费品连续生产应税消费品计算征收消费税问题

纳税人用委托加工收回的应税消费品连续生产应税消费品，在计征消费税时可以扣除委托加工收回应税消费品的已纳消费税税款。

（1）以委托加工收回的已税烟丝为原料生产的卷烟。

（2）以委托加工收回的已税高档化妆品为原料生产的高档化妆品。

（3）以委托加工收回的已税珠宝玉石为原料生产的贵重首饰及珠宝玉石。

（4）以委托加工收回的已税鞭炮、焰火为原料生产的鞭炮、焰火。

（5）以委托加工收回的已税汽油、柴油、石脑油、燃料油、润滑油用于连续生产应税成品油。

（6）以委托加工收回的已税杆头、杆身和握把为原料生产的高尔夫球杆。

（7）以委托加工收回的已税木制一次性筷子为原料生产的木制一次性筷子。

（8）以委托加工收回的已税实木地板为原料生产的实木地板。

上述 8 种委托加工收回的应税消费品连续生产的应税消费品准予从应纳消费税税额中按当期生产领用数量计算扣除此其已纳消费税税款。计算公式如下：

当期准予扣除的委托加工应税消费品已纳税款 = 期初库存的委托加工应税消费品已纳税款 + 当期收回的委托加工应税消费品已纳税款 - 期末库存的委托加工应税消费品已纳税款

值得注意的是，纳税人用委托加工收回的已税珠宝玉石生产的改在零售环节征收消费税的金银、钻石及钻石饰品，在计税时一律不得扣除委托加工收回的珠宝玉石已纳的消费税税款。

归 纳

委托代销业务中双方业务对比如表 3-11 所示。

表 3-11 委托代销业务中双方业务对比

委托加工关系的条件	委托方 提供原料和主要材料	受托方 收取加工费和代垫部分辅料
加工及提货时涉及的税种	（1）购进材料涉及增值税进项税 （2）支付加工费涉及增值税进项税 （3）委托加工消费品应缴消费税	（1）买辅料涉及增值税进项税 （2）收取加工费和代垫辅料费涉及增值税销项税
消费税纳税环节	（1）提货时受托方代收代缴消费税（受托方为个人、个体户的除外） （2）对于受托方没有代收代缴消费税（含受托方为个人、个体户的），收回后由委托方缴纳消费税	（1）交货时代收代缴委托方消费税税款 （2）没有履行代收代缴义务的，税务机关向委托方追缴税款，对受托方处应收未收税款 50% 以上 3 倍以下的罚款
代收代缴后消费税的相关处理	（1）以不高于受托方计税价格直接出售的，不再缴纳消费税 （2）以高于受托方的计税价格出售的，需按照规定申报缴纳消费税，在计税时准予扣除受托方已代收代缴的消费税 （3）连续加工应税消费品后销售的，在出厂环节缴纳消费税，同时可按生产领用量抵扣已纳消费税（只限于规定的情况）	及时解缴税款，否则按《税收征收管理法》（主席令第 49 号）规定惩处

纳税人在办理纳税申报时，如需办理消费税税款抵扣手续，除应按有关规定提供纳税申报所需资料外，还应当提供以下资料。

（1）外购应税消费品连续生产应税消费品的，提供外购应税消费品增值税专用发票（抵扣联）原件和复印件。

如果外购应税消费品的增值税专用发票属于汇总填开的，除提供增值税专用发票（抵扣联）原件和复印件外，还应提供随同增值税专用发票取得的由销售方开具并加盖财务专用章或发票专用章的销货清单原件和复印件。

（2）委托加工收回应税消费品连续生产应税消费品的，提供"代扣代收税款凭证"原件和复印件。

（3）进口应税消费品连续生产应税消费品的，提供"海关进口消费税专用缴款书"原件和复印件。

主管税务机关在受理纳税申报后将以上原件退还纳税人，复印件留存，否则不得抵扣。

第八节　进口应税消费品应纳税额的计算

一、进口应税消费品的基本规定

进口应税消费品的有关规定如下。

（一）纳税人

进口或代理进口应税消费品的单位和个人，为进口应税消费品消费税的纳税人。

（二）课税对象

进口应税消费品以进口商品总值为课税对象。进口商品总值具体包括到岸价格、关税和消费税三部分内容。

（三）税率

执行《财政部、国家税务总局关于进口环节消费税有关问题的通知》（财关税〔2006〕22号）及《海关总署关于调整进口环节消费税政策的公告》（海关总署公告2014年第85号）相关规定。

（四）其他规定

（1）进口的应税消费品，于报关进口时缴纳消费税。
（2）进口的应税消费品的消费税由海关代征。
（3）进口的应税消费品，由进口人或者其代理人向报关地海关申报纳税。
（4）纳税人进口应税消费品，应当自海关填发海关进口消费税专用缴款书之日起15日内缴纳税款。

二、进口应税消费品组成计税价格的计算

（一）适用比例税率的进口应税消费品实行从价定率办法按组成计税价格计算应纳税额

$$组成计税价格 = （关税完税价格 + 关税）\div（1 - 消费税比例税率）$$
$$应纳税额 = 组成计税价格 \times 消费税比例税率$$

式中，关税完税价格是指海关核定的关税计税价格。

（二）实行定额税率的进口应税消费品实行从量定额办法计算应纳税额

$$应纳税额 = 应税消费品数量 \times 消费税单位税额$$

式中，应税消费品数量是指海关核定的应税消费品进口征税数量。

（三）实行复合计税办法的进口应税消费品的税额计算

$$组成计税价格 = （关税完税价格 + 关税 + 进口数量 \times 消费税定额税率）\div（1 - 消费税比例税率）$$
$$应纳税额 = 应税消费品数量 \times 消费税单位税额 + 组成计税价格 \times 消费税比例税率$$

第九节 出口应税消费品消费税退（免）税

一、出口应税消费品退（免）消费税的政策

出口应税消费品退（免）消费税分为退（免）税政策和免税政策两类，与增值税出口退（免）税政策有极高的关联度，两者对比如表3-12所示。

二、消费税退税的计税依据

出口货物的消费税应退税额的计税依据，按购进出口货物的消费税专用缴款书和海关进口消费税专用缴款书确定。

表 3-12　出口政策下增值税、消费税的对比

出口政策	增值税的出口政策	消费税的出口政策
对比	退（免）税的货物	免征消费税，若属于购进出口的货物，退还前一环节对其已征的消费税
	免税政策的货物	免征消费税，不退换以前环节消费税，且不允许在内销消费品应纳税额中抵扣
	征税政策的货物	按规定缴纳消费税，不退换以前环节消费税，且不允许在内销消费品应纳税额中抵扣

属于从价定率计征消费税的，为已征且未在内销应税消费品应纳税额中抵扣的购进出口货物金额；属于从量定额计征消费税的，为已征且未在内销应税消费品应纳税额中抵扣的购进出口货物数量；属于复合计征消费税的，按从价定率和从量定额的计税依据分别确定。

三、消费税退税的计算

消费税应退税额 = 从价定率计征消费税的退税计税依据 × 比例税率
　　　　　　　　+ 从量定额计征消费税的退税计税依据 × 定额税率

第十节　消费税征税环节的特殊规定

一、关于金银首饰征收消费税的若干规定

（一）纳税人

在中华人民共和国境内从事金银首饰零售业务的单位和个人，为金银首饰消费税的纳税人。委托加工（除另有规定）、委托代销金银首饰的，受托方也是纳税人。

（二）零售环节征收消费税的金银首饰范围

金、银和金基、银基合金首饰，以及金、银和金基、银基合金的镶嵌首饰；铂金首饰、钻石及钻石饰品为零售环节征税。

在零售环节征收消费税的金银首饰的范围不包括镀金（银）、包金（银）首饰，以及镀金（银）、包金（银）的镶嵌首饰，凡采用包金、镀金工艺以外的其他工艺制成的含金、银首饰及镶嵌首饰，如锻压金、铸金、复合金首饰等，都应在零售环节征收消费税。

（三）应税与非应税的划分

经营单位兼营生产、加工、批发、零售业务的，应分别核算销售额，未分别核算销售额或者划分不清的，一律视同零售征收消费税。

（四）税率

金银首饰的消费税税率为 5%。

（五）计税依据

（1）纳税人销售金银首饰，其计税依据为不含增值税的销售额。

金银首饰的销售额 = 含增值税的销售额 ÷（1 + 增值税税率或征收率）

（2）金银首饰连同包装物销售的，无论包装物是否单独计价，也无论会计上如何核

算，均应并入金银首饰的销售额，计征消费税。

（3）带料加工的金银首饰，应按受托方销售同类金银首饰的销售价格确定计税依据征收消费税。没有同类金银首饰销售价格，按照组成计税价格计算纳税。组成计税价格的计算公式为

组成计税价格＝（材料成本＋加工费）÷（1－金银首饰消费税税率）

（4）纳税人采用以旧换新（含翻新改制）方式销售的金银首饰，应按实际收取的不含增值税的全部价款确定计税依据征收消费税。

（5）生产、批发、零售单位用于馈赠、赞助、集资、广告、样品、职工福利、奖励等方面的金银首饰，应按纳税人销售同类金银首饰的销售价格确定计税依据征收消费税；没有同类金银首饰销售价格的，按照组成计税价格计算纳税。组成计税价格的计算公式为

组成计税价格＝购进原价×（1+利润率）÷（1－金银首饰消费税税率）

纳税人为生产企业时，公式中的购进原价为生产成本，公式中的利润率一律定为6%。

（6）金银首饰消费税改变纳税环节后，用已税珠宝玉石生产的镶嵌首饰，在计税时一律不得扣除已纳的消费税税款。

二、卷烟批发环节征收消费税的规定

自2009年5月1日起，在卷烟批发环节加征一道从价税。

（1）纳税人：在中华人民共和国境内从事卷烟批发业务的单位和个人。

（2）征收范围：纳税人批发销售的所有牌号规格的卷烟。

（3）计税依据：纳税人批发卷烟的销售额（不含增值税）。

（4）纳税人应将卷烟销售额与其他商品销售额分开核算，未分开核算的，一并征收消费税。

（5）适用税率：11%，并按0.005元/支加征从量税（自2015年5月10日起）。

（6）纳税人兼营卷烟批发和零售业务的，应当分别核算批发和零售环节的销售额、销售数量；未分别核算批发和零售环节销售额、销售数量的，按照全部销售额、销售数量计征批发环节消费税。

（7）纳税人销售给纳税人以外的单位和个人的卷烟于销售时纳税。纳税人之间销售的卷烟不缴纳消费税。

（8）纳税义务发生时间：纳税人收讫销售款或者取得索取销售款凭据的当天。

（9）纳税地点：卷烟批发企业的机构所在地，总机构与分支机构不在同一地区，由总机构申报纳税。

（10）卷烟消费税在生产和批发两个环节征收后，批发企业在计算纳税时不得扣除已含的生产环节的消费税税款。

第十一节 申报与缴纳

一、纳税义务发生时间

消费税纳税义务发生时间如下。

（1）纳税人销售的应税消费品，其纳税义务发生的时间如下。

①纳税人采取赊销和分期收款结算方式的，其纳税义务的发生时间，为书面合同约定的收款日期的当天，书面合同没有约定收款日期或者无书面合同的，为发出应税消费品的当天。

②纳税人采取预收货款结算方式的，其纳税义务的发生时间，为发出应税消费品的当天。

③纳税人采取托收承付和委托银行收款方式的，其纳税义务的发生时间，为发出应税消费品并办妥托收手续的当天。

④纳税人采取其他结算方式的，其纳税义务的发生时间，为收讫销售款或者取得索取销售款凭据的当天。

（2）纳税人自产自用的应税消费品，其纳税义务的发生时间，为移送使用的当天。

（3）纳税人委托加工的应税消费品，其纳税义务的发生时间，为纳税人提货的当天。

（4）纳税人进口的应税消费品，其纳税义务的发生时间，为报关进口的当天。

二、纳税地点

（1）纳税人销售的应税消费品，以及自产自用的应税消费品，除国务院财政、税务主管部门另有规定，应当向纳税人机构所在地或者居住地的主管税务机关申报纳税。

纳税人的总机构与分支机构不在同一县（市）的，应当分别向各自机构所在地的主管税务机关申报纳税；经财政部、国家税务总局或者授权的财政、税务机关批准，可以由总机构汇总向总机构所在地的主管税务机关申报纳税。

（2）委托加工的应税消费品，除受托方为个人，由受托方向其机构所在地或者居住地的主管税务机关解缴消费税税款。

（3）委托个人加工的应税消费品，由委托方向其机构所在地或者居住地主管税务机关申报纳税。

（4）纳税人到外县（市）销售或者委托外县（市）代销自产应税消费品的，于应税消费品销售后，向机构所在地或者居住地主管税务机关申报纳税。

（5）进口的应税消费品，由进口人或者其代理人向报关地海关申报纳税。

特别提示

纳税人销售的应税消费品，如因质量等原因由购买者退回时，经所在地主管税务机关审核批准后，可退还已征收的消费税，但不能自行直接抵减应纳税款。

三、纳税环节

消费税的纳税环节分为以下几种情况。

（1）生产环节。纳税人生产的应税消费品，由生产者于销售时纳税。委托加工的应税消费品，除受托方为个人，由受托方在向委托方交货时代收代缴税款。

（2）进口环节。进口的应税消费品，由进口报关者于报关进口时纳税。

（3）零售环节。金银首饰消费税在零售环节征收。自2016年12月1日起，对超豪华小汽车在生产进口环节按规定征税外，在零售环节加征消费税。

（4）批发环节。2009年5月1日起，除生产环节，对卷烟批发环节加征一道从价税。

四、纳税期限

消费税的纳税期限分别为1日、3日、5日、10日、15日、1个月或者1个季度。纳税人的具体纳税期限，由主管税务机关根据纳税人应纳税额的大小分别核定；不能按照固定期限纳税的，可以按次纳税。

纳税人以1个月或者1个季度为1个纳税期的，自期满之日起15日内申报纳税；以1日、3日、5日、10日或者15日为1个纳税期的，自期满之日起5日内预缴税款，于次月1日起15日内申报纳税并结清上月应纳税款。

纳税人进口应税消费品，应当自海关填发海关进口消费税专用缴款书之日起15日内缴纳税款。

五、报缴税款的方法

（1）报缴方法具体有自核自缴、自报核缴、核定税额缴纳。

（2）消费税抵扣所需资料。纳税人报缴税款时，如需办理消费税税款抵扣手续，除应按有关规定提供纳税申报所需资料，还应当提供以下资料。

①外购应税消费品连续生产应税消费品的，提供外购应税消费品增值税专用发票（抵扣联）原件和复印件。

如果外购应税消费品的增值税专用发票属于汇总填开的，除提供增值税专用发票（抵扣联）原件和复印件，还应提供随同增值税专用发票取得的由销售方开具并加盖财务专用章或发票专用章的销货清单原件和复印件。

②委托加工收回应税消费品连续生产应税消费品的，提供《代扣代收税款凭证》原件和复印件。

③进口应税消费品连续生产应税消费品的，提供《海关进口消费税专用缴款书》原件和复印件。

【例3-1·计算题】（2019年注会） 甲卷烟厂为增值税一般纳税人，2019年5月发生的业务如下：

（1）采用分期收款的方式销售A类卷烟180箱，销售额为650万元，合同规定当月收取价款的70%。实际收到40%。采用直接收款的方式销售B类卷烟80箱，销售额为380万元。

（2）进口一批烟丝，价款为300万元，甲卷烟厂另行承担并支付运抵我国口岸前的运输和保险费用8万元。

（3）将200箱B类卷烟转移给下设的非独立核算门市部。门市部当月将其销售，取得销售额900万元。

（4）外购一批烟丝，增值税专用发票上注明价款165万元，税额21.45万元，当月领用80%用于继续生产卷烟。

（5）税务机关发现2019年3月甲厂接受乙厂委托加工一批烟丝，甲厂未代收代消费税。已知乙厂提供烟叶的成本为95万元，甲厂收取加工费20万元，乙厂尚未销售收回的烟丝。

（其他相关资料：A类、B类卷烟均为甲类卷烟，甲类卷烟增值税税率为13%，消费税税率为56%加每箱150元，烟丝消费税为30%，进口烟丝关税税率为10%。以上销售额和费用均不含增值税。）

要求：根据上述资料，按照下列序号回答问题，如有计算需计算出合计数。

（1）计算业务（1）当月应缴纳的消费税税额。

（2）计算业务（2）应缴纳的增值税、消费税额。

（3）计算业务（3）应缴纳的消费税额。

（4）计算甲厂国内销售卷烟应缴纳的消费税额。

（5）计算乙厂应补缴的消费税额，并说明甲厂未代收代缴消费税应承担的法律责任。

【答案及解析】

（1）纳税人采用赊销和分期收款结算方式的，消费税纳税义务的发生时间为书面合同约定的收款日期的当天。

业务（1）应缴纳的消费税税额（650×56%＋180×150÷10 000）×70%＋380×56%＋80×150÷10 000＝470.69（万元）

（2）业务（2）进口烟丝的组成计税价格＝（300＋8）×（1＋10%）÷（1－30%）＝484（万元）

进口环节应缴纳的增值税＝484×13%＝62.92（万元）

业务（2）进口环节应缴纳的消费税＝484×30%＝145.2（万元）

业务（2）合计应缴纳的增值税、消费税额＝62.92＋145.2＝208.12（万元）

（3）纳税人通过自设非独立核算门市部销售的资产应税消费品，应按门市部对外销售额或者销售数量征收消费税。

业务（3）应缴纳的消费税税额＝900×56%＋200×150÷1 000＝507（万元）

（4）将外购烟丝用于连续生产卷烟的，可以按照生产领用量抵扣外购烟丝已纳的消费税

甲厂国内销售卷烟应缴纳的消费税＝470.69＋507－165×30%×80%
＝938.09（万元）

（5）委托加工的应税消费品提货时受托方没有按照规定代收代缴消费税，委托方要补缴税款，收回的应税消费品尚未销售或不能直接销售的，按照组成计税价格计税补缴。

乙厂应补缴的消费税税额＝（95＋20）÷（1－30%）×30%＝49.29（万元）

甲厂未代收代缴消费税，主管税务机关应处以甲厂应代收代缴的消费税50%以上3倍以下的罚款。

第四章

关　税

第一节　关税概述

一、关税的概念

关税是海关根据国家制定的有关法律，以进出关境货物、物品为征收对象而征收的一种商品税。

扩展阅读 4.1:《中华人民共和国进出口关税条例》（国务院令第 392 号）

二、关税的特点

（1）征收的对象是进出境的货物和物品。关税只对有形的货品征收，对无形的货品不征收关税。货物和物品只有在进出关境时，才能被征收关税。

（2）关税是单一环节的价外税。在征收关税时，是以实际成交价格为计税依据，关税不包括在内。

（3）有较强的涉外性。关税政策及措施往往和经济政策、外交政策紧密相关。税率的高低，直接影响到国际贸易的开展。

三、关税的分类

（1）按征收对象划分：进口税、出口税。

（2）按征税标准划分：从量税、从价税。此外，各国常用的征税标准还有复合税、选择税、差价税、滑准税。

（3）按征税性质划分：普通关税、优惠关税、差别关税。

扩展阅读 4.2：关税的分类详解

（4）按保护形式和程度划分：关税壁垒和非关税壁垒。

【例 4-1·单选题】（2019 年注会）按照随进口物的价格由高至低而由低至高设置的关税税率计征的关税是（　　）。

A. 复合税　　　B. 滑准税　　　C. 选择税　　　D. 从量税

【答案】　B

【解析】　滑准税是根据货物的不同价格适用不同税率的一类特殊的从价关税。它是一种关税税率随进口货物价格由高至低而由低至高设置计征关税的方法。简单地讲，就是进口货物的价格越高，其进口关税税率越低，进口商品的价格越低，其进口关税税率越高。

第二节 征税对象、纳税人和税率

一、征税对象

关税的征税对象是准许进出境的货物和物品。货物是指贸易性商品；物品是指入境旅客随身携带的行李物品、个人邮递物品、各种运输工具上的服务人员携带进口的自用物品、馈赠物品以及其他方式进境的个人物品。

二、纳税人

进口货物的收货人、出口货物的发货人、进出境物品的所有人，是关税的纳税人。进出境物品的所有人包括该物品的所有人和推定为所有人的人。一般情况下，对携带进境的物品，推定其携带人为所有人；对分离运输的行李，推定相应的进出境旅客为所有人；对以邮递方式进境的物品，推定其收件人为所有人；对以邮递或其他运输方式出境的物品，推定其寄件人或托运人为所有人。

三、税率

（一）进口关税税率

1. 进口货物税率

我国进口关税设有最惠国税率、协定税率、特惠税率、普通税率、关税配额税率等税率形式，对进口货物在一定期限内可以实行暂定税率（表4-1）。

表 4-1 进口货物税率及适用范围

税率形式	适用范围
最惠国税率	（1）原产于与我国共同适用最惠国待遇条款的WTO（世界贸易组织）成员国或地区的进口货物 （2）原产于与我国签订有相互给予最惠国待遇条款的双边贸易协定的国家或地区进口的货物 （3）原产于我国境内的进口货物
关税配额税率	继续对小麦等8类商品实施关税配额管理，税率不变
协定税率	原产于与我国签订含有关税优惠条款的区域性贸易协定的国家或地区的进口货物
特惠税率	原产于与我国签订含有特殊关税优惠条款的贸易协定的国家或地区的进口货物
普通税率	原产于上述国家或地区以外的其他国家或地区的进口货物，以及原产地不明的进口货物

适用最惠国税率、协定税率、特惠税率的国家或者地区名单，由国务院关税税则委员会决定。

2. 进境物品进口税率

准许应税进口的旅客行李物品，个人邮递物品以及其他个人自用物品，除另有规定的以外，均由海关按照《入境旅客行李物品和个人邮递物品进口税税率表》征收进口税。自2019年4月8日起，对进境物品进口税税目税率进行调整。调整后的《进境物品进口税率表》如表4-2所示。

表 4-2 进境物品进口税率表

税号	物品名称	税率/%
1	书报、刊物、教育用影视资料；计算机、视频摄录一体机、数字照相机等信息技术产品；食品、饮料；金银；家具；玩具、游戏品、节日或其他娱乐用品；药品①	13
2	运动用品（不含高尔夫球及球具）、钓鱼用品；纺织品及其制成品；电视、摄像机及其他电器用具；自行车；税目1、3中未包含的其他商品	20
3②	烟、酒、贵重首饰及珠宝玉石；高尔夫球及球具；高档手表；化妆品	50

注：①对国家规定减按3%征收进口环节增值税的进口药品，按照货物税率征税。
②税目3所列商品的具体范围与消费税征收范围一致。

（二）出口关税税率

我国的出口税为一栏税率，即出口税率。国家仅对少数产品征收出口税。自2020年1月1日起继续对烙铁等107项出口商品征收出口关税，适用出口税率或出口暂定税率，征收商品范围和税率维持不变。

（三）税率的运用

根据《中华人民共和国进出口关税条例》（以下简称《进出口关税条例》），进出口货物应按照税则规定的归类原则归入合适的税号，并按照适用的税率征税，其中：

（1）进出口货物，应当适用海关接受该货物申报进口或者出口之日实施的税率。

（2）进口货物到达前，经海关核准先行申报的，应当适用装载该货物的运输工具申报进境之日实施的税率。

（3）经海关批准，实行集中申报的进出口货物，应当适用每次货物进出口时海关接受该货物申报之日实施的税率。

（4）进口转关运输货物，应当适用指运地海关接受该货物申报进口之日实施的税率；货物运抵指运地前，经海关核准先行申报的，应当适用装载该货物的运输工具抵达指运地之日实施的税率。

（5）出口转关运输货物，应当适用启运地海关接受该货物申报出口之日实施的税率。

（6）因超过规定期限未申报而由海关依法变卖的进口货物，其税款计征应当适用装载该货物的运输工具申报进境之日实施的税率。

（7）因纳税义务人违反规定需要追征税款的进出口货物，应当适用违反规定的行为发生之日实施的税率；行为发生之日不能确定的，适用海关发现该行为之日实施的税率。

（8）已申报进境且放行的保税货物、减免税货物、租赁货物或者已申报进出境且放行的暂时进出境货物，有下列情形之一需缴纳税款的，应当适用海关接受纳税义务人再次填写报关单申报办理纳税及有关手续之日实施的税率：

①保税货物经批准不复运出境的；
②保税仓储货物转入国内市场销售的；
③减免税货物经批准转让或者移作他用的；
④可以暂不缴纳税款的暂时进出境货物，经批准不复运出境或者进境的；
⑤租赁进口货物，分期缴纳税款的。

第三节 关税完税价格和应纳税额的计算

一、关税完税价格

根据自2014年2月1日起施行的新的《中华人民共和国海关审定进出口货物完税价格办法》的规定,进口货物的完税价格,由海关以该货物的成交价格为基础审查确定。成交价格不能确定时,完税价格由海关依法估定。

(一)一般进口货物的完税价格

根据《中华人民共和国海关行政处罚实施条例》(以下简称《海关条例》),进口货物的完税价格由海关以符合相关规定所列条件的成交价格以及该货物运抵中华人民共和国境内输入地起卸前的运输及其相关费用、保险费为基础审查确定。

扩展阅读4.3:《中华人民共和国海关审定进出口货物完税价格办法》(海关总署令第213号)

1. 应计入完税价格的调整项目

以成交价格为基础审查确定进口货物的完税价格时,未包括在进口货物的实付或者应付价格中的下列费用或者价值,应当计入完税价格。

(1)由买方负担的下列费用:

①由买方负担的与该货物视为一体的容器费用。

②由买方负担的包装材料费用和包装劳务费用。

③由买方负担的除购货佣金以外的佣金和经纪费。其中,购货佣金是指买方为购买进口货物向自己的采购代理人支付的劳务费。

(2)与进口货物的生产和向我国境内销售有关的,由买方以免费或者以低于成本的方式提供,并可以按适当比例分摊的料件、工具、模具、消耗材料及类似货物的价款,以及在境外开发、设计等相关服务的费用。

(3)作为该货物向中华人民共和国境内销售的条件,买方必须支付的、与该货物有关的特许权使用费。

(4)卖方直接或间接从买方获得的该货物进口后转售、处置或使用的收益。

2. 不应计入完税价格的调整项目

(1)厂房、机械、设备等货物进口后进行建设、安装、装配、维修和技术服务的费用。

(2)进口货物运抵中华人民共和国境内输入地点起卸后的运输及其相关费用、保险费。

(3)进口关税及国内税收。

3. 进口货物完税价格中相关费用的确定

(1)进口货物的运费。

①进口货物的运输及其相关费用,应当按照由买方实际支付或者应当支付的费用计算。如果进口货物的运输及其相关费用无法确定,海关应当按照该货物进口同期的正常

运输成本审查确定。

②运输工具作为进口货物，利用自身动力进境的，海关在审查确定完税价格时，不再另行计入运费。

（2）进口货物的保险费。进口货物的保险费应当按照实际支付的费用计算。如果进口货物的保险费无法确定或者未实际发生，海关应当按照"货价加运费"两者总额的3‰计算保险费，其计算公式如下：

$$保险费 = （货价 + 运费） \times 3‰$$

（3）邮运进口的货物，应当以邮费作为运输及其相关费用、保险费。

4. 进口货物的完税价格确定的其他方法

对于进口货物的成交价格不符合规定条件，或成交价格不能确定，在客观上无法采用货物的实际成交价格时，海关经了解有关情况，并与纳税义务人进行价格磋商后，依次以下列价格估定该货物的完税价格。

（1）相同货物成交价格估价方法。

（2）类似货物成交价格估价方法。

（3）倒扣价格估价方法。

（4）计算价格估价方法。

（5）合理估价方法。

以上方法应当依次使用，但纳税人向海关提供有关资料后，可以提出申请，颠倒第（3）项和第（4）项的适用次序。

（二）特殊进口货物的完税价格

1. 运往境外修理的货物

运往境外修理的机械器具、运输工具或者其他货物，出境时已向海关报明，并且在海关规定的期限内复运进境的，应当以境外修理费和料件费为基础审查确定完税价格。

2. 运往境外加工的货物

运往境外加工的货物，出境时已向海关报明，并且在海关规定期限内复运进境的，应当以境外加工费和料件费以及该货物复运进境的运输及其相关费用、保险费为基础审查确定完税价格。

3. 暂时进境货物

经海关批准的暂时进境货物，应当缴纳税款的，由海关按照规定审定完税价格。经海关批准留购的暂时进境货物，以海关审定的留购价格作为完税价格。

4. 租赁方式进口的货物

租赁方式进口的货物，按照下列方法审查确定完税价格：以租金方式对外支付的租赁货物，在租赁期间以审定的租金作为完税价格，利息应当予以计入；留购的租赁货物以审定的留购价格作为完税价格；纳税人申请一次性缴纳税款的，可以选择申请按照一般进口货物规定确定完税价格，或者按照审定的租金总额作为完税价格。

5. 予以补税的减免税货物

减税或者免税进口的货物应当补税时，应当以海关审定的该货物原进口时的价格，扣除折旧部分价值作为完税价格，其计算公式如下：

完税价格＝海关审定的该货物原进口时的价格×

［1－补税时实际已进口的时间（月）÷（监管年限×12）］

上述计算公式中"补税时实际已进口的时间"按月计算，不足 1 个月但是超过 15 日的，按照 1 个月计算；不超过 15 日的，不予计算。

6. 不存在成交价格的进口货物

易货贸易、寄售、捐赠、赠送等不存在成交价格的进口货物，海关与纳税义务人进行价格磋商后，依次以下列方法审查确定该货物的完税价格：①相同货物成交价格估价方法。②类似货物成交价格估价方法。③倒扣价格估价方法。④计算价格估价方法。⑤合理估价方法。

7. 进口软件介质

以介质本身的价值或者成本为基础审查确定完税价格。

 特别提示

加工贸易进口料件及其制成品的具体情形及完税价格如表 4-3 所示。

表 4-3　加工贸易进口料件及其制成品的具体情形完税价格

情　　形	完　税　价　格
进料加工进口料件或者其制成品（包括残次品）内销	以料件原进口成交价格为基础审查确定完税价格；属于料件分批进口，并且内销时不能确定料件原进口一一对应批次的，海关可按照同项号、同品名和同税号的原则，以其合同有效期内或电子账册核销周期内已进口料件的成交价格计算所得的加权平均价为基础审查确定完税价格；成交价格加权平均价难以计算或难以确定的，以客观可量化的当期进口料件成交价格的加权平均价为基础审查确定完税价格
来料加工进口料件或者其制成品（包括残次品）内销	以接受内销申报的同时或者大约同时进口的与料件相同或者类似的保税货物的进口成交价格为基础审查确定完税价格
加工企业内销加工过程中产生的边角料或副产品	内销价格
深加工结转货物内销	结转货物的结转价格
保税区内企业内销的保税加工进口料件或其制成品	以其内销价格为基础审查确定完税价格；保税区内企业内销的保税加工制成品中，如果含有从境内采购的料件，海关以制成品所含从境外购入料件的原进口成交价格为基础审查确定完税价格；依据上述规定不能确定的，海关以接受内销申报的同时或者大约同时内销的相同或者类似的保税货物的内销价格为基础审查确定完税价格
保税区外的海关特殊监管区域内企业内销的保税加工料件或其制成品	以其内销价格为基础审查确定完税价格；不能确定的，海关以接受内销申报的同时或者大约同时内销的相同或者类似的保税货物的内销价格为基础审查确定完税价格；仍不能确定的，以生产该货物的成本、利润和一般费用计算所得的价格为基础审查确定完税价格

（三）出口货物的完税价格

出口货物的完税价格由海关以该货物的成交价格为基础审查确定，并且应当包括货物运至境内输出地点装载前的运输及其相关费用、保险费。

1. 以成交价格为基础的完税价格

出口货物的成交价格,是指该货物出口销售时,卖方为出口该货物应当向买方直接收取和间接收取的价款总额。

下列税收、费用不计入出口货物的完税价格。

(1)出口关税。

(2)在货物价款中单独列明的货物运至境内输出地点装载后的运输及其相关费用、保险费。

2. 出口货物海关估定方法

出口货物的成交价格不能确定的,海关经了解有关情况,并且与纳税人进行价格磋商后,依次以下列价格审查确定该货物的完税价格。

(1)同时或者大约同时向同一国家或者地区出口的相同货物的成交价格。

(2)同时或者大约同时向同一国家或者地区出口的类似货物的成交价格。

(3)根据境内生产相同或者类似货物的成本、利润和一般费用(包括直接费用和间接费用)、境内发生的运输及其相关费用、保险费计算所得的价格。

(4)按照合理方法估定的价格。

(四)进境物品的完税价格

1. 一般规定

对于个人进境物品关税完税价格,由海关总署根据《中华人民共和国海关关于入境旅客行李和个人邮递物品征收进口税办法》《国务院关税税则委员会关于调整进境物品进口税有关问题的通知》,公布《中华人民共和国进境物品完税价格表》,来确定商品归类和完税价格。

2. 跨境电子商务零售进口商品的税收政策

自 2016 年 4 月 8 日起,跨境电子商务零售进口商品按照货物征收关税和进口环节增值税、消费税,购买跨境电子商务零售进口商品的个人作为纳税人,电子商务企业、电子商务交易平台或物流企业可作为代收代缴义务人。

扩展阅读 4.4:《财政部 海关总署 税务总局 关于完善跨境电子商务零售进口税收政策的通知》(财关税〔2018〕49 号)

二、应纳税额的计算

1. 从价税应纳税额的计算

$$关税税额 = 应税进(出)口货物数量 \times 单位完税价格 \times 税率$$

进口货物的成交价格,因有不同的成交条件而有不同的价格形式,常用的价格条款有以下三种。

(1)离岸价格(FOB),是指卖方在合同规定的装运港把货物装上买方指定的船上,并负责货物装上船为止的一切费用和风险。

(2)离岸加运费价格(CFR),是指卖方负责将合同规定的货物装上买方指定运往目的港的船上,负责货物装上船为止的一切费用和风险,并支付运费。

(3)到岸价格(CIF),是指卖方负责将合同规定的货物装上买方指定运往目的港的船上，办理保险手续，并负责支付运费和保险费。

以 CIF 成交的进口货物，若申报价格符合规定的成交价格条件，则可直接计算出税款；FOB 和 CFR 成交的进口货物，应先折算成 CIF，再按程序计算税款。

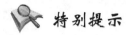 特别提示

应纳税额完税价格具体如图 4-1 所示。

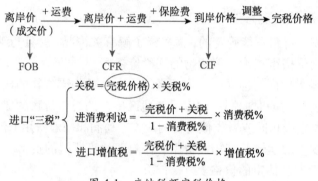

图 4-1 应纳税额完税价格

2. 从量税应纳税额的计算

关税税额 = 应税进（出）口货物数量 × 单位货物税额

3. 复合税应纳税额的计算

我国目前实行的复合税都是先从量计征，再计征从价税。

关税税额 = 应税进（出）口货物数量 × 单位货物税额 + 应税进（出）口货物数量 × 单位完税价格 × 税率

4. 滑准税应纳税额的计算

关税税额 = 应税进（出）口货物数量单位完税价格 × 滑准税税率

【例 4-2·单选题】（2018 年税务师）2018 年 3 月，某公司将货物运往境外加工，出境时已向海关报明，并在海关规定期限内复运进境。已知货物价值 100 万元，境外加工费和料件费 30 万元，运费 1 万元，保险费 0.39 万元。关税税率 10%。该公司上述业务应缴纳关税（　　）万元。

A. 3.10　　　　B. 10.14　　　　C. 13.14　　　　D. 3.14

【答案】D

【解析】该公司上述业务应缴纳关税 =（30 + 1 + 0.39）× 10% = 3.14（万元）。

第四节　关税减免

一、法定减免税

法定减免税是税法中明确列出的减税或免税。符合税法规定可予减免税的进出口货物，纳税人无须提出申请，海关可按规定直接予以减免税。

(1)下列货物、物品予以减免关税。

①关税、进口环节增值税或者消费税税额在人民币 50 元以下的一票货物。

②无商业价值的广告品和货样。

③外国政府、国际组织无偿赠送的物资。

④在海关放行前损失的货物。

⑤进出境运输工具装载的途中必需的燃料、物料和饮食用品。

⑥规定数额以内的物品。

⑦中华人民共和国缔结或者参加的国际条约规定减征、免征关税的货物、商品。

⑧法律规定减征、免征关税的其他货物、物品。

在海关放行前遭受损坏的货物,可以根据海关认定的受损程度减征关税。因品质或者规格原因,出口货物(进口货物)自出口之日(进口之日)起 1 年内原状复运出境(进境)的,不征收出口(进口)关税。

(2)下列进出口货物暂不缴纳关税。

经海关批准暂时进境或者暂时出境的下列货物,在进境或者出境时纳税人向海关缴纳相当于应纳税款的保证金或者提供其他担保的,可以暂不缴纳关税,并应当自进境或者出境之日起 6 个月内复运出境或者复运进境;经纳税人申请,海关可以根据海关总署的规定延长复运出境或者复运进境的期限。

①在展览会、交易会、会议及类似活动中展示或者使用的货物。

②文化、体育交流活动中使用的表演、比赛用品。

③进行新闻报道或者摄制电影、电视节目使用的仪器、设备及用品。

④开展科研、教学、医疗活动使用的仪器、设备及用品。

⑤在第①项到第④项所列活动中使用的交通工具及特种车辆。

⑥货样。

⑦供安装、调试、检测设备时使用的仪器、工具。

⑧盛装货物的容器。

⑨其他用于非商业目的的货物。

(3)因品质或者规格原因,出口货物自出口之日起 1 年内原状复运进境的,不征收进口关税。因品质或者规格原因,进口货物自进口之日起 1 年内原状复运出境的,不征收出口关税。

(4)因残损、短少、品质不良或者规格不符原因,由进出口货物的发货人、承运人或者保险公司免费补偿或者更换的相同货物,进出口时不征收关税。被免费更换的原进口货物不退运出境或者原出口货物不退运进境的,海关应当对原进出口货物重新按照规定征收关税。

二、特定减免税

特定减免税也称政策性减免税。在法定减免税外,国家按照国际通行规则和我国实际情况,制定发布的有关进出口货物减免关税的政策,称为特定或政策性减免税。特定减免税货物一般有地区、企业和用途的限制,海关需要进行后续管理,也需要进行减免税统计。具体包括以下货物。

（1）科教用品。

（2）残疾人专用品。

（3）慈善捐赠物资。

扩展阅读 4.5：《财政部 海关总署 税务总局 关于防控新型冠状病毒感染的肺炎疫情进口物资免税政策的公告》（财政部公告 2020 年第 6 号）

扩展阅读 4.6：《财政部 工业和信息化部 海关总署 税务总局 能源局 关于印发〈重大技术装备进口税收政策管理办法〉的通知》（财关税〔2020〕2 号）

扩展阅读 4.7：《财政部 海关总署 税务总局 关于海南离岛旅客免税购物政策的公告》（财政部公告 2020 年第 33 号）

扩展阅读 4.8：《海关总署关于调整进出境个人邮递物品管理措施有关事宜的公告》（海关总署公告 2010 年第 43 号）

2020 年初，新型冠状病毒感染的肺炎疫情开始在全国蔓延，为进一步支持疫情防控工作，财政部、海关总署、国家税务总局发布关于防控新型冠状病毒感染的肺炎疫情进口物资免税政策的公告，适时扩大规定的免税进口范围，对捐赠用于疫情防控的进口物资，免征进口关税和进口环节增值税、消费税。

①进口物资增加：试剂、消毒物品、防护用品、救护车、防疫车、消毒用车、应急指挥车。

②免税范围增加：国内有关政府部门、企事业单位、社会团体、个人以及来华或在华的外国公民从境外或海关特殊监管区域进口并直接捐赠；境内加工贸易企业捐赠。

（4）重大技术装备。

三、临时减免税

临时减免税是指法定减免税和特定减免税以外的其他减免税，即由国务院对某个单位、某类商品、某个项目或某批进出口货物的特殊情况，给予特别照顾，一案一批，专文下达的减免税。一般有单位、品种、期限、金额或数量等限制，不能比照执行。

 特别提示

自 2010 年 9 月 1 日起，个人邮寄物品应征进口税额在人民币 50 元（含 50 元）以下的海关予以免征。

第五节　申报和缴纳

一、关税的申报

进口货物的收货人、受委托的报关企业应当自运输工具申报进境之日起 14 日内向海关申报。进口转关运输货物的收货人、受委托的报关企业应当自运输工具申报进境之日起 14 日内，向进境地海关办理转关运输手续，有关货物应当自运抵指运地之日起 14 日内向指运地海关申报。

出口货物发货人、受委托的报关企业应当在货物运抵海关监管区后、装货的 24 小时以前向海关申报。

超过规定时限未向海关申报的,海关按照《中华人民共和国海关征收进口货物滞报金办法》征收滞报金。滞报金应当按日计征,以自运输工具申报进境之日起第 15 日为起征日,以海关接受申报之日为截止日,起征日和截止日均计入滞报期间。日征收金额为进口货物完税价格的千分之零点五,起征点为人民币 50 元。

二、关税的缴纳

纳税人应当在海关填发税款缴款书之日起 15 日内,向指定银行缴纳税款。纳税义务人未按期缴纳税款的,从滞纳税款之日起,按日加收滞纳税款万分之五的滞纳金。纳税义务人应当自海关填发滞纳金缴款书之日起 15 日内向指定银行缴纳滞纳金。

关税纳税人因不可抗力或在国家税收政策调整的情况下,不能按期缴纳的,经海关总署批准,可以延期缴纳税款,但最长不得超过 6 个月。

三、关税的强制执行

纳税人未在关税缴纳期限内缴纳税款,即构成关税滞纳。强制措施主要有以下三类。

(1)征收关税滞纳金。滞纳金自关税缴纳期限届满之日起,至纳税人缴清关税之日止,按滞纳税款万分之五的比例按日征收,周末或法定节假日不予扣除。具体计算公式为

关税滞纳金金额 = 滞纳关税税额 × 滞纳金征收比率 × 滞纳天数

滞纳金的起征点为人民币 50 元。

(2)保全措施。出口货物的纳税义务人在规定的纳税期限内有明显的转移、隐匿其应税货物以及其他财产迹象的,税务机关可以责令纳税义务人提供担保;纳税义务人不能提供担保的,海关可以按照《中华人民共和国海关法》(以下简称《海关法》)第六十一条采取税收保全措施。

(3)强制征收。如纳税人自缴款期限届满之日起 3 个月仍未缴纳税款的,经海关关长批准,海关可以采取强制扣缴、变价抵缴等强制措施。强制扣缴即海关从纳税人在开户银行或其他金融机构的存款中直接扣缴税款。变价抵缴即海关将应税货物依法变卖,以变卖所得抵缴税款。

四、关税的退还

关税的退还是指关税纳税人按海关核定的税额缴纳关税后,因某种原因的出现,海关将实际征收多于应当征收的税额(称为溢征关税)退还给纳税人的一种行政行为。根据《海关法》规定,海关多征的税款,海关发现后应当立即退还。

扩展阅读 4.9:进出口货物税款退还的具体说明(海关总署令第 124 号)

五、关税补征、追征的处理

关税补征、追征的处理如表 4-4 所示。

表 4-4 关税补征、追征的处理

征收短征关税的行为	定　义	时效和处理
补征	纳税人违反海关规定造成短征关税	关税补征期为缴纳税款或货物放行之日起 1 年内
追征	非因纳税人违反海关规定造成短征关税	关税追征期为进出口货物应缴纳税款之日起 3 年内，并从缴纳税款或者货物放行之日起按日加收少征或者漏征税款万分之五的滞纳金

即测即练

扫描此码
自学自测

第Ⅲ篇　所得税

第五章 个人所得税

第一节 个人所得税概述

一、个人所得税的概念

个人所得税是以个人（自然人）取得的各项应税所得为征税对象所征收的税种。

2018年8月31日，第十三届全国人民代表大会常务委员会第五次会议通过《全国人民代表大会常务委员会关于修改〈中华人民共和国个人所得税法〉的决定》，对个人所得税法再次进行了修订，国务院相应地对《个人所得税法实施条例》进行了修订，并新出台了《个人所得税专项附加扣除暂行办法》，自2019年1月1日起施行。

扩展阅读5.1：《中华人民共和国个人所得税法》（主席令第9号）、《中华人民共和国个人所得税法实施条例》（国务院令第707号）、《个人所得税专项附加扣除暂行办法》（国发〔2018〕41号）

二、个人所得税的特点

我国个人所得税主要有以下特点。
（1）实行混合征收（综合与分类相结合）的征收方式。
（2）超额累进税率与比例税率并用。
（3）费用扣除额较宽。
（4）计算较复杂。
（5）采取自行申报和源泉扣缴纳税。

三、个人所得税的立法原则

（1）调节收入分配，体现社会公平。
（2）增强纳税意识，树立义务观念。
（3）扩大聚财渠道，增加财政收入。

第二节 征税范围、纳税人和税率

一、征税范围

个人所得税的征税对象是个人取得的应税所得。《个人所得税法》列举征税的个人所得共有9项，其中工资、薪金所得，劳务报酬所得，稿酬所得，特许权使用费所得这四项所得统称为综合所得。居民个人取得综合所得，按纳税年度合并计算个人所得税；非居民个人取得综合所得，按月或者按次分项计算个人所得税。

《个人所得税法实施条例》及相关法规具体确定了各项个人所得的征税范围，具体内容如图 5-1 所示。

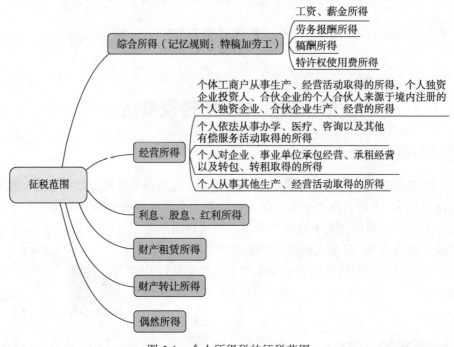

图 5-1　个人所得税的征税范围

（一）工资、薪金所得

工资、薪金所得，是指个人因任职或者受雇而取得的工资、薪金、奖金、年终加薪、劳动分红、津贴、补贴以及与任职或者受雇有关的其他所得。

（1）一般来说，工资、薪金所得属于非独立个人劳动所得。除了工资、薪金，奖金、年终加薪、劳动分红、津贴、补贴也被确定为工资、薪金范畴。其中，年终加薪、劳动分红不分种类和取得情况，一律按工资、薪金所得项目课税；津贴、补贴等则有例外。

（2）根据我国目前个人收入的构成情况，规定对于一些不属于工资、薪金性质的补贴、津贴或者不属于纳税人本人工资、薪金所得项目的收入，不予征税。这些项目包括以下几种。

①独生子女补贴。

②执行公务员工资制度和纳入基本工资总额的补贴、津贴差额和家属成员的副食品补贴。

③托儿补助费。

④差旅费津贴、误餐补助。其中，误餐补助是指按照财政部门规定，个人因公在城区、郊区工作，不能在工作单位或返回就餐，根据实际误餐顿数，按规定的标准领取的误餐费。

单位以误餐补助名义发给职工的补助、津贴不包括在内。

注意：误餐补助不等于午餐补助。

⑤外国来华留学生，领取的生活津贴费、奖学金，不属于工资、薪金范畴，不征个

人所得税。

（3）退休人员再任职取得的收入，在减除按税法规定的费用扣除标准后，按工资、薪金所得项目缴纳个人所得税。

扩展阅读 5.2："征税范围、纳税人和税率-工资、薪金所得"第（3）、（4）条

（4）公司职工取得的用于购买企业国有股权的劳动分红，按工资、薪金所得项目计征个人所得税。

（5）出租汽车经营单位对出租车驾驶员采取单车承包或承租方式运营，出租车驾驶员从事客货营运取得的收入，按工资、薪金所得项目征税。

（6）自 2004 年 1 月 20 日起，对商品营销活动中，企业和单位对营销业绩突出的雇员以培训班、研讨会、工作考察等名义组织旅游活动，通过免收差旅费、旅游费对个人实行的营销业绩奖励（包括实物、有价证券等），应根据所发生费用的全额并入营销人员当期的工资、薪金所得，按照工资、薪金所得项目征收个人所得税，并由提供上述费用的企业和单位代扣代缴。

【例 5-1·单选题】 个人取得的下列所得，应按照"工资、薪金所得"缴纳个人所得税的是（　　）。

A. 股东取得股份制公司为其购买并登记在该股东名下的小轿车
B. 因公务用车制度改革个人以现金、报销等形式取得的所得
C. 杂志社财务人员在本单位的报刊上发表作品取得的所得
D. 员工因拥有股权而参与企业税后利润分配取得的所得

【答案】 B

【解析】 选项 A、D：按"利息、股息、红利所得"缴纳个人所得税；选项 C：按"稿酬所得"缴纳个人所得税。

（二）劳务报酬所得

劳务报酬所得是指个人独立从事各种非雇佣的劳务所取得的所得，包括从事设计、装潢、安装、制图、化验、测试、医疗、法律、会计、咨询、讲学、翻译、审稿、书画、雕刻、影视、录音、录像、演出、表演、广告、展览、技术服务、介绍服务、经纪服务、代办服务，以及其他劳务取得的所得。

 特别提示

是否存在雇佣与被雇佣关系，是判断一种收入属于劳务报酬所得，还是属于工资、薪金所得的重要标准。后者存在雇佣与被雇佣的关系，而前者则不存在这种关系。

特别提示

在校学生因参与勤工俭学活动（包括参与学校组织的勤工俭学活动）而取得属于《个人所得税法》规定的应税所得项目的所得，应依法缴纳个人所得税。

个人担任董事职务所取得的董事费收入分两种情形：个人担任公司董事、监事，且不在公司任职、受雇的情形，属于劳务报酬性质，按劳务报酬所得项目征税；个人在公司（包括关联公司）任职、受雇，同时兼任董事、监事的，应将董事费、监事费与个人

工资收入合并，统一按工资、薪金所得项目缴纳个人所得税。

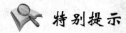 **特别提示**

个人兼职取得的收入，应按照劳务报酬所得项目缴纳个人所得税。

扩展阅读5.3："劳务报酬所得"与"工资、薪金所得"的区别

出租车驾驶员的收入属于综合所得中的工资、薪金所得，还是劳务报酬所得，抑或是经营所得中的个体工商户的生产、经营所得，需要区分界定，如图5-2所示。

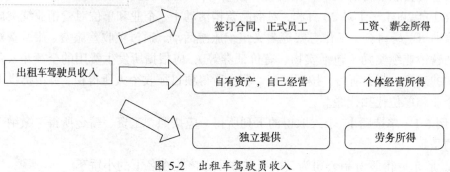

图5-2　出租车驾驶员收入

（三）稿酬所得

稿酬所得，是指个人因其作品以图书、报刊形式出版、发表而取得的所得。不以图书报刊形式出版、发表的独立翻译、审稿、书画所得属于"劳务报酬所得"。这里所说的作品，包括文学作品、书画作品、摄影作品，以及其他作品。

对报纸、杂志、出版等所得征税，具体规定如下。

（1）任职、受雇于报纸、杂志等单位的记者、编辑等专业人员，因在本单位的报纸、杂志上发表作品取得的所得，属于因任职、受雇而取得的所得，应与其当月工资收入合并，按工资、薪金所得项目征收个人所得税。

除上述专业人员，其他人员在本单位的报纸、杂志上发表作品取得的所得，应按稿酬所得项目征收个人所得税。

（2）出版社的专业作者撰写、编写或翻译的作品，由本社以图书形式出版而取得的稿费收入，应按稿酬所得项目计算缴纳个人所得税。

特别提示

以是否出版、发表，是否在本单位出版、发表以及作者专业状况和出版、发表作品的形式为标准，辨析稿酬所得、劳务报酬所得和工资、薪金所得三者之间的区别。

（四）特许权使用费所得

特许权使用费所得，是指个人提供专利权、商标权、著作权、非专利技术以及其他特许权的使用权取得的所得。

提供著作权的使用权取得的所得，不包括稿酬所得，对于作者将自己的文字作品手稿原件或复印件公开拍卖（竞价）取得的所得，属于提供著作权的使用所得，应按特许

权使用费所得项目征收个人所得税。

个人取得特许权的经济赔偿收入,应按特许权使用费所得项目缴纳个人所得税,税款由支付赔款的单位或个人代扣代缴。

从 2002 年 5 月 1 日起,编剧从电视剧的制作单位取得的剧本使用费,不再区分剧本的使用方是否为其任职单位,统一按特许权使用费所得项目计征个人所得税。

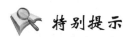
特别提示

劳务报酬、稿酬、特许权使用费的区别见表 5-1。

表 5-1　劳务报酬、稿酬、特许权使用费的区别

征税种类	具体含义
劳务报酬所得	不以图书、报刊出版、发表的翻译、审稿、书画的所得
稿酬所得	个人因其作品以图书、报刊形式出版、发表取得的所得
特许权使用费所得	提供著作权的使用权取得的所得

(五) 经营所得

经营所得,包括以下四项。

(1) 个体工商户从事生产、经营活动取得的所得,个人独资企业投资人、合伙企业的个人合伙人来源于境内注册的个人独资企业、合伙企业生产和经营的所得。

个体工商户以业主为个人所得税纳税义务人。合伙企业以每一合伙人为纳税人,合伙企业合伙人是自然人的,缴纳个人所得税;合伙人是法人和其他组织的,缴纳企业所得税。合伙企业生产、经营所得和其他所得采取"先分后税"的原则处理。

(2) 个人依法从事办学、医疗、咨询以及其他有偿服务活动取得的所得。

(3) 个人对企事业单位的承包经营、承租经营以及转包、转租取得的所得。

对企事业单位的承包经营、承租经营所得,是指个人承包经营、承租经营以及转包、转租取得的所得,还包括个人按月或者按次取得的工资、薪金性质的所得。

个人对企事业单位的承包经营、承租经营形式大体上可以分为两类,如表 5-2 所示。

表 5-2　个人对企事业单位的承包经营、承租经营形式

个人承包工商登记	企业所得税	判　定		个人所得税所属税目	
承包后工商登记改变为个体工商户的	不缴纳企业所得税	个体工商户的生产、经营所得		经营所得	
承包经营后工商登记仍为企业的	缴纳企业所得税	对企业经营成果拥有所有权	承包经营、承租经营所得		
		对企业经营成果不拥有所有权,仅按合同(协议)规定取得一定所得	工资、薪金所得	综合所得	

(4) 个人从事其他生产、经营活动取得的所得。

①个体工商户或个人专营种植业、养殖业、饲养业、捕捞业(简称"四业"),不征收个人所得税;不属于原农业税、牧业税征税范围的,应对其所得计征个人所得税;同

时，对进入各类市场销售自产农产品的农民取得的所得暂不征收个人所得税。兼营上述"四业"并且"四业"的所得单独核算的，比照上述原则办理。对属于征收个人所得税的，应与其他行业的生产、经营所得合并计征个人所得税。对于"四业"的所得不能单独核算的，应就其全部所得计征个人所得税。

特别提示

对个人独资企业和合伙企业从事种植业、养殖业、饲养业和捕捞业（简称"四业"），其投资者取得的"四业"所得暂不征收个人所得税。

②从事个体出租车运营的出租车驾驶员取得的收入，按"经营所得"项目缴纳个人所得税。

出租车属个人所有，但挂靠出租汽车经营单位或企事业单位，驾驶员向挂靠单位缴纳管理费的，或出租汽车经营单位将出租车所有权转移给驾驶员的，出租车驾驶员从事客货运营取得的收入，按"经营所得"项目计征个人所得税。

③个人因从事彩票代销业务而取得的所得，应按"经营所得"项目计征个人所得税。

特别提示

个体工商户和从事生产、经营的个人，取得与生产、经营活动无关的其他各项应税所得，应分别按照其他应税项目的有关规定，计算征收个人所得税。如取得银行存款的利息所得、对外投资取得的股息所得，应按"利息、股息、红利所得"税目的规定单独计征个人所得税。

个人独资企业、合伙企业的个人投资者以企业资金为本人、家庭成员及其相关人员支付与企业生产经营无关的消费性支出及购买汽车、住房等财产性支出，视为企业对个人投资者利润分配，并入投资者个人的生产经营所得，依照"经营所得"项目计征个人所得税。

【例 5-2·单选题】对个人代销彩票取得的所得计征个人所得税时，适用的所得项目是（　　）。

　A. 劳务报酬所得
　B. 工资、薪金所得
　C. 对企事业单位的承包经营、承租经营所得
　D. 经营所得

【答案】 D

【解析】 对个人因从事彩票代销业务而取得的所得，应按"经营所得"项目计征个人所得税。

（六）利息、股息、红利所得

利息、股息、红利所得，是指个人拥有债权、股权而取得的利息、股息、红利所得。

1. 除国家规定外的其他专户存款

自 2008 年 10 月 9 日起，对储蓄存款利息所得暂免征收个人所得税。

2. 职工个人取得的量化资产

根据国家有关规定，允许集体所有制企业在改制为股份合作制企业时，将有关资产量化给职工个人。

（1）对职工个人以股份形式取得的仅作为分红依据、不拥有所有权的企业量化资产，不征收个人所得税。

（2）对职工个人以股份形式取得的企业量化资产参与企业分配而获得的股息、红利，应按利息、股息、红利所得项目征收个人所得税。

3. 个人银行结算账户利息

自2008年10月9日起，个人银行结算账户利息视同储蓄存款利息，暂免征收个人所得税。

 特别提示

个人取得国债利息、国家发行的金融债券利息、储蓄存款利息均免征个人所得税。

（七）财产租赁所得

财产租赁所得是指个人出租建筑物、土地使用权、机器设备、车船以及其他财产取得的所得。

个人取得的财产转租收入属于财产租赁所得项目的征税范围。在确定纳税人时，应以产权凭证为依据，对无产权凭证的，由主管税务机关根据实际情况确定；产权所有人死亡，在未办理产权继承手续期间，该财产出租而有租金收入的，以领取租金的个人为纳税人。

房地产开发企业与商店购买者个人签订协议，以优惠价格出售其开发的商店给购买者个人，购买者个人在一定期限内必须将购买的商店无偿提供给房地产开发企业对外出租使用。根据《个人所得税法》的有关规定，对购买者个人少支出的购房价款，应视同个人财产租赁所得，按财产租赁所得项目征收个人所得税。每次财产租赁所得的收入额按少支出的购房价款和协议规定的租赁月份数平均计算确定。全部购房款计算公式如下：

$$全部购房款 = 实际付购房款 + 少支出价款（实质租金）$$

（八）财产转让所得

财产转让所得是指个人转让有价证券、股权、合伙企业中的财产份额、不动产、机器设备、车船以及其他财产取得的所得。具体规定如下。

1. 股票转让所得

经国务院批准，对个人在上海证券交易所、深圳证券交易所转让从上市公司公开发行和转让市场取得的上市公司股票所得暂不征收个人所得税。

 特别提示

对股票转让所得征收个人所得税的办法，由国务院另行规定，并报全国人民代表大会常务委员会备案。

2. 量化资产股份转让

集体所有制企业在改制为股份合作制企业时，对职工个人以股份形式取得的拥有所有权的企业量化资产,暂缓征收个人所得税;待个人将股份转让时,就其转让收入额,减除个人取得该股份时实际支付的费用支出和合理转让费用后的余额,按财产转让所得项目计征个人所得税。

3. 个人出售自有住房

对个人转让自用5年以上,并且是家庭唯一生活用房取得的所得,继续免征个人所得税。

但自2010年10月1日起,对出售自有住房并在1年内重新购房的纳税人不再减免个人所得税。

(九)偶然所得

偶然所得是指个人得奖、中奖、中彩以及其他偶然性质的所得。其中,得奖是指参加各种有奖竞赛活动,取得名次获得的奖金;中奖、中彩是指参加各种有奖活动,如有奖销售、有奖储蓄或购买彩票,经过规定程序,抽中、摇中号码而取得的奖金。对个人购买社会福利有奖募捐奖券一次中奖收入不超过1万元的,暂免征收个人所得税;超过1万元的,按全额征税。

企业对累积消费达到一定额度的顾客,给予额外抽奖机会,个人的获奖所得,按照偶然所得项目,全额适用20%的税率缴纳个人所得税。

偶然所得应缴纳的个人所得税税款,一律由发奖单位或机构代扣代缴。

(十)所得来源的确定

对于来自中国境内的所得,是依据所得来源地的判断反映经济活动的,要遵循方便税务机关有效征管的原则,《个人所得税法》及其实施条例做了规定。

(1)工资、薪金所得,以纳税人任职的、受雇的公司、企业、事业单位、机关、团体、部队、学校等单位的所在地为所得来源地。

(2)经营所得,以生产、经营活动实现地为所得来源地。

(3)劳务报酬所得,以纳税人实际提供劳务报酬的地点为所得来源地。

(4)不动产转让所得,以不动产坐落地为所得来源地;动产转让所得,以实现转让的地点为所得来源地。

(5)财产租赁所得,以被租赁财产的使用地为所得来源地。

(6)利息、股息、红利所得,以支付利息、股息、红利的企业、机构、组织的所在地为所得来源地。

(7)特许权使用费所得,以特许权的使用地为所得来源地。

除国务院财政、税务主管部门另有规定外,下列所得,不论支付地点是否在中国境内,均为来源于中国境内的所得。

(1)因任职、受雇、履约等在中国境内提供劳务取得的所得。

(2)将财产出租给承租人在中国境内使用而取得的所得。

扩展阅读5.4:非居民个人和无住所居民个人(无住所个人)所得来源地的确认(财政部 税务总局公告2019年第35号)

(3)许可各种特许权在中国境内使用而取得的所得。

(4)转让中国境内的不动产等财产或者在中国境内转让其他财产取得的所得。

(5)从中国境内企业、事业单位、其他组织以及居民个人取得的利息、股息、红利所得。

二、纳税人

个人所得税的纳税人是指在中国境内有住所，或者无住所而一个纳税年度内在中国境内居住累计满183天的个人，以及在中国境内无住所又不居住，或者无住所而一个纳税年度内在中国境内居住累计不满183天的个人，包括中国公民、个体工商户、个人独资企业、合伙企业投资者、外籍个人，以及香港、澳门、台湾同胞等。

纳税年度，是指自公历1月1日起至12月31日止。

（一）居民纳税人与非居民纳税人的判定标准

居民纳税人与非居民纳税人的判定标准见表5-3。

表5-3 居民纳税人与非居民纳税人的判定标准

纳税人类别	承担的纳税义务	判 定 标 准
居民纳税人	无限纳税义务，应就其来自中国境内和境外的所得，向中国政府履行全面纳税义务，依法缴纳个人所得税	住所标准和居住时间标准只要具备一个就为居民纳税人： （1）住所标准：是指因户籍、家庭、经济利益关系而在中国境内习惯性居住 （2）居住时间标准：在中国境内居住满183天是指一个公历的纳税年度，即公历1月1日至12月31日内，在中国居住满183天
非居民纳税人	有限纳税义务，只就其来自中国境内的所得向中国政府履行有限纳税义务，依法缴纳个人所得税	同时具备以下两个条件为非居民纳税义务人： （1）在中国无住所且不居住的个人 （2）在中国无住所或一个纳税年度内在中国境内居住累计不满183天

（二）居住时间的规定

（1）在中国境内无住所的个人，在一个纳税年度内在中国境内居住累计不超过90天的，其来源于中国境内的所得，由境外雇主支付并且不由该雇主在中国境内的机构、场所负担的部分，免予缴纳个人所得税。

（2）在中国境内无住所的个人，在中国境内居住累计满183天的年度连续不满6年的，经向主管税务机关备案，其来源于中国境外且由境外单位或者个人支付的所得，免予缴纳个人所得税；在中国境内居住累计满183天的任一年度中有一次离境超过30天的，其在中国境内居住累计满183天的年度的连续年限重新起算。

 归纳

中国境内无住所的个人居住时间与纳税义务的具体内容见表5-4。

表5-4 中国境内无住所的个人居住时间与纳税义务的具体内容

居住时间	在中国境内工作		在中国境外工作	
	境内支付	境外支付	境内支付	境外支付
$T \leqslant 90$ 天	征税	免税	不征税	不征税
90 天 $< T \leqslant 183$ 天	征税	征税	不征税	不征税
居住累计满183天的年度连续不满6年	征税	征税	征税	免税

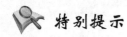 **特别提示**

对在中国境内无住所的个人,以该个人实际在华逗留天数计算。上述个人入境、离境、往返或多次往返境内外的当日,均按1天计算其在华实际逗留天数。

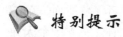 **特别提示**

对在中国境内、境外机构同时担任职务或仅在境外机构任职的境内无住所个人,计算其境内工作期间时,对其入境、离境、往返或多次往返境内外的当日,均按半天计算为在华实际工作天数。

三、税率

(一)税率设计的原则

(1)税负从轻。
(2)区别对待,分类调节。
(3)体现国家政策。

(二)适用税率

个人所得税区分不同个人所得项目,规定了超额累进税率和比例税率两种形式。

(1)综合所得(工资薪金所得、劳务报酬所得、稿酬所得、特许权使用费所得),适用3%~45%的7级超额累进税率,如表5-5所示。

表5-5 综合所得适用税率

级数	全年应纳税所得额(含税级距)	税率/%	速算扣除数
1	不超过36 000元的部分	3	0
2	超过36 000元至144 000元的部分	10	2 520
3	超过144 000元至300 000元的部分	20	16 920
4	超过300 000元至420 000元的部分	25	31 920
5	超过420 000元至660 000元的部分	30	52 920
6	超过660 000元至960 000元的部分	35	85 920
7	超过960 000元的部分	45	181 920

注:1. 本表所称全年应纳税所得额是指依照《个人所得税法》第六条的规定,居民个人取得综合所得以每一纳税年度收入额减除费用6万元以及专项扣除、专项附加扣除和依法确定的其他扣除后的余额。

2. 非居民个人取得工资、薪金所得,劳务报酬所得,稿酬所得和特许权使用费所得,依照本表按月换算后计算应纳税额。

(2)经营所得(个体工商户的生产、经营所得,对企事业单位的承包经营、承租经营所得,个人独资企业和合伙企业的生产经营所得),适用5%~35%的5级超额累进税率,如表5-6所示。

表5-6 经营所得适用税率

级数	全年应纳税所得额	税率/%
1	不超过30 000元的部分	5
2	超过30 000元至90 000元的部分	10

续表

级数	全年应纳税所得额	税率/%
3	超过 90 000 元至 300 000 元的部分	20
4	超过 300 000 元至 500 000 元的部分	30
5	超过 500 000 元的部分	35

注：本表所称全年应纳税所得额，是指依照《个人所得税法》第六条的规定，以每一纳税年度的收入总额减除成本、费用以及损失后的余额。

（3）利息、股息、红利所得，财产租赁所得，财产转让所得，偶然所得适用 20% 的比例税率。

 特别提示

对个人出租住房取得的所得，自 2008 年 3 月 1 日起，减按 10%税率征收个人所得税。

 归纳

不同个人所得项目适用税率归纳如图 5-3 所示。

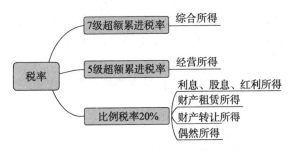

图 5-3　不同个人所得项目适用税率

第三节　应纳税所得额的确定

一、每次收入的确定

（一）劳务报酬所得

根据不同劳务的特点，分别规定如下。
（1）只有一次性收入的，以取得该项收入为一次。
（2）若一次性劳务报酬收入以分月支付方式取得，则适用同一事项连续取得收入，以一个月内取得的收入为一次。

（二）稿酬所得

就稿酬来看，以每次出版、发表取得的该项收入为一次。不论出版单位是预付还是分笔支付稿酬，或者加印该作品后再付稿酬，均应合并其稿酬所得按一次计征个人所得税。稿酬所得细分项目及收入确定如表 5-7 所示。

表 5-7　稿酬所得细分项目及收入确定

细 分 项 目	收 入 确 定
同一作品再版取得所得的	应视为另一次稿酬所得计征个人所得税
同一作品出版、发表后，因添加印数而追加稿酬的	应与以前出版、发表时取得的稿酬合并计算为一次计征个人所得税
同一作品先在报刊上连载，再出版，或者先出版，再在报刊上连载的	应视为两次稿酬所得征税，即连载作为一次，出版作为另一次
同一作品在报刊上连载取得收入的	以连载完成后取得的所有收入合并为一次计征个人所得税
同一作品在出版和发表时，以预付稿酬或分次支付稿酬等形式取得稿酬收入的	应合并为一次
同一作品在两处或两处以上出版、发表或再版而取得稿酬所得的	应分别各处取得的所得或再版所得按分次所得计征个人所得税

（三）其他项目每次收入的确定

（1）特许权使用费所得。
①每一项使用权的每次转让所取得的收入为一次。
②若该次转让取得的收入是分笔支付的，则应将各笔收入相加为一次的收入，计征个人所得税。
（2）财产租赁所得。财产租赁所得，以一个月内取得的收入为一次。
（3）利息、股息、红利所得。利息、股息、红利所得，以支付利息、股息、红利时取得的收入为一次。
（4）偶然所得。偶然所得，以每次取得该项收入为一次。

 归 纳

收入确定归纳见表 5-8。

表 5-8　收入确定归纳

应税所得	收 入 确 定
劳务报酬所得	属于一次性收入的，以取得该项收入为一次；属于同一项目连续性收入的，以一个月内取得的收入为一次
稿酬所得	
特许权使用费所得	
财产租赁所得	以一个月内取得的收入为一次
利息、股息、红利所得	以支付利息、股息、红利时取得的收入为一次
偶然所得	以每次的收入为一次

二、费用减除标准

（一）居民个人取得综合所得

以每年收入额减除费用 60 000 元以及专项扣除、专项附加扣除和依法确定的其他扣除后的余额，为应纳税所得额。

（1）专项扣除，包括居民个人按照国家规定的范围和标准缴纳的基本养老保险、基本医疗保险、失业保险等社会保险费和住房公积金等。

（2）专项附加扣除，包括子女教育、继续教育、大病医疗、住房贷款利息或者住房租金、赡养老人等支出，具体范围、标准、实施步骤由国务院确定，并报全国人民代表大会常务委员会备案。

扩展阅读 5.5：专项附加扣除具体规定

 特别提示

专项附加扣除记忆口诀：两教育+两住房+大病赡养

（3）依法确定的其他扣除，包括个人缴付符合国家规定的企业年金、职业年金，个人购买符合国家规定的商业健康保险、税收递延型商业养老保险的支出，以及国务院规定可以扣除的其他项目。

（4）专项扣除、专项附加扣除和依法确定的其他扣除，以居民个人一个纳税年度的应纳税所得额为限额；一个纳税年度扣除不完的，不结转以后年度扣除。

（二）非居民个人的工资、薪金所得

以每月收入额减除费用 5 000 元后的余额为应纳税所得额；劳务报酬所得、稿酬所得、特许权使用费所得，以每次收入额为应纳税所得额。

（三）经营所得

以每一纳税年度的收入总额减除成本、费用以及损失后的余额，为应纳税所得额。所称成本、费用，是指生产、经营活动中发生的各项直接支出和分配计入成本的间接费用以及销售费用、管理费用、财务费用；所称损失，是指生产、经营活动中发生的固定资产和存货的盘亏、毁损、报废损失，转让财产损失，坏账损失，自然灾害等不可抗力因素造成的损失以及其他损失。

取得经营所得的个人，没有综合所得的，计算其每一纳税年度的应纳税所得额时，应当减除费用 60 000 元、专项扣除、专项附加扣除以及依法确定的其他扣除。专项附加扣除在办理汇算清缴时减除。

扩展阅读 5.6：个人税收递延型商业养老保险试点区域内经营所得相关规定

个人独资企业的投资者以全部生产经营所得为应纳税所得额；合伙企业的投资者按照合伙企业的全部生产经营所得和合伙协议约定的分配比例，确定应纳税所得额，合伙协议没有约定分配比例的，以全部生产经营所得和合伙人数量平均计算每个投资者的应纳税所得额。

上述所称生产经营所得，包括企业分配给投资者个人的所得和企业当年留存的所得（利润）。

 特别提示

合伙企业投资者分配所得的顺序：合伙协议→平均计算

对个体工商户业主、个人独资企业和合伙企业自然人投资者的生产经营所得依法计征个人所得税时，个体工商户业主、个人独资企业和合伙企业是自然人投资者本人的费用扣除标准统一确定为 60 000 元/年（5 000 元/月）。

对企事业单位的承包经营、承租经营所得，以每一纳税年度的收入总额，减除必要费用后的余额，为应纳税所得额。每一纳税年度的收入总额，是指纳税义务人按照承包经营、承租经营合同规定分得的经营利润和工资、薪金性质的所得；所说的减除必要费用，是指按年减除 60 000 元。

（四）财产租赁所得

每次收入不超过 4 000 元的，减除费用 800 元；4 000 元以上的，减除 20%费用，其余额为应纳税所得额。

（五）财产转让所得

以转让财产的收入额减除财产原值和合理费用后的余额，为应纳税所得额。财产原值，是指：

（1）有价证券，为买入价以及买入时按照规定缴纳的有关费用。

（2）建筑物，为建造费或者购进价格以及其他有关费用。

（3）土地使用权，为取得土地使用权所支付的金额、开发土地的费用以及其他有关费用。

（4）机器设备、车船，为购进价格、运输费、安装费以及其他有关费用。

（5）其他财产，参照以上方法确定。

纳税义务人未提供完整、准确的财产原值凭证，不能正确计算财产原值的，由主管税务机关核定其财产原值。

合理费用，是指卖出财产时按照规定支付的有关费用。

（六）利息、股息、红利所得和偶然所得

以每次收入额为应纳税所得额。

三、其他规定

（1）劳务报酬所得、稿酬所得、特许权使用费所得，以收入减除 20%的费用后的余额为收入额。稿酬所得的收入额减按 70%计算。个人兼有不同的劳务报酬所得，应当分别减除费用，计算缴纳个人所得税。

（2）个人将其所得对教育、扶贫、济困等公益慈善事业进行捐赠，捐赠额未超过纳税人申报的应纳税所得额 30%的部分，可以从其应纳税所得额中扣除；国务院规定对公益慈善事业捐赠实行全额税前扣除的，从其规定。

扩展阅读 5.7：《财政部 税务总局关于公益慈善事业捐赠个人所得税政策的公告》（财政部 税务总局公告 2019 年第 99 号）

特别提示

个人将其所得对教育、扶贫、济困等公益慈善事业进行捐赠，是指个人将其所得通过中国境内的公益性社会组织、国家机关向教育、扶贫、济困等公益慈善事业的捐赠；应纳税所得额，是指计算扣除捐赠额之前的应纳税所得额。

（3）个人所得的形式，包括现金、实物、有价证券和其他形式的经济利益；所得为实物的，应当按照取得的凭证上所注明的价格计算应纳税所得额，无凭证的实物或者凭

证上所注明的价格明显偏低的,参照市场价格核定应纳税所得额;所得为有价证券的,根据票面价格和市场价格核定应纳税所得额;所得为其他形式的经济利益的,参照市场价格核定应纳税所得额。

(4)居民个人从中国境外取得的所得,可以从其应纳税所得额中抵免已在境外缴纳的个人所得税税额,但抵免额不得超过该纳税人境外所得依照税法规定计算的应纳税额。

(5)所得为人民币以外货币的,按照办理纳税申报或者扣缴申报的上一月最后一日人民币汇率中间价,折合成人民币计算应纳税所得额。年度终了后办理汇算清缴的,对已经按月、按季或者按次预缴税款的人民币以外货币所得,不再重新折算;对应当补缴税款的所得部分,按照上一纳税年度最后一日人民币汇率中间价,折合成人民币计算应纳税所得额。

(6)纳税期限的确定。个人所得税分项目规定了三种纳税期限:一是按年计税,如居民个人的综合所得,经营所得;二是按月计税,如非居民个人的工资、薪金所得;三是按次计税,如利息、股息、红利所得,财产租赁所得,偶然所得和非居民个人取得的劳务报酬所得、稿酬所得、特许权使用费所得等,应严格按上述规定准确确认"次"。当然,按年计税时,也应按月预交税款,年终再汇算清缴。

(7)对个人从事技术转让、提供劳务等过程中所支付的中介费,如能提供有效、合法凭证,允许从其所得中扣除。

(8)自 2000 年开始,财政部、国家税务总局陆续放宽公益救济性捐赠限额,出台了全额税前扣除的规定,个人通过非营利性社会团体和政府部门,对下列机构的捐赠准予在个人所得税税前 100%(全额)扣除:红十字事业、福利性、非营利性老年服务机构,农村义务教育,公益性青少年活动场所(其中包括新建),教育事业,宋庆龄基金会等 6 家单位,中国医药卫生事业发展基金会、中国教育发展基金会、中国老龄事业发展基金会等 8 家单位,中华快车基金会等 5 家单位以及地震灾区等。自 2017 年 7 月 12 日起,个人捐赠北京 2022 年冬奥会、冬残奥会、测试赛的资金和物资支出可在计算个人应纳税所得额时予以全额扣除。

扩展阅读 5.8:"应纳税所得额的确定-其他规定"第(8)条

 归纳

特殊可以全额扣除的项目如图 5-4 所示。

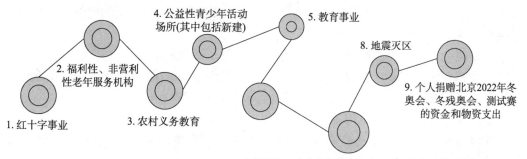

图 5-4 特殊可以全额扣除的项目

四、境外所得的税额扣除

自 2019 年 1 月 1 日起,境外所得有关个人所得税执行如下政策。

扩展阅读 5.9:《财政部税务总局关于境外所得有关个人所得税政策的公告》(财政部 税务总局公告 2020 年第 3 号)

(1)居民个人应当依照个人所得税法及其实施条例规定,按照以下方法计算当期境内和境外所得应纳税额。

①居民个人来源于中国境外的综合所得,应当与境内综合所得合并计算应纳税额。

②居民个人来源于中国境外的经营所得,应当与境内经营所得合并计算应纳税额。居民个人来源于境外的经营所得,按照个人所得税法及其实施条例的有关规定计算的亏损,不得抵减其境内或他国(地区)的应纳税所得额,但可以用来源于同一国家(地区)以后年度的经营所得按中国税法规定弥补。

③居民个人来源于中国境外的利息、股息、红利所得,财产租赁所得,财产转让所得和偶然所得(以下称其他分类所得),不与境内所得合并,应当分别单独计算应纳税额。

(2)居民个人在一个纳税年度内来源于中国境外的所得,依照所得来源国家(地区)税收法律规定在中国境外已缴纳的所得税税额允许在抵免限额内从其该纳税年度应纳税额中抵免。

居民个人来源于一国(地区)的综合所得、经营所得以及其他分类所得项目的应纳税额为其抵免限额,按照下列公式计算。

①来源于一国(地区)综合所得的抵免限额 = 中国境内和境外综合所得依照本公告第二条规定计算的综合所得应纳税额 × 来源于该国(地区)的综合所得收入额 ÷ 中国境内和境外综合所得收入额合计

②来源于一国(地区)经营所得的抵免限额 = 中国境内和境外经营所得依照本公告第二条规定计算的经营所得应纳税额 × 来源于该国(地区)的经营所得应纳税所得额 ÷ 中国境内和境外经营所得应纳税所得额合计

③来源于一国(地区)其他分类所得的抵免限额 = 该国(地区)的其他分类所得依照本公告第二条规定计算的应纳税额

④来源于一国(地区)所得的抵免限额 = 来源于该国(地区)综合所得抵免限额 + 来源于该国(地区)经营所得抵免限额 + 来源于该国(地区)其他分类所得抵免限额

(3)可抵免的境外所得税税额,是指居民个人取得境外所得,依照该所得来源国(地区)税收法律应当缴纳且实际已经缴纳的所得税性质的税额。可抵免的境外所得税额不包括以下情形。

①按照境外所得税法律属于错缴或错征的境外所得税税额。

②按照我国政府签订的避免双重征税协定以及内地与香港、澳门签订的避免双重征税安排(以下统称"税收协定")规定不应征收的境外所得税税额。

③因少缴或迟缴境外所得税而追加的利息、滞纳金或罚款。

④境外所得税纳税人或者其利害关系人从境外征税主体得到实际返还或补偿的境外所得税税款。

⑤按照我国个人所得税法及其实施条例规定,已经免税的境外所得负担的境外所得税税款。

（4）居民个人从与我国签订税收协定的国家（地区）取得的所得，按照该国（地区）税收法律享受免税或减税待遇，且该免税或减税的数额按照税收协定饶让条款规定应视同已缴税额在中国的应纳税额中抵免的，该免税或减税数额可作为居民个人实际缴纳的境外所得税税额按规定申报税收抵免。

（5）居民个人一个纳税年度内来源于一国（地区）的所得实际已经缴纳的所得税税额，低于依照本公告第三条规定计算出的来源于该国（地区）该纳税年度所得的抵免限额的，应以实际缴纳税额作为抵免额进行抵免；超过来源于该国（地区）该纳税年度所得的抵免限额的，应在限额内进行抵免，超过部分可以在以后五个纳税年度内结转抵免。

（6）居民个人从中国境外取得所得的，应当在取得所得的次年3月1日至6月30日内申报纳税。

（7）居民个人取得境外所得，应当向中国境内任职、受雇单位所在地主管税务机关办理纳税申报；在中国境内没有任职、受雇单位的，向户籍所在地或中国境内经常居住地主管税务机关办理纳税申报；户籍所在地与中国境内经常居住地不一致的，选择其中一地主管税务机关办理纳税申报；在中国境内没有户籍的，向中国境内经常居住地主管税务机关办理纳税申报。

扩展阅读5.10：应纳税所得额的确定——境外所得的税额扣除特殊规定

第四节　应纳税额的计算

一、综合所得应纳税额的计算

（一）居民个人综合所得应纳税额的计算

首先，工资、薪金所得全额计入收入额；劳务报酬所得、特许权使用费所得的收入额为实际取得劳务报酬、特许权使用费收入的80%；稿酬所得的收入额在扣除20%费用基础上，再减按70%计算，即稿酬所得的收入额为实际取得稿酬收入的56%。

其次，居民个人的综合所得，以每一纳税年度的收入额减除费用60 000元以及专项扣除、专项附加扣除和依法确定的其他扣除后的余额，为应纳税所得额。

居民个人综合所得应纳税额的计算公式为

应纳税额＝全年应纳税所得额×适用税率－速算扣除数
　　　　＝（全年收入额－60 000元－社保、住房公积金费用
　　　　　－享受的专项附加扣除－享受的其他扣除）×适用税率－速算扣除数

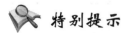 特别提示

收入额≠收入。劳务报酬所得、稿酬所得、特许权使用费所得以收入减除20%的费用后的余额为收入额。稿酬所得的收入额减按70%计算。

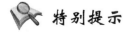 特别提示

纳税人未取得工资、薪金所得，仅取得劳务报酬所得、稿酬所得、特许权使用费所得的，取得所得时不得扣除任一专项附加扣除费用，应在次年办理汇算清缴申报时享受

扣除。

（二）非居民个人综合所得应纳税额的计算

同居民个人取得的劳务报酬所得、稿酬所得和特许权使用费所得一样，非居民个人取得的这些项目的所得适用劳务报酬所得、稿酬所得、特许权使用费所得以收入减除20%的费用后的余额为收入额，稿酬所得的收入额减按70%计算的规定。

非居民个人的工资、薪金所得，以每月收入额减除费用5 000元后的余额为应纳税所得额；劳务报酬所得、稿酬所得、特许权使用费所得，以每次收入额为应纳税所得额。

非居民个人从我国境内取得工资、薪金所得，劳务报酬所得，稿酬所得和特许权使用费所得，依照表5-5按月换算后计算应纳税额（表5-9）。

表5-9　非居民个人工资、薪金所得，劳务报酬所得，稿酬所得和特许权使用费所得适用税率表

级数	全月应纳税所得额	税率/%	速算扣除数
1	不超过3 000元的部分	3	0
2	超过3 000元至12 000元的部分	10	210
3	超过12 000元至25 000元的部分	20	1 410
4	超过25 000元至35 000元的部分	25	2 660
5	超过35 000元至55 000元的部分	30	4 410
6	超过55 000元至80 000元的部分	35	7 160
7	超过80 000元的部分	45	15 160

二、经营所得应纳税额的计算

经营所得应纳税额的计算公式为

应纳税额 = 应纳税所得额 × 适用税率 − 速算扣除数
　　　　= （全年收入总额 − 成本、费用以及损失）× 适用税率 − 速算扣除数

经营所得个人所得税税率见表5-10。

表5-10　经营所得个人所得税税率（含速算扣除数）

级数	全年应纳税所得额	税率/%	速算扣除数
1	不超过30 000元的部分	5	0
2	超过30 000元至90 000元的部分	10	1 500
3	超过90 000元至300 000元的部分	20	10 500
4	超过300 000元至500 000元的部分	30	40 500
5	超过500 000元的部分	35	65 500

（一）个体工商户应纳税额的计算

个体工商户应纳税所得额的计算以权责发生制为原则，但财政部、国家税务总局另有规定的除外。

1. 计税基本规定

（1）应纳税所得额和应纳税额的计算公式如下：

应纳税所得额 = 收入总额 − 成本 − 费用 − 税金 − 损失 − 其他支出 − 允许弥补的以前年度亏损

应纳税额＝应纳税所得额×适用税率－速算扣除数

（2）个体工商户的下列支出不得扣除：

①个人所得税税款；

②税收滞纳金；

③罚金、罚款和被没收财物的损失；

④不符合扣除规定的捐赠支出；

⑤赞助支出，指个体工商户发生的与生产经营活动无关的各种非广告性质支出；

⑥用于个人和家庭的支出；

⑦与取得生产经营收入无关的其他支出；

⑧国家税务总局规定不准扣除的支出。

扩展阅读 5.11：个体工商户应纳税所得额计算公式中各组成要素的含义解释

（3）个体工商户的生产经营活动中，应当分别核算生产经营费用和个人、家庭费用。对于生产经营与个人、家庭生活混用难以分清的费用，其40%视为与生产经营有关费用，准予扣除。

（4）个体工商户纳税年度发生的亏损，准予向以后年度结转，用以后年度的生产、经营所得弥补，但结转年限最长不得超过5年。

（5）个体工商户使用或者销售存货，按照规定计算的存货成本，准予在计算应纳税所得额时扣除。

（6）个体工商户转让资产，该项资产的净值，准予在计算应纳税所得额时扣除。

（7）上述所称亏损，是指个体工商户依照规定计算的应纳税所得额小于零的数额。

（8）个体工商户与企业联营而分得的利润，按利息、股息、红利所得项目征收个人所得税。

（9）个体工商户和从事生产、经营的个人，取得与生产、经营活动无关的各项应税所得，应按规定分别计算征收个人所得税。

2. 扣除项目及标准

（1）个体工商户实际支付给从业人员的合理的工资、薪金支出，准予扣除。个体工商户业主的费用扣除标准（5 000元/人/月）可扣除，个体工商户业主的工资、薪金支出不得税前扣除。

（2）个体工商户按照国务院有关主管部门或者省级人民政府规定的范围和标准为其业主和从业人员缴纳的基本养老保险费、基本医疗保险费、失业保险费、生育保险费、工伤保险费和住房公积金，准予扣除。

个体工商户缴纳的补充养老保险费、补充医疗保险费扣除标准见表 5-11。

表 5-11　个体工商户缴纳的补充养老保险费、补充医疗保险费扣除标准

缴 纳 人 员	扣 除 标 准
为从业人员缴纳	分别在不超过从业人员工资总额5%标准内的部分据实扣除；超过部分，不得扣除
为个体工商户业主本人缴纳	以当地（地级市）上年度社会平均工资的3倍为计算基数，分别在不超过该计算基数5%标准内的部分据实扣除；超过部分，不得扣除

（3）除个体工商户依照国家有关规定为特殊工种从业人员支付的人身安全保险费和财政部、国家税务总局规定可以扣除的其他商业保险费，个体工商户业主本人或者为从

业人员支付的商业保险费，不得扣除。

（4）个体工商户向当地工会组织拨缴的工会经费、实际发生的职工福利费支出、职工教育经费支出分别在工资、薪金总额的 2%、14%、2.5%的标准内据实扣除。工资、薪金总额是指允许在当期税前扣除的工资、薪金支出数额。职工教育经费的实际发生数额超出规定比例当期不能扣除的数额，准予在以后纳税年度结转扣除。个体工商户业主本人向当地工会组织缴纳的工会经费、实际发生的职工福利费支出、职工教育经费支出，以当地（地级市）上年度社会平均工资的 3 倍为计算基数，在上述规定比例内据实扣除。

（5）个体工商户发生的与生产经营活动有关的业务招待费，按照实际发生额的 60%扣除，但最高不得超过当年销售（营业）收入的 5‰。业主自申请营业执照之日起至开始生产经营之日止所发生的业务招待费，按照实际发生额的 60%计入个体工商户的开办费。

（6）个体工商户每一纳税年度发生的与其生产经营活动直接相关的广告费和业务宣传费不超过当年销售（营业）收入 15%的部分，可以据实扣除；超过部分，准予在以后纳税年度结转扣除。

（7）个体工商户按照规定缴纳的摊位费、行政性收费、协会会费等，按实际发生数额扣除。

（8）个体工商户根据生产经营活动的需要租入固定资产支付的租赁费，按照以下方法扣除：以经营租赁方式租入固定资产发生的租赁费支出，按照租赁期限均匀扣除；以融资租赁方式租入固定资产发生的租赁费支出，按照规定构成融资租入固定资产价值的部分应当提取折旧费用，分期扣除。

（9）个体工商户参加财产保险，按照规定缴纳的保险费，准予扣除。

（10）个体工商户自申请营业执照之日起至开始生产经营之日止所发生符合规定的费用，除为取得固定资产、无形资产的支出，以及应计入资产价值的汇兑损益、利息支出，作为开办费，个体工商户可以选择在开始生产经营的当年一次性扣除，也可自生产经营月份起在不短于 3 年期限内摊销扣除，但一经选定，不得改变。开始生产经营之日为个体工商户取得第一笔销售（营业）收入的日期。

（11）个体工商户研究开发新产品、新技术、新工艺所发生的开发费用，以及为研究开发新产品、新技术而购置单台价值在 10 万元以下的测试仪器和试验性装置的购置费准予直接扣除；单台价值在 10 万元以上（含 10 万元）的测试仪器和试验性装置，按固定资产管理，不得在当期直接扣除。

扩展阅读 5.12：个体工商户应纳税额的计算：扣除项目及标准的特殊规定

归纳

应付职工薪酬等相关费用的扣除见表 5-12。

表 5-12　应付职工薪酬等相关费用的扣除

项　　目	从业人员	业　　主
工资、薪金支出	实际支付可以据实扣除	不得税前扣除，按 5 000 元/月标准扣除
五险一金	按规定的范围和标准缴纳的可以扣除	

续表

项　目	从业人员	业　主
补充养老保险费和补充医疗保险费	分别在不超过从业人员工资总额5%标准内的部分据实扣除；超过部分，不得扣除	以当地（地级市）上年度社会平均工资的3倍为计算基数，分别在不超过该计算基数5%标准内的部分据实扣除；超过部分，不得扣除
商业保险	除了按规定为特殊工种从业人员支付的人身安全保险费和按规定可以扣除的其他商业保险费，业主本人或为从业人员支付的商业保险费不得扣除	
工会经费、职工福利费和职工教育经费支出	分别在工资、薪金总额的2%、14%和2.5%的标准内据实扣除	以当地（地级市）上年度社会平均工资的3倍为计算基数，在规定比例内据实扣除

（二）个人独资企业和合伙企业应纳税额的计算

根据国务院的决定，自2000年1月1日起，个人独资企业和合伙企业不再缴纳企业所得税，只对投资者个人取得的生产、经营所得征收个人所得税。

根据国发〔2000〕16号、财税字〔1994〕20号和财税〔2004〕30号等有关规定，对个人独资企业和合伙企业投资者取得的种植业、养殖业、饲养业、捕捞业所得暂不征收个人所得税。

对个人独资企业和合伙企业生产经营所得，其个人所得税应纳税额的计算有以下两种方法。

第一种：查账征收。

第二种：核定征收。

无论是查账征收还是核定征税的个人独资企业和合伙企业，税法规定：

扩展阅读5.13：查账征收的具体规定

扩展阅读5.14：核定征收的具体规定

个人独资企业和合伙企业对外投资分回的利息或者股息、红利，不并入企业的收入，而应单独作为投资者个人取得的利息、股息、红利所得，按"利息、股息、红利所得"应税项目计算缴纳个人所得税。以合伙企业名义对外投资分回利息或者股息、红利的，应按个人独资企业的投资者以全部生产经营所得为应纳税所得额。

合伙企业的投资者按照合伙企业的全部生产经营所得和合伙协议约定的分配比例确定应纳税所得额，合伙协议没有约定分配比例的，以全部生产经营所得和合伙人数量平均计算每个投资者的应纳税所得额，确定各个投资者的利息、股息、红利所得，分别按"利息，股息、红利所得"应税项目计算缴纳个人所得税。

（三）个人对企业、事业单位承包经营、承租经营以及转包、转租取得的所得应纳税额的计算

对企事业单位承包经营、承租经营所得，以每一纳税年度的收入总额减除必要费用后的余额为计税依据。其中，收入总额是指纳税人按照承包经营、承租经营合同规定分得的经营利润和工资、薪金性质的所得。个人的承包、承租经营所得，既有工资、薪金性质，又含生产、经营性质，但考虑到个人按承包、承租经营合同规定分到的是经营利润，涉及的生产、经营成本费用已经扣除，所以，税法规定，"减除必要费用"是指按月减除5 000元，实际减除的是相当于个人的生计及其他费用。

$$应纳税所得额 = 个人承包经营、承租经营收入总额 - 每月费用扣除标准 \times 实际承包或承租月数$$

$$应纳税额 = 应纳税所得额 \times 适用税率 - 速算扣除数$$

实行承包经营、承租经营的纳税人应以每一纳税年度的承包经营、承租经营所得计算纳税。纳税人在一个年度内分次取得承包经营、承租经营所得的，应在每次取得承包经营、承租经营所得后预缴税款，年终汇算清缴，多退少补。

如果纳税人的承包期、承租期在一个纳税年度内经营不足 12 个月，应以其实际承包经营、承租经营的期限为一个纳税年度计算纳税。

三、利息、股息、红利所得的计税方法

（一）应纳税额的确定

利息、股息、红利所得应纳税额的计算公式为

$$应纳税额 = 应纳税所得额 \times 适用税率 = 每次收入额 \times 20\%$$

利息、股息、红利所得以个人每次取得的收入额为计税依据，不得从收入额中扣除任何费用。其中，每次收入是指支付单位或个人每次支付利息、股息、红利时，个人所取得的收入。

对于股份制企业在分配股息、红利时，以股票形式向股东个人支付应得的股息、红利（即派发红股）的，应以派发红股的股票票面金额为收入额，征收个人所得税。

（二）实施上市公司股息、红利差别化个人所得税政策

（1）个人从公开发行或转让市场取得的上市公司股票，持股期限在 1 个月以内（含）的，其股息、红利所得全额计入计税依据；持股期限在 1 个月以上至 1 年（含）的，暂减按 50%计入应纳税所得额；持股期限超过 1 年的，股息、红利所得暂免征收个人所得税。上市公司是指在上海证券交易所、深圳证券交易所挂牌交易的上市公司。

（2）对个人持股 1 年以内（含 1 年）的，上市公司暂不扣缴个人所得税；待个人转让股票时，证券登记结算公司根据其持股期限计算应纳税额。

（3）个人转让股票时按照先进先出的原则计算持股期限，其证券账户中先取得的股票视为先转让。

（4）对个人持有的上市公司限售股，解禁后取得的股息、红利，按照财税〔2012〕85 号规定计算纳税，持股时间自解禁日起计算；解禁前取得的股息、红利继续暂减按 50%计入计税依据，适用 20%的税率计征个人所得税。

（5）证券投资基金从上市公司取得的股息、红利所得，按照财税〔2012〕85 号规定计征个人所得税。

（三）个人转让全国中小企业股份转让系统挂牌公司股票有关个人所得税征税规定

扩展阅读 5.15："中小企业股份转让系统挂牌公司股息红利征税规定"补充知识

个人持有全国中小企业股份转让系统（以下简称"全国股份转让系统"）挂牌公司的股票，持股期限在 1 个月以内（含）的，其股息红利所得全额计入应纳税所得额；持股期限在 1 个月以上至 1 年（含）的，暂减按 50%计入

应纳税所得额;持股期限超过 1 年的,暂减按 25%计入应纳税所得额。上述所得统一适用 20%的税率计征个人所得税。

扩展阅读 5.16:(四)沪港股票市场交易互联互通机制、深港股票市场交易互联互通机制试点涉及的有关税收政策规定及相关习题

特别提示

对个人投资者持有 2016—2018 年发行的铁路债券取得的利息收入,减按 50%计入应纳税所得额计算征收个人所得税。税款由兑付机构在向个人投资者兑付利息时代扣代缴。

铁路债券是指以中国铁路总公司为发行主体和偿还主体的债券,包括中国铁路建设债券、中期票据、短期融资券等债务融资工具。

特别提示

国债、地方政府债券利息和国家发行的金融债券利息免征个人所得税。

特别提示

个人从上市公司取得的股息、红利,个人持有全国中小企业股份转让系统挂牌公司股票分得的股息、红利按表 5-13 确定应纳税所得额。

表 5-13 股息、红利应纳税所得额的确定

类 型	应纳税所得额的确定
持股期限≤1 个月	股息、红利所得全额计入应纳税所得额
1 个月<持股期限≤1 年	暂减按 50%计入应纳税所得额
持股期限>1 年	暂免征收个人所得税

四、财产租赁所得应纳税额的计算

(一)应纳税所得额

财产租赁所得一般以个人每次取得的收入,定额或定率减除规定费用后的余额为应纳税所得额。每次收入不超过 4 000 元,定额减除费用 800 元;每次收入在 4 000 元以上的,定额减除 20%的费用。财产租赁所得以 1 个月内取得的收入为一次。

在确定财产租赁的应纳税所得额时,纳税人在出租财产过程中缴纳的税金和教育费附加,可持完税(缴款)凭证,从其财产租赁收入中扣除。准予扣除的项目除了规定费用和有关税、费外,还准予扣除能够提供有效、准确凭证,证明由纳税人负担的该出租财产实际开支的修缮费用。允许扣除的修缮费用,以每次 800 元为限。一次扣除不完的,准予在下一次继续扣除,直到扣完为止。

个人出租财产取得的财产租赁收入,在计算缴纳个人所得税时,应依次扣除以下费用。
(1)财产租赁过程中缴纳的税费。
(2)向出租方支付租金。
(3)由纳税人负担的该出租财产实际开支的修缮费用。
(4)税法规定的费用扣除标准。

财产租赁所得应纳税额的计算公式如下。

第一，每次（月）收入不超过 4 000 元：

应纳税额＝（每次收入－准予扣除项目－修缮费用－800）×20%

第二，每次收入在 4 000 元以上：

应纳税额＝（每次收入－准予扣除项目－修缮费用－800）×（1－20%）×20%

（二）个人房屋转租应纳税所得额的计算

个人将承租房屋转租取得的租金收入，属于个人所得税应税所得，应按"财产租赁所得"项目计算缴纳个人所得税。具体规定如下。

（1）取得转租收入的个人向房屋出租方支付的租金，凭房屋租赁合同和合法支付凭据允许从该项转租收入中税前扣除。

（2）有关财产租赁所得个人所得税前扣除税费的扣除次序如下。

①财产租赁过程中缴纳的税费。

②向出租方支付的租金。

③由纳税人负担的租赁财产实际开支的修缮费用。

④税法规定的费用扣除标准。

（三）应纳税额的计算方法

财产租赁所得适用 20% 的比例税率。但对个人按市场价格出租的居民住房取得的所得，自 2001 年 1 月 1 日起暂减按 10% 的税率征收个人所得税。应纳税额的计算公式为

应纳税额＝应纳税所得额×适用税率

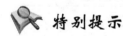

特别提示

自 2016 年 5 月 1 日起，个人出租房屋的个人所得税应税收入不含增值税，计算房屋出租所得可扣除的税费不包括本次出租缴纳的增值税。个人转租房屋的，其向房屋出租方支付的租金及增值税税额，在计算转租所得时予以扣除。

五、财产转让所得应纳税额的计算

（一）一般情况下财产转让所得应纳税额的计算

财产转让所得应纳税额的计算公式如下：

应纳税额＝（收入总额－财产原值－合理税费）×20%

（二）个人住房转让所得应纳税额的计算

自 2006 年 8 月 1 日起，个人转让住房所得应纳个人所得税的计算具体规定如下。

（1）以实际成交价格为转让收入。纳税人申报的住房成交价格明显低于市场价格且无正当理由的，征收机关依法有权根据有关信息核定其转让收入，但必须保证各税种计算价格一致。

（2）纳税人可凭原购房合同、发票等有效凭证，经税务机关审核后，允许从其转让收入中减除房屋原值、转让住房过程中缴纳的税金及有关合理费用。

（3）纳税人未提供完整、准确的房屋原值凭证，不能正确计算房屋原值和应纳税额

的，税务机关可根据《税收征收管理法》第三十五条的规定，对其实行核定征收，即按纳税人住房转让收入的一定比例核定应纳个人所得税税额。

（4）关于个人转让离婚析产房屋的征税问题。

①通过离婚析产的方式分割房屋产权是夫妻双方对共同共有财产的处置，个人因离婚办理房屋产权过户手续，不征收个人所得税。

②个人转让离婚析产房屋所取得的收入，允许扣除其相应的财产原值和合理费用后，余额按照规定的税率缴纳个人所得税；其相应的财产原值，为房屋初次购置全部原值和相关税费之和乘以转让者占房屋所有权的比例。

③个人转让离婚析产房屋所取得的收入，符合家庭生活自用5年以上唯一住房的，可以申请免征个人所得税。

（三）个人转让股权应纳税额的计算

为加强股权转让所得个人所得税征收管理，规范税务机关、纳税人和扣缴义务人征纳行为，维护纳税人合法权益，自2015年1月1日起，按照国家税务总局发布的《股权转让所得个人所得税管理办法（试行）》计算个人转让股权应纳税额。

1. 基本概念

股权是指自然人股东（以下简称"个人"）投资于在中国境内成立的企业或组织（以下统称"被投资企业"，不包括个人独资企业和合伙企业）的股权或股份。

股权转让是指个人将股权转让给其他个人或法人的行为，包括以下情形。

（1）出售股权。

（2）公司回购股权。

（3）发行人首次公开发行新股时，被投资企业股东将其持有的股份以公开发行方式一并向投资者发售。

（4）股权被司法或行政机关强制过户。

（5）以股权对外投资或进行其他非货币性交易。

（6）以股权抵偿债务。

（7）其他股权转移行为。

个人转让股权，以股权转让收入减除股权原值和合理费用后的余额为应纳税所得额，按"财产转让所得"缴纳个人所得税。合理费用是指股权转让时按照规定支付的有关税费。

个人股权转让所得个人所得税，以股权转让方为纳税人，以受让方为扣缴义务人。

扣缴义务人应于股权转让相关协议签订后5个工作日内，将股权转让的有关情况报告主管税务机关。

被投资企业应当详细记录股东持有本企业股权的相关成本，如实向税务机关提供与股权转让有关的信息，协助税务机关依法执行公务。

2. 股权转让收入的确认

股权转让收入，是指转让方因股权转让而获得的现金、实物、有价证券和其他形式的经济利益。

转让方取得与股权转让相关的各种款项，包括违约金、补偿金以及其他名目的款项、资产、权益等，均应当并入股权转让收入。

纳税人按照合同约定，在满足约定条件后取得的后续收入，应当作为股权转让收入。股权转让收入应当按照公平交易原则确定。

符合下列情形之一的，主管税务机关可以核定股权转让收入。

（1）申报的股权转让收入明显偏低且无正当理由的。

（2）未按照规定期限办理纳税申报，经税务机关责令限期申报，逾期仍不申报的。

（3）转让方无法提供或拒不提供股权转让收入的有关资料。

（4）其他应核定股权转让收入的情形。

主管税务机关应依次按照下列方法核定股权转让收入。

（1）净资产核定法。股权转让收入按照每股净资产或股权对应的净资产份额核定。

被投资企业的土地使用权、房屋、房地产企业未销售房产、知识产权、探矿权、采矿权、股权等资产占企业总资产比例超过20%的，主管税务机关可参照纳税人提供的具有法定资质的中介机构出具的资产评估报告核定股权转让收入。

6个月内再次发生股权转让且被投资企业净资产未发生重大变化的，主管税务机关可参照上一次股权转让时被投资企业的资产评估报告核定此次股权转让收入。

（2）类比法。

①参照相同或类似条件下同一企业同一股东或其他股东股权转让收入核定。

②参照相同或类似条件下同类行业企业股权转让收入核定。

（3）其他合理方法。主管税务机关采用以上方法核定股权转让收入存在困难的，可以采取其他合理方法核定。

3. 股权原值的确认

个人转让股权的原值依照以下方法确认。

（1）以现金出资方式取得的股权，按照实际支付的价款与取得股权直接相关的合理税费之和确认股权原值。

（2）以非货币性资产出资方式取得的股权，按照税务机关认可或核定的投资入股时非货币性资产价格与取得股权直接相关的合理税费之和确认股权原值。

（3）通过无偿让渡方式取得股权，具备"继承或将股权转让给其能提供具有法律效力身份关系证明的配偶、父母、子女、祖父母、外祖父母、孙子女、外孙子女、兄弟姐妹以及对转让人承担直接抚养或者赡养义务的抚养人或者赡养人"情形的，按取得股权发生的合理税费与原持有人的股权原值之和确认股权原值。

（4）被投资企业以资本公积、盈余公积、未分配利润转增股本，个人股东已依法缴纳个人所得税的，以转增额和相关税费之和确认其新转增股本的股权原值。

（5）除以上情形外，由主管税务机关按照避免重复征收个人所得税的原则合理确认股权原值。

股权转让人已被主管税务机关核定股权转让收入并依法征收个人所得税的，该股权受让人的股权原值以取得股权时发生的合理税费与股权转让人被主管税务机关核定的股权转让收入之和确认。

个人转让股权未提供完整、准确的股权原值凭证，不能正确计算股权原值的，由主管税务机关核定其股权原值。

对个人多次取得同一被投资企业股权的,转让部分股权时,采用"加权平均法"确定其股权原值。

(四)个人转让债券类债权时原值的确定

转让债券类债权,采用"加权平均法"确定其应予减除的财产原值和合理费用。即以纳税人购进的同一种类债券买入价和买进过程中缴纳的税费总和,除以纳税人购进的该种类债券数量之和,乘以纳税人卖出的该种类债券数量,再加上卖出的该种类债券过程中缴纳的税费。用公式表示为

一次卖出某一种类债券允许扣除的买入价和费用
=纳税人购进的该种类债券买入价和买进过程中交纳的税费总和
×[(一次卖出的该种类债券的数量)+(卖出该种类债券过程中缴纳的税费)]
÷纳税人购进的该种类债券总数量

六、偶然所得的计税方法

偶然所得以个人每次取得的收入额为计税依据,不扣除任何费用。除非有特殊规定,每次收入额就是应纳税所得额,以每次取得该项收入为一次。

偶然所得应纳税额的计算公式如下:

应纳税额 = 应纳税所得额 × 适用税率 = 每次收入额 × 20%

第五节 减免税优惠

一、免税项目

根据《个人所得税法》,对下列各项个人所得,免征个人所得税。

(1)省级人民政府、国务院部委和中国人民解放军军以上单位,以及外国组织、国际组织颁发的科学、教育、技术、文化、卫生、体育、环境保护等方面的奖金。

(2)国债和国家发行的金融债券利息。

(3)按照国家统一规定发给的补贴、津贴。

(4)福利费、抚恤金、救济金。

(5)保险赔款。

(6)军人的转业安置费、复员费、退役金。

(7)按照国家统一规定发给干部、职工的安家费、退职费、基本养老金或退休费、离休费、离休生活补助费。其中,退职费是指符合《国务院关于工人退休、退职的暂行办法》规定的退职条件,并按该办法规定的退职费标准所领取的退职费。

离退休人员除了按规定领取离退休工资或养老金,另从原任职单位取得的各类补贴、奖金、实物,不属于免税的退休工资、离休工资、离休生活补助费,应按工资、薪金所得项目的规定缴纳个人所得税。

(8)依照我国有关法律规定应予免税的各国驻华使馆、领事馆的外交代表、领事官员和其他人员的所得。

(9)中国政府参加的国际公约、签订的协议中规定免税的所得。

扩展阅读 5.17：减免税优惠——免税项目的特殊规定

（10）受北京冬奥组委邀请，在北京 2022 年冬奥会、冬残奥会、测试赛期间临时来华，从事奥运相关工作的外籍顾问以及裁判员等外籍技术官员取得的由北京冬奥组委、测试赛赛事组委会支付的劳务报酬。

（11）参赛运动员因北京 2022 年冬奥会、冬残奥会、测试赛比赛获得的奖金和其他奖赏收入。

（12）国务院规定的其他免税所得。

二、减税项目

（1）残疾、孤老人员和烈属的所得。

（2）因严重自然灾害造成重大损失的。

（3）自主就业退役士兵从事个体经营的。

（4）持《就业创业证》或《就业失业登记证》的人员从事个体经营的。

（5）其他经国务院财政部门批准减税的。

上述减税项目的减征幅度和期限，由省、自治区、直辖市人民政府规定，并报同级人民代表大会常务委员会备案。

对残疾人个人取得的劳动所得适用减税规定，具体项目为：工资、薪金所得，个体工商户的生产、经营所得，对企事业单位的承包经营、承租经营所得，劳务报酬所得，稿酬所得和特许权使用费所得。

三、暂免征税项目

对下列所得暂免征收个人所得税。

（1）外籍个人以非现金形式或实报实销形式取得的住房补贴、伙食补贴、搬迁费、洗衣费，免征个人所得税。

（2）外籍个人按合理标准取得的境内、境外出差补贴，免征个人所得税。

（3）外籍个人取得的探亲费、语言训练费、子女教育费等，经当地税务机关审核批准为合理的部分，免征个人所得税。

🔍 特别提示

关于外籍个人有关津补贴的政策如下。

（1）2019 年 1 月 1 日至 2021 年 12 月 31 日期间，外籍个人符合居民个人条件的，可以选择享受个人所得税专项附加扣除，也可以选择享受住房补贴、语言训练费、子女教育费等津补贴免税优惠政策，但不得同时享受。外籍个人一经选择，在一个纳税年度内不得变更。

（2）自 2022 年 1 月 1 日起，外籍个人不再享受住房补贴、语言训练费、子女教育费津补贴免税优惠政策，应按规定享受专项附加扣除。

（4）外籍个人从外商投资企业取得的股息、红利所得，免征个人所得税。

（5）符合下列条件之一的外籍专家取得的工资、薪金所得，可免征个人所得税。

①根据世界银行专项贷款协议，由世界银行直接派往我国工作的外国专家。

②联合国组织直接派往我国工作的专家。
③为联合国援助项目来华工作的专家。
④援助国派往我国专为该国援助项目工作的专家。
⑤根据两国政府签订的文化交流项目来华工作 2 年以内的文教专家,其工资、薪金所得由该国负担的。
⑥根据我国大专院校校际交流项目来华工作 2 年以内的文教专家,其工资、薪金所得由该国负担的。
⑦通过民间科研协定来华工作的专家,其工资、薪金所得由该国政府机构负担的。
(6)个人举报、协查各种违法、犯罪行为而获得的奖金,免征个人所得税。
(7)个人办理代扣代缴手续,按规定取得的扣缴手续费,免征个人所得税。
(8)个人转让自用 5 年以上,并且是唯一的家庭生活用房取得的所得,免征个人所得税。
(9)对个人购买体育彩票,一次中奖收入在 1 万元以下的(含 1 万元)暂免征收个人所得税;超过 1 万元的,全额征收个人所得税。
(10)达到离休、退休年龄,但确因工作需要,适当延长离休、退休年龄的高级专家(指接受国家发放的政府特殊津贴的专家、学者),其在延长离休、退休期间的工资、薪金所得,视同离休、退休工资,免征个人所得税。
(11)符合条件的社会保险费(金)和住房公积金,免征个人所得税。
①城镇企事业单位及其职工个人按照《失业保险条例》规定的比例,实际缴付的失业保险费均不计入职工个人当期的工资、薪金所得,免征个人所得税。
②企业和个人按照国家或地方政府规定的比例,提取并向指定金融机构实际缴付的住房公积金、医疗保险金、基本养老保险金,免征个人所得税。
(12)个人领取原提存的住房公积金、医疗保险金、基本养老保险金,以及符合《失业保险条例》规定的失业人员领取的失业保险金,免征个人所得税。

扩展阅读 5.18:减免税优惠:暂免征税项目的特殊规定

(13)按照国家或省级地方政府规定的比例缴付的住房公积金、医疗保险金、基本养老保险金、失业保险金存入银行个人账户所取得的利息所得,免征个人所得税。
(14)生育妇女按照县级以上人民政府根据国家有关规定制定的生育保险办法,取得的生育津贴、生育医疗费或其他属于生育保险性质的津贴、补贴,免征个人所得税。

第六节 申报和缴纳

个人所得税的纳税办法,全国通用实行的有自行申报纳税和全员全额扣缴申报纳税两种。

一、自行申报纳税

(一)纳税人依法办理纳税申报的范围

有下列情形之一的,纳税人应当依法办理纳税申报。

（1）取得综合所得需要办理汇算清缴。
（2）取得应税所得没有扣缴义务人。
（3）取得应税所得，扣缴义务人未扣缴税款。
（4）取得境外所得。
（5）因移居境外注销中国户籍。
（6）非居民个人在中国境内从两处以上取得工资、薪金所得。
（7）国务院规定的其他情形。

（二）取得综合所得需要办理汇算清缴的纳税申报

1. 2019年度汇算的内容

依据税法规定，2019年度终了后，居民个人（以下称"纳税人"）需要汇总2019年1月1日至12月31日取得的工资薪金、劳务报酬、稿酬、特许权使用费四项所得（以下称"综合所得"）的收入额，减除费用6万元以及专项扣除、专项附加扣除、依法确定的其他扣除和符合条件的公益慈善事业捐赠（以下简称"捐赠"）后，适用综合所得个人所得税税率并减去速算扣除数，计算本年度最终应纳税额，再减去2019年度已预缴税额，得出本年度应退或应补税额，向税务机关申报并办理退税或补税。具体计算公式如下：

2019年度汇算应退或应补税额 = [(综合所得收入额－60 000元－"三险一金"等专项扣除－子女教育等专项附加扣除－依法确定的其他扣除－捐赠)×适用税率－速算扣除数]－2019年已预缴税额

依据税法规定，2019年度汇算仅计算并结清本年度综合所得的应退或应补税款，不涉及以前或往后年度，也不涉及财产租赁等分类所得，以及纳税人按规定选择不并入综合所得计算纳税的全年一次性奖金等所得。

2. 无须办理年度汇算的纳税人

符合下列情形之一的，无须办理年度汇算。
（1）纳税人年度汇算需补税但年度综合所得收入不超过12万元的。
（2）纳税人年度汇算需补税金额不超过400元的。
（3）纳税人已预缴税额与年度应纳税额一致或者不申请年度汇算退税的。

> **特别提示**
>
> 无须办理年度汇算的情形：综合所得收入不超过12万元/补税不超过400元/一致或不申请退税。

3. 需要办理年度汇算的纳税人

符合下列情形之一的，纳税人需要办理年度汇算。
（1）2019年度已预缴税额大于年度应纳税额且申请退税的。包括2019年度综合所得收入额不超过6万元但已预缴个人所得税；年度中间劳务报酬、稿酬、特许权使用费适用的预扣率高于综合所得年适用税率；预缴税款时，未申报扣除或未足额扣除减除费用、专项扣除、专项附加扣除、依法确定的其他扣除或捐赠，以及未申报享受或未足额享受综合所得税收优惠等情形。

（2）2019年度综合所得收入超过12万元且需要补税金额超过400元的。包括取得两处及以上综合所得，合并后适用税率提高导致已预缴税额小于年度应纳税额等情形。

 特别提示

需要办理年度汇算的情形：排除"无须办理"的情形。

4. 可享受的税前扣除

下列未申报扣除或未足额扣除的税前扣除项目，纳税人可在年度汇算期间办理扣除或补充扣除。

（1）纳税人及其配偶、未成年子女在2019年度发生的，符合条件的大病医疗支出。

（2）纳税人在2019年度未申报享受或未足额享受的子女教育、继续教育、住房贷款利息或住房租金、赡养老人专项附加扣除，以及减除费用、专项扣除、依法确定的其他扣除。

（3）纳税人在2019年度发生的符合条件的捐赠支出。

 特别提示

年度汇算扣除情形：大病医疗＋未申报扣或未足额扣的其他专项附加扣除＋捐赠支出。

5. 办理时间

纳税人办理2019年度汇算的时间为2020年3月1日至6月30日。在中国境内无住所的纳税人在2020年3月1日前离境的，可以在离境前办理年度汇算。

扩展阅读5.19："扣缴义务人代办纳税申报"补充知识

6. 办理方式

纳税人可自主选择下列办理方式。

（1）自行办理年度汇算。

（2）通过取得工资薪金或连续性取得劳务报酬所得的扣缴义务人代为办理。

（3）委托涉税专业服务机构或其他单位及个人（以下简称"受托人"）办理，受托人需与纳税人签订授权书。

扩展阅读5.20："委托涉税专业服务机构或受托人纳税申报"补充知识

7. 办理渠道

纳税人可优先通过网上税务局（包括手机个人所得税App）办理年度汇算，税务机关将按规定为纳税人提供申报表预填服务；不方便通过上述方式办理的，也可以通过邮寄方式或到办税服务厅办理。选择邮寄申报的，纳税人需将申报表寄送至任职受雇单位（没有任职受雇单位的，为户籍或者经常居住地）所在省、自治区、直辖市、计划单列市税务局公告指定的税务机关。

扩展阅读5.21：申报和缴纳：取得综合所得需要办理汇算清缴的纳税申报的补充规定

（三）取得经营所得的纳税申报

纳税人取得经营所得，按年计算个人所得税，由纳税人在月度或季度终了后15日内，向经营管理所在地主管税务机关办理预缴纳税申报，并报送《个人所得税经营所得纳税申报表（A表）》。在取得所得的次年3月31日前，向经营管理所在地主管税务机关办理汇算清缴，并报送《个人所得税经营所得纳税申报表（B表）》；从两处以上取得经营所得的，选择向其中一处经营管理所在地主管税务机关办理年度汇总申报，并报送《个人所得税经营所得纳税申报表（C表）》。

（四）申报纳税方式

纳税人可以采用远程办税端、邮寄等方式申报，也可以直接到主管税务机关申报。

二、全员全额扣缴申报纳税

税法规定，扣缴义务人向个人支付应税款项时，应当依照个人所得税法规定预扣或者代扣税款，按时缴库，并专项记载备查。

全员全额扣缴申报，是指扣缴义务人应当在代扣税款的次月15日内，向主管税务机关报送其支付所得的所有个人的有关信息、支付所得数额、扣除事项和数额、扣缴税款的具体数额和总额以及其他相关涉税信息资料。这种方法，有利于控制税源、防止漏税和逃税。

（一）扣缴义务人和代扣预扣税款的范围

（1）扣缴义务人，是指向个人支付所得的单位或者个人。所称支付，包括现金支付、汇拨支付、转账支付和以有价证券、实物以及其他形式的支付。

（2）实行个人所得税全员全额扣缴申报的应税所得包括以下几种。

①工资、薪金所得。

②劳务报酬所得。

③稿酬所得。

④特许权使用费所得。

⑤利息、股息、红利所得。

⑥财产租赁所得。

⑦财产转让所得。

⑧偶然所得。

扣缴义务人应当依法办理全员全额扣缴申报。

（二）不同项目所得扣缴方法

（1）扣缴义务人向居民个人支付工资、薪金所得时，应当按照累计预扣法计算预扣税款，并按月办理扣缴申报。累计预扣法，是指扣缴义务人在一个纳税年度内预扣预缴税款时，以纳税人在本单位截至当前月份工资、薪金所得累计收入减除累计免税收入、累计减除费用、累计专项扣除、累计专项附加扣除和累计依法确定的其他扣除后的余额为累计预扣预缴应纳税所得额，再减除累计减免税额和累计已预扣预缴税额，其余额为本期应预扣预缴税额。余额为负值时，暂不退税。纳税年度终了后余额仍为负值时，由纳税人办理综合所得年度汇算清缴，税款多退少补。

具体计算公式如下：

本期应预扣预缴税额＝累计预扣预缴应纳税所得额×预扣率－

速算扣除数－累计减免税额－累计已预扣预缴税额

累计预扣预缴应纳税所得额＝累计收入－累计免税收入－累计减除费用－累计专项扣除－
累计专项附加扣除－累计依法确定的其他扣除

式中，累计减除费用，按照5 000元/月乘以纳税人当年截至本月在本单位的任职受雇月份数计算。

居民个人向扣缴义务人提供有关信息并依法要求办理专项附加扣除的，扣缴义务人应当按照规定在工资、薪金所得按月预扣预缴税款时予以扣除，不得拒绝。

年度预扣预缴税额与年度应纳税额不一致的，由居民个人于次年3月1日至6月30日向主管税务机关办理综合所得年度汇算清缴，税款多退少补。

（2）扣缴义务人向居民个人支付劳务报酬所得、稿酬所得、特许权使用费所得时，应当按照以下方法按次或者按月预扣预缴税款。

①劳务报酬所得、稿酬所得、特许权使用费所得以收入减除费用后的余额为收入额，其中，稿酬所得的收入额减按70%计算。

②减除费用：预扣预缴税款时，劳务报酬所得、稿酬所得、特许权使用费所得每次收入不超过4 000元的，减除费用按800元计算；每次收入4 000元以上的，减除费用按收入的20%计算。

③应纳税所得额：劳务报酬所得、稿酬所得、特许权使用费所得，以每次收入额为预扣预缴应纳税所得额，计算应预扣预缴税额。劳务报酬所得适用居民个人劳务报酬所得预扣预缴率表（表5-14），稿酬所得、特许权使用费所得适用20%的比例预扣率。

表5-14　居民个人劳务报酬所得预扣预缴率

级数	预扣预缴应纳税所得额	预扣率/%	速算扣除数
1	不超过20 000元的部分	20	0
2	超过20 000元至50 000元的部分	30	2 000
3	超过50 000元的部分	40	7 000

④预扣预缴税额计算公式：

劳务报酬所得应预扣预缴税额＝预扣预缴应纳税所得额×预扣率－速算扣除数
稿酬所得、特许权使用费所得应预扣预缴税额＝预扣预缴应纳税所得额×20%

居民个人办理年度综合所得汇算清缴时，应当依法计算劳务报酬所得、稿酬所得、特许权使用费所得的收入额，并入年度综合所得计算应纳税款，税款多退少补。

（3）非居民个人取得工资、薪金所得，劳务报酬所得，稿酬所得和特许权使用费所得，有扣缴义务人的，由扣缴义务人按月或者按次代扣代缴税款，不办理汇算清缴。

扣缴义务人向非居民个人支付工资、薪金所得，劳务报酬所得，稿酬所得和特许权使用费所得时，应当按照以下方法按月或者按次代扣代缴税款。

①非居民个人的工资、薪金所得，以每月收入额减除费用5 000元后的余额为应纳税所得额。

②劳务报酬所得、稿酬所得、特许权使用费所得，以每次收入额为应纳税所得额，适用非居民个人工资薪金所得、劳务报酬所得、稿酬所得、特许权使用费所得适用税率表（表5-5）计算应纳税额。劳务报酬所得、稿酬所得、特许权使用费所得以收入减

除20%的费用后的余额为收入额，其中，稿酬所得的收入额减按70%计算。

③税款扣缴计算公式：

非居民个人工资、薪金所得，劳务报酬所得，稿酬所得，特许权使用费所得应纳税额＝应纳税所得额×税率－速算扣除数

非居民个人在一个纳税年度内税款扣缴方法保持不变，达到居民个人条件时，应当告知扣缴义务人基础信息变化情况，年度终了后按照居民个人有关规定办理汇算清缴。

（4）扣缴义务人支付利息、股息、红利所得，财产租赁所得，财产转让所得或者偶然所得时，应当依法按次或者按月代扣代缴税款。

（5）劳务报酬所得、稿酬所得、特许权使用费所得，属于一次性收入的，以取得该项收入为一次；属于同一项目连续性收入的，以一个月内取得的收入为一次。财产租赁所得，以一个月内取得的收入为一次。利息、股息、红利所得，以支付利息、股息、红利时取得的收入为一次。偶然所得，以每次取得该项收入为一次。

（三）扣缴义务人责任与义务

（1）支付工资、薪金所得的扣缴义务人应当于年度终了后两个月内，向纳税人提供其个人所得和已扣缴税款等信息。纳税人年度中间需要提供上述信息的，扣缴义务人应当提供。

纳税人取得除工资、薪金所得以外的其他所得，扣缴义务人应当在扣缴税款后，及时向纳税人提供其个人所得和已扣缴税款等信息。

（2）扣缴义务人应当按照纳税人提供的信息计算税款、办理扣缴申报，不得擅自更改纳税人提供的信息。

扣缴义务人发现纳税人提供的信息与实际情况不符的，可以要求纳税人修改。纳税人拒绝修改的，扣缴义务人应当报告税务机关，税务机关应当及时处理。

纳税人发现扣缴义务人提供或者扣缴申报的个人信息、支付所得、扣缴税款等信息与实际情况不符的，有权要求扣缴义务人修改。扣缴义务人拒绝修改的，纳税人应当报告税务机关，税务机关应当及时处理。

（3）对扣缴义务人按照规定扣缴的税款，按年付给2%的手续费。不包括税务机关、司法机关等查补或者责令补扣的税款。

扩展阅读5.22：三、专项附加扣除的操作办法及例题

（四）代扣代缴期限

扣缴义务人每月或者每次预扣、代扣的税款，应当在次月15日内缴入国库，并向税务机关报送《个人所得税扣缴申报表》。

三、反避税规定

（一）税务机关有权纳税调整的范围

有下列情形之一的，税务机关有权按照合理方法进行纳税调整。

（1）个人与其关联方之间的业务往来不符合独立交易原则而减少本人或者其关联方应纳税额，且无正当理由。

（2）居民个人控制的，或者居民个人和居民企业共同控制的设立在实际税负明显偏

低的国家（地区）的企业，无合理经营需要，对应当归属于居民个人的利润不做分配或者减少分配。

（3）个人实施其他不具有合理商业目的的安排而获取不当税收利益。

（二）补税及加征利息

（1）税务机关依照前述规定情形作出纳税调整，需要补征税款的，应当补征税款，并依法加收利息。

（2）依法加征的利息，应当按照税款所属纳税申报期最后一日中国人民银行公布的与补税期间同期的人民币贷款基准利率计算，自税款纳税申报期满次日起至补缴税款期限届满之日止按日加收。纳税人在补缴税款期限届满前补缴税款的，利息加收至补缴税款之日。

四、自然人纳税识别号的规定

（1）自然人纳税人识别号，是自然人纳税人办理各类涉税事项的唯一代码标识。

（2）有中国公民身份号码的，以其中国公民身份号码作为纳税人识别号；没有中国公民身份号码的，由税务机关赋予其纳税人识别号。

（3）纳税人首次办理涉税事项时，应当向税务机关或者扣缴义务人出示有效身份证件，并报送相关基础信息。

本章习题

一、计算题

1. （2017年注会）张某承揽一项房屋装潢工程，工程3个月完工。房主第一个月支付张某10 000元，第二个月支付15 000元，第三个月支付30 000元。计算张某共计应缴纳的个人所得税。

2. 假定某居民个人纳税人2019年扣除"五险一金"后共取得含税工资收入12万元，除住房贷款专项附加扣除外，该纳税人不享受其余专项附加扣除和税法规定的其他扣除。计算其当年应纳个人所得税税额。

3. 假定某居民个人纳税人为独生子女，2019年交完社保和住房公积金后共取得税前工资收入20万元、劳务报酬1万元、稿酬1万元。该纳税人有两个小孩且均由其扣除子女教育专项附加，纳税人的父母健在且均已年满60周岁。计算其当年应纳个人所得税税额。

4. 假定某外商投资企业中工作的美国专家（假设为非居民纳税人），2019年2月取得由该企业发放的含税工资收入10 400元人民币，此外还从别处取得劳务报酬5 000元人民币。请计算当月其应纳个人所得税税额。

5. 某小型运输公司系个体工商户，账证健全，2019年12月取得经营收入320 000元，准许扣除的当月成本、费用（不含业主工资）及相关税金共计250 600元。1—11月累计应纳税所得额为88 400元（未扣除业主费用减除标准），累计已预缴个人所得税10 200元。除经营所得外，业主本人没有其他收入，且2019年全年均享受赡养老人一项专项附加扣除。不考虑专项扣除和符合税法规定的其他扣除,请计算该个体工商户就 2019 年度汇算清缴时应申请的个人所得税退税额。

6. 刘某于 2019 年 1 月将其自有的面积为 150 平方米的公寓按市场价出租给张某居住。刘某每月取得租金收入 4 500 元,全年租金收入 54 000 元。计算刘某全年租金收入应缴纳的个人所得税(不考虑其他税费)。

7. (2014 年注会)陈某在参加商场的有奖销售过程中,中奖所得共计价值 20 000 元。陈某领奖时告知商场,从中奖收入中拿出 4 000 元通过教育部门向某希望小学捐赠。请计算商场代扣代缴个人所得税后,陈某实际可得中奖金额。

8. (2019 年注会)居民个人王某及其配偶名下均无住房,在某省会工作并租房居住,2018 年 9 月开始攻读工商管理硕士。2019 年王某收入及部分支出如下:

(1)王某每月从单位领取扣除社会保险费用及住房公积金后的收入为 8 000 元,截至 11 月累计已经预扣预缴个人所得税税款 363 元。

(2)取得年终奖 48 000 元,选择单独计税。

(3)利用业余时间出版一部摄影集,取得稿费收入 20 000 元。

(4)每月支付房租 3 500 元。

(其他相关资料 2 以上专项扣除均由王某 100%扣除)

级数	全年应纳税所得额(累计预扣预缴应纳税所得额)	预扣率/%	速算扣除数
1	不超过 36 000 元的部分	3	0
2	超过 36 000 元至 144 000 元的部分	10	2 520
3	超过 144 000 元至 300 000 元的部分	20	16 920

附:综合所得个人所得税税率表暨居民个人工资薪金所得预扣预缴税率表(部分)按月换算后的综合所得税率表(部分)

级数	全月应纳税所得额	税率/%	速算扣除数
1	不超过 3 000 元的部分	3	0
2	超过 3 000 元至 12 000 元的部分	10	210
3	超过 12 000 元至 25 000 元的部分	20	1 410

要求:根据上述资料,按照下列序号回答问题,如有计算需计算出合计数。

(1)计算 2019 年 12 月王某应预扣预缴的个人所得税。

(2)计算王某取得年终奖应纳的个人所得税。

(3)计算王某取得稿酬应预扣预缴的个人所得税。

(4)计算王某取得 2019 年综合所得应缴纳的个人所得税税额。

(5)计算王某就 2019 年综合所得向主管税务机关办理汇算清缴时应补缴的税款或申请的应退税额。

9. 某居民个人 2019 年每月取得工资收入 10 000 元,每月缴纳社保费用和住房公积金 1 500 元,该居民个人全年均享受住房贷款利息专项附加扣除,请计算该居民个人的工资薪金扣缴义务人2019年每月代扣代缴的税款金额。

10. 某作家为居民个人，2019年3月取得一次未扣除个人所得税的稿酬收入20 000元，请计算其应预扣预缴的个人所得税税额。

二、综合分析题

1. 中国公民李某每月工资9 000元，任职于境内甲企业，同时为乙企业的个人大股东，2019年1—12月取得以下收入：

（1）取得保险赔款3 000元。

（2）取得甲企业支付的独生子女补贴10 000元。

（3）购买福利彩票，一次中奖收入20 000元。

（4）取得兼职收入3 000元。

（5）5月因持有某上市公司股票而取得红利12 000元，已知该股票为李某2018年1月从公开发行和转让市场取得的。

（6）7月甲企业购置一批住房低价出售给职工，李某以26万元的价格购置了其中一套住房（甲企业原购置价格为50万元）。

（7）8月将其拥有的两处住房中的一套（已使用7年）出售，不含增值税转让收入200 000元，该房产买价90 000元，另支付其他允许税前扣除的相关税费8 000元。

（8）10月乙企业为李某购买了一辆小轿车并将所有权归到李某名下，已知该车购买价为300 000元，经当地税务机关核定，乙企业在代扣个人所得税税款时允许税前减除的数额为100 000元。

（其他相关资料：李某每月自行负担三险一金1 000元；李某的独生子正在高中二年级，李某与其妻子约定子女教育支出各扣除50%；李某的父母均已年过60岁，且李某是独生子）

要求：根据上述资料，回答下列问题。

（1）李某取得的兼职收入预扣预缴的个人所得税。

（2）李某取得的福利彩票中奖收入和保险赔款，应缴纳的个人所得税。

（3）李某5月取得的红利所得应缴纳的个人所得税。

（4）李某低价从单位购房应缴纳的个人所得税。

（5）李某出售住房应缴纳的个人所得税。

（6）乙企业为李某购车应代扣代缴的个人所得税。

（7）李某全年综合所得共应缴纳个人所得税。

2. 李某受聘于一家财务咨询服务公司，2019年收入情况如下：

（1）每月领取工资13 600元，个人负担三险一金2 500元/月，申报专项附加扣除时，李某向单位报送的专项附加扣除信息如下：上小学的儿子一名、尚在偿还贷款的于5年前购入境内住房一套、年满60周岁的父母两名。已知李某是独生子女，所购住房为首套住房，夫妻约定子女教育和住房贷款利息全额由李某扣除。

（2）6月8日，李某兼职为某公司提供财务咨询服务，取得财务咨询报酬50 000元。

（3）6月1日至12月31日将自有住房按市场价格出租给个人居住，不含税月租金

6 000元。

（4）6月20日，李某购入某企业债券40 000份，每份的买入价格4.3元，支付有关税费645元，12月20日转让其中的20 000份，每份转让价格5.1元，转让时支付有关手续费383元。

（5）8月与一家证券交易所签订期限为4个月的劳务合同，合同约定李某自9月起每月为该交易所的股民讲课四次，每次报酬1 000元。

（6）12月取得年终一次性奖金16 000元，年终奖选择不并入综合所得，单独计税。

要求：根据上述资料，计算回答下列问题：

（1）财务咨询服务公司1月应为李某预扣预缴工资、薪金所得个人所得税。

（2）李某取得财务咨询报酬，咨询方应为其预扣预缴的个人所得税。

（3）李某出租自有住房，2019年应缴纳的个人所得税。

（4）李某转让债券，应缴纳的个人所得税。

（5）李某为证券交易所股民授课，证券交易所每月应预扣预缴的个人所得税。

（6）李某取得全年一次性奖金应缴纳的个人所得税。

即测即练

第六章

企业所得税

现行企业所得税的基本规范,是 2018 年 12 月 29 日第十三届全国人民代表大会常务委员会第七次会议通过的《企业所得税法》和根据 2019 年 4 月 23 日中华人民共和国国务院令第 714 号公布的《国务院关于修改部分行政法规的决定》第一次修订后的《企业所得税法实施条例》以及国务院财政、税务部门发布的相关规定。

扩展阅读 6.1:《中华人民共和国企业所得税法》、中华人民共和国企业所得税法实施条例(国务院令第 714 号)

第一节 企业所得税概述

一、企业所得税的概念

企业所得税是对我国境内的企业和其他取得收入的组织的生产经营所得和其他所得征收的所得税。

二、企业所得税的特点

所得税的主要特点如下。
(1)通常以净所得为征税对象。
(2)通常以经过计算得出的应纳税所得额为计税依据。
(3)纳税人和实际负担人通常是一致的,因而可以直接调节纳税人的所得。

三、各国对企业所得税征税的一般性做法

企业所得税在国外也叫法人所得税或公司所得税,计税依据是以利润为基础的应纳税所得额,因此对法人所得税影响较大的几个因素是纳税人、税基、税率和税收优惠。下面,我们从前述几个税制要素分析各国征收所得税的一般做法。
(1)纳税人。各国政府只对具有独立法人资格的公司等法人组织征收公司所得税。
(2)税基。各国企业所得税在确定税基上的差异主要表现在折旧、损失等税前扣除项目的税务处理上。
(3)税率。一是比例税率,二是累进税率。
(4)税收优惠。税收优惠主要包括以下几种。
①税收抵免。其主要有投资抵免和国外税收抵免两种形式。
②税收豁免。分为豁免期和豁免税收项目。
③加速折旧。

第二节　纳税人、征税对象与税率

一、纳税人

在中华人民共和国境内，企业和其他取得收入的组织（统称企业）为企业所得税的纳税人。企业所得税的纳税人分为居民企业和非居民企业，这是基于不同企业承担的不同纳税义务所进行的分类。

（一）居民企业

居民企业，是指依法在中国境内成立，或者依照外国（地区）法律成立但实际管理机构在中国境内的企业。其中，在中国境内成立的企业，包括依照中国法律、行政法规在中国境内成立的企业、事业单位、社会团体以及有生产、经营所得和其他取得收入的组织。依照外国（地区）法律成立的企业，包括依照外国（地区）法律成立的企业和其他取得收入的组织。实际管理机构，是指对企业的生产经营、人员、账务、财产等实施实质性全面管理和控制的机构。

（二）非居民企业

非居民企业，是指依照外国（地区）法律成立且实际管理机构不在中国境内，但在中国境内设立机构、场所的，或者在中国境内未设立机构、场所，但有来自中国境内所得的企业。

上述所称机构、场所，是指在中国境内从事生产经营活动的机构、场所，包括以下几类。

（1）管理机构、营业机构、办事机构。
（2）工厂、农场、开采自然资源的场所。
（3）提供劳务的场所。
（4）从事建筑、安装、装配、修理、勘探等工程作业的场所。
（5）其他从事生产经营活动的机构、场所。

扩展阅读 6.2：纳税人的特殊说明

非居民企业委托营业代理人在中国境内从事生产经营活动的，包括委托单位或者个人经常代其签订合同，或者储存、交付货物等，该营业代理人视为非居民企业在中国境内设立的机构、场所。上述内容总结如表 6-1 所示。

表 6-1　居民企业与非居民企业的认定标准

纳税人身份	构成条件	
	在中国境内成立（注册法人）	实际管理机构在中国境内
居民企业	√	×
	×	√
	√	√
非居民企业	×	×

二、征税对象

企业所得税的征税对象，是指企业的生产经营所得、其他所得和清算所得。

（一）居民企业的征税对象

居民企业应当就其来自中国境内、境外的所得作为征税对象。所得包括销售货物所得、提供劳务所得、转让财产所得、股息红利等权益性投资所得、利息所得、租金所得、特许权使用费所得、接受捐赠所得和其他所得。

（二）非居民企业的征税对象

非居民企业在中国境内设立机构、场所的，应当就其所设机构、场所取得的来自中国境内的所得，以及发生在中国境外但与其所设机构、场所有实际联系的所得，缴纳企业所得税。非居民企业在中国境内未设立机构、场所的，或者虽设立机构、场所但取得的所得与其所设机构、场所没有实际联系的，应当就其来自中国境内的所得缴纳企业所得税。

上述所称实际联系，是指非居民企业在中国境内设立的机构、场所拥有据以取得所得的股权、债权，以及拥有、管理、控制据以取得所得的财产等。

（三）所得来源的确定

依据《企业所得税法》及其实施条例的规定，来自中国境内、境外的所得，按照表6-2所示的原则确定。

扩展阅读6.3：外国企业的税率规定

表6-2　企业所得税收入来源地确定

所得类型		所得来源的确定
销售货物所得		按照交易活动发生地确定
提供劳务所得		按照劳务发生地确定
转让财产所得	不动产	按照不动产所在地确定
	动产	按照转让动产的企业或者机构、场所所在地确定
	权益性投资资产	按照被投资企业所在地确定
股息、红利等权益性投资所得		按照分配所得的企业所在地确定
利息、租金、特许权使用费所得		按照负担、支付所得的企业或者机构、场所所在地，个人的住所地确定
其他所得		由国务院财政、税务主管部门确定

三、税率

企业所得税实行比例税率。比例税率简便易行，透明度高，不会因征税而改变企业间收入分配比例，有利于促进效率的提高。现行的规定如表6-3所示。

表6-3　企业所得税税率

种类	税率/%	适用范围
基本税率	25	（1）居民企业 （2）在中国境内设有机构、场所且取得的所得与机构、场所有联系的非居民企业
优惠税率	20	符合条件的小型微利企业
	15	国家重点扶持的高新技术企业
预提所得税税率	20（实际适用税率：10）	适用于在中国境内未设立机构、场所的，或者虽设立机构、场所但取得的所得与其所设机构、场所没有实际联系的非居民企业

第三节　应纳税所得额的计算

应纳税所得额是企业所得税的计税依据，可按直接法和间接法分别计算。

直接法：应纳税所得额＝收入总额－不征税收入－免税收入－各项扣除
　　　　　　　　　　－允许弥补的以前年度亏损

间接法：应纳税所得额＝会计利润总额±纳税调整项目金额

企业应纳税所得额的计算，以权责发生制为原则。应纳税所得额的正确计算，直接影响到国家财政收入和企业的税收负担，并且同成本、费用核算关系密切。因此，《企业所得税法》对应纳税所得额计算做了明确规定，主要内容包括收入总额、扣除范围和标准、资产的税务处理、亏损弥补等。

一、收入总额

企业的收入总额包括以货币形式和非货币形式从各种来源取得的收入。具体有销售货物收入，提供劳务收入，转让财产收入，股息、红利等权益性投资收益，利息收入，租金收入，特许权使用费收入，接受捐赠收入，其他收入。

企业取得收入的货币形式，包括现金、存款、应收账款、应收票据、准备持有至到期的债券投资以及债务的豁免等。企业取得收入的非货币形式，包括固定资产、生物资产、无形资产、股权投资、存货、不准备持有至到期的债券投资、劳务以及有关权益等。企业以非货币形式取得的收入，应当按照公允价值确定收入额。公允价值，是指按照市场价格确定的价值。

（一）企业所得税一般收入的确定

（1）销售货物收入。它是指企业销售商品、产品、原材料、包装物、低值易耗品以及其他存货取得的收入。

扩展阅读6.4：提供劳务满足收入确认的条件

（2）提供劳务收入。它是指企业从事建筑安装、修理修配、交通运输、仓储租赁、金融保险、邮电通信、咨询经纪、文化体育、科学研究、技术服务、教育培训、餐饮住宿、中介代理、卫生保健、社区服务、旅游、娱乐、加工以及其他劳务服务活动取得的收入。

（3）转让财产收入。它是指企业转让固定资产、生物资产、无形资产、股权、债权等财产取得的收入。

企业转让股权收入，应于转让协议生效且完成股权变更手续时，确认收入的实现。转让股权收入扣除为取得该股权所发生的成本后，为股权转让所得。企业在计算股权转让所得时，不得扣除被投资企业未分配利润等股东留存收益中按该项股权所可能分配的金额。

🔍 特别提示

对内地企业投资者通过沪港通投资香港联交所上市股票取得的转让差价所得，计入其收入总额，依法征收企业所得税。

对香港市场投资者（企业和个人）投资上交所上市 A 股取得的转让差价所得，暂免征收所得税。

（4）股息、红利等权益性投资收益。股息、红利等权益性投资收益，除国务院财政、税务主管部门另有规定，按照被投资企业股东会或股东大会作出利润分配或转股决定的日期，确认收入的实现。

被投资企业将股权（票）溢价所形成的资本公积转为股本的，不作为投资方企业的股息、红利收入，投资方企业也不得增加该项长期投资的计税基础。

扩展阅读 6.5：沪港股票市场交易所得税征管税收政策

（5）利息收入。按照合同约定的债务人应付利息的日期确认收入的实现。

不同投资方式下的税务处理如表 6-4 所示。

表 6-4　不同投资方式下的税务处理

投资类别	投资方的税务处理		被投资方的税务处理
权益性投资	投资回报为股息、红利收入 符合条件的居民企业之间的股息、红利等权益性收益免征企业所得税		支付的股息、红利不能作为费用在企业所得税前扣除
债权性投资	投资回报为利息收入，取得利息收入按规定缴纳企业所得税		支付的不超标利息可在企业所得税前扣除
混合性投资	对于被投资企业支付的利息，应于被投资企业应付利息的日期，根据合同或协议约定的利率，计算确认本期利息收入的实现并计入当期应纳税所得额		于应付利息的日期确认本期利息支出，按规定进行所得税前扣除
	投资期满按协议价格赎回投资时	实际赎价高于投资成本时	差额确认为债务重组收益，并计入当期应纳税所得额	差额确认为债务重组损失，并准予在税前扣除
		实际赎价低于投资成本时	差额确认为债务重组损失，并准予在税前扣除	差额确认为债务重组收益，并计入当期应纳税所得额

注：企业混合性投资业务应具备五个条件（并非所有的房地产企业信托融资模式都能够适用公告，只有公告规定的五个条件的混合性投资业务，才能适用该公告进行税务处理）。这五个条件是：

（1）被投资企业接受投资后，需要按投资合同或协议约定的利率定期支付利息（或定期支付保底利息、固定利润、固定股息，下同）；

（2）有明确的投资期限或特定的投资条件，并在投资期满或者满足特定投资条件后，被投资企业需要赎回投资或偿还本金；

（3）投资企业对被投资企业净资产不拥有所有权；

（4）投资企业不具有选举权和被选举权；

（5）投资企业不参与被投资企业日常生产经营活动。

扩展阅读 6.6：《国家税务总局关于企业混合性投资业务企业所得税处理问题的公告》（国家税务总局公告2013年第41号）

（6）租金收入。它是指企业提供固定资产、包装物或者其他有形资产的使用权取得的收入。租金收入，按照合同约定的承租人应付租金的日期确认收入的实现。

如果交易合同或协议中规定租赁期限跨年度，且租金提前一次性支付的，根据《企业所得税法实施条例》第九条规定的收入与费用配比原则，出租人可对上述已确认的收入，在租赁期内，分期均匀计入相关年度收入。出租方如为在我国境内设有机构、场所且采取据实申报缴纳企业所得的非居民企业，也按该规定执行。

（7）特许权使用费收入。它是指企业提供专利权、非专利技术、商标权、著作权以及其他特许权的使用权取得的收入。特许权使用费收入，按照合同约定的特许权使用人应付特许权使用费的日期确认收入的实现。

（8）接受捐赠收入。它是指企业接受的来自其他企业、组织或者个人无偿给予的货币性资产、非货币性资产。接受捐赠收入，按照实际收到捐赠资产的日期确认收入的实现。

（9）其他收入。它是指企业取得的除《企业所得税法》规定的上述收入外的其他收入，包括企业资产溢余收入、逾期未退包装物押金收入、确实无法偿付的应付款项、已做坏账损失处理后又收回的应收款项、债务重组收入、补贴收入、违约金收入、汇兑收益等。

（二）企业所得税特殊收入的确认

（1）企业所得税特殊收入确认条件如表6-5所示。

表6-5 企业所得税特殊收入确认条件

收入的范围和项目		收入的确认具体规定
特殊收入的确认	分期收款方式销售货物	按照合同约定的收款日期确认收入的实现
	采用售后回购方式销售商品	销售的商品按售价确认收入，回购的商品作为购进商品处理。有证据表明不符合销售收入确认条件的，如以销售商品方式进行抵押融资，收到的款项应确认为负债，回购价格大于原售价的，差额应在回购期间确认为利息费用（实质重于形式）
	销售商品以旧换新	销售商品应当按照销售商品收入确认条件确认收入，回收的商品作为购进商品处理
	商业折扣条件销售	应当按照扣除商业折扣后的金额确定销售商品收入金额
	现金折扣条件销售	应当按扣除现金折扣前的金额确定销售商品收入金额，现金折扣在实际发生时作为财务费用扣除
	折让方式销售	企业已经确认销售收入的售出商品发生销售折让和销售退回，应当在发生当期冲减当期销售商品收入
	买一赠一方式组合销售	企业以买一赠一等方式组合销售本企业商品的，不属于捐赠，应将总的销售金额按各项商品的公允价值的比例来分摊确认各项的销售收入

（2）企业受托加工制造大型机械设备、船舶、飞机，以及从事建筑、安装、装配工程业务或者提供其他劳务等，持续时间超过12个月的，按照纳税年度内完工进度或者完成的工作量确认收入的实现。

（3）采取产品分成方式取得收入的，按照企业分得产品的日期确认收入的实现，其收入额按照产品的公允价值确定。

（4）企业发生非货币性资产交换，以及将货物、财产、劳务用于捐赠、偿债、赞助、集资、广告、样品、职工福利或者利润分配等用途的，应当视同销售货物、转让财产或者提供劳务，但国务院财政、税务主管部门另有规定的除外。

（三）处置资产收入的确认

（1）自2008年1月1日起，企业处置资产的所得税处理问题按以下规定执行（表6-6）。

表 6-6 企业处置资产的所得税处理

分类	具体处置资产行为	计量
内部处置	（1）将资产用于生产、制造、加工产品 （2）改变资产形状、结构或性能 （3）改变资产用途（如自建商品房转为自用或经营）	不视同销售确认收入，相关资产的计税基础延续计算
内部处置	（4）将资产在总机构及分支机构之间转移 （5）上述两种或两种以上情形的混合 （6）其他不改变资产所有权属的用途	
外部处置	（1）用于市场推广或销售 （2）用于交际应酬 （3）用于职工奖励或福利 （4）用于股息分配 （5）用于对外捐赠 （6）其他改变资产所有权属的用途	自制的资产，按同类资产同期对外售价；属于外购的资产，符合条件的（企业外购资产或服务不以销售为目的，用于替代职工福利费用支出，且购置后在一个纳税年度内处置），可按购入时的价格确定销售收入

特别提示

关于处置资产不同税种的处理差异如表 6-7 所示。

表 6-7 关于处置资产不同税种的处理差异

项目	会计	增值税	所得税
统一核算，异地移送用于销售	×	√	×
非应税项目	×	√	×
职工奖励或福利	√	√	√
投资	√	√	√
分配	√	√	√
赠送	×	√	√

（2）非货币性资产投资涉及的企业所得税。

（四）相关收入实现的确认

除《企业所得税法》及实施条例另有规定，企业销售收入的确认，必须遵循权责发生制原则和实质重于形式原则。

扩展阅读 6.7：《财政部 国家税务总局关于非货币性资产投资企业所得税政策问题的通知》（财税〔2014〕116 号）

特别提示

企业接收政府和股东划入资产的所得税处理。

扩展阅读 6.8：《国家税务总局关于非货币性资产投资企业所得税有关征管问题的公告》（国家税务总局公告 2015 年第 33 号）

1. 企业接收政府划入资产的企业所得税处理

（1）县级以上人民政府（包括政府有关部门，下同）将国有资产明确以股权投资方式投入企业，企业应作为国家资本金（包括资本公积）处理。该项资产如为非货币性资产，应按政府确定的接收价值确定计税基础。

（2）县级以上人民政府将国有资产无偿划入企业，凡指定专门用途并按规定进行管理的，企业可作为不征税收入进行企业所得税处理。该项资产属于非货币性资产的，应按政府确定的接收价值计算不征税收入。

（3）县级以上人民政府将国有资产无偿划入企业，属于上述（1）、（2）项以外情形的，应按政府确定的接收价值计入当期收入总额计算缴纳企业所得税。政府没有确定接收价值的,按资产的公允价值计算确定应税收入。

2. 企业接收股东划入资产的企业所得税处理

(1)企业接收股东划入资产(包括股东赠与资产、上市公司在股权分置改革过程中接收原非流通股股东和新非流通股股东赠与的资产、股东放弃本企业的股权,下同),凡合同、协议约定作为资本金(包括资本公积)且在会计上已做实际处理的,不计入企业的收入总额,企业应按公允价值确定该项资产的计税基础。

(2)企业接收股东划入资产,凡作为收入处理的,应按公允价值计入收入总额,计算缴纳企业所得税,同时按公允价值确定该项资产的计税基础。

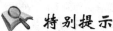
特别提示

自2015年12月18日起,内地与香港基金互认涉及的有关税收政策如下。

1. 关于内地投资者通过基金互认买卖香港基金份额的所得税问题

(1)对内地企业投资者通过基金互认买卖香港基金份额取得的转让差价所得,计入其收入总额,依法征收企业所得税。

(2)对内地企业投资者通过基金互认从香港基金分配取得的收益,计入其收入总额,依法征收企业所得税。

2. 关于香港市场投资者通过基金互认买卖内地基金份额的所得税问题

(1)对香港市场投资者(包括企业和个人)通过基金互认买卖内地基金份额取得的转让差价所得,暂免征收所得税。

(2)对香港市场投资者(包括企业和个人)通过基金互认从内地基金分配取得的收益,由内地上市公司向该内地基金分配股息红利时,对香港市场投资者按照10%的税率代扣所得税;或发行债券的企业向该内地基金分配利息时,对香港市场投资者按照7%的税率代扣所得税,并由内地上市公司或发行债券的企业向其主管税务机关办理扣缴申报。该内地基金向投资者分配收益时,不再扣缴所得税。

二、不征税收入和免税收入

国家为了扶持和鼓励某些特定的项目,对企业取得的某些收入予以不征税或免税的特殊政策,促进经济的协调发展。

(一)不征税收入

企业所得税不征税收入具体情况如表6-8所示。

表6-8 企业所得税不征税收入具体情况

财政拨款	各级政府对纳入预算管理的事业单位、社会团体等组织拨付的财政资金
依法收取并纳入财政管理的行政事业性收费、政府性基金	(1)企业按照规定缴纳的符合审批权限的政府性基金和行政事业性收费,准予在计算应纳税所得额时扣除。 (2)企业收取的各种基金、收费,应计入企业当年收入总额。 对企业依法收取并上缴财政的政府性基金和行政事业性收费,准予作为不征税收入,于上缴财政的当年在计算应纳税所得额时从收入总额中减除;未上缴财政的部分,不得从收入总额中减除
国务院规定的其他不征税收入	企业取得的,由国务院财政、税务主管部门规定专项用途并经国务院批准的财政性资金。财政性资金的范围不包括企业按规定取得的出口退税款

财政性资金,是指企业取得的来自政府及其有关部门的财政补助、补贴、贷款贴息,以及其他各类财政专项资金,包括直接减免的增值税和即征即退、先征后退、先征后返的各种税收,但不包括企业按规定取得的出口退税款;所称国家投资,是指国家以投资者身份投入企业,并按有关规定相应增加企业实收资本(股本)的直接投资。相关处理如表 6-9 所示。

表 6-9 不同财政性资金处理

国家投资和资金使用后需要归还本金的		不计入企业当年收入总额	
其他财政性资金	计入收入总额	专项用途财政性资金	不征税收入
		其他财政性资金	应该征税

 特别提示

企业的不征税收入用于支出所形成的费用,不得在计算应纳税所得额时扣除;企业的不征税收入用于支出所形成的资产,其计算的折旧、摊销不得在计算应纳税所得额时扣除。

 特别提示

企业将符合规定条件的财政性资金做不征税收入处理后,在 5 年(60 个月)内未发生支出且未缴回财政部门或其他拨付资金的政府部门的部分,应计入取得该资金第 6 年的应税收入总额;计入应税收入总额的财政性资金发生的支出,允许在计算应纳税所得额时扣除。

 特别提示

纳入预算管理的事业单位、社会团体等组织按照核定的预算和经费报领关系收到的由财政部门或上级单位拨入的财政补助收入,准予作为不征税收入,在计算应纳税所得额时从收入总额中减除,但国务院和国务院财政、税务主管部门另有规定的除外。

 特别提示

企业取得的不征税收入,应按照《财政部、国家税务总局关于专项用途财政性资金企业所得税处理问题的通知》(财税〔2011〕70 号)的规定进行处理。凡未按照文件规定进行管理的,应作为企业应税收入计入应纳税所得额,依法缴纳企业所得税。

(二)免税收入

企业的下列收入为免税收入。
(1)国债利息收入。它是指企业持有国务院财政部门发行的国债取得的利息收入。

 特别提示

国债利息收入免税,国债转让收入不免税。

持有期间尚未兑付的国债利息收入，按以下公式计算确定：

国债利息收入 = 国债金额×（适用年利率÷365）×持有天数

国债利息收入确认时间如表6-10所示。

表6-10 国债相关收入确认时间

国债		收入确认时间
利息收入	投资持有	应以国债发行时约定应付利息的日期，确认利息收入的实现
	转让时	应在国债转让收入确认时确认利息收入的实现
转让收入	未到期转让	应在转让国债合同、协议生效的日期，或者国债移交时确认转让收入的实现
	到期兑付	应在国债发行时约定的应付利息的日期，确认国债转让收入的实现

（2）符合条件的居民企业之间的股息、红利等权益性投资收益。它是指居民企业直接投资于其他居民企业取得的投资收益。

（3）在中国境内设立机构、场所的非居民企业从居民企业取得与该机构、场所有实际联系的股息、红利等权益性投资收益。

居民企业和非居民企业取得的上述免税的权益性投资收益，不包括连续持有居民企业公开发行并上市流通的股票不足12个月取得的投资收益。

（4）符合条件的非营利公益组织的收入。

（5）非营利组织的下列收入为免税收入。

①接受其他单位或者个人捐赠的收入。

②除财政拨款以外的其他政府补助收入，但不包括因政府购买服务取得的收入。

③按照省级以上民政、财政部门规定收取的会费。

④不征税收入和免税收入孳生的银行存款利息收入。

⑤财政部、国家税务总局规定的其他收入。

扩展阅读6.9：保险保障基金收入所得税政策

（6）对企业和个人取得的2009年以后发行的地方政府债券利息所得，免征企业所得税和个人所得税。地方政府债券是指经国务院批准，以省、自治区、直辖市和计划单列市政府为发行主体和偿还主体的债券。

三、扣除原则和项目

（一）税前扣除项目的原则

企业申报的扣除项目和金额要真实、合法。除税收法规另有规定，税前扣除一般应遵循以下原则。

（1）权责发生制原则。它是指企业费用应在发生的所属期扣除。

（2）配比原则。它是指企业发生的费用应当与收入配比扣除。除特殊规定，企业发生的费用不得提前或滞后申报扣除。

（3）合理性原则。符合生产经营活动常规，应当计入当期损益或者有关资产成本的必要和正常的支出。

（二）扣除项目的范围

《企业所得税法》规定，企业实际发生的与取得收入有关的、合理的支出，包括成本、费用、税金、损失和其他支出，准予在计算应纳税所得额时扣除。实际业务中，计算应纳税所得额还应注意以下三方面内容。

（1）企业发生的支出应当区分收益性支出和资本性支出。收益性支出在发生当期直接扣除；资本性支出应当分期扣除或者计入有关资产成本，不得在发生当期直接扣除。

（2）企业的不征税收入用于支出所形成的费用或者财产，不得扣除或者计算对应的折旧、摊销扣除。

（3）除《企业所得税法》及其实施条例另有规定，企业实际发生的成本、费用、税金、损失和其他支出，不得重复扣除。

①成本是指企业在生产经营活动中发生的销售成本、销货成本、业务支出以及其他耗费。即销售商品、提供劳务、转让固定资产、无形资产（包括技术转让）的成本。

②费用是指企业在生产经营活动中发生的销售费用、管理费用和财务费用，已经计入成本的有关费用除外。企业所得税费用扣除注意事项如表6-11所示。

表6-11　企业所得税费用扣除注意事项

费用项目	应重点关注的问题
销售费用	（1）广告费和业务宣传费是否超支； （2）销售佣金是否符合对象、方式、比例等规定。 注：销售佣金中能直接认定的进口佣金调整商品进价成本
管理费用	（1）招待费是否超支； （2）保险费是否符合标准
财务费用	（1）利息费用是否超过标准（金融机构同类同期）； （2）借款费用资本化与费用化的区分

③税金是指企业发生的除企业所得税和允许抵扣的增值税以外的各项税金及其附加。企业所得税税金扣除的处理方法如表6-12所示。

表6-12　企业所得税税金扣除的处理方法

准予扣除的税金的方式		可扣除税金举例
在发生当期扣除	通过计入"税金及附加"在当期扣除	消费税、城市维护建设税、出口关税、资源税、土地增值税、教育费附加等
		房产税、车船税、城镇土地使用税、印花税等
在发生当期计入相关资产的成本，在以后各期分摊扣除		车辆购置税、契税、耕地占用税、进出口关税等

 特别提示

主要税金的缴纳与退还对应纳税所得额的影响如表6-13所示。

表6-13　主要税金的缴纳与退还对所得额的影响

税　种	缴税（计算缴纳）	退税（税金退还）
增值税	不影响应纳税所得额	出口退税不影响所得，不增加应纳税所得
消费税 未取得进项抵扣的增值税（普通发票） 城市维护建设税	减少应纳税所得额	取得没有国务院、财政部、国家税务总局指定专项用途的增值税、消费税、城市维护建设税、教育费附加的返还应增加应纳税所得额

④损失是指企业在生产经营活动中发生的固定资产和存货的盘亏、毁损、报废损失、转让财产损失、呆账损失、坏账损失、自然灾害等不可抗力因素造成的损失以及其他损失。

企业发生的损失，减除责任人赔偿和保险赔款后的余额，依照国务院财政、税务主管部门的规定扣除。

企业已经作为损失处理的资产，在以后纳税年度又全部收回或者部分收回时，应当计入当期收入。

⑤其他支出是指除成本、费用、税金、损失，企业在生产经营活动中发生的与生产经营活动有关的、合理的支出。

（三）扣除项目及其标准

1. 工资、薪金支出

企业发生的合理的工资、薪金支出，准予扣除。工资、薪金支出，是指企业每一纳税年度支付给在本企业任职或者受雇的员工的所有现金形式或者非现金形式的劳动报酬，包括基本工资、奖金、津贴、补贴、年终加薪、加班工资，以及与员工任职或者受雇有关的其他支出。

合理工资、薪金，是指企业按照股东大会、董事会、薪酬委员会或相关管理机构制定的工资、薪金制度规定实际发放给员工的工资、薪金。

扩展阅读 6.10：合理工资税前扣除所得税特殊规定

扩展阅读 6.11：《国家税务总局关于企业工资薪金和职工福利费等支出税前扣除问题的公告》（国家税务总局公告 2015 年第 34 号）

2. 职工福利费、工会经费、职工教育经费

职工福利费、工会经费、职工教育经费扣除标准如表 6-14 所示。

表 6-14 职工福利费、工会经费、职工教育经费扣除标准

项　　目	准予扣除的限度	超过部分处理
职工福利费	不超过工资、薪金总额 14%	不得扣除
工会经费	不超过工资、薪金总额 2%	不得扣除
职工教育经费	不超过工资、薪金总额 8%	准予结转扣除

 特别提示

自 2018 年 1 月 1 日起，企业发生的职工教育经费支出，不超过工资薪金总额 8% 的部分，准予在计算企业所得税应纳税所得额时扣除；超过部分，准予以后纳税年度结转扣除。

 特别提示

软件生产企业发生的职工教育经费中的职工培训费（不是全部的教育经费），可以全额在税前扣除；不能准确划分的，以及准确划分后职工教育经费中扣除职工培训费用的余额按法定比例（8%）扣除。

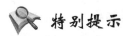 **特别提示**

中关村、东湖、张江三个国家自主创新示范区和合芜蚌自主创新综合试验区四个地区的高新企业、经认定的技术先进型服务企业发生的职工教育经费支出，不超过工资、薪金总额8%的部分，准予在计算应纳税所得额时扣除；超过部分，准予在以后纳税年度结转。

 特别提示

自2010年1月1日起，在委托税务机关代收工会经费的地区，企业拨缴的工会经费，也可凭合法、有效的工会经费代收凭据依法在税前扣除。

 特别提示

上述计算职工福利费、工会经费、职工教育经费的工资、薪金总额，是指企业按照《企业所得税法实施条例》规定实际发放的工资、薪金总和，不包括企业的职工福利费、职工教育经费、工会经费以及养老保险费、医疗保险费、失业保险费、工伤保险费、生育保险费等社会保险费和住房公积金。

扩展阅读6.12：职工福利费的范围及管理

3. 社会保险费

（1）企业依照国务院有关主管部门或者省级人民政府规定的范围和标准为职工缴纳的基本养老保险费、基本医疗保险费、失业保险费、工伤保险费、生育保险费等基本社会保险费和住房公积金，准予扣除。

（2）企业为投资者或者职工支付的补充养老保险费、补充医疗保险费，分别在不超过职工工资总额5%标准内的部分，在计算应纳税所得额时准予扣除；超过的部分，不予扣除。企业依照国家有关规定为特殊工种职工支付的人身安全保险费和符合国务院财政、税务主管部门规定可以扣除的商业保险费准予扣除。

（3）企业参加财产保险，按照规定缴纳的保险费，准予扣除。企业为投资者或者职工支付的商业保险费，不得扣除。

4. 利息费用

企业在生产经营活动中发生的下列利息支出，准予扣除。

（1）非金融企业向金融企业借款的利息支出、金融企业的各项存款利息支出和同业拆借利息支出、企业经批准发行债券的利息支出。

（2）非金融企业向非金融企业借款的利息支出，不超过按照金融企业同期同类贷款利率计算的数额的部分。

企业在按照合同要求首次支付利息并进行税前扣除时，应提供金融企业的同期同类贷款利率情况说明，以证明其利息支出的合理性。

金融企业的同期同类贷款利率情况说明中，应包括在签订该借款合同当时，本省任何一家金融企业提供同期同类贷款利率情况。该金融企业应为经政府有关部门批准成立的可以从事贷款业务的企业，包括银行、财务公司、信托公司等金融机构。同期同类贷款利率是指在贷款期限、贷款金额、贷款担保以及企业信誉等条件基本相同下，金融企业提供贷款的利率。它既可以是金融企业公布的同期同类平均利率，也可以是金融企业对某些企业提供的实际贷款利率。

（3）关联企业利息费用的扣除。

企业从其关联方接受的债权性投资与权益性投资的比例超过规定标准而发生的利息支出，不得在计算应纳税所得额时扣除。

①在计算应纳税所得额时，企业实际支付给关联方的利息支出，不超过以下规定比例和税法及其实施条例有关规定计算的部分，准予扣除；超过的部分，不得在发生当期和以后年度扣除。

企业实际支付给关联方的利息支出，除符合下面第②条规定，其接受关联方债权性投资与其权益性投资比例，金融企业为5∶1；其他企业为2∶1。

②企业如果能够按照税法及其实施条例的有关规定提供相关资料，并证明相关交易活动符合独立交易原则的；或者该企业的实际税负不高于境内关联方的，其实际支付给境内关联方的利息支出，在计算应纳税所得额时准予扣除。

③企业同时从事金融业务和非金融业务，其实际支付给关联方的利息支出，应按照合理方法分开计算；没有按照合理方法分开计算的，一律按第①条有关其他企业的比例计算准予税前扣除的利息支出。

④企业自关联方取得的不符合规定的利息收入应按照有关规定缴纳企业所得税。

（4）企业向自然人借款的利息支出在企业所得税税前的扣除。

①企业向股东或其他与企业有关联关系的自然人借款的利息支出，应根据《企业所得税法》第四十六条及《财政部、国家税务总局关于企业关联方利息支出税前扣除标准有关税收政策问题的通知》规定的条件，计算企业所得税扣除额。

②企业向除第①条规定以外的内部职工或其他人员借款的利息支出，其借款情况同时符合以下条件的，其利息支出在不超过按照金融企业同期同类贷款利率计算的数额的部分，准予扣除：企业与个人之间的借贷是真实、合法、有效的，并且不具有非法集资目的或其他违反法律、法规的行为；企业与个人之间签订了借款合同。

（5）关于企业由于投资者投资未到位而发生的利息支出扣除问题。

凡企业投资者在规定期限内未缴足其应缴资本额的，该企业对外借款所发生的利息，相当于投资者实缴资本额与在规定期限内应缴资本额的差额应计付的利息，不属于企业合理支出的，应由企业投资者负担，不得在计算企业应纳税所得额时扣除。

具体计算不得扣除的利息，应以企业一个年度内每一账面实收资本与借款余额保持不变的期间作为一个计算期，每一计算期内不得扣除的借款利息按该期间借款利息发生额乘以该期间企业未缴足的注册资本占借款总额的比例计算，公式为

企业每一计算期不得扣除的借款利息＝该期间借款利息额×该期间未缴足注册资本额÷该期间借款额

企业一个年度内不得扣除的借款利息总额为该年度内每一计算期不得扣除的借款利息额之和。

5. 借款费用

借款费用扣除标准：①企业在生产经营活动中发生的合理的不需要资本化的借款费

用,准予扣除。②企业为购置、建造固定资产、无形资产和经过12个月以上的建造才能达到预定可销售状态的存货发生借款的,在有关资产购置、建造期间发生的合理的借款费用,应予以资本化,作为资本性支出计入有关资产的成本;有关资产交付使用后发生的借款利息,可在发生当期扣除。

6. 汇兑损失

企业在货币交易中,以及纳税年度终了时将人民币以外的货币性资产、负债按照期末即期人民币汇率中间价折算为人民币时产生的汇兑损失,除已经计入有关资产成本以及与向所有者进行利润分配相关的部分,准予扣除。

7. 业务招待费

(1)企业发生的与生产经营活动有关的业务招待费支出,按照发生额的60%扣除,但最高不得超过当年销售(营业)收入的5‰。当年销售(营业)收入包括《企业所得税法实施条例》第二十五条规定的视同销售(营业)收入额。

(2)对从事股权投资业务的企业(包括集团公司总部、创业投资企业等),其从被投资企业所分配的股息、红利以及股权转让收入,可以按规定的比例计算业务招待费扣除限额。

(3)企业在筹建期间,发生的与筹办活动有关的业务招待费支出,可按实际发生额的60%计入企业筹办费,并按有关规定在税前扣除。

8. 广告费和业务宣传费

企业发生的符合条件的广告费和业务宣传费支出,除国务院财政、税务主管部门另有规定,不超过当年销售(营业)收入15%的部分,准予扣除;超过部分,准予在以后纳税年度结转扣除。当年销售(营业)收入包括《企业所得税法实施条例》第二十五条规定的视同销售(营业)收入额。

企业申报扣除的广告费支出应与赞助支出严格区分。企业申报扣除的广告费支出,必须符合下列条件:广告是通过市场监督管理部门批准的专门机构制作的;已实际支付费用,并已取得相应发票;通过一定的媒体传播。

自2016年1月1日起至2020年12月31日,对部分行业广告费和业务宣传费税前扣除的特殊规定如下:

(1)对化妆品制造与销售、医药制造和饮料制造(不含酒类制造,下同)企业发生的广告费和业务宣传费支出,不超过当年销售(营业)收入30%的部分,准予扣除;超过部分,准予在以后纳税年度结转扣除。

(2)对签订广告费和业务宣传费分摊协议(简称分摊协议)的关联企业,其中一方发生的不超过当年销售(营业)收入税前扣除限额比例内的广告费和业务宣传费支出可以在本企业扣除,也可以将其中的部分或全部按照分摊协议归集至另一方扣除。另一方在计算本企业广告费和业务宣传费支出企业所得税税前扣除限额时,可将按照上述办法归集至本企业的广告费和业务宣传费不计算在内。

(3)烟草企业的烟草广告费和业务宣传费支出,一律不得在计算应纳税所得额时扣除。

企业在筹建期间,发生的广告费和业务宣传费,可按实际发生额计入企业筹办费,并按有关规定在税前扣除。

9. 环境保护专项资金

企业依照法律、行政法规有关规定提取的用于环境保护、生态恢复等方面的专项资金，准予扣除。上述专项资金提取后改变用途的，不得扣除。

 特别提示

是提取数而不是发生数（可以提而不用）。

 特别提示

专项资金提取后改变用途的，不得扣除。

10. 租赁费

企业根据生产经营活动的需要租入固定资产支付的租赁费，按照以下方法扣除。

（1）以经营租赁方式租入固定资产发生的租赁费支出，按照租赁期限均匀扣除。经营性租赁是指所有权不转移的租赁。

（2）以融资租赁方式租入固定资产发生的租赁费支出，按照规定构成融资租入固定资产价值的部分应当提取折旧费用，分期扣除。融资租赁是指在实质上转移与一项资产所有权有关的全部风险和报酬的一种租赁。

11. 劳动保护费

企业发生的合理的劳动保护支出，准予扣除。

企业根据其工作性质和特点，由企业统一制作并要求员工工作时统一着装所发生的工作服饰费用，可以作为企业合理的支出给予税前扣除。

 特别提示

不同来源的劳动保护用品与劳动保护费的涉税比较如表6-15所示。

表6-15　不同来源的劳动保护用品与劳动保护费的涉税比较

来源		增值税	所得税
劳动保护用品	外购货物	可以抵扣进项	列入成本费用扣除
	自产货物	不计销项	不属于企业所得税的应税收入
职工福利用品	外购货物	不得抵扣进项	在职工福利费限额内扣除
	自产货物	视同销售计销项	属于企业所得税的应税收入

12. 公益性捐赠支出

公益性捐赠是指企业通过公益性组织或者县级（含县级）以上人民政府及其部门，用于符合法律规定的慈善活动、公益事业的捐赠。

企业当年发生以及以前年度结转的公益性捐赠支出，不超过年度利润总额12%的部分，准予扣除，超过年度利润总额12%的部分，准予结转以后3年内在计算应纳税所得额时扣除。年度利润总额是指企业依照国家统一会计制度的规定计算的年度会计利润。企业在对公益性捐赠支出计算扣除时，应先扣除以前年度结转的捐赠支出，再扣除当年发生的捐赠支出。

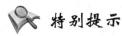 **特别提示**

捐赠项目税前扣除方法和要点见表6-16。

表6-16 捐赠项目税前扣除方法和要点

捐赠项目	税前扣除方法	要　　点
公益性捐赠[公益的、间接的、通过公益性社会组织或县级(含)以上人民政府及其部门]	限额扣除	(1) 限额比例：12% (2) 限额标准：年度利润总额×12% (3) 扣除额：扣除限额与实际发生额中较小者 (4) 超标准的公益性捐赠，结转以后3个年度内扣除，先超部分先扣除
扶贫捐赠	据实扣除	用于目标脱贫地区
疫情捐赠		(1) 用于应对新型冠状病毒感染的肺炎疫情 (2) 通过公益性社会组织或者县级以上人民政府及其部门等国家机关捐赠的现金和物品 (3) 直接捐赠的物品
非公益性捐赠 直接捐赠（除上述特定规定外） 通过营利机构或个人捐赠	不得扣除	应做纳税调整

13. 总机构分摊的费用

非居民企业在中国境内设立的机构、场所，就其中国境外总机构发生的与该机构、场所生产经营有关的费用，能够提供总机构出具的费用汇集范围、定额、分配依据和方法等证明文件，并合理分摊的，准予扣除。

14. 资产损失

资产损失是企业当期发生的固定资产和流动资产盘亏、毁损净损失。由其提供清查盘存资料经向主管税务机关备案后，准予扣除；企业因存货盘亏、毁损、报废、被盗等原因不得从增值税销项税额中抵扣的进项税额，可以与存货损失一起在计算应纳税所得额时扣除。

15. 其他项目

其他项目是指依照有关法律、行政法规和国家有关税法规定准予扣除的其他项目。例如，会员费、合理的会议费、差旅费、违约金、诉讼费用等。

16. 手续费及佣金支出

(1) 企业发生与生产经营有关的手续费及佣金支出，不超过表6-17规定计算限额以内的部分，准予扣除；超过部分，不得扣除。

表6-17 不同企业手续费及佣金扣除标准

类　型	比　　　　例
保险企业	自2019年1月1日起，保险企业发生与其他经营活动有关的手续费及佣金不超过当年全部保费收入扣除退保金等后余额的18%（含本数）的部分，在计算应纳税所得额时准予扣除；超过部分，允许结转以后年度扣除
其他企业	按与具有合法经营资格中介服务机构或个人（不含交易双方及其雇员、代理人和代表人等）所签订服务协议或合同确认的收入金额的5%计算限额

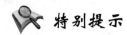 **特别提示**

电信企业在发展客户、拓展业务等过程中（如委托销售电话入网卡、电话充值卡等），需向经纪人、代办商支付手续费及佣金的，其实际发生的相关手续费及佣金支出，不超过企业当年收入总额5%的部分，准予在企业所得税前据实扣除。

上述所称电信企业手续费及佣金支出，仅限于电信企业在发展客户、拓展业务等过程中因委托销售电话入网卡、电话充值卡所发生的手续费及佣金支出。

（2）手续费及佣金支付方式的要求如表6-18所示。

表6-18　手续费及佣金支付方式的要求

情　形	支付方式的要求
向具有合法经营资格中介服务机构支付的	必须转账支付
向个人支付的	可以以现金方式，但需要有合法的凭证

（3）企业不得将手续费及佣金支出计入回扣、业务提成、返利、进场费等费用。

（4）企业已计入固定资产、无形资产等相关资产的手续费及佣金支出，应当通过折旧、摊销等方式分期扣除，不得在发生当期直接扣除。

（5）企业支付的手续费及佣金不得直接冲减服务协议或合同金额，并如实入账。

（6）企业应当如实向当地主管税务机关提供当年手续费及佣金计算分配表和其他相关资料，并依法取得合法真实凭证。

（7）从事代理服务、主营业务收入为手续费、佣金的企业（如证券、期货、保险代理等企业），其为取得该类收入而实际发生的营业成本（包括手续费及佣金支出），准予在企业所得税前据实扣除。

17. 航空企业空勤训练费、核电厂操纵员培养费

航空企业实际发生的飞行员养成费、飞行训练费、乘务训练费、空中保卫员训练费等空勤训练费用，可以作为航空企业运输成本在税前扣除。

核力发电企业为培养核电厂操纵员发生的培养费用，可作为企业的发电成本在税前扣除。企业应将核电厂操纵员培养费与员工的职工教育经费严格区分，单独核算，员工实际发生的职工教育经费支出不得计入核电厂操纵员培养费直接扣除。

18. 投资企业撤回或减少投资

投资企业从被投资企业撤回或减少投资，其取得的资产中，相当于初始出资的部分，应确认为投资收回；相当于被投资企业累计未分配利润和累计盈余公积按减少实收资本比例计算的部分，应确认为股息所得；其余部分确认为投资资产转让所得。

扩展阅读 6.13：《国家税务总局关于我国居民企业实行股权激励计划有关企业所得税处理问题的公告》（国家税务总局公告 2012 年第 18 号）

被投资企业发生的经营亏损，由被投资企业按规定结转弥补；投资企业不得调整减低其投资成本，也不得将其确认为投资损失。

19. 关于我国居民企业实行股权激励计划有关企业所得税处理问题

20. 关于以前年度发生应扣未扣支出的税务处理问题

根据《税收征收管理法》的有关规定，对企业发现以前年度实际发生的、按照税收规定应在企业所得税前扣除而未扣除或者少扣除的支出，企业作出专项申报及说明后，准予追补至该项目发生年度计算扣除，但追补确认期限不得超过 5 年。

企业由于上述原因多缴的企业所得税税款，可以在追补确认年度企业所得税应纳税款中抵扣，不足抵扣的，可以向以后年度递延抵扣或申请退税。

亏损企业追补确认以前年度未在企业所得税前扣除的支出，或盈利企业经过追补确认后出现亏损的，应首先调整该项支出所属年度的亏损额，然后再按照弥补亏损的原则计算以后年度多缴的企业所得税款，并按前款规定处理。

21. 金融企业提取的贷款损失准备金的企业所得税税前扣除

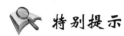 **特别提示**

金融企业涉农贷款和中小企业贷款损失准备金的企业所得税税前扣除政策。

扩展阅读 6.14：《财政部 税务总局关于金融企业贷款损失准备金企业所得税税前扣除有关政策的公告》（财政部 税务总局公告 2019 年第 86 号）

22. 符合条件的棚户区改造支出

企业参与政府统一组织的工矿棚户区改造、林区改造、垦区危房改造并同时符合条件的棚户区改造支出，准予在企业所得税税前扣除。

扩展阅读 6.15：《国家税务总局关于金融企业涉农贷款和中小企业贷款损失税前扣除问题的公告》（国家税务总局公告 2015 年第 25 号）。

23. 关于税前扣除规定与企业实际会计处理之间的协调问题

根据《企业所得税法》的规定，对企业依据财务会计制度规定，并实际在财务会计处理上已确认的支出，凡没有超过《企业所得税法》和有关税收法规规定的税前扣除范围和标准的，可按企业实际会计处理确认的支出，在企业所得税前扣除，计算其应纳税所得额。

扩展阅读 6.16：【总结】有扣除标准的项目

四、不得扣除的项目

在计算应纳税所得额时，下列支出不得扣除。

（1）向投资者支付的股息、红利等权益性投资收益款项。

（2）企业所得税税款。

（3）税收滞纳金。

（4）罚金、罚款和被没收财物的损失。

（5）超过规定标准的捐赠支出。

（6）赞助支出，是指企业发生的与生产经营活动无关的各种非广告性质支出。

（7）未经核定的准备金支出，是指不符合国务院财政、税务主管部门规定的各项资产减值准备、风险准备等准备金支出。

根据《企业所得税法实施条例》的规定，除财政部和国家税务总局核准计提的准备金可以税前扣除，其他行业、企业计提的各项资产减值准备、风险准备等准备金均不得税前扣除。

2008年1月1日前按照原企业所得税法规定计提的各类准备金，2008年1月1日以后，未经财政部和国家税务总局核准的，企业以后年度实际发生的相应损失，应先冲减各项准备金余额。

（8）企业之间支付的管理费、企业内营业机构之间支付的租金和特许权使用费，以及非银行企业内营业机构的盈利。

（9）与取得收入无关的其他支出。

五、亏损弥补

企业某一纳税年度发生的亏损可以用下一年度的所得弥补，下一年度的所得不足以弥补的，可以逐年延续弥补，但最长不得超过5年。

从2018年1月1日起，高新技术企业和科技型中小企业亏损结转年限由5年延长至10年。

 特别提示

（1）亏损不是企业财务报表中的亏损额，是税法调整后的金额。

（2）5年弥补期是以亏损年度的第一年度算起，连续5年内不论是盈利或亏损，都作为实际弥补年限计算。

（3）连续发生年度亏损，必须从第一个亏损年度算起，先亏先补，后亏后补。企业在汇总计算缴纳企业所得税时，其境外营业机构的亏损不得抵减境内营业机构的盈利。

（1）企业筹办期间不计算为亏损年度，企业开始生产经营的年度，为开始计算企业损益的年度。企业从事生产经营之前进行筹办活动期间发生筹办费用支出，不得计算为当期的亏损，企业可以在开始经营之日的当年一次性扣除，也可以按照《企业所得税法》有关长期待摊费用的处理规定处理，但一经选定，不得改变。

（2）税务机关对企业以前年度纳税情况进行检查时调增的应纳税所得额，凡企业以前年度发生亏损，且该亏损属于《企业所得税法》规定允许弥补的，应允许调增的应纳税所得额弥补该亏损。弥补该亏损后仍有余额的，按照《企业所得税法》规定计算缴纳企业所得税。对检查调增的应纳税所得额应根据其情节，按照《税收征收管理法》有关规定进行处理或处罚（国家税务总局公告2010年第20号）。

扩展阅读6.17：《财政部税务总局关于支持新型冠状病毒感染的肺炎疫情防控有关税收政策的公告》（财政部 税务总局公告2020年第8号）

（3）受疫情影响较大的困难企业2020年度发生的亏损，最长结转年限由5年延长至8年。

第四节 资产的所得税处理

企业的各项资产，包括固定资产、生物资产、无形资产、长期待摊费用、投资资产、存货等，除盘盈固定资产外，以历史成本为计税基础。历史成本，是指企业取得该项资产时实际发生的支出。企业持有各项资产期间资产增值或者减值，除国务院财政、税务主管部门规定可以确认损益，不得调整该资产的计税基础。

一、固定资产的税务处理

固定资产，是指企业为生产产品、提供劳务、出租或者经营管理而持有的、使用时间超过 12 个月的非货币性资产，包括房屋、建筑物、机器、机械、运输工具以及其他与生产经营活动有关的设备、器具、工具等。

（一）固定资产的计税基础

（1）外购的固定资产，以购买价款和支付的相关税费以及直接归属于使该资产达到预定用途发生的其他支出为计税基础。

（2）自行建造的固定资产，以竣工结算前发生的支出为计税基础。

（3）融资租入的固定资产，以租赁合同约定的付款总额和承租人在签订租赁合同过程中发生的相关费用为计税基础，租赁合同未约定付款总额的，以该资产的公允价值和承租人在签订租赁合同过程中发生的相关费用为计税基础。

（4）盘盈的固定资产，以同类固定资产的重置完全价值为计税基础。

（5）通过捐赠、投资、非货币性资产交换、债务重组等方式取得的固定资产，以该资产的公允价值和支付的相关税费为计税基础。

（6）改建的固定资产，除已足额提取折旧的固定资产和租入的固定资产以外的其他固定资产，以改建过程中发生的改建支出增加计税基础。

（二）固定资产折旧的范围

在计算应纳税所得额时，企业按照规定计算的固定资产折旧，准予扣除。下列固定资产不得计算折旧扣除。

（1）房屋、建筑物以外未投入使用的固定资产。

（2）以经营租赁方式租入的固定资产。

（3）以融资租赁方式租出的固定资产。

（4）已足额提取折旧仍继续使用的固定资产。

（5）与经营活动无关的固定资产。

（6）单独估价作为固定资产入账的土地。

（7）其他不得计算折旧扣除的固定资产。

（三）固定资产折旧的计提方法

（1）企业应当自固定资产投入使用月份的次月起计算折旧；停止使用的固定资产，应当自停止使用月份的次月起停止计算折旧。

（2）企业应当根据固定资产的性质和使用情况，合理确定固定资产的预计净残值。固定资产的预计净残值一经确定，不得变更。

（3）固定资产按照直线法计算的折旧，准予扣除。

（4）企业对房屋、建筑物固定资产在未足额提取折旧前进行改扩建的，如属于推倒重置的，该资产原值减除提取折旧后的净值，应并入重置后的固定资产计税成本，并在该固定资产投入使用后的次月起，按照税法规定的折旧年限，一并计提折旧；如属于提升功能、增加面积的，该固定资产的改扩建支出，并入该固定资产计税基础，并从改扩建完工投入使用后的次月起,重新按税法规定的该固定资产折旧年限计提折旧,如该改扩建后的固定资产尚可使用的年限低于税法规定的最低年限的,可以按尚可使用的年限计提折旧(国家税务总局公告 2011 年第 34 号)。

(5)对生物药品制造业,专用设备制造业,铁路、船舶、航空航天和其他运输设备制造业,计算机、通信和其他电子设备制造业,仪器仪表制造业,信息传输、软件和信息技术服务业等行业企业(简称"六大行业"),2014 年 1 月 1 日后购进的固定资产(包括自行建造),允许按不低于企业所得税法规定折旧年限的 60%缩短折旧年限,或选择采取双倍余额递减法或年数总和法进行加速折旧。

(6)对轻工、纺织、机械、汽车四个领域重点行业(以下简称"四个领域重点行业")企业 2015 年 1 月 1 日后新购进的固定资产(包括自行建造,下同),允许缩短折旧年限或采取加速折旧方法。

四个领域重点行业按照财税〔2015〕106 号附件"轻工、纺织、机械、汽车四个领域重点行业范围"确定。今后国家有关部门更新国民经济行业分类与代码,从其规定。

四个领域重点行业企业是指以上述行业业务为主营业务,其固定资产投入使用当年的主营业务收入占企业收入总额 50%(不含)以上的企业。所称收入总额,是指企业所得税法第六条规定的收入总额。

对四个领域重点行业小型微利企业 2015 年 1 月 1 日后新购进的研发和生产经营共用的仪器、设备,单位价值不超过 100 万元(含)的,允许在计算应纳税所得额时一次性全额扣除;单位价值超过 100 万元的,允许缩短折旧年限或采取加速折旧方法。

(7)自 2019 年 1 月 1 日起,将原适用于六大行业和四个领域重点行业企业的固定资产加速折旧的适用范围扩大至全部制造业,但具体固定资产加速折旧政策内容没有调整,仍与原有政策保持一致。

(8)所有企业持有的单位价值不超过 5 000 元的固定资产,允许一次性计入当期成本费用。对所有企业在 2018 年 1 月 1 日至 2020 年 12 月 31 日期间新购进的设备、器具(指除房屋、建筑物以外的固定资产),单位价值不超过 500 万元的,允许一次性计入当期成本费用,在计算应纳税所得额时扣除,不再分年度计算折旧。单位价值超过 500 万元的固定资产,符合加速折旧条件,允许按不低于《企业所得税法》规定折旧年限的 60%缩短折旧年限,或选择采取双倍余额递减法或年数总和法进行加速折旧。

对所有行业 2014 年 1 月 1 日后购进并专门用于研发活动的仪器、设备,单位价值不超过 100 万元的,可以一次性在计算应纳税所得额时扣除;单位价值超过 100 万元的,允许按不低于企业所得税法规定折旧年限的 60%缩短折旧年限,或选择采取双倍余额递减法或年数总和法进行加速折旧。

当然,对所有行业 2018 年 1 月 1 日至 2020 年 12 月 31 日期间,购进并专门用于研发活动的仪器、设备,单位价值不超过 500 万元的,可以一次性在计算应纳税所得额时扣除;单位价值超过 500 万元的,允许按不低于企业所得税法规定折旧年限的 60%缩短折旧年限,或选择采取双倍余额递减法或年数总和法进行加速折旧。

(四)固定资产折旧的计提年限

除国务院财政、税务主管部门另有规定,固定资产计算折旧的最低年限如表 6-19 所示。

表 6-19　固定资产计算折旧的最低年限

固定资产类型	最低折旧年限
房屋、建筑物	20 年
飞机、火车、轮船、机器、机械和其他生产设备	10 年
与生产经营活动有关的器具、工具、家具等	5 年
飞机、火车、轮船以外的运输工具	4 年
电子设备	3 年

从事开采石油、天然气等矿产资源的企业，在开始商业性生产前发生的费用和有关固定资产的折耗、折旧方法，由国务院财政、税务主管部门另行规定。

（五）固定资产折旧的企业所得税处理

（1）企业固定资产会计折旧年限如果短于税法规定的最低折旧年限，其按会计折旧年限计提的折旧高于按税法规定的最低折旧年限计提的折旧部分，应调增当期应纳税所得额；企业固定资产会计折旧年限已期满且会计折旧已提足，但税法规定的最低折旧年限尚未到期且税收折旧尚未足额扣除，其未足额扣除的部分准予在剩余的税收折旧年限继续按规定扣除。

（2）企业固定资产会计折旧年限如果长于税法规定的最低折旧年限，其折旧应按会计折旧年限计算扣除，税法另有规定除外。

（3）企业按会计规定提取的固定资产减值准备，不得税前扣除，其折旧仍按税法确定的固定资产计税基础计算扣除。

（4）企业按税法规定实行加速折旧的，其按加速折旧办法计算的折旧额可全额在税前扣除。

（5）石油、天然气开采企业在计提油气资产折耗（折旧）时，由于会计与税法规定计算方法不同导致的折耗（折旧）差异，应按税法规定进行纳税调整。

扩展阅读 6.18：固定资产一次性税前扣除中"新购进"的理解

二、生物资产的税务处理

生物资产，是指有生命的动物和植物，包括消耗性生物资产、生产性生物资产和公益性生物资产。

（一）生产性生物资产的计税基础

生产性生物资产，是指企业为生产农产品、提供劳务或者出租等而持有的生物资产，包括经济林、薪炭林、产畜和役畜等。

（1）外购的生产性生物资产，以购买价款和支付的相关税费为计税基础。

（2）通过捐赠、投资、非货币性资产交换、债务重组等方式取得的生产性生物资产，以该资产的公允价值和支付的相关税费为计税基础。

（二）生产性生物资产的折旧方法和折旧年限

生产性生物资产按照直线法计算的折旧，准予扣除。企业应当自生产性生物资产投入使用月份的次月起计算折旧；停止使用的生产性生物资产，应当自停止使用月份的次月起停止计算折旧。

企业应当根据生产性生物资产的性质和使用情况,合理确定生产性生物资产的预计净残值。生产性生物资产的预计净残值一经确定,不得变更。

生产性生物资产计算折旧的最低年限如下:

（1）林木类生产性生物资产,为10年。

（2）畜类生产性生物资产,为3年。

三、无形资产的税务处理

无形资产,是指企业为生产产品、提供劳务、出租或者经营管理而持有的、没有实物形态的非货币性长期资产,包括专利权、商标权、著作权、土地使用权、非专利技术、商誉等。

（一）无形资产的计税基础

（1）外购的无形资产,以购买价款和支付的相关税费以及直接归属于使该资产达到预定用途发生的其他支出为计税基础。

（2）自行开发的无形资产,以开发过程中该资产符合资本化条件后至达到预定用途前发生的支出为计税基础。

（3）通过捐赠、投资、非货币性资产交换、债务重组等方式取得的无形资产,以该资产的公允价值和支付的相关税费为计税基础。

（二）无形资产的摊销范围

在计算应纳税所得额时,企业按照规定计算的无形资产摊销费用,准予扣除。

下列无形资产不得计算摊销费用扣除:

（1）自行开发的支出已在计算应纳税所得额时扣除的无形资产。

（2）自创商誉。

（3）与经营活动无关的无形资产。

（4）其他不得计算摊销费用扣除的无形资产。

（三）无形资产的摊销方法及年限

无形资产的摊销,按照直线法计算。无形资产的摊销年限不得低于10年。作为投资或者受让的无形资产,有关法律规定或者合同约定了使用年限的,可以按照规定或者约定的使用年限分期摊销。外购商誉的支出,在企业整体转让或者清算时,准予扣除。

企业外购的软件,凡符合固定资产或无形资产确认条件的,可以按照固定资产或无形资产进行核算,其折旧或摊销年限可以适当缩短,最短可为2年（含）。

四、长期待摊费用的税务处理

长期待摊费用,是指企业发生的,应在1个年度以上或几个年度进行摊销的费用。在计算应纳税所得额时,企业发生的下列支出（表6-20）,作为长期待摊费用,按照规定摊销的,准予扣除。

表 6-20 长期待摊费用的税务处理

类　　别			税　务　处　理
房屋、建筑物支出	日常维修支出		列入当期费用
	改建支出	已提足折旧的固定资产的改建支出	长期待摊费用，按照固定资产预计尚可使用年限分期摊销
		租入的固定资产的改建支出	长期待摊费用，按照合同约定的剩余租赁期限分期摊销
		其他	增加固定资产计税基础，适当延长折旧年限
其他固定资产	大修理支出	同时符合下列条件的支出： （1）修理支出达到取得固定资产时的计税基础 50%以上 （2）修理后固定资产的使用年限延长 2 年以上	长期待摊费用，按照固定资产尚可使用年限分期摊销
其他应当作为长期待摊费用的支出			自支出发生月份的次月起，分期摊销，摊销年限不得低于 3 年

五、存货的税务处理

存货，是指企业持有以备出售的产品或者商品、处在生产过程中的在产品、在生产或者提供劳务过程中耗用的材料和物料等。

（一）存货的计税基础

存货按照以下方法确定成本。

（1）通过支付现金方式取得的存货，以购买价款和支付的相关税费为成本。

（2）通过支付现金以外的方式取得的存货，以该存货的公允价值和支付的相关税费为成本。

（3）生产性生物资产收获的农产品，以产出或者采收过程中发生的材料费、人工费和分摊的间接费用等必要支出为成本。

（二）存货的成本计算方法

企业使用或者销售的存货的成本计算方法，可以在先进先出法、加权平均法、个别计价法中选用一种。计价方法一经选用，不得随意变更。

企业转让以上资产，在计算应纳税所得额时，资产的净值允许扣除。资产净值，是指有关资产、财产的计税基础减除已经按照规定扣除的折旧、折耗、摊销、准备金等后的余额。

除国务院财政、税务主管部门另有规定，企业在重组过程中，应当在交易发生时确认有关资产的转让所得或者损失，相关资产应当按照交易价格重新确定计税基础。

六、投资资产的税务处理

投资资产是指企业对外进行权益性投资和债权性投资形成的资产。

（一）投资资产的成本

投资资产按照以下方法确定成本。

(1)通过支付现金方式取得的投资资产,以购买价款为成本。

(2)通过支付现金以外的方式取得的投资资产,以该资产的公允价值和支付的相关税费为成本。

(二)投资资产成本的扣除方法

企业对外投资期间,投资资产的成本在计算应纳税所得额时不得扣除。企业在转让或者处置投资资产时,投资资产的成本准予扣除。

(三)非货币性资产投资涉及的企业所得税处理

(1)居民企业(以下简称企业)以非货币性资产对外投资确认的非货币性资产转让所得,可在不超过5年期限内,分期均匀计入相应年度的应纳税所得额,按规定计算缴纳企业所得税。

(2)企业以非货币性资产对外投资,应对非货币性资产进行评估并按评估后的公允价值扣除计税基础后的余额,计算确认非货币性资产转让所得。

企业以非货币性资产对外投资,应于投资协议生效并办理股权登记手续时,确认非货币性资产转让收入的实现。

(3)企业以非货币性资产对外投资而取得被投资企业的股权,应以非货币性资产的原计税成本为计税基础,加上每年确认的非货币性资产转让所得,逐年进行调整。

被投资企业取得非货币性资产的计税基础,应按非货币性资产的公允价值确定。

(4)企业在对外投资5年内转让上述股权或投资收回的,应停止执行递延纳税政策,并就递延期内尚未确认的非货币性资产转让所得,在转让股权或投资收回当年的企业所得税年度汇算清缴时,一次性计算缴纳企业所得税;企业在计算股权转让所得时,可按上述(3)中第一款规定将股权的计税基础一次调整到位。

企业在对外投资5年内注销的,应停止执行递延纳税政策,并就递延期内尚未确认的非货币性资产转让所得,在注销当年的企业所得税年度汇算清缴时,一次性计算缴纳企业所得税。

(5)非货币性资产指现金、银行存款、应收账款、应收票据以及准备持有至到期的债券投资等货币性资产以外的资产。所称非货币性资产投资,限于以非货币性资产出资设立新的居民企业,或者将非货币性资产注入现存的居民企业。

(6)企业发生非货币性资产投资,符合特殊性税务处理条件的,也可选择按特殊性税务处理规定执行。

(7)上述规定自2014年1月1日起执行,以前尚未处理的非货币性资产投资,符合上述规定的可按该规定执行。

特别提示

企业发生非货币性资产投资,符合《财政部 国家税务总局关于企业重组业务企业所得税处理若干问题的通知》(财税〔2009〕59号)等文件规定的特殊性税务处理条件的,也可选择按特殊性税务处理规定执行。

关联企业之间发生的非货币性资产投资行为,投资协议生效后12个月内尚未完成股权变更登记手续的,于投资协议生效时,确认非货币性资产转让收入的实现。(国税

局公告2015年第33号）

七、企业政策性搬迁或处置收入有关所得税处理

企业政策性搬迁，是指由于社会公共利益的需要，在政府主导下企业进行整体搬迁或部分搬迁。

企业就政策性搬迁过程中涉及的搬迁收入、搬迁支出、搬迁资产税务处理、搬迁所得等所得税征收管理事项，应单独进行税务管理和核算。不能单独进行税务管理和核算的，应视为企业自行搬迁或商业性搬迁等非政策性搬迁进行所得税处理企业在搬迁期间发生的搬迁收入和搬迁支出，可以暂不计入当期应纳税所得额，待到完成搬迁的年度，对搬迁收入与搬迁支出汇总清算。

扩展阅读6.19：企业政策性搬迁涉及的搬迁收入、搬迁支出、搬迁资产的税务处理

第五节 资产损失税前扣除的所得税处理

一、资产及资产损失的概念

准予在企业所得税税前扣除的资产损失，是指企业在实际处置、转让上述资产过程中发生的合理损失（简称"实际资产损失"），以及企业虽未实际处置、转让上述资产，但按规定条件计算确认的损失（简称"法定资产损失"）。

二、资产损失扣除政策

根据财税〔2009〕57号文件，企业资产损失税前扣除政策如下。

（1）企业清查出的现金短缺减除责任人赔偿后的余额，作为现金损失在计算应纳税所得额时扣除。

（2）企业将货币性资金存入法定具有吸收存款职能的机构，因该机构依法破产、清算，或者政府责令停业、关闭等原因，确实不能收回的部分，作为存款损失在计算应纳税所得额时扣除。

（3）企业除贷款类债权外的应收、预付账款符合下列条件之一的，减除可收回金额后确认的无法收回的应收、预付款项，可以作为坏账损失在计算应纳税所得额时扣除。

①债务人依法宣告破产、关闭、解散、被撤销，或者被依法注销、吊销营业执照，其清算财产不足清偿的。

②债务人死亡，或者依法被宣告失踪、死亡，其财产或者遗产不足清偿的。

③债务人逾期3年以上未清偿，且有确凿证据证明已无力清偿债务的。

④与债务人达成债务重组协议或法院批准破产重整计划后，无法追偿的。

⑤因自然灾害、战争等不可抗力导致无法收回的。

⑥国务院财政、税务主管部门规定的其他条件。

（4）企业的股权投资符合下列条件之一的，减除可收回金额后确认的无法收回的股权投资，可以作为股权投资损失在计算应纳税所得额时扣除。

①被投资方依法宣告破产、关闭、解散、被撤销，或者被依法注销、吊销营业执照的。

②被投资方财务状况严重恶化，累计发生巨额亏损，已连续停止经营3年以上，且无重新恢复经营改组计划的。

③对被投资方不具有控制权，投资期限届满或者投资期限已超过10年，且被投资单位因连续3年经营亏损导致资不抵债的。

④被投资方财务状况严重恶化，累计发生巨额亏损，已完成清算或清算期超过3年的。

⑤国务院财政、税务主管部门规定的其他条件。

（5）对企业盘亏的固定资产或存货，以该固定资产的账面净值或存货的成本减除责任人赔偿后的余额，作为固定资产或存货盘亏损失在计算应纳税所得额时扣除。

（6）对企业毁损、报废的固定资产或存货，以该固定资产的账面净值或存货的成本减除残值、保险赔款和责任人赔偿后的余额，作为固定资产或存货毁损、报废损失在计算应纳税所得额时扣除。

（7）对企业被盗的固定资产或存货，以该固定资产的账面净值或存货的成本减除保险赔款和责任人赔偿后的余额，作为固定资产或存货被盗损失在计算应纳税所得额时扣除。

（8）企业因存货盘亏、毁损、报废、被盗等原因不得从增值税销项税额中抵扣的进项税额，可以与存货损失一起在计算应纳税所得额时扣除。

（9）企业在计算应纳税所得额时已经扣除的资产损失，在以后纳税年度全部或者部分收回时，其收回部分应当作为收入计入收回当期的应纳税所得额。

（10）企业境内、境外营业机构发生的资产损失应分开核算，对境外营业机构由于发生资产损失而产生的亏损，不得在计算境内应纳税所得额时扣除。

（11）企业对其扣除的各项资产损失，应当提供能够证明资产损失确属已实际发生的合法证据，包括具有法律效力的外部证据、具有法定资质的中介机构的经济鉴证证明、具有法定资质的专业机构的技术鉴定证明等。

特别提示

转制为企业的出版、发行单位，转制时可按规定对其库存积压待报废的出版物进行资产处置，对经确认的损失可以在净资产中予以扣除；对于出版、发行单位处置库存呆滞出版物形成的损失，允许据实在企业所得税前扣除（国办发〔2014〕15号）。

三、资产损失税前扣除管理

根据国家税务总局公告2011年第25号，企业资产损失税前扣除管理按以下规定执行。

（一）申报管理

企业资产损失按其申报内容和要求的不同，分为清单申报和专项申报两种申报形式。

（1）下列资产损失，应以清单申报的方式向税务机关申报扣除。

①企业在正常经营管理活动中，按照公允价格销售、转让、变卖非货币资产的损失。

②企业各项存货发生的正常损耗。

③企业固定资产达到或超过使用年限而正常报废清理的损失。

④企业生产性生物资产达到或超过使用年限而正常死亡发生的资产损失。

⑤企业按照市场公平交易原则，通过各种交易场所、市场等买卖债券、股票、期货、

基金以及金融衍生产品等发生的损失。

上述以外的资产损失,应以专项申报的方式向税务机关申报扣除。

(2)在中国境内跨地区经营的汇总纳税企业发生的资产损失。

①总机构及其分支机构发生的资产损失,除应按专项申报和清单申报的有关规定,各自向当地主管税务机关申报外,各分支机构同时还应上报总机构。

②总机构对各分支机构上报的资产损失,除税务机关另有规定,应以清单申报的形式向当地主管税务机关进行申报(分支机构要双向申报)。

(3)总机构将跨地区分支机构所属资产捆绑打包转让所发生资产损失,由总机构向当地主管税务机关进行专项申报。

 特别提示

2013年度及以后年度,企业所得税纳税申报规定如下(国家税务总局公告2014年第3号):

(1)商业零售企业存货因零星失窃、报废、废弃、过期、破损、腐败、鼠咬、顾客退换货等正常因素形成的损失,为存货正常损失,准予按会计科目进行归类、汇总,然后再将汇总数据以清单的形式进行企业所得税纳税申报,同时出具损失情况分析报告。

(2)商业零售企业存货因风、火、雷、震等自然灾害,仓储、运输失事,重大案件等非正常因素形成的损失,为存货非正常损失,应当以专项申报形式进行企业所得税纳税申报。

(3)存货单笔(单项)损失超过500万元的,无论何种因素形成的,均应以专项申报方式进行企业所得税纳税申报。

 特别提示

2013年度及以后年度,企业因国务院决定事项形成的资产损失,应以专项申报的方式向主管税务机关申报扣除。专项申报扣除的有关事项,按照国家税务总局公告2011年第25号规定执行(国家税务总局公告2014年第18号)。

(二)资产损失确认证据

企业资产损失相关的证据包括具有法律效力的外部证据和特定事项的企业内部证据。

(1)具有法律效力的外部证据,是指司法机关、行政机关、专业技术鉴定部门等依法出具的与本企业资产损失相关的具有法律效力的书面文件,主要包括以下几种。

①司法机关的判决或者裁定。

②公安机关的立案结案证明、回复。

③市场监督管理部门出具的注销、吊销及停业证明等。

(2)特定事项的企业内部证据,主要包括以下几种。

①有关会计核算资料和原始凭证。

②资产盘点表。

③相关经济行为的业务合同。

④企业内部技术鉴定部门的鉴定文件或资料等。

第六节　企业重组的所得税处理

一、企业重组的概念

企业重组是指企业在日常经营活动以外发生的法律结构或经济结构重大改变的交易，包括企业法律形式改变、债务重组、股权收购、资产收购、合并、分立等。按照重组类型，企业重组当事各方的定义参见国家税务总局公告2015年第48号。

（1）股权支付。股权支付是指企业重组中购买、换取资产的一方支付的对价中，以本企业或其控股企业的股权、股份作为支付的形式。

（2）非股权支付。非股权支付是指以本企业的现金、银行存款、应收账款、本企业或其控股企业股权和股份以外的有价证券、存货、固定资产等作为支付的形式。

自2008年1月1日起，企业发生上述重组事项的，按财税〔2009〕59号、财税〔2014〕109号文件以及国家税务总局公告2015年第48号的规定进行所得税处理。

二、企业重组的一般性税务处理方法

（1）企业由法人转变为个人独资企业、合伙企业等非法人组织，或将登记注册地转移至中华人民共和国境外（包括港澳台地区），应视同企业进行清算、分配，股东重新投资成立新企业。企业的全部资产以及股东投资的计税基础均应以公允价值为基础确定。

企业发生其他法律形式简单改变的，可直接变更税务登记，除另有规定，有关企业所得税纳税事项（包括亏损结转、税收优惠等权益和义务）由变更后企业承继，但因住所发生变化而不符合税收优惠条件的除外。

（2）企业债务重组，相关交易应按以下规定处理。

①以非货币资产清偿债务，应当分解为转让相关非货币性资产（视同销售）、按非货币性资产公允价值清偿债务两项业务，确认相关资产的所得或损失。

②发生债权转股权的，应当分解为债务清偿和股权投资两项业务，确认有关债务清偿所得或损失。

③债务人应当按照支付的债务清偿额低于债务计税基础的差额，确认债务重组所得；债权人应当按照收到的债务清偿额低于债权计税基础的差额，确认债务重组损失。

④债务人的相关所得税纳税事项原则上保持不变。

（3）企业股权收购、资产收购重组交易，相关交易应按以下规定处理。

①被收购方应确认股权、资产转让所得或损失。

②收购方取得股权或资产的计税基础应以公允价值为基础确定。

③被收购企业的相关所得税事项原则上保持不变。

（4）企业合并，当事各方应按下列规定处理。

①被合并企业及其股东都应按清算进行所得税处理。

②被合并企业的亏损不得在合并企业结转弥补。

③合并企业应按公允价值确定接受被合并企业各项资产和负债的计税基础。

（5）企业分立，当事各方应按下列规定处理。

①被分立企业对分立出去的资产应按公允价值确认资产转让所得或损失。

②被分立企业继续存在时，其股东取得的对价应视同被分立企业分配进行处理。
③被分立企业不再继续存在时，被分立企业及其股东都应按清算进行所得税处理。
④分立企业应按公允价值确认接受资产的计税基础。
⑤企业分立相关企业的亏损不得相互结转弥补。

三、企业重组的特殊性税务处理方法

（一）适用特殊性税务处理的条件

（1）具有合理的商业目的，且不以减少、免除或者推迟缴纳税款为主要目的。
（2）被收购、合并或分立部分的资产或股权比例符合规定的比例。
（3）企业重组后的连续12个月内不改变重组资产原来的实质性经营活动。
（4）重组交易对价中涉及股权支付金额符合规定比例。
（5）企业重组中取得股权支付的原主要股东，在重组后连续12个月内，不得转让所取得的股权。

重组当事各方企业适用特殊性税务处理的，确定重组主导方及企业重组日的方法请参见国家税务总局公告2015年第48号。

（二）特殊性税务处理的规定

（1）特殊性税务处理认定标准如表6-21所示。

表6-21 特殊性税务处理认定标准

类型	具体规定
债务重组	债务重组确认的应纳税所得额占该企业当年应纳税所得额50%以上，可以在5个纳税年度的期间内，均匀计入各年度的应纳税所得额 债转股，对债务清偿和股权投资两项业务暂不确认有关债务清偿所得或损失，股权投资的计税基础以原债权的计税基础确定
股权收购	收购企业购买的股权不低于被收购企业全部股权的50%，且收购企业在该股权收购发生时的股权支付金额不低于其交易支付总额的85%（财税〔2014〕109号）
资产收购	受让企业收购的资产不低于转让企业全部资产的50%，且受让企业在该资产收购发生时的股权支付金额不低于其交易支付总额的85%（财税〔2014〕109号）
企业合并	企业股东在该企业合并发生时取得的股权支付金额不低于其交易支付总额的85%，以及同一控制下且不需要支付对价的企业合并
企业分立	被分立企业所有股东按原持股比例取得分立企业的股权，分立企业和被分立企业均不改变原来的实质经营活动，且被分立企业股东在该企业分立发生时取得的股权支付金额不低于其交易支付总额的85%

（2）特殊性税务处理的方式如表6-22所示。

表6-22 特殊性税务处理的方式

类型	具体规定
股权支付部分	暂不确认有关资产的转让所得或损失，按原计税基础确认新资产或负债的计税基础
非股权支付部分	按公允价值确认资产的转让所得或损失，按公允价值确认资产或负债的计税基础
非股权支付对应的资产转让所得或损失 =（被转让资产的公允价值－被转让资产的计税基础）×（非股权支付金额÷被转让资产的公允价值）	

（3）企业合并、分立过程中亏损的处理如表 6-23 所示。

表 6-23　企业合并、分立过程中亏损的处理

类型		税务处理
企业合并	一般性	被合并企业的亏损不得在合并企业结转弥补
	特殊性	可由合并企业弥补的被合并企业亏损的限额 = 被合并企业净资产公允价值 × 截至合并业务发生当年年末国家发行的最长期限的国债利率
企业分立	一般性	企业分立相关企业的亏损不得相互结转弥补
	特殊性	被分立企业未超过法定弥补期限的亏损额可按分立资产占全部资产的比例进行分配，由分立企业继续弥补

（三）其他相关规定

（1）企业发生涉及中国境内与境外之间（包括港澳台地区）的股权和资产收购交易，除应符合特殊性税务处理条件外，还应同时符合下列条件，才可选择适用特殊性税务处理规定。

①非居民企业向其 100% 直接控股的另一非居民企业转让其拥有的居民企业股权，没有因此造成以后该项股权转让所得预提税负担变化，且转让方非居民企业向主管税务机关书面承诺在 3 年（含 3 年）内不转让其拥有受让方非居民企业的股权。

②非居民企业向与其具有 100% 直接控股关系的居民企业转让其拥有的另一居民企业股权。

③居民企业以其拥有的资产或股权向其 100% 直接控股的非居民企业进行投资。

④财政部、国家税务总局核准的其他情形。

（2）合并分立后的税收优惠延续问题如表 6-24 所示。

表 6-24　合并分立后的税收优惠延续问题

方式	前提	政策	金额（亏损计为零）
吸收合并	存续企业性质及适用优惠的条件未发生改变	继续享受合并或分立前该企业剩余期限的优惠	存续企业合并前一年的应纳税所得额
存续分立			分立前一年的应纳税所得额 × 分立后存续企业资产 ÷ 分立前该企业全部资产

（3）企业在重组发生前后连续 12 个月内分步对其资产、股权进行交易的，将上述交易作为一项重组交易进行处理。

（4）同一重组业务的当事各方应采取一致税务处理原则，即统一按一般性或特殊性税务处理。若当事方适用的会计准则不同导致重组业务完成年度的判定有差异，各当事方应协商一致，确定同一个纳税年度作为重组业务完成年度。

（5）当事方的其中一方在规定时间内发生生产经营业务、公司性质、资产或股权结构等情况变化，致使重组业务不再符合特殊性税务处理条件的，发生变化的当事方应在情况发生变化的 30 日内书面通知其他所有当事方。主导方在接到通知后 30 日内将有关变化通知其主管税务机关。

扩展阅读 6.20：《国家税务总局关于非居民企业股权转让适用特殊性税务处理有关问题的公告》（国家税务总局公告 2013 年第 72 号）

（四）关于非居民企业股权转让适用特殊性税务处理有关规定

（五）股权、资产划转

对 100% 直接控制的居民企业之间，以及受同一或相同多家居民企业 100% 直接控制的居民企业之间按账面净值划转股权或资产，凡具有合理商业目的，不以减少、免除或者推迟缴纳税款为主要目的，股权或资产划转后连续 12 个月内不改变被划转股权或资产原来实质性经营活动，且划出方企业和划入方企业均未在会计上确认损益的，可以选择按以下规定进行特殊性税务处理。

（1）划出方企业和划入方企业均不确认所得。

（2）划入方企业取得被划转股权或资产的计税基础，以被划转股权或资产的原账面净值确定。

（3）划入方企业取得的被划转资产，应按其原账面净值计算折旧扣除。

第七节 房地产开发经营业务的所得税处理

一、房地产开发经营业务的概念

根据国税发〔2009〕31 号文件，企业房地产开发经营业务是指包括土地的开发，建造、销售住宅、商业用房以及其他建筑物、附着物、配套设施等开发产品的一系列经营活动。

在中国境内从事房地产开发经营业务的企业，除土地开发，其他开发产品符合下列条件之一的，应视为已经完工。

（1）开发产品竣工证明材料已报房地产管理部门备案。

（2）开发产品已开始投入使用。

（3）开发产品已取得了初始产权证明。

二、收入的税务处理

（1）开发产品销售收入的范围为销售开发产品过程中取得的全部价款，包括现金、现金等价物及其他经济利益。企业代有关部门、单位和企业收取的各种基金、费用和附加等，凡纳入开发产品价内或由企业开具发票的，应按规定全部确认为销售收入；未纳入开发产品价内并由企业之外的其他收取部门、单位开具发票的，可作为代收代缴款项进行管理。

（2）企业通过正式签订《房地产销售合同》或《房地产预售合同》所取得的收入，应确认为销售收入的实现。

收入的实现规则，具体按以下规定确认。

①采取一次性全额收款方式销售开发产品的，应于实际收讫价款或取得索取价款凭据（权利）之日，确认收入实现。

②采取分期收款方式销售开发产品的，应按销售合同或协议约定的价款和付款日确认收入的实现。付款方提前付款的，在实际付款日确认收入的实现。

③采取银行按揭方式销售开发产品，应按销售合同或协议约定价款确定收入额，其

首付款应于实际收到日确认收入的实现,余款在银行按揭贷款办理转账之日确认收入的实现。

④采取委托方式销售开发产品的,应按以下原则确认收入的实现。

第一,采取支付手续费方式委托销售开发产品的,应按销售合同或协议中约定的价款于收到代销单位代销清单之日确认收入的实现。

第二,采取视同买断方式委托代销开发产品的,收入确认见表6-25。

表6-25 视同买断方式委托代销开发产品收入确认

方式	条件	计税基础
视同买断方式	企业与购买方签订销售合同或协议	销售合同或协议中约定的价格和买断价格中的较高者
	企业、受托方、购买方三方共同签订销售合同或协议	
	受托方与购买方签订销售合同或协议	买断价格

第三,采取基价(保底价)并实行超基价双方分成方式的,收入确认见表6-26。

表6-26 采取基价(保底价)并实行超基价双方分成方式的收入确认

方式	条件	计税基础
基价(保底价)并实行超基价双方分成方式	企业与购买方签订销售合同或协议	销售合同或协议中约定的价格和基价中的较高者,企业按规定支付受托方的分成额,不得直接从销售收入中减除
	企业、受托方、购买方三方共同签订销售合同或协议	
	受托方与购买方直接签订销售合同或协议	按基价加上按规定取得的分成额

第四,采取包销方式委托销售开发产品的,包销期内可根据包销合同的有关约定,参照上述第一项至第三项规定确认收入的实现;包销期满后尚未出售的开发产品,企业应根据包销合同或协议约定的价款和付款方式确认收入的实现。

(3)企业将开发产品用于捐赠、赞助、职工福利、奖励、对外投资、分配给股东或投资人、抵偿债务、换取其他企事业单位和个人的非货币性资产等行为,应视同销售,于开发产品所有权或使用权转移,或于实际取得利益权利时确认收入(或利润)的实现。确认收入(或利润)的方法和顺序如下。

①按本企业近期或本年度最近月份同类开发产品市场销售价格确定。

②由主管税务机关参照当地同类开发产品市场公允价值确定。

③按开发产品的成本利润率确定。开发产品的成本利润率不得低于15%,具体比例由主管税务机关确定。

(4)企业销售未完工开发产品的计税毛利率由各省、自治区、直辖市税务局按规定进行确定(表6-27)。

表6-27 企业销售未完工开发产品的计税毛利率表

房屋性质	地理位置	计税毛利率标准
非经济适用房、限价房、危改房	省、自治区、直辖市和计划单列市政府所在地城区和郊区	不得低于15%
	地级市城区和郊区	不得低于10%
	其他地区	不得低于5%
经济适用房、限价房、危改房(不受区域限制)		不得低于3%

（5）企业销售未完工开发产品取得的收入，应先按预计计税毛利率分季（或月）计算出预计毛利额，计入当期应纳税所得额。开发产品完工后，企业应及时结算其计税成本并计算此前销售收入的实际毛利额，同时将其实际毛利额与其对应的预计毛利额之间的差额，计入当年度企业本项目与其他项目合并计算的应纳税所得额。

在年度纳税申报时，企业须出具对该项开发产品实际毛利额与预计毛利额之间差异调整情况的报告以及税务机关需要的其他相关资料。

（6）企业新建的开发产品在尚未完工或办理房地产初始登记、取得产权证前，与承租人签订租赁预约协议的，自开发产品交付承租人使用之日起，出租方取得的预租价款按租金确认收入的实现。

（7）房地产开发企业建造、开发的开发产品，无论工程质量是否通过验收合格，或是否办理完工（竣工）备案手续，以及会计决算手续，当企业开始办理开发产品交付手续（包括入住手续）或已开始实际投入使用时，为开发产品开始投入使用，应视为开发产品已经完工。房地产开发企业应按规定及时结算开发产品计税成本，并计算企业当年度应纳税所得额。

三、成本、费用扣除的税务处理

（1）企业在进行成本、费用的核算与扣除时，必须按规定区分期间费用和开发产品计税成本、已销开发产品计税成本与未销开发产品计税成本。

（2）企业发生的期间费用、已销开发产品计税成本、税金及附加、土地增值税准予当期按规定扣除。

四、计税成本的核算

（1）计税成本是指企业在开发、建造开发产品（包括固定资产，下同）过程中所发生的按照税收规定进行核算与计量的应归入某项成本对象的各项费用。

（2）成本对象是指为归集和分配开发产品开发、建造过程中的各项耗费而确定的费用承担项目。计税成本对象的确定原则如下。

①可否销售原则。开发产品能够对外经营销售的，应作为独立的计税成本对象进行成本核算；不能对外经营销售的，可先作为过渡性成本对象进行归集，然后再将其相关成本摊入能够对外经营销售的成本对象。

②分类归集原则。对同一开发地点、竣工时间相近、产品结构类型没有明显差异的群体开发的项目，可作为一个成本对象进行核算。

③功能区分原则。开发项目某组成部分相对独立，且具有不同使用功能时，可以作为独立的成本对象进行核算。

④定价差异原则。开发产品因其产品类型或功能不同等而导致其预期售价存在较大差异的，应分别作为成本对象进行核算。

⑤成本差异原则。开发产品因建筑上存在明显差异可能导致其建造成本出现较大差异的，要分别作为成本对象进行核算。

⑥权益区分原则。开发项目属于受托代建的或多方合作开发的，应结合上述原则分别划分成本对象进行核算。

房地产开发企业应依据计税成本对象确定原则确定已完工开发产品的成本对象,并就确定原则、依据,共同成本分配原则、方法,以及开发项目基本情况、开发计划等出具专项报告,在开发产品完工当年企业所得税年度纳税申报时,随同《企业所得税年度纳税申报表》一并报送主管税务机关。房地产开发企业将已确定的成本对象报送主管税务机关后,不得随意调整或相互混淆。如确需调整成本对象的,应就调整的原因、依据和调整前后成本变化情况等出具专项报告,在调整当年企业所得税年度纳税申报时报送主管税务机关。房地产开发企业应建立健全成本对象管理制度,合理区分已完工成本对象、在建成本对象和未建成本对象,及时收集、整理、保存成本对象涉及的证据材料,以备税务机关检查。

(3)开发产品计税成本支出的内容如下。

①土地征用费及拆迁补偿费。土地征用费及拆迁补偿费指为取得土地开发使用权(或开发权)而发生的各项费用,主要包括土地买价或出让金、大市政配套费、契税、耕地占用税、土地使用费、土地闲置费、土地变更用途和超面积补交的地价及相关税费、拆迁补偿支出、安置及动迁支出、回迁房建造支出、农作物补偿费、危房补偿费等。

②前期工程费。前期工程费指项目开发前期发生的水文地质勘查、测绘、规划、设计、可行性研究、筹建、场地通平等前期费用。

③建筑安装工程费。建筑安装工程费指开发项目开发过程中发生的各项建筑安装费用,主要包括开发项目建筑工程费和开发项目安装工程费等。

④基础设施建设费。基础设施建设费指开发项目在开发过程中所发生的各项基础设施支出,主要包括开发项目内道路、供水、供电、供气、排污、排洪、通信、照明等社区管网工程费和环境卫生、园林绿化等园林环境工程费。

⑤公共配套设施费。公共配套设施费指开发项目内发生的、独立的、非营利性的,且产权属于全体业主的,或无偿赠与地方政府、政府公用事业单位的公共配套设施支出。

⑥开发间接费。开发间接费指企业为直接组织和管理开发项目所发生的,且不能将其归属于特定成本对象的成本费用性支出,主要包括管理人员工资、职工福利费、折旧费、修理费、办公费、水电费、劳动保护费、工程管理费、周转房摊销以及项目营销设施建造费等。

五、特定事项的税务处理

(1)企业以本企业为主体联合其他企业、单位、个人合作或合资开发房地产项目,且该项目未成立独立法人公司的,按下列规定进行处理。

①凡开发合同或协议中约定向投资各方(即合作、合资方,下同)分配开发产品的,企业在首次分配开发产品时,如该项目已经结算计税成本,其应分配给投资方开发产品的计税成本与其投资额之间的差额计入当期应纳税所得额;如未结算计税成本,则将投资方的投资额视同销售收入进行相关的税务处理。

②凡开发合同或协议中约定分配项目利润的,应按以下规定进行处理。

第一,企业应将该项目形成的营业利润额并入当期应纳税所得额统一申报缴纳企业所得税,不得在税前分配该项目的利润;同时,不能因接受投资方投资额而在成本中摊销或在税前扣除相关的利息支出。

第二，投资方取得该项目的营业利润应视同股息、红利进行相关的税务处理。

（2）企业以换取开发产品为目的，将土地使用权投资其他企业房地产开发项目的，按以下规定进行处理：企业应在首次取得开发产品时，将其分解为转让土地使用权和购入开发产品两项经济业务进行所得税处理，并按应从该项目取得的开发产品（包括首次取得的和以后应取得的）的市场公允价值计算确认土地使用权转让所得或损失。

第八节 应纳税额的计算

一、居民企业应纳税额的计算

居民企业应缴纳所得税额等于应纳税所得额乘以适用税率，基本计算公式为

应纳税额＝应纳税所得额×适用税率－减免税额－抵免税额

在实际过程中，应纳税所得额的计算一般有以下两种方法。

（1）直接计算法。其计算公式如下：

应纳税所得额＝收入总额－不征税收入－免税收入－各项扣除金额－弥补的亏损

（2）间接计算法。其计算公式如下：

应纳税所得额＝会计利润±纳税调整项目金额

要进行纳税调整的两种情况如下：一是会计规定范围和税法范围不一致；二是会计规定的标准和税法规定的标准不一致。

二、境外所得抵扣税额的计算

相关内容在第七章详细讲解。

三、居民企业核定征收应纳税额的计算

（一）核定征收企业所得税的范围

居民企业纳税人具有下列情形之一的，核定征收企业所得税。

（1）依照法律、行政法规的规定可以不设置账簿的。

（2）依照法律、行政法规的规定应当设置但未设置账簿的。

（3）擅自销毁账簿或者拒不提供纳税资料的。

（4）虽设置账簿，但账簿混乱或者成本资料、收入凭证、费用凭证残缺不全，难以查账的。

（5）发生纳税义务，未按照规定的期限办理纳税申报，经税务机关责令限期申报，逾期仍不申报的。

（6）申报的计税依据明显偏低，又无正当理由的。

（二）核定征收的办法

企业所得税核定征收的办法如表 6-28 所示。

采用前面所列一种方法不足以正确核定应纳税所得额或应纳税额的，可以同时采用两种以上的方法核定。采用两种以上方法测算的应纳税额不一致时，可按测算的应纳税额从高核定。不同行业核定征收的适用税率如表 6-29 所示。

表 6-28 企业所得税核定征收的办法

	核 定 税 额	
核定应税所得率	按应税收入核定	应税收入 = 收入总额 − 不征税收入 − 免税收入 应纳税所得额 = 应税收入 × 应税所得率
	按成本费用支出额核定	应纳税所得额 = 成本费用支出额 ÷（1 − 应税所得率）× 应税所得率
	应纳所得税额 = 应纳税所得额 × 适用税率	

特别提示

自 2012 年 1 月 1 日起，专门从事股权（股票）投资业务所得税的征收管理规定如下。

（1）专门从事股权（股票）投资业务的企业，不得核定征收企业所得税。

（2）依法按核定应税所得率方式核定征收企业所得税的企业，取得的转让股权（股票）收入等转让财产收入，应全额计入应税收入额，按照主营项目（业务）确定适用的

表 6-29 不同行业核定征收的适用税率

行 业	应税所得率
农、林、牧、渔业	3%～10%
制造业	5%～15%
批发和零售贸易业	4%～15%
交通运输业	7%～15%
建筑业	8%～20%
饮食业	8%～25%
娱乐业	15%～30%
其他行业	10%～30%

应税所得率计算征税；若主营项目（业务）发生变化，应在当年汇算清缴时，按照变化后的主营项目（业务）重新确定适用的应税所得率计算征税。

企业以前年度尚未处理的上述事项，按照上述规定处理；已经处理的，不再调整。

四、非居民企业应纳税额的计算

对于在中国境内未设立机构、场所的，或者虽设立机构、场所但取得的所得与其所设机构、场所没有实际联系的非居民企业的所得，按照表 6-30 所列方法计算应纳税所得额。

表 6-30 非居民企业应纳税所得额确认

所得类型	确认方式
股息、红利等权益性投资收益和利息、租金、特许权使用费所得	以收入全额为应纳税所得额 "营改增"试点中的非居民企业，应以不含增值税的收入全额作为应纳税所得额
转让财产所得	以收入全额减除财产净值后的余额为应纳税所得额
其他所得	参照前两项规定的方法计算应纳税所得额

五、非居民企业所得税核定征收办法

非居民企业因会计账簿不健全、资料残缺难以查账，或者其他原因不能准确计算并据实申报其应纳税所得额的，税务机关有权采取一定方法核定其应纳税所得额。

（一）常用的核定方法

非居民企业所得税核定征收常用办法如表 6-31 所示。

表 6-31　非居民企业所得税核定征收常用办法

核定方法	适用状况及计算公式
按收入总额核定应纳税所得额	适用于能够正确核算收入或通过合理方法推定收入总额，但不能正确核算成本费用的非居民企业 应纳税所得额＝收入总额×经税务机关核定的利润率
按成本费用核定应纳税所得额	适用于能够正确核算成本费用，但不能正确核算收入总额的非居民企业 应纳税所得额＝成本费用总额÷（1－经税务机关核定的利润率）×经税务机关核定的利润率
按经费支出换算收入核定应纳税所得额	适用于能够正确核算经费支出总额，但不能正确核算收入总额和成本费用的非居民企业 应纳税所得额＝本期经费支出额÷（1－核定的利润率）×核定的利润率

税务机关可按照以下标准确定非居民企业的利润率。

（1）从事承包工程作业、设计和咨询劳务的，利润率为15%～30%。

（2）从事管理服务的，利润率为30%～50%。

（3）从事其他劳务或劳务以外经营活动的，利润率不低于15%。

税务机关有根据认为非居民企业的实际利润率明显高于上述标准的，可以按照比上述标准更高的利润率核定其应纳税所得额。

（二）特殊情况下的核定方法

非居民企业与中国居民企业签订机器设备或货物销售合同，同时提供设备安装、装配、技术培训、指导、监督服务等劳务，其销售货物合同中未列明提供上述劳务服务收费金额，或者计价不合理的，主管税务机关可以根据实际情况，参照相同或相近业务的计价标准核定劳务收入。无参照标准的，以不低于销售货物合同总价款的10%为原则，确定非居民企业的劳务收入。

六、企业转让上市公司限售股有关所得税问题

（一）纳税人的范围界定问题

根据《企业所得税法》第一条及《企业所得税法实施条例》第三条的规定，转让限售股取得收入的企业（包括事业单位、社会团体、民办非企业单位等）为企业所得税的纳税人。

（二）企业转让代个人持有的限售股征税问题

因股权分置改革造成原由个人出资而由企业代持有的限售股，企业在转让时按以下规定处理。

（1）企业转让上述限售股取得的收入，应作为企业应税收入计算纳税。

上述限售股转让收入扣除限售股原值和合理税费后的余额为该限售股转让所得。企业未能提供完整、真实的限售股原始凭证，不能准确计算该限售股原值的，主管税务机关一律按该限售股转让收入的15%，核定为该限售股原值和合理税费。

依照本条规定完成纳税义务后的限售股转让收入余额转付给实际所有人时不再纳税。

（2）依法院判决、裁定等原因，通过证券登记结算公司，企业将其代持的个人限售股直接变更到实际所有人名下的，不视同转让限售股。

（三）企业在限售股解禁前转让限售股征税问题

企业在限售股解禁前将其持有的限售股转让给其他企业或个人（以下称受让方），其企业所得税问题按以下规定处理。

（1）企业应按减持在证券登记结算机构登记的限售股取得的全部收入，计入企业当年度应税收入计算纳税。

（2）企业持有的限售股在解禁前已签订协议转让给受让方，但未变更股权登记，仍由企业持有的，企业实际减持该限售股取得的收入，依照第（1）项规定纳税后，其余额转付给受让方的，受让方不再纳税。

上述（一）至（三）规定自2011年7月1日起执行。规定生效后尚未处理的纳税事项，按照上述规定处理；已经处理的纳税事项，不再调整。

第九节 税 收 优 惠

税收优惠指国家运用税收政策在税收法律、行政法规中规定对某一部分特定企业和课税对象给予减轻或免除税收负担的一种措施。税法规定的企业所得税的税收优惠方式包括免税、减税、加计扣除、加速折旧、减计收入、税额抵免等（国务院令第512号）。

一、免征与减征优惠

企业的下列所得项目，可以免征、减征企业所得税；企业如果从事国家限制和禁止发展的项目，不得享受企业所得税优惠。

（一）从事农、林、牧、渔业项目所得

企业从事农、林、牧、渔业项目的所得，包括免征和减征两部分。

（1）企业从事下列项目的所得，免征企业所得税。

①蔬菜、谷物、薯类、油料、豆类、棉花、麻类、糖料、水果、坚果的种植。

②农作物新品种的选育。

③中药材的种植。

④林木的培育和种植。

⑤牲畜、家禽的饲养。

⑥林产品的采集。

扩展阅读6.21：《国家税务总局关于"公司＋农户"经营模式企业所得税优惠问题的公告》（国家税务总局公告2010年第2号）

⑦灌溉、农产品初加工、兽医、农技推广、农机作业和维修等农、林、牧、渔服务业项目。

⑧远洋捕捞。

⑨"公司+农户"经营模式从事农、林、牧、渔业项目生产的企业。

（2）企业从事下列项目的所得，减半征收企业所得税。

①花卉、茶以及其他饮料作物和香料作物的种植。

②海水养殖、内陆养殖。

（3）农、林、牧、渔业项目的所得税优惠政策和征收管理的有关事项。

①企业对外购茶叶进行筛选、分装、包装后进行销售的所得，不享受农产品初加工的优惠政策。

②企业购买农产品后直接进行销售的贸易活动产生的所得，不得享受农、林、牧、渔业项目的税收优惠政策。

扩展阅读 6.22：农、林、牧、渔业项目的所得税优惠政策和征收管理的详细内容

（二）从事国家重点扶持的公共基础设施项目投资经营所得

自项目取得第一笔生产经营收入所属纳税年度起，第 1~3 年免征企业所得税，第 4~6 年减半征收企业所得税。"三免三减半"优惠开始的年度是"取得第一笔生产经营收入所属纳税年度"而非"获利年度"和"成立年度"。

企业承包经营、承包建设和内部自建自用上述项目，不得享受企业所得税的上述优惠。

对饮水工程运营管理单位从事《公共基础设施项目企业所得税优惠目录》规定的农村安全工程新建项目投资经营的所得，自项目取得第一笔生产经营收入所属纳税年度起，第 1~3 年免征企业所得税，第 4~6 年减半征收企业所得税（财税〔2016〕19 号）。

（三）从事符合条件的环境保护、节能节水项目所得

环境保护、节能节水项目的所得，自项目取得第一笔生产经营收入所属纳税年度起，第 1~3 年免征企业所得税，第 4~6 年减半征收企业所得税。

以上规定享受减免税优惠的项目，在减免税期限内转让的，受让方自受让之日起，可以在剩余期限内享受规定的减免税优惠；减免税期限届满后转让的，受让方不得就该项目重复享受减免税优惠。

（四）符合条件的技术转让所得

1. 技术转让免减税项目

一个纳税年度内，居民企业转让技术所有权所得不超过 500 万元的部分，免征企业所得税；超过 500 万元的部分，减半征收企业所得税。

2. 技术转让的范围

技术转让的范围包括居民企业转让专利技术、计算机软件著作权、集成电路布图设计权、植物新品种、生物医药新品种、5 年（含）以上非独占许可使用权，以及财政部和国家税务总局确定的其他技术。

扩展阅读 6.23：《国家税务总局关于许可使用权技术转让所得企业所得税有关问题的公告》（国家税务总局公告 2015 年第 82 号）

3. 技术转让所得的计算

注意：根据技术转让所得，而非收入，确定企业所得税的优惠政策。

技术转让所得 = 技术转让收入 − 技术转让成本 − 相关税费
　　　　　　 = 技术转让收入 − 无形资产摊销费用 − 相关税费 − 应分摊期间费用

（五）权益性投资资产转让所得

自 2014 年 11 月 17 日起，对合格境外机构投资者（QFII）、人民币合格境外机构投资者（RQFII）取得来自中国境内的股票等权益性投资资产转让所得，暂免征收企业所得税。在 2014 年 11 月 17 日之前 QFII 和 RQFII 取得的上述所得应依法征收企业所得税。

上述规定适用于在中国境内未设立机构、场所，或者在中国境内虽设立机构、场所，但取得的上述所得与其所设机构、场所没有实际联系的QFII和RQFII。

（六）文化事业单位转制

符合条件的经营性文化事业单位转制为企业，自转制注册之日起免征企业所得税。

（七）铁路建设债券取得的利息收入

对企业持有2014年和2015年发行的中国铁路建设债券取得的利息收入，减半征收企业所得税。

对企业投资者持有2016—2018年中国铁路总公司发行的铁路债券取得的利息收入，减半征收企业所得税。

铁路债券是指以中国铁路总公司为发行主体和偿还主体的债券，包括中国铁路建设债券、中期票据、短期融资券等债务融资工具。

（八）支持鲁甸地震灾后恢复重建有关税收政策

对受灾严重地区损失严重的企业，免征2014年度至2016年度的企业所得税。

自2014年8月3日起，对受灾地区企业通过公益性社会团体、县级以上人民政府及其部门取得的抗震救灾和灾后恢复重建款项与物资，以及税收法律、法规规定和国务院批准的减免税金及附加收入，免征企业所得税。

自2014年1月1日至2018年12月31日，对受灾地区农村信用社免征企业所得税。

（九）中国邮政储蓄银行专项债券利息收入优惠

对邮储银行按照2015年国家专项债券发行计划定向购买国家开发银行、中国农业发展银行发行的专项债券取得的利息收入，减半征收企业所得税。

二、高新技术企业优惠

国家需要重点扶持的高新技术企业减按15%的税率征收企业所得税（主席令第63号）。高新技术企业是指在《国家重点支持的高新技术领域》内，持续进行研究开发与技术成果转化，形成企业核心自主知识产权，并以此为基础开展经营活动，在中国境内（不包括港、澳、台地区）注册的居民企业。高新技术企业需要同时满足下列条件。

（1）企业申请认定时须注册成立1年以上。

（2）企业通过自主研发、受让、受赠、并购等方式，获得对其主要产品（服务）在技术上发挥核心支持作用的知识产权的所有权。

（3）对企业主要产品（服务）发挥核心支持作用的技术属于《国家重点支持的高新技术领域》规定的范围。

（4）企业从事研发和相关技术创新活动的科技人员占企业当年职工总数的比例不低于10%。

（5）企业近三个会计年度（实际经营期不满3年的按实际经营时间计算，下同）的研究开发费用总额占同期销售收入总额的比例符合如下要求。

①最近一年销售收入小于5 000万元（含）的企业，比例不低于5%。

②最近一年销售收入在5 000万元至2亿元（含）的企业，比例不低于4%。

③最近一年销售收入在2亿元以上的企业，比例不低于3%。

其中,企业在中国境内发生的研究开发费用总额占全部研究开发费用总额的比例不低于60%。

(6)近一年高新技术产品(服务)收入占企业同期总收入的比例不低于60%。

(7)企业创新能力评价应达到相应要求。

(8)企业申请认定前一年内未发生重大安全、重大质量事故或严重环境违法行为。

高新技术企业应在资格期满前3个月内提出复审申请,在通过复审之前,在其高新技术企业资格有效期内,其当年企业所得税暂按15%的税率预缴。

高新技术企业境外所得适用税率及税收抵免规定如下:以境内、境外全部生产经营活动有关的研究开发费用总额、总收入、销售收入总额、高新技术产品(服务)收入等指标申请并经认定的高新技术企业,其来自境外的所得可以享受高新技术企业所得税优惠政策,即其来自境外的所得可以按照15%的优惠税率缴纳企业所得税,在计算境外抵免限额时,可按照15%的优惠税率计算境内、外应纳税总额。

 特别提示

对从事文化产业支撑技术等领域的文化企业,按规定认定为高新技术企业的,减按15%的税率征收企业所得税;开发新技术、新产品、新工艺发生的研发费用,允许按照税收法律法规的规定,在计算应纳税所得额时加计扣除。文化产业支撑技术等领域的具体范围和认定工作由科技部、财政部、国家税务总局、中央宣传部等部门另行明确。

三、小型微利企业优惠

(1)小型微利企业的认定。

《企业所得税法》规定:小型微利企业减按20%的所得税税率征收企业所得税。

《企业所得税法实施条例》规定:

工业企业:年度应纳税所得额≤50万元,从业人数≤100人,资产总额≤3 000万元。

其他企业:年度应纳税所得额≤50万元,从业人数≤80人,资产总额≤1 000万元。

【提示】 上述条件仅适用于2018年(不含)以前的小型微利企业。

(2)小型微利企业2018年年度优惠政策。

《企业所得税法》规定:小型微利企业减按20%的所得税税率征收企业所得税。

工业企业:年度应纳税所得额≤100万元,从业人数≤100人,资产总额≤3 000万元。

其他企业:年度应纳税所得额≤100万元,从业人数≤80人,资产总额≤1 000万元。

【提示】 上述条件仅适用于2018年的小型微利企业。

(3)小型微利企业2019年1月1日至2021年12月31日优惠政策。

小微企业放宽后的条件为:企业资产总额5 000万元以下,从业人数300人以下,应纳税所得额300万元以下。

【提示】 上述条件仅适用于2019年(含)后的小型微利企业。

对小型微利企业年应纳税所得额不超过100万元的部分,减按25%计入应纳税所得额,按20%的税率缴纳企业所得税(实际是5%)。

对年应纳税所得额超过100万元但不超过300万元的部分,减按50%计入应纳税所得额，按20%的税率缴纳企业所得税（实际是10%）。

从业人数，包括与企业建立劳动关系的职工人数和企业接受的劳务派遣用工人数。所称从业人数和资产总额指标，应按企业全年的季度平均值确定。具体计算公式如下：

季度平均值 =（季初值 + 季末值）÷ 2

全年季度平均值 = 全年各季度平均值之和 ÷ 4

年度中间开业或者终止经营活动的，以其实际经营期作为一个纳税年度确定上述相关指标。

（4）符合规定条件的小型微利企业，统一实行按季度预缴企业所得税。

扩展阅读6.24：《国家税务总局关于实施小型微利企业普惠性所得税减免政策有关问题的公告》（国家税务总局公告2019年第2号）

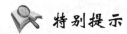

特别提示

自2020年1月1日起，跨境电子商务综合试验区内实行核定征收的跨境电商企业符合小型微利企业优惠政策条件的，可享受小型微利企业所得税优惠政策。

四、加计扣除优惠

加计扣除是指对企业支出项目按规定的比例给予税前扣除的基础上再给予追加扣除。加计扣除优惠包括以下几项内容。

1. 一般企业研究开发费用

自2018年1月1日至2020年12月31日，未形成无形资产计入当期损益的，在按照规定据实扣除的基础上，再按照研究开发费用的75%加计扣除；形成无形资产的，按照无形资产成本的175%摊销。

2. 企业委托境外研究开发费用与税前加计扣除

按照《财政部 税务总局 科技部关于企业委托境外研究开发费用税前加计扣除有关政策问题的通知》（财税〔2018〕64号）文件的规定，企业委托境外的研发费用按照费用实际发生额的80%计入委托方的委托境外研发费用，不超过境内符合条件的研发费用2/3的部分，可以按规定在企业所得税前加计扣除。

3. 企业安置残疾人员所支付的工资

企业安置残疾人员所支付的工资，在按照支付给残疾职工工资据实扣除的基础上，按照支付给残疾职工工资的100%加计扣除。

4. 科技型中小企业研究开发费用

科技型中小企业开展研发活动中实际发生的研发费用，未形成无形资产计入当期损益的，在按规定据实扣除的基础上，在2017年1月1日至2019年12月31日期间，再按照实际发生额的75%在税前加计扣除；形成无形资产的，在上述期间按照无形资产成本的175%在税前摊销。

扩展阅读6.25：税屋：研发费加计扣除政策一文全解

根据财税〔2018〕99号文，该研发费用加计扣除政策适用时限延长至2020年12月31日。

五、创投企业优惠

创业投资企业从事国家需要重点扶持和鼓励的创业投资，可以按投资额的一定比例抵扣应纳税所得额。

创业投资企业优惠是指创业投资企业采取股权投资方式投资于未上市的中小高新技术企业 2 年以上的，可以按照其投资额的 70%在股权持有满 2 年的当年抵扣该创业投资企业的应纳税所得额；当年不足抵扣的，可以在以后纳税年度结转抵扣（国务院令第 512 号）。

有限合伙制创业投资企业采取股权投资方式投资于未上市的中小高新技术企业满 2 年（24 个月，下同）的，其法人合伙人可按照对未上市中小高新技术企业投资额的 70%抵扣该法人合伙人从该有限合伙制创业投资企业分得的应纳税所得额，当年不足抵扣的，可以在以后纳税年度结转抵扣。

六、加速折旧优惠

企业的固定资产由于技术进步等原因，确需加速折旧的，可以缩短折旧年限或者采取加速折旧的方法。

采取缩短折旧年限方法的，最低折旧年限不得低于《企业所得税法实施条例》第六十条规定折旧年限（即税法规定的最低折旧年限）的 60%；采取加速折旧方法的，可以采取双倍余额递减法或者年数总和法。

相关行业固定资产加速折旧最新政策文件有财税〔2014〕75 号以及财税〔2015〕106 号，具体内容已在本章第四节中阐述。

七、减计收入优惠

（1）企业综合利用资源，生产符合国家产业政策规定的产品所取得的收入，可以在计算应纳税所得额时减计收入。

综合利用资源是指企业以《资源综合利用企业所得税优惠目录》规定的资源作为主要原材料，生产国家非限制和禁止并符合国家和行业相关标准的产品取得的收入，减按 90%计入收入总额。

上述所称原材料占生产产品材料的比例不得低于《资源综合利用企业所得税优惠目录》规定的标准。

（2）农村金融减计收入。自 2014 年 1 月 1 日至 2016 年 12 月 31 日，对金融机构农户小额贷款利息收入，保险公司为种植业、养殖业提供保险业务的保费收入，在计算应纳税所得额时，按 90%比例减计收入。

八、税额抵免优惠

税额抵免是指企业购置并实际使用《环境保护专用设备企业所得税优惠目录》《节能节水专用设备企业所得税优惠目录》和《安全生产专用设备企业所得税优惠目录》规定的环境保护、节能节水、安全生产等专用设备的，该专用设备的投资额的 10%可以从企业当年的应纳税额中抵免；当年不足抵免的，可以在以后 5 个纳税年度结转抵免。

企业购置上述设备在5年内转让、出租的，应停止享受企业所得税优惠，并补缴已经抵免的企业所得税税款。

自2009年1月1日起，增值税一般纳税人购进固定资产发生的进项税额可以从销项税额中抵扣。

九、民族自治地方的优惠

民族自治地方的自治机关对本民族自治地方的企业应缴纳的企业所得税中属于地方分享的部分，可以决定减征或者免征。自治州、自治县决定减征或者免征的，须报省、自治区、直辖市人民政府批准。

对民族自治地方内国家限制和禁止行业的企业，不得减征或者免征企业所得税。

十、非居民企业优惠

非居民企业减按10%的税率征收企业所得税。这里的非居民企业是指在中国境内未设立机构、场所，或者虽设立机构、场所但取得的所得与其所设机构、场所没有实际联系的企业。该类非居民企业取得下列所得免征企业所得税。

（1）外国政府向中国政府提供贷款取得的利息所得。

（2）国际金融组织向中国政府和居民企业提供优惠贷款取得的利息所得。

（3）经国务院批准的其他所得。

十一、促进节能服务产业发展的优惠

对符合条件的节能服务公司实施合同能源管理项目，符合《企业所得税法》有关规定的，自项目取得第一笔生产经营收入所属纳税年度起，第1~3年免征企业所得税，第4~6年按照25%的法定税率减半征收企业所得税。

十二、其他有关行业的优惠

（1）软件生产企业实行即征即退政策所退还的增值税，用于研究开发软件产品和扩大再生产，不作为应税收入，不予征收企业所得税。

（2）经认定的新办软件生产企业自获利年度起，企业所得税"两免三减半"。

（3）当年未享受免税优惠的国家规划布局内的重点软件生产企业，减按10%的税率征收企业所得税。

（4）软件生产企业的职工培训费税前据实扣除（无限制比例）。

（5）企事业单位购进软件，符合无形资产或固定资产确认条件的，经主管税务机关核准，其摊销或折旧年限可适当缩短，最短可为2年。

（6）集成电路设计企业可享受上述软件企业优惠政策。

（7）集成电路生产企业的生产设备折旧年限可以适当缩短，最短可为3年（经主管税务机关核准）。

（8）投资额超过80亿元人民币或集成电路线宽小于0.25微米的集成电路生产企业，减按15%的税率计征企业所得税；经营期15年以上的，从开始获利的年度起，企业所得税"五免五减半"。

（9）生产线宽小于0.8微米（含）集成电路产品的生产企业，经认定后从获利年度起"两免三减半"。

（10）关于鼓励证券投资基金发展的优惠政策如下（财税〔2008〕1号）。

①对证券投资基金从证券市场中取得的收入，包括买卖股票、债券的差价收入，股权的股息、红利收入，债券的利息收入及其他收入，暂不征收企业所得税。

②对投资者从证券投资基金分配中取得的收入，暂不征收企业所得税。

③对证券投资基金管理人运用基金买卖股票、债券的差价收入，暂不征收企业所得税。

十三、西部地区的减免税

对设在西部地区以《西部地区鼓励类产业目录》中新增的鼓励类产业项目为主营业务，且其当年度主营业务收入占企业收入总额70%以上的企业，自2014年10月1日起，可减按15%税率缴纳企业所得税。

已按照《国家税务总局关于深入实施西部大开发战略有关企业所得税问题的公告》（国家税务总局公告2012年第12号）第三条规定享受企业所得税优惠政策的企业，其主营业务如不再属于《西部地区鼓励类产业目录》中国家鼓励类产业项目的，自2014年10月1日起，停止执行减按15%税率缴纳企业所得税。

第十节　源　泉　扣　缴

源泉扣缴是指依照有关法律规定或者合同约定对非居民企业直接负有支付相关款项义务的单位或者个人，依据企业所得税法相关规定对其应缴纳的企业所得税进行扣缴管理的一种征收方法。

为规范和加强非居民企业所得税源泉扣缴管理，对非居民企业取得来源于中国境内的股息、红利等权益性投资收益和利息、租金、特许权使用费所得、转让财产所得以及其他所得应当缴纳的企业所得税，实行源泉扣缴。有关源泉扣缴的规定请参见国税发〔2009〕3号文件。

一、扣缴义务人

（1）对非居民企业在中国境内未设立机构、场所，或者虽设立机构、场所但取得的所得与其所设机构、场所没有实际联系的，应缴纳的所得税，实行源泉扣缴，以支付人为扣缴义务人。税款由扣缴义务人在每次支付或者到期应支付时，从支付或者到期应支付的款项中扣缴。

（2）对非居民企业在中国境内取得工程作业和劳务所得应缴纳的所得税，税务机关可以指定工程价款或者劳务费用的支付人为扣缴义务人。

二、扣缴方法

（1）扣缴义务人应当自合同签订之日起30日内，向其主管税务机关申报办理扣缴税款登记。

（2）扣缴义务人在每次向非居民企业支付或者到期应支付应税所得时，应从支付或者到期应支付的款项中扣缴企业所得税。

（3）扣缴义务人每次代扣的税款，应当自代扣之日起7日内缴入国库，并向所在地的税务机关报送扣缴企业所得税报告表。

三、税源管理

扣缴义务人与非居民企业首次签订与应税所得有关的业务合同或协议（简称合同）的，扣缴义务人应当自合同签订之日起30日内，向其主管税务机关申报办理扣缴税款登记。

四、征收管理

（1）非居民企业拒绝代扣税款的，扣缴义务人应当暂停支付相当于非居民企业应纳税款的款项，并在1日之内向其主管税务机关报告，并报送书面情况说明。

（2）扣缴义务人未依法扣缴或者无法履行扣缴义务的，非居民企业应于扣缴义务人支付或者到期应支付之日起7日内，到所得发生地主管税务机关申报缴纳企业所得税。

第十一节　特别纳税调整

一、特别纳税调整的概念

特别纳税调整是指企业与其关联方之间的业务往来，不符合独立交易原则而减少企业或者其关联方应纳税收入或者所得额的，税务机关有权按照合理方法调整。

（一）关联方的含义

关联方是指与企业有下列关联关系之一的企业、其他组织或者个人。

（1）在资金、经营、购销等方面存在直接或者间接的控制关系。

（2）直接或者间接地同为第三者控制。

（3）在利益上具有相关联的其他关系。

（二）关联交易的主要类型

（1）有形资产的购销、转让和使用。

（2）无形资产的转让和使用。

（3）融通资金业务。

（4）提供劳务。

（三）关联企业之间关联业务的税务处理

1. 成本分摊

（1）企业与其关联方共同开发、受让无形资产，或者共同提供、接受劳务发生的成本，在计算应纳税所得额时应当按照独立交易原则进行分摊。

（2）企业与其关联方分摊成本时，应当按照成本与预期收益相配比的原则进行分摊，并在税务机关规定的期限内，按照税务机关的要求报送有关资料。

（3）企业与其关联方分摊成本时违反上述规定的，其自行分摊的成本不得在计算应纳税所得额时扣除。

2. 预约定价安排

预约定价安排是指企业就其未来年度关联交易的定价原则和计算方法,向税务机关提出申请,与税务机关按照独立交易原则协商、确认后达成的协议。

3. 关联申报

关联申报是指企业向税务机关报送年度企业所得税纳税申报表时,应当就其与关联方之间的业务往来,附送年度关联业务往来报告表。

税务机关在进行关联业务调查时,企业及其关联方,以及与关联业务调查有关的其他企业,应按规定提供相关资料。

4. 受控外国企业避税

由居民企业,或者由居民企业和中国居民控制的设立在实际税负低于12.5%的税率水平的国家(地区)的企业,并非由于合理的经营需要而对利润不做分配或者减少分配的,上述利润中应归属于该居民企业的部分,应当计入该居民企业的当期收入。

控制的含义如下。

(1)居民企业或中国居民直接或者间接单一持有外国企业10%以上有表决权股份,且由其共同持有该外国企业50%以上股份。

(2)居民企业,或居民企业和中国居民持股比例没有达到第(1)项规定的标准,但在股份、资金、经营、购销等方面对该外国企业构成实质控制。

特别提示

境外所得抵免税额范围中"居民企业从其直接或间接控制的外国企业分得的来自中国境外的股息、红利等权益性投资收益,外国企业在境外实际缴纳的所得税税额中属于该项所得负担的部分"中"控制"的含义与此处不同。

5. 资本弱化

企业从其关联方接受的债权性投资与权益性投资的比例超过规定标准而发生的利息支出,不得在计算应纳税所得额时扣除。

企业间接从关联方获得的债权性投资,包括以下几类。

(1)关联方通过无关联第三方提供的债权性投资。

(2)无关联第三方提供的、由关联方担保且负有连带责任的债权性投资。

(3)其他间接从关联方获得的具有负债实质的债权性投资。

6. 母子公司间提供服务支付费用

(1)母子公司间提供服务支付费用应遵循独立交易原则,作为企业正常的劳务费用进行税务处理,否则税务机关有权予以调整。

(2)母公司以管理费形式向子公司提取费用,子公司因此支付给母公司的管理费,不得在税前扣除。

二、转让定价方法管理

合理的转让定价方法如表6-32所示。

表 6-32　合理的转让定价方法

合理的转让定价方法	方法定义	适用情况
可比非受控价格法	以非关联方之间进行的与关联交易相同或类似业务活动所收取的价格作为关联交易的公平成交价格	一般情况下，可以适用于所有类型的关联交易
再销售价格法	以关联方购进商品再销售给非关联方的价格减去可比非关联交易毛利后的金额作为关联方购进商品的公平成交价格	通常适用于再销售者未对商品进行改变外形、性能、结构或更换商标等实质性增值加工的简单加工或单纯购销业务
成本加成法	以关联交易发生的合理成本加上可比非关联交易毛利作为关联交易的公平成交价格	通常适用于有形资产的购销、转让和使用，劳务提供或资金融通的关联交易
交易净利润法	以可比非关联交易的利润率指标确定关联交易的净利润，利润率指标包括资产收益率、销售利润率、完全成本加成率、贝里比率等	通常适用于有形资产的购销、转让和使用，无形资产的转让和使用以及劳务提供等关联交易
利润分割法	根据企业与其关联方对关联交易合并利润的贡献计算各自应该分配的利润额，利润分割法分为一般利润分割法和剩余利润分割法	通常适用于各参与方关联交易高度整合且难以单独评估各方交易结果的情况

三、预约定价安排管理

预约定价安排如表 6-33 所示。

表 6-33　预约定价安排

要点	主要规定
类型	预约定价安排包括单边、双边和多边三种类型
受理机关	预约定价安排应由设区的市、自治州以上的税务机关受理
适用企业	预约定价安排一般适用于同时满足以下条件的企业：①年度发生的关联交易金额在 4 000 万元以上；②依法履行关联申报义务；③按规定准备、保存和提供同期资料
适用期间	预约定价安排适用于自企业提交正式书面申请年度的次年起 3~5 个连续年度的关联交易
预约定价安排磋商	税务机关应自单边预约定价安排形成审核评估结论之日起 30 日内，与企业进行预约定价安排磋商，磋商达成一致的，层报国家税务总局审定

四、成本分摊协议管理

企业与其关联方签署成本分摊协议，共同开发、受让无形资产，或者共同提供、接受劳务发生的成本，可以按照独立交易原则与其关联方进行分摊，达成成本分摊协议。

企业与其关联方签署成本分摊协议，有下列情形之一的，其自行分摊成本不得税前扣除。

（1）不具有合理商业目的和经济实质。
（2）不符合独立交易原则。
（3）没有遵循成本与收益配比原则。
（4）未按有关规定备案或准备、保存和提供有关成本分摊协议的同期资料。
（5）自签署成本分摊协议之日起经营期限少于 20 年。

自 2015 年 7 月 16 日起，企业应自与关联方签订（变更）成本分摊协议之日起 30 日内，向主管税务机关报送成本分摊协议副本，并在年度企业所得税纳税申报时，附送

《企业年度关联业务往来报告表》。

五、受控外国企业管理

中国居民企业股东能够提供资料证明其控制的外国企业满足以下条件之一的,可免予将外国企业不做分配或减少分配的利润视同股息分配额,计入中国居民企业股东的当期所得。

(1)设立在国家税务总局指定的非低税率国家(地区)。
(2)主要取得积极经营活动所得。
(3)年度利润总额低于500万元。

六、一般反避税管理

(1)企业实施其他不具有合理商业目的的安排而减少其应纳税收入或者所得额的,税务机关有权按照合理方法调整。不具有合理商业目的,是指以减少、免除或者推迟缴纳税款为主要目的。
(2)一般反避税调查及调整须层报国家税务总局批准。
(3)对存在以下避税安排的企业,启动反避税调查。
①滥用税收优惠。
②滥用税收协定。
③滥用公司组织形式。
④利用避税港避税。
⑤其他不具有合理商业目的的安排。

七、企业向境外关联方支付费用有关企业所得税问题

自2015年3月18日起,企业向境外关联方支付费用有关企业所得税问题,按照以下要求处理。

(1)企业向境外关联方支付费用,应当符合独立交易原则,未按照独立交易原则向境外关联方支付的费用,税务机关可以进行调整。
(2)企业向境外关联方支付费用,主管税务机关可以要求企业提供其与关联方签订的合同或者协议,以及证明交易真实发生并符合独立交易原则的相关资料备案。
(3)企业向未履行功能、承担风险,无实质性经营活动的境外关联方支付的费用,在计算企业应纳税所得额时不得扣除。
(4)企业因接受境外关联方提供劳务而支付费用,该劳务应当能够使企业获得直接或者间接经济利益。否则,在计算企业应纳税所得额时不得扣除。
(5)企业使用境外关联方提供的无形资产需支付特许权使用费的,应当考虑关联各方对该无形资产价值创造的贡献程度,确定各自应当享有的经济利益。企业向仅拥有无形资产法律所有权而未对其价值创造作出贡献的关联方支付特许权使用费,不符合独立交易原则的,在计算企业应纳税所得额时不得扣除。
(6)企业以融资上市为主要目的,在境外成立控股公司或者融资公司,因融资上市活动所产生的附带利益向境外关联方支付的特许权使用费,在计算企业应纳税所得额时

不得扣除。

（7）企业向境外关联方支付费用不符合独立交易原则的，税务机关可以在该业务发生的纳税年度起 10 年内，实施特别纳税调整。

第十二节 征 收 管 理

一、纳税地点

（一）居民企业的纳税地点

除税收法律、行政法规另有规定，居民企业以企业登记注册地为纳税地点；但登记注册地在境外的，以实际管理机构所在地为纳税地点（一个是优先标准，一个是附加标准）。

（二）非居民企业的纳税地点

非居民企业在中国境内设立机构、场所的，应当就其所设机构、场所取得的来自中国境内的所得，以及发生在中国境外但与其所设机构、场所有实际联系的所得，缴纳企业所得税，以机构、场所所在地为纳税地点。非居民企业在中国境内设立两个或两个以上机构、场所的，经税务机关审核批准，可以选择由其主要机构、场所汇总缴纳企业所得税。

在中国境内未设立机构、场所的，或者虽设立机构、场所但取得的所得与其所设机构、场所没有实际联系的非居民企业，以扣缴义务人所在地为纳税地点。

二、纳税期限

企业所得税按年计征，分月或者分季预缴，年终汇算清缴，多退少补。

自年度终了之日起 5 个月内，汇算清缴。

企业在年度中间终止经营活动的，应当自实际经营中止之日起 60 日内，向税务机关办理当期企业所得税汇算清缴。

三、纳税申报

（1）按月或按季预缴的，应当自月份或者季度终了之日起 15 日内，向税务机关报送预缴企业所得税纳税申报表，预缴税款。

（2）正常情况下，企业应当自年度终了之日起 5 个月内，向税务机关报送年度企业所得税纳税申报表，并汇算清缴，结清应缴应退税款。

四、跨地区经营汇总纳税企业所得税征收管理办法

（1）居民企业在中国境内跨地区（指跨省、自治区、直辖市和计划单列市）设立不具有法人资格的营业机构、场所的，应当汇总计算并缴纳企业所得税。

（2）母子公司的盈亏不能弥补汇总，总分公司的盈亏可以汇总进行弥补。

（3）在汇总计算境外应纳税所得额时，企业在境外同一国家（地区）设立不具有独立纳税地位的分支机构的亏损，不得抵减其境内或他国（地区）的应纳税所得额，但可

以用同一国家（地区）其他项目或以后年度的所得按规定弥补。

（4）汇总纳税企业按照《企业所得税法》规定汇总计算的企业所得税包括预缴税款和汇算清缴应缴应退税款，50%在各分支机构间分摊，各分支机构根据分摊税款就地办理缴库或退库；50%由总机构分摊缴纳，其中25%就地办理缴库或退库，25%就地全额缴入中央国库或退库。具体的税款缴库或退库程序按照财预〔2012〕40号文件等相关规定执行。

（5）总分机构分摊税款的计算。

①总机构按以下公式计算分摊税款：

总机构分摊税款＝汇总纳税企业当期应纳所得税税额×50%

②分支机构按以下公式计算分摊税款：

所有分支机构分摊税款总额＝汇总纳税企业当期应纳所得税税额×50%

某分支机构分摊税款＝所有分支机构分摊税款总额×该分支机构分摊比例

③总机构按照上年度分支机构的营业收入、职工薪酬和资产总额三个因素计算各分支机构分摊所得税款的比例；三级及以下分支机构，其营业收入、职工薪酬和资产总额统一计入二级分支机构；三因素的权重依次为0.35、0.35、0.30。计算公式如下：

某分支机构分摊比例＝（该分支机构营业收入/各分支机构营业收入之和）×0.35
　　　　　　　　　＋（该分支机构职工薪酬/各分支机构职工薪酬之和）×0.35
　　　　　　　　　＋（该分支机构资产总额/各分支机构资产总额之和）×0.30

五、有限合伙企业所得税的征收管理

自2008年1月1日起，有限合伙企业中合伙人为法人缴纳的所得税按下列规定处理，此前规定与下列规定有抵触的，以下列规定为准。

（1）合伙企业以每一个合伙人为纳税人。合伙企业合伙人是自然人的，缴纳个人所得税；合伙人是法人和其他组织的，缴纳企业所得税。

（2）合伙企业生产经营所得和其他所得采取"先分后税"的原则。具体应纳税所得额的计算按照《财政部、国家税务总局关于个人独资企业和合伙企业投资者征收个人所得税的规定》（财税〔2000〕91号）及《财政部、国家税务总局关于调整个体工商户个人独资企业和合伙企业个人所得税税前扣除标准有关问题的通知》（财税〔2008〕65号）的有关规定执行。

生产经营所得和其他所得，包括合伙企业分配给所有合伙人的所得和企业当年留存的所得（利润）。

（3）合伙企业的合伙人按照下列原则确定应纳税所得额。

①合伙企业的合伙人以合伙企业的生产经营所得和其他所得，按照合伙协议约定的分配比例确定应纳税所得额。

②合伙协议未约定或者约定不明确的，以全部生产经营所得和其他所得，按照合伙人协商决定的分配比例确定应纳税所得额。

③协商不成的，以全部生产经营所得和其他所得，按照合伙人实缴出资比例确定应纳税所得额。

④无法确定出资比例的，以全部生产经营所得和其他所得，按照合伙人数量平均计算每个合伙人的应纳税所得额。

合伙协议不得约定将全部利润分配给部分合伙人。

（4）合伙企业的合伙人是法人和其他组织的，合伙人在计算其缴纳企业所得税时，不得用合伙企业的亏损抵减其盈利。

 即测即练

第七章

国 际 税 收

第一节 国际税收的概念及原则

一、国际税收的概念

国际税收是对在两个或两个以上国家之间开展跨境交易行为征税的一系列税收法律规范的总称。国家间对商品服务、所得、财产课税的制度差异是国际税收产生的基础。

国际税收的调整对象是国家与涉外纳税人之间的涉外税收征纳关系和国家相互之间的税收分配关系。从发展趋势来看，国际税收总是同时对涉外税收征纳关系和税收分配关系进行调整。

国际税收的重要渊源是国际税收协定，其最典型的形式是经济合作与发展组织（OECD）范本和联合国范本，从两个范本的基本内容可以看出国际税收的主要内容有税收管辖权、国际重复征税、国际避税与反避税等。国际税收是国际法的特殊组成部分，一旦得到一国政府和立法机关的法律承认，国际税收的效力高于国内税法。国际税收主要是所得税的征管。企业直接投资和间接投资所得税的抵免是国际税收的核心问题。有关境外所得税抵免主要关注财税〔2009〕125号和财税〔2011〕23号及财税〔2017〕84号文件。

扩展阅读7.1：《财政部 国家税务总局关于企业境外所得税收抵免有关问题的通知》（财税〔2009〕125号）、《财政部 国家税务总局关于我国石油企业在境外从事油（气）资源开采所得税收抵免有关问题的通知》（财税〔2011〕23号）与《财政部 税务总局关于完善企业境外所得税收抵免政策问题的通知》（财税〔2017〕84号）

二、国际税收的基本原则

（一）单一课税原则

单一课税原则是指跨境交易产生的收入只应该被课征一道税和至少应该被课征一道税。只应该被课征一道税，要求国际税收规则避免对跨境交易形成重复征税；至少应该被课征一道税，就是避免对跨境交易出现不课税或课税不足。

（二）受益原则

受益原则是指纳税人以从政府公共支出中获得的利益大小为税收负担的分配标准。国际税收规则将跨境交易中的积极所得（主要通过生产经营活动所取得的收入）的征税权主要给予来源国，将消极所得（主要是通过投资活动取得的收入）的征税权主要给予居住国，能较好地平衡来源国与居住国的利益。

跨境交易中，个人主要获得投资所得，企业主要获得生产经营所得。个人的居民和非居民身份比较容易区分，而大多数个人只归属一个国家，按受益原则，居住国更关心对个人的征税权,将对个人的征税权分配给居住国比较合理。相比个人,企业的居民身份确认难度较大,不论是按注册地标准还是按实际管理机构标准,都容易被人为操纵。跨国企业在来源国使用了当地的公共服务和设施,就应该为这些公共服务和设施付费,按照受益原则,应将对企业的征税权分配给来源国;来源国优先征税还可获取对跨国所得税收管理上的优势。

(三)国际税收中性原则

国际税收中性原则是指国际税收体制不应对涉外纳税人跨国经济活动的区位选择以及企业的组织形式等产生影响。

国际税收中性原则可以从来源国和居住国两个角度进行衡量。从来源国的角度看,就是资本输入中性;而从居住国的角度看,就是资本输出中性。资本输出中性要求税法既不鼓励也不阻碍资本的输出,使国内投资者和海外投资者的相同税前所得适用相同的税率;资本输入中性要求位于同一国家内的本国投资者和外国投资者在相同税前所得情况下适用相同的税率。

第二节 税收管辖权

一、税收管辖权的概念和分类

(一)税收管辖权的概念

税收管辖权是一个主权国家在税收管理方面所行使的在一定范围内的征税权力,属于国家主权在税收领域中的体现。它表现在一国政府有权决定对哪些人征税、征何种税、征多少税及如何征税等。

税收管辖权具有明显的独立性和排他性。独立性是指主权国家在税收征收管理方面行使权力的完全自主性,即对本国的税收立法和税务管理具有独立的管辖权力;排他性是指在处理属于本国税收事务时不受外来干涉、控制和支配。任何国家的企业、团体或个人只要在某一国的税收管辖范围之内,就要无条件地向该国履行纳税义务。

在国际税收实践中,各国都是以纳税人或征税对象与本国的主权存在着某种属人或属地性质的连接因素,作为行使税收管辖权的前提或依据,属人性质的连接因素就是税收居所,属地性质的连接因素就是所得来源地。

(二)税收管辖权的分类

根据行使征税权力的原则和税收管辖范围、内容的不同,目前世界上的税收管辖权分为三类:地域管辖权、居民管辖权和公民管辖权。

(1)地域管辖权又称收入来源地管辖权,它根据纳税人的所得和财产价值是否来源于本国境内行使征税权,而不论纳税人是否为本国的公民或居民。

(2)居民管辖权是按照属人原则确立税收管辖权,它是指一国政府对本国居民来自世界范围的全部所得和财产行使的征税权。居民管辖权行使的关键是确定纳税人(包括自然人和法人)的居民身份。居民管辖权被大多数国家所采用。

(3)公民管辖权又称国籍税收管辖权,它是指一国政府对具有本国国籍者在世界范围内取得的所得和拥有的财产行使征税权。公民是指取得一国法律资格,具有一国国籍的人。不仅包括个人，也包括团体、企业或公司。

二、约束税收管辖权的国际惯例

（一）约束居民（公民）管辖权的国际惯例

1. 自然人居民身份的判定标准

当一个国家行使居民管辖权征税时，首先要确定纳税人是否具有该国的居民身份。所谓居民，从税收的角度而言，是指在行使居民管辖权的国家中，符合其居民判定标准，具有纳税义务的一切人员，其中包括自然人、法人和其他社会团体。

（1）法律标准（意愿标准）。纳税人在某一国家内有居住主观意愿的，即为该国居民。即凡是在一国有不定期居住意愿，并依法取得入境护照、移民迁证和各种居民证明的外国侨民，都属于该国居民，该国可以依据居民管辖权征税。

（2）住所标准（也称户籍标准）。纳税人凡在某一国家内拥有永久性住所或习惯性居所的即为该国居民，该国则可以依据居民管辖权征税。没有在该国拥有住所的人为非居民，该国不能行使居民管辖权。

（3）停留时间标准。任何个人在一国境内居住或停留达到一定时间以上，就成为该国的居民，该国则可以依据居民管辖权征税。在停留时间计算上的差异主要有，是连续计算还是累计计算，是按纳税年度计算还是按12个月计算。

【例7-1·多选题】 在国际税收中，自然人居民身份的判定标准有（   ）。
A. 经济活动中心标准
B. 家庭所在地标准
C. 停留时间标准
D. 意愿标准
E. 住所标准
【答案】 CDE
【解析】 自然人居民身份的判定标准有法律标准（意愿标准）、住所标准（也称户籍标准）、停留时间标准。

2. 法人居民身份的一般判定标准

判定一个公司（或企业、单位，下同）是否属于一国的法人居民，一般有下列四项标准。

（1）注册地标准。任何公司注册地在哪一国，就认定其是哪一国的法人居民，该国可以依据居民管辖权征税。

（2）实际管理和控制中心所在地标准。任何公司的实际管理和控制中心设在哪一国，就认定其是哪一国的法人居民，该国可以依据居民管辖权征税。

（3）总机构所在地标准。任何公司的总机构设在哪一国，就认定其是哪一国的法人居民，该国可以依据居民管辖权征税。

（4）控股权标准。控制公司选举权的股东是哪一国的居民，则认定该公司是哪一国的法人居民，该国可以依据居民管辖权征税。

（二）约束收入来源地管辖权的国际惯例

劳务所得、经营所得、投资所得、不动产所得、财产所得、遗产所得的来源地税收管辖权的判断标准各异。

1. 劳务所得的判断标准

跨国自然人从事劳务的劳务所得包括独立个人劳务所得、非独立个人劳务所得和其他个人劳务所得。

（1）独立个人劳务所得行使来源地管辖权的标准。

独立个人劳务所得是指自由职业者从事专业劳务或者其他独立性活动所取得的报酬。

一般来说，任何一个独立劳动者所取的所得都是与其劳务提供地密切联系的。因此，对于跨国独立个人劳务所得，许多国家采用劳务提供地标准，即按行为发生地判断其劳务所得的来源地。在国际税收协定范本和各国双边税收协定中，衡量跨国独立劳动者提供劳务的地点及收入来源国，通常采用以下三种标准。

①固定基地标准。固定基地标准，是以一个跨国独立劳动者，在某一个国家内是设有经常使用的固定基地从事专业性劳务活动，并通过该固定基地取得所得为依据，来确定独立劳务所得来源地的一种标准。

②停留期间标准。停留期间标准，是以一个跨国独立劳动者在有关纳税年度中停留在某一国家时间连续或者累计是否达到一定的天数（一般为183天）为依据，来确定独立劳务所得来源地的一种标准。

③所得支付者标准。所得支付者标准，是以某个跨国独立劳务者取得的报酬是否由某个国家的居民或设在该国境内的常设机构支付（或负担）为依据，来确定独立劳务所得来源地的一种标准。

（2）非独立个人劳务所得行使来源地管辖权的标准。

非独立个人劳务所得是指个人从事受聘或受雇于他人的劳动而取得的工资、薪金和其他报酬。对于跨国自然人受雇于某一国而在该国取得的报酬，其来源地的确定，国际上通常采用停留期间标准和所得支付者标准两种标准。

（3）其他个人劳务所得行使来源地管辖权的标准。

划分独立劳务所得和非独立劳务所得，是确定劳务所得征税的基础。对于某些劳务所得，如董事费、表演所得等由于其特殊性和复杂性，其来源地的确定一般采用国际通行做法。

对于各种跨国公司的董事或其他高级管理人员，国际通行做法是按照所得支付地标准确认支付董事费的公司所在国有权征税。

对于从事跨国演出、表演或参加比赛的演员、艺术家和运动员，国际通行做法是对此类所得并不按独立劳务所得和非独立劳务所得处理，而是不论该项所得是否归属演员、艺术家和运动员个人，均由活动所在国行使收入来源地管辖权征税。

跨国劳务所得的判定标准见表7-1。

表7-1 跨国劳务所得的判定标准

劳务类型	判断标准
独立个人劳务所得	固定基地标准；停留期间标准；所得支付者标准
非独立个人劳务所得	停留期间标准；所得支付者标准
其他个人劳务所得	董事费：国际上通行的做法是按照所得支付地标准确认支付董事费的公司所在国有权征税
	跨国从事演出、表演或参加比赛的演员、艺术家和运动员，国际上通行的做法是：均由活动所在国行使收入来源地管辖权征税

2. 经营所得的判断标准

经营所得,又称营业利润,即企业在某个固定场所从事经营活动获得的所得。

扩展阅读 7.2:跨国劳务所得征税权判定原则及相关规定

国际上对跨国营业所得来源地的确认,一般都采用常设机构标准和交易地点标准。常设机构标准成为各国普遍接受的判定经营所得来源地的标准。常设机构是指企业在一国境内进行全部或部分经营活动的固定营业场所。

1)常设机构标准

(1)常设机构的构成条件。

一是有营业场所;二是场所必须是固定的,并且有一定的永久性;三是能够构成常设机构的营业场所必须是企业用于进行全部或部分营业活动的场所,而不是为本企业从事非营业性质的准备活动或辅助性活动的场所。

(2)代理性常设机构。

代理性常设机构是指一个代理人如具有以被代理人名义与第三人签订合同的权力,并经常行使这种权力,且代理人所从事的活动不是准备性或辅助性的,则代理人应构成被代理人在来源国的常设机构。但是,如果代理人是独立的并能自主从事营业活动,则不能构成一个常设机构。独立的代理人必须在法律上和经济上都是独立的。如果代理人的义务受制于被代理人广泛的控制或过分详细的指示,或者代理人不承担任何经营风险,则不能视其为独立。

(3)常设机构的范围。

常设机构的范围一般包括管理场所、分支机构、办事处、工厂、车间、矿场、油井、气井、采石场、建筑工地等。

(4)常设机构利润的确定。

常设机构的利润确定,可以分为利润范围和利润计算两个方面。利润范围的确定一般采用归属法和引力法;利润的计算通常采用分配法和核定法。

①归属法:常设机构所在国行使收入来源地管辖权课税,只能以归属于该常设机构的营业利润为课税范围,而不能扩大到对该常设机构所依附的对方国家企业来源于其国内的营业利润。

②引力法:常设机构所在国除了以归属于该常设机构的营业利润为课税范围以外,对并不通过该常设机构,但经营的业务与该常设机构经营相同或同类取得的所得,也要归属该常设机构中合并征税。

③分配法:按照企业总利润的一定比例确定其设在非居住国的常设机构所得。

④核定法:常设机构所在国按该常设机构的营业收入额核定利润或按经费支出额推算利润,并以此作为行使收入来源地管辖权的课税范围。

2)交易地点标准

交易地点包括但不限于:合同的签约地、货物的生产地和交付地、货款的支付地等。英美法系国家比较侧重于以交易地点来判定经营所得的来源地。

3. 投资所得的判断标准

跨国投资所得是指跨国投资者提供资金、财产或技术供他人使用所获得的所得,包括利息、股息、特许权使用费等。

投资所得具有支付人相对稳定、受益人比较零散的特征。一般采用以下三种标准确定不同投资所得的来源地。

（1）权利提供地标准。投资所得，应由提供收取利息、股息、特许权使用费等权利的居民所在国行使征税权。该标准反映了居住国或国籍国的利益。

（2）权利使用地标准。即权利在哪个国家使用，就判定投资所得来源于哪个国家。该标准代表着非居住国的利益。

（3）双方分享征税权利。

4. 不动产所得的判断标准

不动产所得是指出租和使用不动产所取得的所得。不动产所得来源地以不动产的所在地或坐落地为判定标准，由不动产所在地或坐落地国家行使收入来源地管辖权。

5. 财产转让所得的判断标准

财产转让所得是指销售动产和转让不动产的收益。

销售动产收益，通常考虑与企业利润征税权原则相一致，由转让者的居住国征税。

不动产转让所得，由不动产的坐落地国家对不动产利得行使收入来源地管辖权征税。

6. 遗产继承所得的判断标准

对于跨国取得的遗产继承所得，其来源地的确定，通常视不同情况予以确定。

以不动产和有形动产为代表的，以其物质形态的存在国为遗产所在地，并由遗产所在国对遗产所得行使收入来源地管辖权征税。

以股票或债权为代表的，以其发行者或债务人的居住国为遗产所在地，并由遗产所在国对遗产所得行使收入来源地管辖权征税。

【例7-2·单选题】（2018年税务师）关于董事费来源地的判断，国际通行的标准是（　　）。

A. 住所标准

B. 停留时间标准

C. 所得支付地标准

D. 劳务发生地标准

【答案】C

【解析】国际上通行的做法是按照所得支付地标准确认支付董事费的公司所在国有权征税。

【例7-3·单选题】（2017年税务师）下列关于来源地税收管辖权的判定标准，可适用于非独立个人劳务所得的是（　　）。

A. 所得支付者标准

B. 劳务发生地标准

C. 常设机构标准

D. 固定基地标准

【答案】A

【解析】非独立个人劳务所得来源地的确定，目前，国际上通常采用以下两种标准：停留期间标准和所得支付者标准。

归纳

约束税收管辖权的国际惯例归纳如表 7-2 所示。

表 7-2 约束税收管辖权的国际惯例

管辖权及身份种类		判别标准
居民管辖权	自然人居民身份的判定	一般判定标准	（1）法律标准——居住的主观意愿 （1）住所标准——永久性或习惯性 （3）停留时间标准——境内居住或停留达到一定时间以上
	法人居民身份的判定	一般判定标准	（1）注册地标准 （2）实际管理和控制中心所在地标准 （3）总机构所在地标准 （4）控股权标准
来源地管辖权		（1）跨国劳务所得行使来源地管辖权的约束标准 （2）跨国营业所得行使来源地管辖权的约束标准——一般为经营活动发生地 （3）跨国投资所得行使来源地管辖权的约束标准 （4）跨国不动产所得来源地管辖权的约束标准 （5）跨国财产转让所得来源地管辖权的约束标准 （6）跨国遗产继承所得来源地管辖权的约束标准

第三节 国际重复征税

一、国际重复征税及其避免

国际重复征税及其避免如表 7-3 所示。

表 7-3 国际重复征税及其避免

要 点	主 要 内 容
国际重复征税的概念	是指两个或两个以上的主权国家或地区，在同一时期内，对参与或被认为是参与国际经济活动的同一或不同纳税人的同一征税对象，征收相同或类似的税
国际重复征税的产生原因	具体有以下三个原因：纳税人所得或收益的国际化；各国所得税制的普遍化；各国行使税收管辖权的矛盾性
避免国际重复征税的一般方式	单边方式、双边方式和多边方式
避免国际重复征税的基本方法	（1）抵免法：指一国政府对本国居民（公民）来自国内外的所得一并汇总征税，但允许在本国应纳税额中扣除本国居民就其外国来源所得在国外已纳税额，以此避免国际重复征税的方法 （2）免税法：指一国政府对本国居民（公民）来自国外的所得免予征税，以此彻底避免国际重复征税的方法

二、国际税收抵免制度

抵免法是指居住国政府对其居民取得的国内外所得汇总征税时，允许居民将其国外所得部分已纳税款从中扣减，是国际上避免重复征税普遍采用的方法。其计算公式为

居住国应征所得税额
$= \sum$ 国内外应税所得额 × 居住国所得税率 − 允许抵免的已缴纳国外税额

国际税收抵免制度主要围绕抵免方法、抵免主体资格、抵免对象、抵免限额、超限

额结转、间接抵免条件来展开。

（一）抵免限额的确定

一般来说，抵免限额是指居住国（国籍国）允许居民（公民）纳税人从本国应纳税额中，扣除就其外国来源所得缴纳的外国税款的最高限额，即对跨国纳税人在外国已纳税款进行抵免的限额。这个限额以不超过其外国来源所得按照本国税法规定的适用税率计算的应纳税额为限。

抵免限额的计算公式为

$$抵免限额 = \left(\sum 国内外应税所得额 \times 居住国所得税税率\right) \times \left(国外应税所得 \div \sum 国内外应税所得额\right)$$

式中，$\left(\sum 国内外应税所得额 \times 居住国所得税税率\right)$ 为抵免前按照国内外应税所得总额计算的应缴居住国政府所得税。

（二）抵免限额的计算方法

在实务中，抵免限额又分为分国抵免限额、综合抵免限额和分项抵免限额三种不同的计算方法。

1. 分国抵免限额

分国抵免限额法是指在多国税收抵免条件下，跨国纳税人所在国政府对其外国来源所得，按其来源国别，分别计算抵免限额的方法。其计算公式如下：

$$分国抵免限额 = \left(\sum 国内外应税所得额 \times 居住国所得税税率\right) \times \left(某一外国应税所得 \div \sum 国内外应税所得额\right)$$

2. 综合抵免限额

综合抵免限额法是在多国税收抵免条件下，跨国纳税人所在国政府对其全部外国来源所得，不分国别汇总在一起，统一计算抵免限额的方法。其计算公式如下：

$$综合抵免限额 = \left(\sum 国内外应税所得额 \times 居住国所得税税率\right) \times \left(国外应税所得 \div \sum 国内外应税所得额\right)$$

3. 分项抵免限额

分项抵免是为了防止跨国纳税人国际税收逃避活动，对国外收入进项分项抵免，把一些专项所得从总所得中抽离出来，对其单独规定抵免限额，各项所得抵免限额之间不能相互冲抵。其计算公式如下：

$$分项抵免限额 = \left(\sum 国内外应税所得额 \times 居住国所得税税率\right) \times \left(国外某一专项所得 \div \sum 国内外应税所得额\right)$$

在居住国（国籍国）实行比例税率的情况下，上述三个公式可分别简化为

分国抵免限额 = 来自某一非居住国应税所得 × 居住国所得税税率

综合抵免限额 = 来自非居住国全部应税所得 × 居住国所得税税率

分项抵免限额 = 来自非居住国的某一专项应税所得 × 居住国所得税税率

分国抵免限额法与综合抵免限额法相比较，各有其优点，在不同条件下，它们所起作用是不同的，如表 7-4 所示。

表 7-4　分国抵免限额法与综合抵免限额法的比较

假定情形	分国抵免限额法	综合抵免限额法
跨国纳税人在国外经营普遍盈利，且税率高低不同	对居住国有利	对纳税人有利
跨国纳税人国外经营有盈有亏	对纳税人有利	对居住国有利

假定一：跨国纳税人国外经营普遍盈利，税率高低不同（表 7-5）。

表 7-5　跨国纳税人国外经营普遍盈利，税率高低不同

跨国纳税人（居住国税率 25%）		A 国经营（A 国税率 30%）	B 国经营（B 国税率 20%）
所得额		50 万元	80 万元
实际来源国纳税		50×30% = 15（万元）	80×20% = 16（万元）
分国抵免限额法	分国限额法的限额	50×25% = 12.5（万元）	80×25% = 20（万元）
	分国限额实际抵扣	12.5 万元（<15 万元）	16 万元（<20 万元）
	分国限额法合计可抵税	12.5 + 16 = 28.5（万元）	
综合抵免限额法	综合限额法的限额	（50 + 80）×25% = 32.5（万元）	
	综合限额实际抵扣	15 + 16 = 31（万元）（<32.5 万元）	
	结论	综合抵免限额法可抵免的税额多，对纳税人有利	

假定二：跨国纳税人国外经营有盈有亏（表 7-6）。

表 7-6　跨国纳税人国外经营有盈有亏

跨国纳税人（居住国税率 25%）		A 国经营（A 国税率 30%）	B 国经营（B 国税率 20%）
所得额		−60 万元	80 万元
实际来源国纳税		0	80×20% = 16（万元）
分国抵免限额法	分国限额法的限额	0	80×25% = 20（万元）
	分国限额实际抵扣	0	16 万元（<20 万元）
	分国限额法合计可抵税	16 万元	
综合抵免限额法	综合限额法的限额	（−60 + 80）×25% = 5（万元）	
	综合限额实际抵扣	5 万元（<16 万元）	
	结论	分国抵免限额法可抵免的税额多，对纳税人有利	

（三）我国的抵免制度

居民企业来源于中国境外的应税所得及非居民企业在中国境内设立机构、场所，取得发生在中国境外但与该机构、场所有实际联系的应税所得已在境外缴纳的所得税税额，可以从其当期应纳税额中抵免，抵免限额为该项所得依照《企业所得税法》及其实施条例计算的应纳税额；超过抵免限额的部分，可以在以后 5 个年度内，用每年度抵免限额抵免当年应抵税额后的余额进行抵补。

居民企业从其直接或间接控制的外国公司分得的来源于中国境外的股息、红利等权

益性投资收益,外国企业在境外实际缴纳的所得税税额中属于该项所得负担的部分,可以作为该居民企业的可抵免境外所得税税额,在抵免限额内抵免。

企业实际应纳所得税额＝企业境内外所得应纳税总额－企业所得税减免、抵免优惠税额－境外所得税抵免额

1. 境外所得的范围和抵免办法

1）纳税人境外所得范围

针对居民企业和非居民企业我国规定了不同的境外所得抵免范围和抵免办法,具体见表 7-7。

表 7-7　不同企业类型境外所得范围和抵免办法

企业类型	境外所得范围	抵免办法
居民企业（包括按境外法律设立但实际管理机构在中国,被判定为中国税收居民的企业）	可以就其取得的境外所得直接缴纳和间接负担的境外企业所得税性质的税额进行抵免	直接抵免和间接抵免
非居民企业	在中国境内设立机构（场所）的非居民企业可以就其取得的发生在境外,但与其有实际联系的所得直接缴纳的境外企业所得税性质的税额进行抵免	仅涉及直接抵免

实际联系,是指根据已取得所得的权利、财产或服务活动由非居民企业在中国境内的分支机构、拥有、控制或实施。

2）抵免办法

（1）直接抵免法。直接抵免法是指一国政府对本国居民直接缴纳或应由其直接缴纳的外国所得税给予抵免的方法。直接抵免主要适用于企业就来源于境外的营业利润所得在境外所缴纳的企业所得税,以及就来源于或发生于境外的股息、红利等权益性投资所得、利息、租金、特许权使用费、财产转让等所得在境外被源泉扣缴的预提所得税。它适用于对同一经济实体总、分支机构间的税收抵免。

直接抵免法的计算步骤是：一是确定抵免限额；二是确定允许抵免额。允许抵免额是指抵免限额与实缴非居住国税款两者之间数额较小者。三是确定居住国应净征收的所得税税款,即（居住国应税所得＋非居住国应税所得）×居住国税率－允许抵免额。

（2）间接抵免法。间接抵免法是指一国政府对本国居民间接缴纳外国所得税给予抵免的方法。境外企业就分配股息前的利润缴纳的外国所得税额中由我国居民企业就该项分得的股息性质的所得间接负担的部分,在我国的应纳税额中抵免。它既适用于母子公司的经营方式,又适用于母、子、孙等多层公司的经营方式。间接抵免法的计算略显复杂,其中最为关键和核心的是股息还原的确定,其他的计算过程大体与直接抵免法的计算相同。股息还原的办法是把外国子公司支付的股息还原成为未征所得税前的数额,将外国子公司支付的股息占该公司所得税后全部所得的比重,乘以该公司已纳所得税,然后再加上外国源泉征收的股息预提税,这个结果相当于股息所承担的外国所得税,再加上母公司实际收到的股息,就成为股息还原所得。

直接抵免法和间接抵免法的特点及适用情况如表 7-8 所示。

表 7-8 直接抵免法和间接抵免法的特点及适用情况

抵免方法	特点及适用情况
直接抵免法	特点：政府对本国居民直接缴纳或应由其直接缴纳的外国所得税给予抵免 适用情况：适用于同一经济实体总、分支机构之间的税收抵免
间接抵免法	特点：政府对本国居民间接缴纳的外国所得税给予抵免 适用情况：适用于母子公司的经营方式，又适用于母、子、孙等多层公司的经营方式

特别提示

涉及多国直接抵免时，视采用分国抵免限额法还是综合抵免限额法来计算确定允许抵免额。

自 2017 年 1 月 1 日起，企业可以选择按国别（地区）分别计算〔即"分国（地区）不分项"〕，或者按国别（地区）汇总计算〔即"不分国（地区）不分项"〕其来源于境外的应纳税所得额，并按照规定的税率分别计算其可抵免境外所得税税额和抵免限额。上述方式一经选择，5 年内不得改变。

①一层间接抵免。一层间接抵免适用于母公司与子公司之间的国外税收抵免。在一层间接抵免中，母公司按照其从子公司取得的股息还原所得，推算相应的税前应纳税所得总额和税收抵免额，以此处理母子公司之间因股息分配而形成的重复征税问题。

母公司只能按其分得的毛股息（预提国外所得税前的股息）收入额占外国子公司缴纳所得税后的利润（即股息分配的基础）的比重，推算母公司分得股息应承担的外国子公司所得税，从而还原出母公司分得股息的税前所得额。

归属于母公司承担的外国子公司所得税的计算公式为

A：母公司股息已承担的子公司所得税 = 子公司已缴纳的企业所得税 ×（母公司得到的股息 ÷ 子公司的税后净利润）

母公司从国外子公司取得的所得包括两部分：一部分是直接分得的股息，另一部分是按照分得股息所还原出来的归属母公司承担的外国子公司所得税。股息加上股息还原所得税才是母公司计算境内外应纳税所得总额时应包括的境外所得额。

具体计算公式如下。

B：母公司来自境外子公司的所得 = 母公司分得的股息 + A

需要注意的是，按照上式计算出来的归属于母公司承担的外国子公司所得税，还必须与抵免限额进行比较（抵免限额的计算与直接抵免方法相同）。在没有超过抵免限额的情况下，允许母公司从其应缴纳的本（居住）国政府所得税中全部抵免，否则，只能按限额进行抵免。

【例 7-4】 甲国母公司在乙国设立一子公司，2019 年子公司所得为 1 000 万元，乙国公司所得税税率为 30%，甲国为 40%，子公司缴纳乙国所得税 300 万元（1 000×30%），并从其税后利润 700 万元（1 000 - 300）中分给甲国母公司股息 100 万元。

【分析】 根据一层间接抵免公式可知：

（1）归属于母公司的子公司所得税：300×[100÷（1 000 - 300）]≈42.86（万元）

（2）母公司来自子公司的应纳税所得额：100 + 42.86 = 142.86（万元）

(3)间接抵免的限额:142.86×40%≈57.15(万元)。

(4)可抵免税额:由于母公司已纳(承担)国外税额42.86万元,低于抵免限额,所以可按国外已纳税额全部抵免,即可抵免税额42.86万元。

(5)母公司实缴甲国企业所得税:142.86×40%-42.86=14.28(万元)。

若考虑股息汇回时的预提所得税,应该采取直接与间接相结合的方式进行税收抵免。即在计算母公司实际承担的所得税额时应包括两部分:一部分是由子公司缴纳母公司间接承担的子公司企业所得税,另一部分是股息汇回时预提企业所得税由母公司直接承担的预提税,在与抵免限额进行比较确定可抵免税额时一定要将预提税考虑进去。此外,在用股息还原计算归属于母公司的子公司缴纳的企业所得税时,仍然要用分给母公司的毛股息(即预提所得税前的股息额)除以子公司的税后净利润。

【例 7-5】 甲国母公司在乙国设立一子公司,并拥有子公司 50%的股票,在 2018 纳税年度内,母公司来自甲国的所得为 1 000 万元,子公司来自乙国的所得为 500 万元,甲国所得税税率为 35%,乙国为 30%,并且乙国允许子公司保留税后利润(即未分配利润)10%,并对其汇出境外的股息征收 10%的预提所得税。

【分析】 子公司的纳税情况以及母公司的税收抵免的计算如下。

(1)子公司的纳税情况。

①子公司已纳乙国企业所得税:500×30%=150(万元)

②子公司税后净利润:500-150=350(万元)

③子公司可分配股息:350×(1-10%)=315(万元)

④甲国母公司的可分得股息:315×50%=157.5(万元)

⑤母公司股息预提所得税:157.5×10%=15.75(万元)

(2)母公司纳税情况。

①归属于母公司的子公司所得税:150×(157.5÷350)=67.5(万元)

②母公司来自子公司的应纳税所得额:157.5+67.5=225(万元)

③抵免限额:225×35%=78.75(万元)

④可抵免税额:母公司实际承担的乙国所得税税额=67.5+15.75=83.25(万元),大于抵免限额,故应按限额进行抵免,即可抵免税额为 78.75 万元。

⑤母公司实际缴纳的甲国所得税税款:(1 000+225)×35%-78.75=350(万元)

②多层间接抵免。间接抵免方法不仅适用于上述居住国母公司来自其外国子公司的股息所应承担的外国所得税的抵免,而且还可适用于母公司通过子公司来自其外国孙公司,以及外国孙公司下属的外国重孙公司、曾孙公司等多层外国附属公司的股息所应承担的外国政府所得税,以解决子公司以下各层"母子公司"的重复征税问题。

多层间接抵免方法的计算原理与一层间接抵免方法基本相同,可以类推,但具体计算步骤要复杂些,需要从底层公司向上层公司依次经过多次所得还原计算。

假定以两层"母子公司"为例,按照母公司、子公司、孙公司股息收入发生的顺序,多层间接抵免的计算方法与原理如下。

第一,将孙公司支付给子公司的股息进行还原,还原计算程序同一层间接抵免的母子公司还原一致。用子公司收到的孙公司股息还原出归属于子公司的孙公司已缴纳的所得税,具体计算公式为

A：子公司已承担的孙公司已缴纳的企业所得税＝孙公司已缴纳的企业所得税×（子公司得到的股息÷孙公司的税后净利润）

子公司用其来自外国孙公司的股息加上这部分股息应分摊的孙公司的企业所得税，即为还原出的这部分股息的应纳税所得额，也就是子公司来自孙公司的应纳税所得额，其计算公式为

B：子公司来自孙公司的应纳税所得额＝子公司得到的股息＋A

这一阶段计算同一层间接抵免计算完全一致。

第二，子公司用其自己（国内）的应纳税所得额，加上来自外国孙公司的应纳税所得额，为子公司总应纳税所得额，再扣除缴纳本国的企业所得税（其中应按照抵免限额抵免外国孙公司已缴纳的企业所得税），得到子公司的税后净利润。然后将子公司税后净利润按照规定分配股息给母公司，这一部分的股息分配再次进行股息所得还原，计算出归属于母公司的子、孙公司已缴纳的所得税。计算公式为

C：母公司已承担的子、孙公司的企业所得税＝（子公司已缴纳的企业所得税＋子公司承担的孙公司已缴纳的企业所得税）×（母公司分得的股息÷子公司税后净利润）

必须注意，上式计算出来的应属母公司承担的外国子、孙公司所得税，在不超过抵免限额的条件下，允许母公司从其应缴本（居住）国政府的所得税中进行抵免，否则应按抵免限额抵免。母公司来自外国子、孙公司所得的计算公式为

母公司来自子、孙公司的所得＝母公司得到的股息＋C

最后将母公司自己（国内）的应纳税所得额，加上来自外国子、孙公司的应纳税所得额，作为母公司总应纳税所得额，再扣除缴纳本国的企业所得税（其中应按照抵免限额抵免外国子、孙公司已缴纳的企业所得税），得到母公司的税后净利润。

与一层间接抵免一样，如果考虑预提所得税，则在计算该公司实际承担的所得税额时应包括两部分，一部分是间接承担的下层公司缴纳的企业所得税，另一部分是该公司直接承担的预提所得税，然后再与抵免限额进行比较，确定可抵免税额。此外，在用股息还原计算归属于本层公司的下层公司缴纳的企业所得税时，仍然要用分给本层公司的毛股息（即预提所得税前的股息额）除以下层公司的税后净利润。

【例7-6】 某一跨国公司在2019纳税年度内的基本情况如下。

（1）A国甲公司母公司，B国乙公司为子公司，C国丙公司为孙公司。

（2）甲公司和乙公司各拥有下一层附属公司股票的50%。

（3）税前各公司国内所得：母公司甲300万元；子公司乙200万元；孙公司丙100万元。

（4）各国公司所得税税率：A国40%；B国35%；C国30%。

（5）各国预提所得税税率都是10%。

【答案】 根据多层间接抵免和直接抵免的原理与公式，各公司的纳税情况及税收抵免的具体计算步骤如下。

（1）丙公司在C国的交税情况：

①丙公司应缴C国的企业所得税：100×30%＝30（万元）

②丙公司的税后净利润：100－30＝70（万元）

③丙公司支付B国乙公司的股息：70×50%＝35（万元）

④丙公司支付B国乙公司的股息时要预提乙公司的所得税：35×10%＝3.5（万元）

（2）乙公司在 B 国的交税情况：

①取得的股息应承担的 C 国丙公司的企业所得税：30×35÷70＝15（万元）

②乙公司来自丙公司的税前应纳税所得额：35＋15＝50（万元）

③抵免限额：50×35％＝17.5（万元）

④可抵免税额：由于乙公司已经承担了 C 国丙公司所得税 15 万元和自己被预提的所得税 3.5 万元共计 18.5 万元，高于抵免限额，所以只能按限额抵免，即可抵免税额为 17.5 万元。

⑤乙公司实缴 B 国的企业所得税：（200＋50）×35％－17.5＝70（万元）

⑥乙公司的税后净利润：（200＋50）－（70＋18.5）＝161.5（万元）

⑦乙公司支付给 A 国甲公司的股息：161.5×50％＝80.75（万元）

⑧乙公司支付给 A 国甲公司的股息应预提的企业所得税：80.75×10％＝8.08（万元）

（3）甲公司在 A 国的交税情况：

①甲公司应承担的乙公司和丙公司的企业所得税：（70＋3.5＋15）×（80.75÷161.5）＝44.25（万元）

②甲公司来自 B 国乙公司和 C 国丙公司的应纳税所得额：80.75＋44.25＝125（万元）

③抵免限额：125×40％＝50（万元）

④可抵免税额：由于甲公司已经承担 B 国乙公司和 C 国丙公司的企业所得税税款 44.25 万元和被预提的所得税 8.08 万元共计 52.33 万元，高于抵免限额，所以已经承担的税款只可以按限额抵免，即可抵免税额为 50 万元。

⑤甲公司实缴 A 国企业所得税：（300＋125）×40％－50＝120（万元）。

2. 境外所得税抵免额的计算方法

第一步，计算抵免限额。

抵免限额＝中国境内、境外所得依照企业所得税法及实施条例的规定计算的应纳税总额×来源于某国（地区）的应纳税所得额÷中国境内、境外应纳税所得额总额

简化形式：抵免限额＝来源于某国（地区）的应纳税所得额（境外税前所得额）×25％或 15％

【例 7-7】 A 投资 B，持股比例 100％，当年 B 全年税前所得 100 万元，所在国企业所得税税率 30％，将税后 70 万元全部分配，按 10％预提所得税，A 企业收到 63 万元。

【分析】

第一步：抵免限额＝100×25％＝25（万元）

第二步，计算实缴税额。实缴税额即可抵免境外税额。

第三步，进行比较确定。确定境外抵免额时的关键词：孰低原则。

可抵免税额＝30＋7＝37（万元）

境外所得税抵免额＝25（万元）

企业选择采用不同于以前年度的方式（以下简称新方式）计算可抵免境外所得税税额和抵免限额时，对该企业以前年度按照有关规定没有抵免完的余额，可在税法规定结转的剩余年限内，按新方式计算的抵免限额中继续结转抵免。

企业按照规定计算的当期境内、境外应纳税所得总额小于零的，应以零计算当期境内、境外应纳税所得总额，其当期境外所得税的抵免限额也为零。

如果企业境内为亏损，境外盈利分别来自多个国家，则弥补境内亏损时，企业可以自行选择弥补境内亏损的境外所得来源国家（地区）顺序。

（四）境外应纳税所得额的计算

企业应按照我国税法的有关规定，确定中国境外所得（境外税前所得）并按以下规定计算境外应纳所得税税额。

根据税法确定的境外所得，在计算适用境外税额直接抵免的应纳税所得额时，应为将该项境外所得直接缴纳的境外所得税额还原计算后的境外税前所得；上述直接缴纳税额还原后的所得中属于股息、红利所得的，在计算适用境外税额间接抵免的境外所得时，应再将该项境外所得间接负担的税额还原计算，即该境外股息、红利所得应为境外股息、红利税后净所得与就该项所得直接缴纳和间接负担的税额之和。具体的计算逻辑已经在前文介绍间接抵免计算时展示。

对上述税额还原后的境外税前所得，应再就计算企业应纳税所得总额时已按税法规定扣除的有关成本费用中与境外所得有关的部分进行对应调整扣除后，计算境外应纳税所得额。

（1）居民企业在境外投资设立不具有独立纳税地位的分支机构，其来源于境外的所得，以境外收入总额扣除与取得境外收入有关的各项合理支出后的余额为应纳税所得额。各项收入、支出按税法的有关规定确定。

居民企业在境外设立不具有独立纳税地位的分支机构取得的各项境外所得，无论是否汇回中国境内，均应计入该企业所属纳税年度的境外应纳税所得额。

①由于分支机构不具有利润分配职能，因此居民企业在境外设立不具有独立纳税地位的分支机构取得的各项境外所得，无论是否汇回中国境内，均应计入该企业所属纳税年度的境外应纳税所得额。

②确定与取得境外收入有关的合理的支出，应主要考察发生支出的确认和分摊方法是否符合一般经营常规和我国税收法律规定的基本原则。对企业已在计算应纳税所得总额时扣除，但属于应由各分支机构合理分摊的总部管理费等有关成本费用应作出合理的对应调整分摊。

境外分支机构的合理支出范围通常包括境外分支机构发生的人员工资、资产折旧、利息、相关税费和应分摊的总机构用于管理分支机构的管理费用等。

【例 7-8·计算题】 我国居民企业 B 公司在甲国设立一分公司，构成所在国的常设机构，需要自主申报纳税。总分公司按照收入比例分摊总部管理费用，2019 年度 B 公司企业所得税纳税申报表项目如下：

（1）B 公司利润总额为 200 万元，其中国内营业收入 400 万元，总部管理费用 20 万元。

（2）甲国分公司营业收入 100 万元，总支出 80 万元，其中按照我国税法确认可税前扣除的工资、资产折旧、利息等合理支出 70 万元，企业所得税支出 6 万元。

（3）应收乙国某企业税后特许权使用费收入 22.5 万元，乙国预提所得税税率 10%，该特许权的相关摊销费用 15 万元，已在 B 公司境内利润中扣除。

要求：

（1）计算 B 公司来源于甲国的境外应纳税所得额。

（2）计算 B 公司来源于乙国的境外应纳税所得额。
（3）计算 B 公司境内应纳税所得额。

【答案】 （1）B 公司来源于甲国的境外应纳税所得额。
①按甲国税法计算的税后所得 = 100 - 80 = 20（万元）
②甲国所得计入 B 公司利润总额的金额 = 20 + 6 = 26（万元）
③来源于甲国的境外应纳税所得额 = 26 +（80 - 70）- 20 × [100 ÷（400 + 100）]
$$= 26 + 10 - 4 = 32（万元）$$
（2）B 公司来源于乙国的境外应纳税所得额。
①乙国所得计入 B 公司利润总额的金额 = 22.5 ÷（1 - 10%）= 25（万元）
②来源于乙国的境外应纳税所得额 = 25 - 15 = 10（万元）
（3）B 公司境内应纳税所得额 = 200 -（26 + 25）+（4 + 15）= 168（万元）

（2）居民企业应就其来源于境外的股息、红利等权益性投资收益，以及利息、租金、特许权使用费、转让财产等收入，扣除按照《企业所得税法》及其实施条例等规定计算的与取得该项收入有关的各项合理支出后的余额为应纳税所得额。

来源于境外的股息、红利等权益性投资收益，应按被投资方作出利润分配决定的日期确认收入实现。企业来源于境外的股息、红利等权益性投资收益所得，若实际收到所得的日期与境外被投资方作出利润分配决定的日期不在同一纳税年度的，应按被投资方作出利润分配日所在的纳税年度确认境外所得。

来源于境外的利息、租金、特许权使用费、转让财产等收入，应按有关合同约定应付交易对价款的日期确认收入实现。企业来源于境外的利息、租金、特许权使用费、转让财产等收入，若未能在合同约定的付款日期当年收到上述所得，仍应按合同约定付款日期所属的纳税年度确认境外所得。

从境外收到的股息、红利、利息等境外投资性所得一般表现为毛所得，应对在计算企业总所得额时已做统一扣除的成本费用中与境外所得有关的部分，在该境外所得中对应调整扣除后，才能作为计算境外税额抵免限额的境外应纳税所得额。

各项境外所得中对应调整扣除的成本费用见表 7-9。

表 7-9 各项境外所得中对应调整扣除的成本费用

所得类型	调整扣除成本费用内容
股息、红利	对应调整扣除与境外投资业务有关的项目研究、融资成本和管理费用
利息	对应调整扣除为取得该项利息而发生的相应的融资成本和相关费用
租金	1. 属于融资租赁业务的，应对应调整扣除其融资成本 2. 属于经营租赁业务的，应对应调整扣除租赁物相应的折旧或折耗
特许权使用费	对应调整扣除提供特许使用的资产的研发、摊销等费用
财产转让	对应调整扣除被转让财产的成本净值和相关费用

企业应当根据税法的有关规定确认境外所得的实现年度及其税额抵扣年度。

企业收到某一纳税年度的境外所得已纳税凭证时，凡是迟于次年 5 月 31 日汇算清缴终止日的，可以对该所得境外税额抵免追溯计算。

在计算境外应纳税所得额时，企业为取得境内、境外所得而在境内、境外发生的共同支出，与取得境外应税所得有关的、合理的部分，应在境内、境外［分国别（地区），下同]应税所得之间,按照合理比例进行分摊后扣除。

共同支出,是指与取得境外所得有关但未直接计入境外所得应纳税所得额的成本支出,通常包括未直接计入境外所得的营业费用、管理费用和财务费用等支出。

企业应对在计算总所得额时已统一归集并扣除的共同费用,按境外每一国别(地区)数额占企业全部数额的下列一种比例或几种比例的综合比例,在每一国别的境外所得中对应调整扣除,计算来自每一国别的应纳税所得额:①资产比例。②收入比例。③员工工资支出比例。④其他合理比例。

(3)境外分支机构亏损的弥补。在汇总计算境外应纳税所得额时,企业在境外同一国家(地区)设立不具有独立纳税地位的分支机构,按照《企业所得税法》及其实施条例的有关规定计算的亏损,不得抵减其境内或他国(地区)的应纳税所得额,但可以用同一国家(地区)其他项目或以后年度的所得按规定弥补。

企业在同一纳税年度的境内外所得加总为正数的,其境外分支机构发生的亏损,由于上述结转弥补的限制而发生的未予弥补的部分(以下简称为"非实际亏损额"),今后在该分支机构的结转弥补期限不受5年期限制。

(1)如果企业当期境内外所得盈利额与亏损额加总后和为零或正数,则其当年度境外分支机构的非实际亏损额可无限期向后结转弥补。

(2)如果企业当期境内外所得盈利额与亏损额加总后和为负数,则以境外分支机构的亏损额超过企业盈利额部分的实际亏损额,按规定期限进行亏损弥补,未超过企业盈利额部分的非实际亏损额仍可无限期向后结转弥补。

企业应对境外分支机构的实际亏损额与非实际亏损额不同的结转弥补情况做好记录。

【例7-9·计算题】中国居民A企业2019年度境内外净所得为160万元。其中,境内所得的应纳税所得额为300万元;设在甲国的分支机构当年度应纳税所得额为100万元;设在乙国的分支机构当年度应纳税所得额为-300万元;A企业当年度从乙国取得利息所得的应纳税所得额为60万元。调整计算该企业当年度境内、外所得的应纳税所得额。

【答案】A企业当年度境内外净所得为160万元,其发生在乙国分支机构的当年度亏损额300万元,仅可以用从该国取得的利息60万元弥补,未能弥补的非实际亏损额240万元,不得从当年度企业其他盈利中弥补。因此,相应调整后A企业当年境内、外应纳税所得额为

境内应纳税所得额 = 300(万元);

甲国应纳税所得额 = 100(万元);

乙国应纳税所得额 = –240(万元);

A企业当年度应纳税所得总额 = 400(万元)。

A企业当年度境外乙国未弥补的非实际亏损共240万元,允许A企业以其来自乙国以后年度的所得无限期结转弥补。

(五)可予抵免境外所得税税额的确认

可予以抵免境外所得税税额,是指企业来源于中国境外的所得依照中国境外税收法律以及相关规定应当缴纳并且已实际缴纳的企业所得税性质的税款。

1. 不应作为可抵免境外所得税税额的情形

（1）按照境外所得税法律及相关规定属于错缴或错征的境外所得税税款。

（2）按照税收协定规定不应征收的境外所得税税款。

（3）因少缴或迟缴境外所得税而追加的利息、滞纳金或罚款。

（4）境外所得税纳税人或其利害关系人从境外征税主体得到实际返还或补偿的境外所得税税款。

（5）按照我国规定已经免征我国企业所得税的境外所得负担的境外所得税税款。

（6）按照国务院财政、税务主管部门有关规定已经从企业境外应纳税所得额中扣除的境外所得税税款。

2. 可抵免的境外所得税税额的基本条件

（1）企业来源于中国境外的所得依照中国境外税收法律以及相关规定计算而缴纳的税额。

（2）缴纳的属于企业所得税性质的税额，而不拘泥于名称。在不同的国家，对于企业所得税的称呼有着不同的表述，如法人所得税、公司所得税等。判定是否属于企业所得税性质的税额，主要看其是否是针对企业净所得征收的税额。

（3）限于企业应当缴纳且已实际缴纳的税额。税收抵免旨在解决重复征税问题，仅限于企业应当缴纳且已实际缴纳的税额（除另有饶让抵免或其他规定外）。

（4）可抵免的企业所得税税额，若是税收协定非适用所得税项目，或来自非协定国家的所得，无法判定是否属于对企业征收的所得税税额的，应层报国家税务总局裁定。

3. 可抵免境外所得税税额的换算

若企业取得的境外所得已直接缴纳和间接负担的税额为人民币以外货币的，在以人民币计算可予抵免的境外税额时，凡企业记账本位币为人民币的，应按企业就该项境外所得记入账内时使用的人民币汇率进行换算；凡企业以人民币以外其他货币作为记账本位币的，应统一按实现该项境外所得对应的我国纳税年度最后一日的人民币汇率中间价进行换算。

（六）适用间接抵免的外国企业持股比例的计算层级

自2017年1月1日起，企业在境外取得的股息所得，在按规定计算该企业境外股息所得的可抵免所得税额和抵免限额时，由该企业直接或者间接持有20%以上股份的外国企业，限于按照规定持股方式确定的五层外国企业。

第一层：企业直接持有20%以上股份的外国企业。

第二层至第五层：单一上一层外国企业直接持有20%以上股份，且由该企业直接持有或通过一个或多个符合规定持股方式的外国企业间接持有总和达到20%以上股份的外国企业。

第一层企业只需要单一条件满足20%直接持股比例要求，第二层至第五层需要双重条件满足，即被单一上一层企业直接持股20%及以上；被最高母公司间接持股比例也要在20%及以上。

财税〔2009〕125号文件第六条规定的持股方式，是指各层企业直接持股、间接持股以及为计算居民企业间接持股总和比例的每一个单一持股，均应达到20%的持股比例。

【例 7-10】 中国居民企业 A 分别控股了三家公司甲国 B1、甲国 B2、乙国 B3，持股比例分别为 40%、60%、100%；B1 持有丙国 C1 公司 30%股份，B2 持有丙国 C2 公司 50%股份，B3 持有丁国 C3 公司 40%股份；C1、C2、C3 分别持有戊国 D 公司 30%、50%、20%股份。如图 7-1 所示。判断各公司是否符合持股条件。

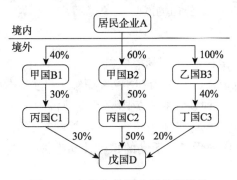

图 7-1　企业 A 各层公司持股条件

【答案】
（1）第一层，B 层各公司间接抵免持股条件的判定（单一条件判断）：

B1、B2、B3 分别直接被 A 公司控股 40%、60%、100%，均超过直接持有 20%以上股份的条件，B 层公司均符合持股条件。

（2）第二层：C 层各公司间接抵免持股条件的判定（双重条件判断）：

①C1 公司判定。

C1 被符合条件的上一层公司 B1 控股 30%＞20%，满足双重条件之一。

C1 受居民企业 A 间接控股＝40%×30%＝12%＜20%，不满足双重条件之二。

因此，C1 不符合持股条件。

②C2 公司判定。

C2 被符合条件的上一层公司 B2 控股 50%＞20%，满足双重条件之一。

C2 受居民企业 A 间接控股＝50%×60%＝30%＞20%，满足双重条件之二。

因此，C2 符合持股条件。

③C3 公司判定。

C3 被符合条件的上一层公司 B3 控股 40%＞20%，满足双重条件之一。

C3 受居民企业 A 间接控股＝40%×100%＝40%＞20%，满足双重条件之二。

因此，C3 符合持股条件。

（3）第三层：D 公司间接抵免持股条件的判定（双重条件判断）：

D 被 C1、C2、C3 分别持股，分别判断如下。

C1："一票否决"，由于 C1 不符合持股条件，即便 C1 对 D 公司的持股达到 30%，也不得再计入 D 公司间接抵免持股条件的范围，即来源于 D 公司 30%部分的所得的已纳税额不能进入居民企业 A 的抵免范畴。

C2：符合持股条件，判断 D 是否符合持股条件。

D 被符合条件的上一层公司 C2 控股 50%＞20%，满足双重条件之一。

D 受居民企业 A 间接控股＝50%×50%×60%＝15%＜20%，不满足双重条件之二。

C3：符合持股条件，判断 D 是否符合持股条件。

D 被符合条件的上一层公司 C3 控股 20% = 20%，满足双重条件之一。

D 受居民企业 A 间接控股 = 20%×40%×100% = 8% < 20%，不满足双重条件之二。但加上 A 通过 B2、C2 的间接控股 15%，间接控股总和达到 23%。

因此，D 公司符合间接抵免条件，即其所纳税额中属于向 C2 和 C3 公司分配的 70% 股息所负担的部分，可进入 A 公司的间接抵免范畴。

（七）税收饶让

所谓税收饶让，又称饶让抵免，是指居住国政府对其居民在非居住国得到税收优惠的那部分所得税，特准给予饶让，视同已纳税额而给予抵免，不再按本国税法规定补征。严格地说，税收饶让不是一种独立的避免国际重复征税的方法，它只是抵免法的附加，是在采取抵免法计算本国居民应纳所得税额时，根据同有关国家预先缔结的税收协定规定，出于鼓励本国居民从事国际经济活动的积极性和维护非居住国利益的双重目的而给予的特殊优惠。

需要注意的是，境外所得采用简易办法计算抵免额的，不适用饶让抵免。企业取得的境外所得根据来源国税收法律法规不判定为所在国应税所得，而按中国税收法律法规规定属于应税所得的，不属于税收饶让抵免范畴，应全额按中国税收法律法规规定缴纳企业所得税。

第四节　国际避税与反避税

一、国际避税的基本方式和方法

国际避税的基本方式就是跨国纳税人通过各种错用或滥用有关国家税法和国际税收协定，利用它们的差别、漏洞、特例和缺陷，规避纳税主体和纳税客体的纳税义务（即不纳税或少纳税）。其基本方式可归纳为以下几类。

1. 选择有利的企业组织形式避税

纳税人对外投资时，可以根据合伙企业与公司、子公司与分公司在不同国家之间的税制差异，选择最有利的组织形式以实现税收利益最大化。

2. 个人住所和公司居所转移避税

（1）跨国自然人可以通过迁移住所避免成为某一国的居民，从而躲避或减轻纳税义务。

（2）跨国法人可以将其总机构或实际管理机构移居到低税区，避免成为高税国的居民纳税人，得以降低整个公司的税收负担。

（3）企业也可通过跨国并购，将自己变成低税区企业的组成部分，实现税收从高税区向低税区的倒置。

3. 利用转让定价避税

跨国公司集团从整体利益出发，利用各关联企业所在国的关税税率和所得税的差异，通盘考虑所有成员企业的收入和费用，通过内部转让价格处理关联交易，将费用和成本从低税区转移至高税区，将利润从高税区转移至低税区，以减轻整个集团在全球负担的关税和所得税。

4. 利用税收协定避税

一个第三国居民（缔约国的非居民）可以通过改变其居民身份，得以享受其他两个国家签署的税收协定中的优惠待遇。

5. 利用资本弱化避税

企业投资者为了避税，在融资方式选择上，适度加大债务融资的比例，降低股本的比例，扩大债务与权益的比例，导致自有资金在资本结构中的地位相对下降和弱化。跨国公司在高税国投资常利用这个手段进行避税。

6. 利用信托转移财产避税

利用信托转移财产，可以通过在避税港设立个人持股信托公司、受控信托公司和订立信托合同的方式实现。

7. 利用避税港中介公司避税

通过总公司或母公司将销售或提供给其他国家和地区的商品、服务、技术，虚构为设在避税港受控中介公司的转手交易，从而将所得的部分所得滞留在避税港，或者通过贷款和投资方式再重新流回，以规避原应承担的高税率国家的税负。

8. 利用错配安排进行避税

纳税人在跨国交易中，利用两个国家对同一实体、同一笔收入或统一支出的税务处理规则的不同，同时规避或减轻跨国交易在两个国家的税负。

二、国际避税地

国际避税地也称避税地、避税港，是指实行低税管辖权的国家和地区，通常是指不课征个人所得税、公司所得税、资本利得税、遗产税、继承税、赠与税等直接税，或者课征的直接税的税率远低于国际一般税负水平，或者向非居民提供特殊的税收优惠，在那里能够进行国际逃税和避税活动的国家和地区。

（一）国际避税地的类型

一般可以把国际避税地粗分为四大类型：不征收所得税和一般财产税的国家和地区，在这些国家和地区，完全不征收个人所得税、公司所得税、资本税、净财富税、继承税、遗产税等；不征收某些所得税和一般财产税；虽征税但税率较低的国家和地区；虽有规范税制但有某些税收特例或提供某些特殊税收优惠的国家和地区。国际避税地的类型和典型举例见表 7-10。

表 7-10 国际避税地的类型和典型举例

类　　型	典型国家和地区列举（部分）
没有所得税和一般财产税	如开曼群岛、巴哈马、百慕大、格陵兰和索马里等
仅实行地域管辖权，只对境内所得按较低税率征税	如中国香港地区、巴拿马、委内瑞拉和阿根廷等
开征但税负远低于国际一般负担水平，并提供特殊税收优惠待遇	如中国澳门地区、新加坡、瑞士、英属维尔京群岛、以色列、摩纳哥、塞浦路斯和列支敦士登等
有规范税制但有某些税收特例或提供某些特殊税收优惠	如爱尔兰、英国、加拿大、希腊、卢森堡和荷兰

（二）利用国际避税地的避税

（1）通过国际避税地常设机构避税。

（2）通过国际避税地公司避税。

三、国际反避税

国际反避税的措施主要围绕防止纳税主体、纳税客体国际转移以及防止利用避税地避税。国际反避税的一般方法有以下几种。

（1）防止通过纳税主体实现国际转移进行国际避税的一般措施。

（2）防止通过纳税客体实现国际转移进行国际避税的一般措施。

（3）防止利用避税地避税的措施。

（4）转让定价调整。

（5）加强税收多边合作。

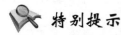

扩展阅读 7.3：《一般反避税管理办法（试行）》（国家税务总局令第 32 号）

特别提示

我国的《一般反避税管理办法（试行）》已经于 2014 年 11 月 25 日由国家税务总局 2014 年度第 3 次局务会议审议通过，自 2015 年 2 月 1 日起施行。

四、国际税收合作

国际税收合作是指在开放经济条件下，税务主管当局为了应对税收征纳双方活动范围不对称问题，在国家税基国际化情况下管控国际税源，提高对跨国纳税人税收征管水平，防止国际逃（避）税的发生，而进行的税收征收与管理合作，主要包括情报交换和征管互助。

（一）我国税收情报交换

1. 情报交换概述

情报交换是指我国与相关税收协定缔约国家（以下简称"缔约国"）的主管当局为了正确执行税收协定及其所涉及税种的国内法而需要交换所需信息的行为。

情报交换在税收协定规定的权利和义务范围内进行。情报交换应在税收协定生效并执行以后进行，税收情报涉及的事项可以溯及税收协定生效并执行之前。

情报交换通过税收协定确定的主管当局或其授权代表进行。我国主管当局为国家税务总局。

我国税务机关收集、调查或核查处理税收情报，适用税收征管法的有关规定。

2. 情报交换的种类与范围

（1）情报交换的类型包括专项情报交换、自动情报交换、自发情报交换以及同期税务检查、授权代表访问和行业范围情报交换等。

（2）情报交换的范围。除缔约国双方另有规定外，情报交换的范围一般如下。

①国家范围应仅限于与我国正式签订含有情报交换条款的税收协定并生效执行的国家。

②税种范围应仅限于税收协定规定的税种，主要为具有所得（和财产）性质的税种。

③人的范围应仅限于税收协定缔约国一方或双方的居民。

④地域范围应仅限于缔约国双方有效行使税收管辖权的区域。

我国从缔约国主管当局获取的税收情报可以作为税收执法行为的依据，并可以在诉讼程序中出示。税收情报在诉讼程序中作为证据使用时，税务机关应根据行政诉讼法等法律规定，向法庭申请不在开庭时公开质证。

3. 税收情报的保密

税收情报应做密件处理。制作、收发、传递、保存、使用或销毁税收情报，应按照《中华人民共和国保守国家秘密法》《中共中央保密委员会办公室、国家保密局关于国家秘密载体保密管理的规定》《经济工作中国家秘密及其密级具体范围的规定》以及有关法律法规的规定执行。

税收情报一般应确定为秘密级，秘密级情报保密期限一般为10年。

属以下情形的，应确定为机密级，机密级情报保密期限一般为20年：

①税收情报事项涉及偷税、骗税或其他严重违反税收法律法规的行为。

②缔约国主管当局对税收情报有特殊保密要求的。

税收情报事项涉及最重要的国家秘密，泄露会使国家的安全和利益遭受特别严重的损害，应确定为绝密级，绝密级情报保密期限一般为30年。

税收情报内容涉及其他部门或行业的秘密事项，按有关主管部门的保密范围确定密级。

对于难以确定密级的情报，主管税收机关应逐级上报国家税务总局决定。

扩展阅读 7.4：国际税收情报交换情况介绍

（二）税收征管互助

征管互助有两种方式：一种是双边征管互助，另一种是多边征管互助。

（三）国际税收合作新形式——税基侵蚀与利润转移行动计划

税基侵蚀和利润转移（base erosion and profit shifting，BEPS）是指跨国企业利用国际税收规则存在的不足，以及各国税制差异和征管漏洞，人为造成应税利润"消失"或将利润转移到没有或几乎没有实质经营活动的低税负国家（地区），从而最大限度地减少其全球总体的税负，甚至达到双重不征税的效果，造成对各国税基的侵蚀。

BEPS 行动计划（以下简称"行动计划"）项目由 34 个 OECD 成员国、8 个非 OECD 的 G20 成员国和 19 个其他发展中国家共计 61 个国家共同参与。行动计划由 G20 领导人背书，并委托 OECD 推进国际税改项目，主要包括三个方面的内容：一是保持跨境交易相关国内法规的协调一致，二是突出强调实质经营活动并提高税收透明度，三是提高税收确定性。OECD 财政事务委员会负责制订行动计划。

BEPS 项目最终一揽子成果，由十五项行动计划报告和一项解释性声明构成，以确保利润在产生利润的实际经济活动发生地和价值创造地征税，同时减少适用国际税收规则的争议，为企业提供更大的确定性和统一规范遵从要求，为各国和经济体提供了它们所需要的工具。税基侵蚀和利润转移项目成果见表 7-11。

表 7-11　税基侵蚀和利润转移项目成果

类　　别	行　动　计　划
应对数字经济带来的挑战	《关于数字经济面临的税收挑战的报告》
协调各国企业所得税税制	《消除混合错配安排的影响》《制定有效受控外国公司规则》《对利用利息扣除和其他款项支付实现的税基侵蚀予以限制》《考虑透明度和实质性因素有效打击有害税收实践》
重塑现行税收协定和转让定价国际规则	《防止税收协定优惠的不当授予》《防止人为规避构成常设机构》《确保转让定价结果与价值创造相匹配》
提高税收透明度和确定性	《衡量和监控 BEPS》《强制披露规则》《转让定价文档与国别报告》《使争议解决机制更有效》
开发多边工具促进行动计划实施	《开发用于修订双边税收协定的多边工具》

五、转让定价税制

转让定价税制是国际税收中一种约定俗成的称谓，其实质是一国政府为防止跨国公司利用转让定价避税策略侵犯本国税收权益所制定的，与规范关联方转让定价行为有关的实体性规则和程序性规则等一系列特殊税收制度规定的总称。

（一）转让定价税制的管辖范围

转让定价税制的管辖对象是公司集团内部的关联交易。确认关联交易，首先要确认关联企业或关联方，关联交易包括关联企业之间的交易，也包括关联个人与关联企业的交易。

（二）转让定价调整方法

采用哪些方法对跨国关联企业利用转让定价形成不合理的国际收入和费用分配进行重新调整，是整个转让定价税制的核心内容。目前各国普遍能够接受的方法有以下几种：可比非受控价格法、再销售价格法、成本加成法、交易净利润法和利润分割法。转让定价调整方法的含义和适用范围见第六章企业所得税中第十一节特别纳税调整：表 6-32 合理的转让定价方法总结。

第五节　国际税收协定

一、国际税收协定的概念

国际税收协定是指两个或两个以上的主权国家或地区，为了协调相互之间的税收分配关系，本着对等的原则，在有关税收事务方面通过谈判所签订的一种书面协议。

国际税收协定可以分为双边税收协定和多边税收协定。凡是两个国家和地区参与签订的相互之间的税收协定，称为双边税收协定。凡是两个以上的国家和地区签订的相互之间的税收协定，称为多边税收协定。

截至 2019 年年底，我国政府的税收协定网络覆盖了 111 个国家和地区，内地和香港、澳门签署了税收安排，大陆和台湾地区签署了税收协议，已形成比较完善的税收协定网络。我国对外签署税收协定主要参考《OECD 税收协定范本》和《UN 税收协定范本》。

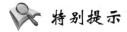 **特别提示**

在国际税收实践活动中,缔结的国际税收协定绝大多数是双边税收协定。

二、国际税收协定范本

《OECD税收协定范本》和《UN税收协定范本》的产生,标志着国际税收关系的协调活动进入规范化阶段。

《OECD税收协定范本》将营业利润,海运、内河运输和空运,独立个人劳务,受雇所得,董事费作为积极所得,不动产所得、股息、利息、特许权使用费、财产收益作为消极所得。

《UN税收协定范本》与《OECD税收协定范本》在内容上主要存在以下差异。

第一,《UN税收协定范本》采用引力原则扩大了常设机构的范围。

第二,《UN税收协定范本》对从事国际船舶运输的所得制定了可供选择的条款。

第三,《UN税收协定范本》对股息、利息、特许权使用费、转让公司股票的收益、个人劳务所得等作出了有利于地域管辖权的规定。

第四,最重要的差异点在于《UN税收协定范本》较之《OECD税收协定范本》强调收入来源管辖权原则,通常赋予发展中国家就外国投资享有更多的征税权,更有利于发展中国家;《OECD税收协定范本》更强调居住管辖权原则,将更多的征税权留给投资者或交易商所在国,比较符合发达国家利益。

三、我国对外签署税收协定的典型条款

《中华人民共和国政府和新加坡共和国政府关于对所得避免双重征税和防止偷漏税的协定》(以下简称《中新协定》)的有关条款是我国对外签署税收协议的条款模板。《中新协定》的条款包括税收协定的适用范围、税收居民、常设机构、营业利润、国际运输、财产所得、投资所得、劳务所得、其他种类所得、特别规定等典型条款。

(一)税收居民

"缔约国一方居民"是指按照该缔约国法律,由于住所、居所、管理机构所在地、总机构所在地、注册地或任何其他类似标准,在该缔约国负有纳税义务的人,也包括该缔约国、地方当局或法定机构。

居民应是在一国负有全面纳税义务的人,这是判定居民身份的必要条件。这里所指的"纳税义务"并不等同于事实上的征税。在一国负有纳税义务的人未必都是该国居民。

缔约国一方居民到第三国从事经营活动时,应根据情况判断是否可适用《中新协定》,例如:

新加坡个人到第三国从事劳务活动已构成第三国居民的,其在第三国从事劳务活动时与中国发生业务往来并从中国取得的所得不适用《中新协定》规定,而应适用该第三国与中国签订的税收协定的规定。如果该第三国与中国没有税收协定,则适用中国国内法规定。

新加坡居民企业设在第三国的常设机构是该居民企业的组成部分,与该居民企业属同一法律实体,不属于第三国居民,其从中国取得的所得适用《中新协定》的规定。

中国居民企业设在第三国的常设机构是该居民企业的组成部分,不属于第三国居民,其从新加坡取得的所得适用《中新协定》的规定。

中国居民企业设在新加坡的常设机构是该居民企业的组成部分,其从第三国取得的所得,涉及缴纳第三国税款时适用中国与该第三国的协定。

关于个人居民身份的判定,按照以下先后顺序进行。

(1) 永久性住所。

(2) 重要利益中心。

(3) 习惯性居处。

(4) 国籍。

当采用上述标准依次判断仍然无法确定其身份时,可由缔约国双方主管当局按照协定相互协商程序条款规定的程序,通过相互协商解决。

(二) 常设机构

常设机构是指企业进行全部或部分营业的固定营业场所。常设机构包括:管理场所,分支机构,办事处,工厂,车间(作业场所),矿场,油井或气井,采石场或其他开采自然资源的场所。常设机构的类型及含义如表 7-12 所示。

表 7-12 常设机构的类型及含义

类型	含义
一般常设机构	是具有固定性、持续性和经营性的营业场所,但不包括从事协定所列举的专门从事准备性、辅助性活动的机构。如仓储、展览、采购及信息收集等活动
工程型常设机构	包括建筑工地,建筑、装配或安装工程,或者与其有关的监督管理活动
劳务型常设机构	是指缔约国一方企业通过雇员或者其他人员,在缔约国另一方为同一个项目或相关联的项目提供劳务,包括咨询劳务
代理型常设机构	当一个人"除税收协定规定的独立代理人外"在缔约国一方代表缔约国另一方的企业进行活动,有权以该企业的名义签订合同并经常行使这种权力,这个人为该企业进行的任何活动,应认为该企业在该缔约国一方设有常设机构

(三) 营业利润

缔约国一方企业的利润应仅在该国征税,但该企业通过设在缔约国另一方的常设机构进行营业的除外。如果该企业通过在缔约国另一方的常设机构进行营业,其利润可以在另一国征税,但应仅以归属于该常设机构的利润为限。只有在构成常设机构的情况下,来源国才有权对营业利润征税。

(四) 国际运输——海运和空运

我国对外签订的税收协定中的国际运输条款,大多数采用居民国独占征税权原则。即"缔约国一方企业以船舶或飞机经营国际运输业务取得的利润,应仅在该缔约国征税"。此外,部分协定采用总机构所在国独占征税权原则,部分协定采用实际管理机构所在国独占征税权原则,部分协定采用总机构或实际管理机构所在国独占征税权原则。

(五) 投资所得

1. 股息

(1) 缔约国一方居民公司支付给缔约国另一方居民的股息,可以在该缔约国另一方征税,即股息可以在取得者所在一方(即居民国)征税,但这种征税权并不是独占的。

(2)这些股息也可以在支付股息的公司为其居民的缔约国,按照该缔约国法律征税。但是,如果股息受益所有人是缔约国另一方居民,则对所征税款有如下要求。

①在受益所有人是公司(合伙企业除外),并直接拥有支付股息公司至少25%资本的情况下,不应超过股息总额的5%。

②在其他情况下,不应超过股息总额的10%。

这一规定,为股息的来源国保留了征税权,但是这种征税权受到限制,来源国仅能就股息征收一定比例的税收。

(3)股息是公司所做的利润分配,股息支付不仅包括每年股东会议所决定的利润分配,也包括其他货币或具有货币价值的收益分配,如红股、红利、清算收入以及变相的利润分配。股息还包括缔约国按防止资本弱化的规则规定调整为股息的"利息"。

股息和利息在某些特定情况下较难判定,通常应遵循实质重于形式的原则。一般情况下,各类债券所得不应视为股息。然而如果贷款人确实承担债务人公司风险,其利息可被视为股息。对贷款人是否分担企业风险的判定通常可考虑如下因素。

①该贷款大大超过企业资本中的其他投资形式,并与公司可变现资产严重不符。
②债权人将分享公司的任何利润。
③该贷款的偿还次于其他贷款人的债权或股息的支付。
④利息的支付水平取决于公司的利润。
⑤所签订的贷款合同没有对具体的偿还日期作出明确的规定。

存在上述情况时,借款人所在国可根据资本弱化的国内法规定将利息作为股息处理。

(4)若股息受益所有人是缔约国一方居民,在缔约国另一方拥有常设机构,或者通过固定基地从事独立个人劳务,且支付股息的股份构成常设机构或固定基地资产的一部分,或与该机构或固定基地有其他方面的实际联系,则来源国可将股息并入常设机构的利润予以征税,视具体情况适用"营业利润"或"独立个人劳务"的规定。

(5)缔约国一方居民公司从缔约国另一方取得利润或所得,该缔约国另一方不得对该公司支付的股息征收任何税收,也不得对该公司的未分配利润征税,即使支付的股息或未分配的利润全部或部分是发生于该缔约国另一方的利润或所得。这一规定是对缔约国一方居民从另一方取得的股息进行再分配部分的征税权进行划分。

(6)如果是以获取优惠的税收地位为主要目的的交易或安排,不应适用税收协定股息条款优惠规定。

2. 利息

(1)发生于缔约国一方而支付给缔约国另一方居民的利息,可以在该缔约国另一方征税。居民国对本国居民取得的来自缔约国另一方的利息拥有征税权,但这种征税权并不是独占的。

(2)这些利息也可以在该利息发生的缔约国,按照该缔约国的法律征税。但是,如果利息受益所有人是缔约国另一方居民,则对所征税款有如下要求。

①在该项利息是由银行或金融机构取得的情况下,不应超过利息总额的7%。
②在其他情况下,不应超过利息总额的10%。

3. 特许权使用费

（1）发生于缔约国一方而支付给缔约国另一方居民的特许权使用费，可以在该缔约国另一方征税。即居民国对本国居民取得的来自缔约国另一方的特许权使用费拥有征税权，这种征税权并不是独占的。

（2）这些特许权使用费也可以在其发生的缔约国，按照该缔约国的法律征税。但是，如果特许权使用费受益所有人是缔约国另一方居民，则所征税款不应超过特许权使用费总额的10%。

根据协定议定书的规定，对于使用或有权使用工业、商业、科学设备而支付的特许权使用费，按支付特许权使用费总额的60%确定税基。

（3）对"特许权使用费"一词的定义，需要从以下几个方面理解（注意不包括的内容）。

①特许权使用费既包括在有许可的情况下支付的款项，也包括因侵权支付的赔偿款。

②特许权使用费也包括使用或有权使用工业、商业、科学设备取得的所得，即设备租金。但不包括设备所有权最终转移给用户的有关融资租赁协议涉及的支付款项中被认定为利息的部分，也不包括使用不动产取得的所得。

③特许权使用费还包括使用或有权使用有关工业、商业、科学经验的情报取得的所得。

④在服务合同中，如果服务提供方在提供服务过程中使用了某些专门知识和技术，但并不许可这些技术使用权，则此类服务不属于特许权使用费范围。

⑤在转让或许可专有技术使用权过程中，如果技术许可方派人员为该项技术的应用提供有关支持、指导等服务，并收取服务费，无论是单独收取还是包括在技术价款中，均应视为特许权使用费。但如上述人员的服务已构成常设机构，不适用本条款规定；对未构成常设机构或未归属于常设机构的服务收入仍按特许权使用费规定处理。

扩展阅读 7.5：《中新协定》的修改内容

⑥单纯货物贸易项下作为售后服务的报酬，产品保证期内卖方为买方提供服务所取得的报酬，专门从事工程、管理、咨询等专业服务的机构或个人提供的相关服务所取得的所得不是特许权使用费，应作为劳务活动所得适用《中新协定》中营业利润的规定。

四、国际税收协定的基本内容

从 OECD 范本和联合国范本以及各国已签订的双边或多边税收协定情况来看，国际税收协定的基本内容主要有四个方面，构成了协调国家间税收关系的基本框架。

（1）税收管辖权的问题。
（2）避免和消除国际重复征税的问题。
（3）避免税收歧视，实行税收无差别待遇。
（4）加强国际税收合作，防止国际避税和逃税。

五、对外签订的税收协定与国内税法的关系

税收协定是主权国家之间协调国际税收关系的法律文件，属于国际法的范畴，因而具有法律上的约束力，对缔约国任何一方政府及纳税人在协定规定范围内的征纳税活动起制约作用，从而必然影响到国家的税收利益，有时会同国内税法发生冲突。

（1）税收协定具有高于国内税法的效力。
（2）税收协定不能干预有关国家自主制定或调整、修改税法。
（3）税收协定不能限制有关国家对跨国投资者提供更为优惠的税收待遇。

【例 7-11·单选题】（2010 年注税）关于国际税收抵免制度的说法，正确的是（　　）。
A. 直接抵免法仅适用于母、子公司之间的税收抵免
B. 允许抵免额等同于抵免限额
C. 税收饶让与抵免法共同构成了避免国际重复征税的办法
D. 抵免限额是指对跨国纳税人在国外已纳税款进行抵免的限度
【答案】 D
【解析】 直接抵免法是适用于总、分公司之间的税收抵免，选项 A 错误；允许抵免额等于抵免限额与可抵免境外税额（即境外实缴税额）两者中的较低者，选项 B 错误；避免国际重复征税的方法主要有扣除法和减税法、免税法、抵免法，税收饶让是配合抵免方法的一种特殊方式，是税收抵免内容的附加，选项 C 错误。

【例 7-12·多选题】（2012 年注税）下列关于税收协定的说法，正确的有（　　）。
A. 税收协定具有高于国内税法的效力
B. 税收协定不能干预有关国家自主制定或调整、修改税法
C. 税收协定不能限制有关国家对跨国投资者提供更为优惠的税收待遇
D. 税收协定的缔结在税收实践中，绝大多数是多边税收协定
E. 税收协定的主要内容是税收情报交换
【答案】 ABC
【解析】 税收协定的缔结在税收实践中，绝大多数是双边税收协定；税收情报交换是国际反避税合作的主要内容。

【例 7-13·计算题】（2016 年注会）我国居民企业甲在境外进行了投资，相关投资结构及持股比例如下：

2015 年经营及分配状况如下：
（1）B 国企业所得税税率为 30%，预提所得税税率为 12%，丙企业应纳税所得总额 800 万元，丙企业将部分税后利润按持股比例进行了分配。
（2）A 国企业所得税税率为 20%，预提所得税税率为 10%。乙企业应纳税所得总额（该应纳所得税总额已包含投资收益还原计算的间接税款）1 000 万元，其中来自丙企业的投资收益为 100 万元，按照 12%的税缴纳 B 国预提所得税 12 万元；乙企业在 A 国享受税收抵免后实际缴纳的税额 180 万元，乙企业将全部税后利润按持股比例进行了分配。
（3）居民企业甲适用的企业所得税税率25%，其中来自境内的应纳税所得额为 2 400 万元。
要求：
（1）简述居民企业可适用境外所得税收抵免的税额范围。
（2）判断企业丙分回企业甲的投资收益能否适用间接抵免优惠政策并说明理由。
（3）判断企业乙分回企业甲的投资收益能否适用间接抵免优惠政策并说明理由。

（4）计算企业乙所纳税额属于企业甲负担的税额。

（5）计算企业甲取得来源于企业乙投资收益的抵免限额。

（6）计算企业甲取得来源于企业乙投资收益的实际抵免限额。

【答案及解析】 （1）居民企业可以就其取得的境外所得直接缴纳和间接负担的境外企业所得性质的税额进行抵免。

（2）丙不适用间接抵免优惠政策。企业甲直接持有企业乙 20%以上股份，企业乙直接持有企业丙 20%以上股份，但企业甲间接持有企业丙的比例 = 50%×30% = 15%，低于 20%，不满足间接抵免优惠政策的条件。

（3）乙适用间接抵免优惠政策。甲持有乙的比例为 50%，大于 20%。

（4）企业乙的税后利润 = 1 000 - 180 - 12 = 808（万元）

在 A 国是纳税 180 万元和 B 国预提税 12 万元均为境外企业乙实际缴纳的税额。

应由企业甲负担的税款 =（180 + 12）× 808 × 50% ÷ 808 = 96（万元）

（5）企业甲境外应纳税所得总额 = 808 × 50% + 96 = 500（万元）

企业甲境内外应纳税所得总额 = 500 + 2 400 = 2 900（万元）

企业甲应纳税额 = 2 900 × 25% = 725（万元）

抵免限额 = 725 × 500 ÷ 2 900 = 125（万元）

（6）企业甲在境外直接负担的预提税 = 808 × 50% × 10% = 40.4（万元）

分配的利润间接负担的境外所得税 = 96（万元）

企业甲可抵免境外税额 = 40.4 + 96 = 136.4（万元）

抵免限额 = 125（万元）< 136.4 万元

当年实际可抵免的税额为 125 万元。

本章习题

中国居民 A 公司在我国的企业所得税税率为 25%，A 公司核算的 2018 年度境内外所得如下：

（1）境内所得的应纳税所得额为 2 000 万元；

（2）在甲国设有一不具备独立法人地位的分公司，2018 年度，该分公司实现税前所得 200 万元，分公司适用 20%的企业所得税税率，但因处在甲国税收减半优惠期而向甲国政府实际缴纳所得税 20 万元，当年分公司所得未分回我国；

（3）在乙国设有一全资子公司，2018 年度从该子公司分回税后所得 323 万元，乙国适用 15%的企业所得税税率，乙国预提所得税的税率为 5%。

（其他相关资料：甲国、乙国和我国应纳税所得额计算规定一致；我国与甲国和乙国签订的国际税收协定中有饶让条款；A 公司选择分国不分项抵免方法）

要求：根据上述资料，回答下列问题。

（1）甲国分公司所得未汇入我国，是否不计入 A 公司 2018 年度的应纳税所得总额，说明理由；

（2）说明分公司在甲国实际缴纳的所得税是属于 A 公司直接负担的所得税还是间接负担的所得税；

（3）计算 A 公司来自甲国分公司所得的抵免限额；
（4）计算 A 公司来自乙国子公司所得的抵免限额；
（5）假定没有影响税额计算的其他因素，计算 A 公司当年在我国实际缴纳的所得税。

即测即练

第Ⅳ篇 财产税

第八章

土地增值税

第一节 土地增值税概述

一、土地增值税的概念

土地增值税是对有偿转让国有土地使用权及地上建筑物和其他附着物产权并取得增值性收入的单位和个人所征收的一种税。现行《中华人民共和国土地增值税暂行条例》(以下简称《土地增值税暂行条例》)自1994年1月1日起施行。

扩展阅读8.1:《中华人民共和国土地增值税暂行条例》(国务院令第138号)、《中华人民共和国土地增值税暂行条例实施细则》(财法字〔1995〕6号)

二、土地增值税的特点

(1)以转让房地产取得的增值额为征税对象,作为增值对象的增值额,是纳税人转让房地产收入额减税法规定准予扣除项目金额后的余额。

(2)征税面比较广,凡在我国境内转让房地产并取得增值收入的单位和个人,除税法规定免税的外,均应按照税法规定缴纳。

扩展阅读8.2:《国家税务总局关于营改增后土地增值税若干征管规定的公告》(国家税务总局公告2016年第70号)

(3)采用扣除法和评估法计算增值额,以纳税人转让房地产取得的收入减除法定扣除项目金额后的余额作为计税依据。对旧房及建筑物的转让,以及对纳税人转让房地产申报不实、成交价格偏低的,采用评估价格法确定增值额,计征土地增值税。

(4)实行超率累进税率,增值率高的,适用的税率高,增值率低的,适用的税率低。

(5)实行按次征收和按期征收相结合的原则,纳税时间、缴纳方法根据房地产转让情况而定。

三、土地增值税的立法原则

(1)适度加强国家对房地产开发、交易行为的宏观调控。

(2)抑制土地炒买炒卖,保障国家的土地收益。

(3)规范国家参与土地增值收益的分配方式,增加财政收入。

第二节 征税范围、纳税人和税率

一、征税范围

土地增值税的课税对象是有偿转让国有土地使用权及土地上建筑物及其他附着物

产权所取得的增值额。

 归纳

房地产转让涉及税种如表8-1所示。

表8-1 房地产转让涉及税种

对象	税种
转让方	增值税、城市维护建设税、教育费附加、印花税、土地增值税、所得税
承受方	契税、印花税

(一)征税范围的一般规定

(1)土地增值税只对转让国有土地使用权的行为课税,转让非国有土地和出让国有土地的行为均不征税。

所谓国有土地使用权,是指土地使用人根据国家法律、合同的规定,对国家所有的土地享有的使用权利。对属于集体所有的土地按现行规定须先由国家征用后才能转让。自行转让集体土地是一种违法行为,应由相关部门依照相关法律处理,而不应纳入土地增值税的征税范围。

国有土地出让是指国家以土地所有者的身份将土地使用权在一定年限内让与土地使用者,并由土地使用者向国家支付土地出让金的行为。由于土地使用权的出让方是国家,出让收入在性质上属于政府凭借所有权在土地一级市场上收取的租金,不应纳入土地增值税的征税范围。

(2)土地增值税既对转让土地使用权课税,也对转让土地上建筑物和其他附着物的产权征税。

 特别提示

(1)土地增值税的基本征税范围不仅仅限于土地交易。

(2)土地增值税的征税范围具有"国有""转让"两个关键特征。

(3)存量房地产的买卖。

(4)土地增值税只对有偿转让的房地产征税,对以继承、赠与等方式无偿转让的房地产不予征税。

①房地产的继承。房地产的继承是指房产的原产权所有人、依照法律规定取得土地使用权的土地使用人死亡以后,由其继承人依法承受死者房产产权和土地使用权的民事法律行为。

②房地产的赠与。房地产的赠与是指房产所有人、土地使用权所有人将自己所拥有的房地产无偿地交给其他单位与个人的行为。不征收土地增值税的房地产赠与行为只包括以下两种情况。

第一,房产所有人、土地使用权所有人将房屋产权、土地使用权赠与直系亲属或负有直接赡养义务人的行为。

第二,房产所有人、土地使用权所有人通过中国境内非营利的社会团体、国家机关将房屋产权、土地使用权赠与教育、民政和其他社会福利、公益事业的行为。

土地增值税征税范围的判断标准如表8-2所示。

表8-2 土地增值税征税范围的判断标准

项目	判断标准
(1)转让的土地使用权是否为国家所有	城市的土地属于国家所有。农村和城市郊区的土地除由法律规定属于国家所有的以外,属于集体所有
(2)土地使用权、地上建筑物及其附着物的产权是否发生转让	①征税范围不包括未转让土地使用权、房产产权的行为,是否发生转让行为主要以房地产权属的变更为标准。凡土地使用权、房产产权未转让的(如房地产的出租),不征收土地增值税 ②征税范围不包括国有土地使用权出让所取得的收入
(3)转让房地产是否取得收入	征税范围不包括房地产的权属虽转让,但未取得收入的行为,如房地产的继承

(二)征税范围的若干具体规定

(1)合作建房。对于一方出地,一方出资金,双方合作建房,建成后分房自用的,暂免征收土地增值税。

但是,建成后转让的,属于征收土地增值税的范围。

(2)交换房地产。交换房地产行为既发生了房产产权、土地使用权的转移,交换双方又取得了实物形态的收入,按照规定属于征收土地增值税的范围。但对个人之间互换自有居住用房地产的,经当地税务机关核实,可以免征土地增值税。

扩展阅读8.3:《财政部、国家税务总局关于土地增值税一些具体问题规定的通知》(财税〔1995〕48号)、《财政部 国家税务总局关于企业改制重组有关土地增值税政策的通知》(财税〔2015〕5号)

(3)房地产抵押。在抵押期间不征收土地增值税,待抵押期满后,视该房地产是否再转移产权来确定是否征收土地增值税。以房地产抵债而发生房地产产权转让的,属于征收土地增值税的范围。

(4)房地产出租。房地产出租,出租人取得了收入,但没有发生房地产产权的转让,不属于征收土地增值税的范围。

(5)房地产评估增值。房地产评估增值,没有发生房地产权属的转让,不属于征收土地增值税的范围。

(6)房地产的代建房行为。对于房地产开发公司而言,虽然取得了收入,但没有发生房地产权属的转移,其收入属于劳务收入性质,故不属于土地增值税的征税范围。

(7)土地使用者转让、抵押或置换土地,无论其是否取得了该土地的使用权属证书,无论其在转让、抵押或置换土地过程中是否与对方当事人办理了土地使用权属证书变更登记手续,只要土地使用者享有占有、使用、收益或处分该土地的权利,且有合同等证据表明其实质转让、抵押或置换了土地并取得了相应的经济利益,土地使用者及其对方当事人就应当依照税法规定缴纳土地增值税等相关税款。

土地增值税征税范围具体规定如表8-3所示。

表 8-3 土地增值税征税范围具体规定

有关事项	是否属于征税范围
（1）出售	征税包括三种情况：①出售国有土地使用权；②取得国有土地使用权后进行房屋开发建造后出售；③存量房地产买卖
（2）继承、赠与	继承不征（无收入）。赠与中公益性赠与、赠与直系亲属或承担直接赡养义务人，不征；非公益性赠与，征税
（3）出租	不征（无权属转移）；征增值税、城市维护建设税和教育费附加
（4）房地产抵押	抵押期不征；抵押期满偿还债务本息不征；抵押期满，不能偿还债务，而以房地产抵债，征税
（5）房地产交换	单位之间换房，征税 对个人之间互换自有居住用房地产（商业用地不行）的，经当地税务机关核实，可以免征（不是不征收）土地增值税
（6）合作建房	建成后自用，暂免征收 建成后转让（包括合作建房双方之间的转让），征税
（7）房地产的代建房行为	没有发生房地产权属的转移，其收入属于劳务收入性质，故不属于土地增值税的征税范围
（8）房地产评估增值	不征（权属未转移，无收入）
（9）国家收回房地产	免征
（10）企业改制重组	免征（除房地产企业）

小结：

1. 属于土地增值税征税范围的情况（征税）

（1）转让国有土地使用权。

（2）取得土地使用权进行房屋开发建造后出售的。

（3）存量房地产买卖。

（4）抵押期满以房地产抵债（发生权属转让）。

（5）单位之间交换房地产（有实物形态收入）。

（6）合作建房建成后转让的。

（7）非公益性赠与、给除直系亲属和直接赡养人以外的赠与。

2. 不属于土地增值税征税范围的情况（不征）

（1）房地产继承（无收入）。

（2）房地产有条件的赠与（特定人群、特定公益）。

（3）房地产出租（权属未变）。

（4）房地产抵押期内（权属未变）。

（5）房地产的代建房行为（无权属转移）。

（6）房地产重新评估增值（无权属转移）。

3. 免征土地增值税的情况（免征或暂免征收）

（1）个人互换自有居住用房地产，经当地税务机关核实。

（2）合作建房建成后按比例分房自用。

（3）企事业单位、社会团体以及其他组织转让旧房作为公租房、改造安置住房房源，增值额未超过扣除项目金额的 20%。

（4）国家收回或征用。

（5）个人转让住房。
（6）建造普通标准住宅出售，增值额未超过扣除项目金额的 20%。
（7）房地产企业以外企业的改制重组中房地产的转移、变更。

二、纳税人

《土地增值税暂行条例》规定，土地增值税的纳税人是转让国有土地使用权及地上建筑物及其附着物产权，并取得收入的单位和个人，包括机关、团体、部队、企业事业单位、个体工商业户及国内其他单位和个人，还包括外商投资企业、外国企业及外国机构、华侨、港澳台同胞及外国公民等。

三、税率

税率设计的基本原则是：增值多的多征，增值少的少征，无增值的不征。按照这个原则，土地增值税采用 4 级超率累进税率（表 8-4）。

表 8-4 土地增值税税率表

级数	增值额与扣除项目金额的比率	税率/%	速算扣除系数/%
1	不超过 50% 的部分	30	0
2	50%～100% 的部分	40	5
3	100%～200% 的部分	50	15
4	超过 200% 的部分	60	35

第三节 转让房地产增值额的确定

土地增值税的计税依据是转让房地产所取得的增值额，即转让房地产的收入减税法规定的扣除项目金额后的余额，取决于转让房地产的收入和扣除项目金额两个因素。

一、转让收入的确定

纳税人转让房地产取得的收入是指转让房地产所取得的各种收入，包括货币收入、实物收入和其他收入在内的全部价款及有关经济利益。

取得的实物收入要按照收入时的市场价格折算成货币收入，取得的无形资产收入要进行专门的评估以确定其所能带来的货币收入，取得的收入是外国货币的，应当以取得收入的当天或者当月 1 日国家公布的市场汇价折合成人民币。当月以分期收款方式取得的外币收入，也应按照实际收款日或收款当月 1 日国家公布的市场汇价折合成人民币。

对于县级及县级以上人民政府要求房地产开发企业在售房时代收的各项费用，如果代收费用计入房价中向购买方一并收取，应作为转让房地产所取得的收入计税；如果代收费用未计入房价，而是在房价之外单独收取，可以不作为转让房地产的收入。

2016 年 5 月"营改增"后，纳税人转让房地产的土地增值税应税收入不含增值税。适用增值税一般计税方法的纳税人，其转让房地产的土地增值税应税收入不含增值税销项税额；适用增值税简易计税方法的纳税人，其转让房地产的土地增值税应税收入不含增值税应纳税额（国家税务总局公告 2016 年第 70 号）。

二、扣除项目金额的确定

（一）取得土地使用权所支付的金额

取得土地使用权所支付的金额是指纳税人为取得土地使用权支付的地价款和按国家统一规定缴纳的有关费用之和。其中取得土地使用权支付的地价款可以有三种形式：以出让方式取得的土地使用权，是支付的土地出让金；以行政划拨方式取得的土地使用权，是按规定补缴的出让金；以转让方式取得的土地使用权，是支付的转让地价款。按国家统一规定缴纳的有关费用是指纳税人在取得土地使用权过程中办理有关手续，按国家统一规定缴纳的有关登记、过户手续费和契税。

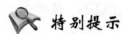 特别提示

地价款确认规则：
出让：支付的土地出让金；行政划拨：补缴的土地出让金；转让：支付的转让地价款

（二）开发土地和新建房以及配套设施的成本

开发土地和新建房以及配套设施的成本简称房地产开发成本是指纳税人在开发房地产项目实际发生的成本，这些成本允许按照实际发生数扣除，主要包括土地征用及拆迁补偿费、前期工程费、建筑安装工程费、基础设施费、公共配套设施费、开发间接费用等。

（1）土地征用及拆迁补偿费包括土地征用费、耕地占用税、劳动力安置费及有关地上地下附着物拆迁补偿的净支出、安置动迁用房支出等。

（2）前期工程费包括规划、设计、项目可行性研究和水文、地质、勘察、测绘、"三通一平"等支出。

（3）建筑安装工程费是指以出包方式支付给承包单位的建筑安装工程费，以自营方式发生的建筑工程安装费。

（4）基础设施费包括开发小区内的道路、供水、供电、供气、排污、排洪、通信、照明、环卫、绿化等工程发生的支出。

（5）公共配套设施费包括不能有偿转让的开发小区内公共配套设施发生的支出。

（6）开发间接费用是指直接组织、管理开发项目所发生的费用，包括工资、职工福利费、折旧费、修理费、办公费、水电费、劳动保护费、周转房摊销等。

（三）开发土地和新建房及配套设施的费用

开发土地和新建房以及配套设施的费用简称房地产开发费用，是指与房地产开发项目有关的销售费用、管理费用、财务费用。根据现行财务会计制度的规定，与房地产开发有关的费用直接计入当年损益，不按房地产项目进行归集或分摊。

对于利息支出以外的其他房地产开发费用，按取得土地使用权支付的金额和房地产开发成本金额之和，在 5%以内计算扣除。相关内容如表 8-5 所示。

其中，计算扣除的具体比例，由省、自治区、直辖市人民政府规定。

表 8-5 房地产开发费用扣除标准

情　　形	允许扣除的利息支出	允许扣除的开发费用
能按转让房地产项目计算分摊利息并提供金融机构证明的	据实扣除	利息+（取得土地使用权所支付的金额+房地产开发成本）×5%以内
不能按转让房地产项目计算分摊利息支出或不能提供金融机构证明	利息支出不得单独计算，而应并入房地产开发费用中一并计算扣除	（取得土地使用权所支付的金额+房地产开发成本）×10%以内

特别提示

　　财政部、国家税务总局还对扣除项目金额中利息支出的计算问题做了两点专门规定：一是利息的上浮幅度按国家的有关规定执行，超过上浮幅度的部分不允许扣除；二是对于超过贷款期限的利息部分和加罚的利息不允许扣除。
　　此外，全部使用自有资金，没有利息支出的，按照以上方法扣除。
　　房地产开发企业既向金融机构借款，又有其他借款的，其房地产开发费用计算扣除时不能同时适用上述两种办法。

特别提示

　　土地增值税清算时，已经计入房地产开发成本的利息支出，应调整至财务费用中计算扣除。

（四）与转让房地产有关的税金

　　在转让房地产时缴纳的印花税、城市维护建设税、教育费附加也可视同税金扣除。
　　允许扣除的印花税，是指在转让房地产时缴纳的印花税，房地产开发企业将其缴纳的印花税列入管理费用，印花税不再单独扣除。房地产开发企业以外的其他纳税人允许扣除在转让房地产环节缴纳的印花税。
　　对于个人购入房地产再转让的，其在购入环节缴纳的契税，由于已经包含在旧房及建筑物的评估价格之中，因此，计征土地增值税时，不另作为与转让房地产有关的税金予以扣除。
　　房地产转让税金扣除标准如表 8-6 所示。

表 8-6 房地产转让税金扣除标准

企业状况	可扣除税金	详细说明
房地产开发企业	城市维护建设税和教育费附加	（1）营业税改征增值税后，企业实际缴纳的城市维护建设税、教育费附加，凡能够按清算项目准确计算的，允许据实扣除；凡不能按清算项目准确计算的，则按该清算项目预缴增值税时实际缴纳的城市维护建设税、教育费附加扣除。 （2）由于印花税（产权转移书据0.5‰）包含在管理费用中，故不能在此单独扣除
非房地产开发企业	（1）印花税。 （2）城市维护建设税和教育费附加	印花税税率为 0.5‰（产权转移书据）

（五）财政部确定的其他扣除项目

　　财政部确定的一项重要扣除项目是，对从事房地产开发的纳税人允许按取得土地使用权时所支付的金额和房地产开发成本之和,加计 20%的扣除。

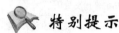

此项加计扣除仅对从事房地产开发的纳税人有效,非房地产开发的纳税人不享受此项政策。

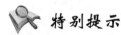

(1)对取得土地使用权后,未进行开发即转让的,在计算应纳土地增值税时,不得加计扣除。

(2)对取得土地使用权后投入资金,将生地变为熟地转让的,计算其增值额时允许扣除取得土地使用权时支付的地价款、缴纳的有关费用和开发土地所需成本再加计开发成本的 20%以及在转让环节缴纳的税金。

(六)旧房及建筑物的评估价格

转让旧房的,应按房屋及建筑物的评估价格、取得土地使用权所支付的地价款和按国家统一规定缴纳的有关费用以及在转让环节缴纳的税金作为扣除项目金额计征土地增值税。

(1)旧房及建筑物的评估价格,是指转让已使用过的房屋及建筑物时,由政府批准设立的房地产评估机构评定的重置成本价乘以成新度折扣率后的价格,评估价格须经当地税务机关确认。

(2)对取得土地使用权时未支付地价款或不能提供已支付的地价款凭据的,不允许扣除取得土地使用权时所支付的金额。

三、评估价格及有关规定

评估价格是指由政府批准设立的房地产评估机构根据相同地段、同类房地产进行综合评定的价格,评估价格需要经过当地税务机关的审核确认。

纳税人有下列情况之一的,需要对房地产进行评估,并据评估价格确定转让房地产价格和扣除项目金额。

(1)出售旧房及建筑物。旧房是指使用一定时间或者达到一定磨损程度的房产。

扩展阅读 8.4:"出售旧房及建筑物评估价格及有关规定"补充知识

由政府批准设立的房地产评估机构评定的房地产重置成本乘以成新度折扣率即为旧房地产的评估价格。计算公式为

旧房地产的评估价格 = 房地产的重置成本 × 成新度折扣率

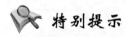

房地产的重置成本是指评估时点的重新取得或者重新开发的全新状况的待评估房地产所必要的支出和应获得的利润之和。

特别提示

房屋的成新度折扣率不同于会计核算中的折旧,应根据房屋的使用时间、使用程度和保养情况,综合确定房屋的新旧比例,一般用几成新来表示。

 特别提示

对于个人购入房地产再转让的,其在购入环节缴纳的契税,由于已经包含在旧房及建筑物的评估价格之中,因此,计征土地增值税时,不另作为与转让房地产有关的税金予以扣除。

(2)隐瞒或虚报房地产成交价格。对隐瞒或虚报房地产成交价格的,应由房地产评估机构参照同类房地产的市场成交价格进行评估,作为转让房地产收入的确定依据。

 特别提示

同类房地产是指与被评估房地产的地理位置、外观形状、面值大小、建筑材料、内在结构、性质功能、使用年限、转让时间等诸多因素相同或相似的房地产。

(3)提供扣除项目金额不实的。即纳税人在纳税申报时,不据实提供扣除项目金额,而是虚增被转让房地产扣除项目的内容或金额,以达到通过虚增成本偷税的目的。

(4)转让房地产的成交价格低于房地产评估价格,又无正当理由的。

第四节 应纳税额的计算

土地增值税以转让房地产的增值额为税基,依据超率累进税率,计算应纳税额。

首先以出售房地产的总收入减除扣除项目金额,求得增值额;再以增值额同扣除项目相比,其比值即为土地增值率,然后,根据土地增值率的高低确定适用税率。土地增值税计算扣除标准如表8-7所示。

表8-7 土地增值税计算扣除标准

转让项目的性质	扣除项目	具体内容
转让土地(卖地)	扣除项目[(1)~(2)项]	(1)取得土地使用权所支付的金额 (2)与转让房地产有关的税金
新建房屋(卖新房)	房地产企业[(1)~(5)项] 非房地产企业[(1)~(4)项]	(1)取得土地使用权所支付的金额 (2)房地产开发成本 (3)房地产开发费用 (4)与转让房地产有关的税金 (5)财政部规定的其他扣除项目
存量房屋(卖旧房)	扣除项目[(1)~(3)项]	(1)房屋及建筑物的评估价格,评估价格=重置成本价×成新度折扣率 (2)取得土地使用权所支付的地价款和按国家统一规定缴纳的有关费用 (3)转让环节缴纳的税金

土地增值税应纳税额的计算公式为

土地增值税应纳税额＝增值额×适用税率－扣除项目金额×速算扣除系数

第五节　减免税优惠

（1）建造普通标准住宅出售，其增值额未超过扣除项目金额 20%的予以免税，超过 20%的按全部增值额纳税。

 特别提示

普通标准住宅是指按所在地一般民用住宅标准建造的居住用住宅，2005 年 6 月 1 日起，普通标准住宅应同时满足：住宅小区建筑容积率在 1.0 以上；单套建筑面积在 120 平方米以下；实际成交价格低于同级别土地上住房平均交易价格 1.2 倍以下。各省、自治区、直辖市要根据实际情况，制定本地区享受优惠政策普通住房的具体标准。允许单套建筑面积和价格标准适当浮动，但向上浮动的比例不得超过上述标准的 20%。

对于纳税人既建造普通标准住宅，又建造其他房地产开发的，应分别核算增值额。不分别核算增值额或者不能准确核算增值额的，其建造的普通标准住宅不能适用这一免税规定。

（2）因国家建设需要而被政府征收、收回的房地产，免征土地增值税。由于上述原因，纳税人自行转让房地产的，亦给予免税。

（3）居民个人拥有的普通住宅，在转让时暂免征收土地增值税。个人因工作调动或改善居住条件而转让原自用住房（非普通住宅），经向税务机关申报核准。凡居住满 5 年或 5 年以上的，免于征收土地增值税；居住满 3 年未满 5 年的，减半征收土地增值税；居住未满 3 年的，按规定计征土地增值税。因城市实施规划、国家建设的需要而搬迁，由纳税人自行转让原房地产的，免征土地增值税。

（4）企事业单位、社会团体以及其他组织转让旧房作为公共租赁住房房源且增值额未超过扣除项目金额 20%的，免征土地增值税。

2018 年 1 月 1 日至 2020 年 12 月 31 日，企业改制土地增值税政策如下：

（1）按照《中华人民共和国公司法》的规定，非公司制企业整体改制为有限责任公司或者股份有限公司，有限责任公司（股份有限公司）整体改制为股份有限公司（有限责任公司），对改制前的企业将国有土地使用权、地上的建筑物及其附着物（统称房地产）转移、变更到改制后的企业，暂不征土地增值税。

整体改制是指不改变原企业的投资主体，并承继原企业权利、义务的行为。

（2）按照法律规定或者合同约定，两个或两个以上企业合并为一个企业，且原企业投资主体存续（即原企业出资人必须存在于改制重组后的企业，出资人的出资比例可以发生变动）的，对原企业将房地产转移、变更到合并后的企业，暂不征土地增值税。

（3）按照法律规定或者合同约定，企业分设为两个或两个以上与原企业投资主体相同（即企业改制重组前后出资人不发生变动，出资人的出资比例可以发生变动）的企业，对原企业将房地产转移、变更到分立后的企业，暂不征土地增值税。

（4）单位、个人在改制重组时以房地产作价入股进行投资，对其将房地产转移、变更到被投资的企业，暂不征土地增值税。

(5)上述改制重组有关土地增值税政策不适用于房地产转移任意一方为房地产开发企业的情形。

(6)企业改制重组后再转让国有土地使用权并申报缴纳土地增值税时,应以改制前取得该宗国有土地使用权所支付的地价款和按国家统一规定缴纳的有关费用,作为该企业取得土地使用权所支付的金额扣除。企业在改制重组过程中经省级以上(含省级)国土管理部门批准,国家以国有土地使用权作价出资入股的,再转让该宗国有土地使用权并申报缴纳土地增值税时,应以该宗土地作价入股时省级以上(含省级)国土管理部门批准的评估价格,作为该企业取得土地使用权所支付的金额扣除。办理纳税申报时,企业应提供该宗土地作价入股时省级以上(含省级)国土管理部门的批准文件和批准的评估价格,不能提供批准文件和批准的评估价格的,不得扣除。

第六节　申报和缴纳

一、申报纳税程序

根据《土地增值税暂行条例》的规定,纳税人应自转让房地产合同签订之日起 7 日内向房地产所在地的主管税务机关办理纳税申报,同时向税务机关提交房屋及建筑物产权、土地使用权证书、土地转让合同、房产买卖合同、房地产评估报告及其他与转让房地产有关的资料,然后在税务机关核定的期限内缴纳土地增值税。

纳税人按规定办理纳税手续后,持纳税凭证到房产、土地管理部门办理产权变更手续。

二、纳税时间和缴纳方法

(1)一次性交割、付清价款方式转让房地产的,应在办理过户、登记手续前数日内一次性缴纳全部土地增值税。

(2)分期收款方式转让房地产的,应在合同规定的每次收款日期后的数日内,按照应纳税额=(土地增值税总额/房地产总收入)×收到价款,缴纳土地增值税。

(3)项目全部竣工结算前转让房地产。项目全部竣工结算前转让房地产的情况包括:一部分房地产项目先行开发并已转让出去,但小区内的部分配套设施在转让后才建成。预售方式转让房地产。在项目全部竣工之前取得的收入,可采用预征的方法征收土地增值税,在项目全部竣工办理结算后再进行清算,多退少补。

三、纳税地点

土地增值税由房地产所在地的税务机关负责征收。

四、房地产开发项目土地增值税的清算管理

(一)土地增值税清算的定义

土地增值税清算是指纳税人在符合土地增值税清算条件后,依照税收法律、法规及土地增值税有关政策规定,计算房地产开发项目应缴纳的土地增值税税额,并填写《土地增值税清算申报表》,向主管税务机关提供有关资料,办理土地增值税清算手续,结清该房地产项目应缴纳土地增值税税款的行为。

（二）土地增值税的清算单位

（1）以国家有关部门审批的房地产开发项目为单位进行清算，对于分期开发的项目，以分期项目为单位清算。

（2）开发项目中同时包含普通住宅和非普通住宅的，应分别计算增值额。

（三）土地增值税的清算条件

土地增值税的清算条件如表8-8所示。

表8-8　土地增值税的清算条件

是否进行清算	应进行清算的条件	主管税务机关可要求纳税人进行清算的条件
清算条件	（1）房地产开发项目全部竣工、完成销售的 （2）整体转让未竣工决算房地产开发项目的 （3）直接转让土地使用权的	（1）已竣工验收的房地产开发项目，已转让的房地产建筑面积占整个项目可售建筑面积的比例在85%以上，或该比例虽未超过85%，但剩余的可售建筑面积已经出租或自用的 （2）取得销售（预售）许可证满3年仍未销售完毕的 （3）纳税人申请注销税务登记但未办理土地增值税清算手续的，应在办理注销登记前进行土地增值税清算 （4）省（自治区、直辖市、计划单列市）税务机关规定的其他情况

（四）土地增值税清算时相关问题的处理办法

（1）收入的确认。土地增值税清算时已全额开具商品房销售发票的，按照发票所载金额确认收入；未开具发票或者未全额开具发票的，以交易上方签订的销售合同所载的售房金额及其他收益确认收入。销售合同所载的商品房面积和有关部门实际测量不一致的，在清算前已发生补、退房款的，应在计算土地增值税时予以调整。

（2）房地产开发企业未支付的质量保证金，其扣除项目金额的确定如下：房地产开发企业在工程竣工验收后，根据合同约定，扣留建筑安装企业一定比例的工程款，作为开发项目的质量保证金，在计算土地增值税时，建筑安装施工企业就质量保证金对房地产开发企业开具发票。按发票所载金额予以扣除，未开具发票的，扣留的质量保证金不得计算扣除。

（3）房地产企业逾期开发缴纳的土地闲置费不得扣除。

（4）拆迁安置土地增值税问题处理办法如表8-9所示。

表8-9　拆迁安置土地增值税问题处理办法

安置类型	增值税处理办法
（1）房地产企业用建造的该项目房地产安置回迁户的	安置用房视同销售处理，同时将此确认为房地产开发项目的拆迁补偿费
	房地产开发企业支付给回迁户的补差价款，计入拆迁补偿费；回迁户支付给房地产开发企业的补差价款，应抵减本项目拆迁补偿费
（2）开发企业采取异地安置	异地安置的房屋属于自行开发建造的，房屋价值按视同销售处理，计入本项目的拆迁补偿费
	异地安置的房屋属于购入的，以实际支付的购房支出计入拆迁补偿费
（3）货币安置拆迁的	房地产开发企业凭合法有效凭据计入拆迁补偿费

（5）属于多个房地产项目共同的成本费用，应按清算项目可售建筑面积占多个项目可售总建筑面积的比例或其他合理的方法，计算确定清算项目的扣除金额。

（6）纳税人转让旧房及建筑物时，因计算纳税需要对房地产进行评估，其支付的评估费用允许在计算土地增值税时予以扣除。但是,对纳税人隐瞒、虚报房地产成交价格等情形,而按房地产评估价格计算征收土地增值税时所发生的评估费用,则不允许在计算土地增值税时予以扣除。

(7)房地产开发企业开发建造的与清算项目配套的居委会和派出所用房、会所、停车场、物业管理场所、变电站、热力站、水厂、文体场馆、学校、幼儿园、托儿所、医院、邮电通信等公共设施,按表 8-10 中所示原则进行处理。

表 8-10 公共设施土地增值税计算标准

用　　途	收　　入	成本费用
建成后产权属于全体业主所有的	无须确认收入	可以扣除
建成后无偿移交给政府、公用事业单位用于非营利社会公共事业的	无须确认收入	可以扣除
建成后有偿转让的	计算收入	可以扣除

(8)关于营业税改征增值税前后土地增值税清算的计算问题。房地产开发企业在营业税改征增值税后进行房地产开发项目土地增值税清算时,按以下方法确定相关金额:土地增值税应税收入＝营业税改征增值税前转让房地产取得的收入＋营业税改征增值税后转让房地产取得的不含增值税收入;与转让房地产有关的税费＝营业税改征增值税前实际缴纳的营业税、城市维护建设税、教育费附加＋营业税改征增值税后允许扣除的城市维护建设税、教育费附加。

(9)房地产开发企业销售已装修的房屋,其装修费用可以计入房地产开发成本。房地产开发企业的预提费用除另有规定,不得扣除。

(10)在土地增值税清算时未转让的房地产,清算后销售或有偿转让的,纳税人应按规定进行土地增值税的纳税申报,扣除项目金额按清算时的单位建筑面积成本费用乘以销售或转让面积计算。

(五)核定征收

在土地增值税清算过程中,发现纳税人符合核定征收条件的,应按核定征收率原则上不低于 5%对房地产项目进行清算。各省级税务机关会结合本地实际,区分不同房地产类型制定核定征收率。

在土地增值税清算中符合以下条件之一的,可实行核定征收。

(1)依照法律、行政法规的规定应当设置但未设置账簿的。

(2)擅自销毁账簿或者拒不提供纳税资料的。

(3)虽设置账簿,但账目混乱或者成本资料、收入凭证、费用凭证残缺不全,难以确定转让收入或扣除项目金额的。

(4)符合土地增值税清算条件,企业未按照规定的期限办理清算手续,经税务机关责令限期清算,逾期仍不清算的。

(5)申报的计税依据明显偏低,又无正当理由的。

本章习题

1.(2019 年注会)某房地产开发企业拟对其开发的位于市区一房地产项目进行土地增值税清算,该项目相关信息如下:

(1)2016 年 1 月以 9 000 万元竞得国有土地一宗,并按规定缴纳契税。

（2）该项目 2016 年开工建设，《建筑工程施工许可证》注明的开工日期为 2 月 25 日，2018 年 12 月竣工，发生房地产开发成本 6 000 万元；开发费用 3 400 万元。

（3）该项目所属幼儿园建成后无偿移交政府，归属于幼儿园的开发成本 600 万元。

（4）2019 年 4 月，该项目销售完毕，取得含税销售收入 36 750 万元。

（其他相关资料：契税税率 4%，利息支出无法提供金融机构证明，当地省政府规定的房地产开发费用扣除比例为 10%，企业对该项目选择简易计税方法计征增值税）

要求：根据上述资料，按照下列序号回答问题，如有计算需计算出合计数。

（1）说明该项目选择简易纳税方法计征增值税的理由。

（2）计算该项目应缴纳的增值税税额。

（3）计算土地增值税时允许扣除的城市维护建设税、教育费附加和地方教育费附加。

（4）计算土地增值税时允许扣除的开发费用。

（5）计算土地增值税时允许扣除项目金额的合计数。

（6）计算房地产开发项目应缴纳的土地增值税税额。

2．（2019 年注会）某房地产开发企业拟对其开发的位于县城一房地产项目进行土地增值税清算，该项目相关信息如下：

（1）2015 年 12 月以 10 000 万元竞得国有土地一宗，并按规定缴纳契税。

（2）该项目 2016 年开工建设，未取得《建筑工程施工许可证》，建筑工程承包合同注明的开工日期为 3 月 25 日，2019 年 1 月竣工，发生房地产开发成本 7 000 万元；开发费用 3 400 万元。

（3）该项目所属物业用房建成后产权归全体业主所有，并已移交物业公司使用，物业用房开发成本 500 万元。

（4）2019 年 4 月，该项目销售完毕，取得含税销售收入 42 000 万元。

（其他相关资料：契税税率 4%，利息支出无法提供金融机构证明，当地省政府规定的房地产开发费用扣除比例为 10%，企业对该项目选择简易计税方法计征增值税）

要求：根据上述资料，按照下列序号回答问题，如有计算需计算出合计数。

（1）说明该项目选择简易纳税方法计征增值税的理由。

（2）计算该项目应缴纳的增值税税额。

（3）计算土地增值税时允许扣除的城市维护建设税、教育费附加和地方教育附加。

（4）计算土地增值税时允许扣除的开发费用。

（5）计算土地增值税时允许扣除项目金额的合计数。

（6）计算房地产开发项目应缴纳的土地增值税税额。

即测即练

第九章

房 产 税

第一节 房产税概述

一、房产税的概念

房产税是以房屋为征税对象,以房屋的计税余值或租金收入为计税依据,向房屋产权所有人征收的一种财产税。现行《中华人民共和国房产税暂行条例》(以下简称《房产税暂行条例》)于1986年10月1日起施行。

二、房产税的特点

房产税的特点主要有以下几个。

(1)房产税属于财产税中的个别财产税(如有房有车的人,才需缴纳财产税)。

(2)限于征税范围内的经营性房屋(下列除外:农村,非营业)。

扩展阅读9.1:《中华人民共和国房产税暂行条例》(国发〔1986〕90号)

(3)区别房屋的经营使用方式规定不同的计税依据。

第二节 征税范围、纳税人和税率

征收房产税的房产,是以房屋形态表现的房产。房屋是指有房面和围护结构(有墙或两边有柱),能够遮风挡雨,可供人们在其中生产、工作、学习、娱乐、居住或储藏物资的场所。独立于房屋之外的建筑物,如围墙、烟囱、水塔、变电塔、油池油柜、酒窖菜窖、酒精池、糖蜜池、室外游泳池、玻璃暖房、砖瓦石灰窑以及各种油气罐等,不属于房产。

一、征税范围

《房产税暂行条例》规定,房产税在城市、县城、建制镇和工矿区征收。

 特别提示

房产税与城镇土地使用税的征税范围相同。

二、纳税人

房产税纳税人是在征税范围内的房屋产权所有人。房屋产权相关情形及其对应的纳税人如表 9-1 所示。

表 9-1　房屋产权税相关情形及其对应的纳税人

情　形	纳　税　人
（1）产权属国家所有的	由经营管理单位纳税
（2）产权属集体和个人所有的	由集体单位和个人纳税
（3）产权出典的	由承典人纳税
（4）产权所有人、承典人不在房屋所在地的；产权未确定或者租典纠纷未解决的	由房产代管人或者使用人纳税
（5）纳税单位和个人无租使用房产管理部门、免税单位及纳税单位的房产（财税〔2009〕128 号）	应由使用人代为缴纳房产税
（6）自 2009 年 1 月 1 日起，外商投资企业、外国企业和组织以及外籍个人，缴纳房产税	

所谓产权出典，是指产权所有人将房屋、生产资料等的产权，在一定期限内典当给他人使用，而取得资金的一种融资业务。

 特别提示

（1）无租使用具体规定如：军队无租出借的房产，由使用人代缴房产税（财税字〔1987〕32 号）。

（2）以人民币以外的货币为记账本位币的外资企业及外籍个人在缴纳房产税时，均应将其根据记账本位币计算的税款按照缴款上月最后一日的人民币汇率中间价折合成人民币。

三、税率

房产税税率及适用情况如表 9-2 所示。

表 9-2　房产税税率及适用情况

税　率	适　用　情　况
1.2%的规定税率	自有房产用于生产经营
12%的规定税率	出租非居住的房产取得租金收入
4%的优惠税率	（1）个人出租住房（不分出租后用途） （2）企事业单位、社团以及其他组织按市场价格向个人出租用于居住的住房

 特别提示

个人出租住房应缴纳的税种及税率如表 9-3 所示（未考虑城市维护建设税及教育费附加、地方教育附加，免征印花税和城镇土地使用税）。

表 9-3　个人出租房屋应税税种及税率

税　　种	税　　率
增值税	5%的税率减按 1.5%
房产税	4%
个人所得税	10%

第三节 计税依据和应纳税额的计算

一、计税依据

房产税采用从价计征。计税办法分为按房产计税余值计税和按租金收入计税两种。

1. 以房产计税余值为依据

对经营自用的房屋，以房产计税余值作为计税依据。所谓计税余值，是指依照税法规定按房产原值一次减除10%~30%的损耗价值以后的余额。

（1）房产原值是指纳税人按照会计制度规定，在账簿"固定资产"科目中记载的房屋原价。因此，凡按会计制度规定在账簿中记载有房屋原价的，应以房屋原价按规定减除一定比例后的房产余值计征房产税；没有记载房屋原价的，按照上述原则，并参照同类房屋，确定房产原值，按规定计征房产税。

（2）房产原值应包括与房屋不可分割的各种附属设备或一般不单独计算价值的配套设施。

（3）纳税人对原有房屋进行改建、扩建的，要相应增加房屋的原值。

（4）对于更换房屋附属设备和配套设施的，在将其价值计入房产原值时，可扣减原来相应设备和设施的价值；对附属设备和配套设施中易损坏、需要经常更换的零配件，更新后不再计入房产原值，原零配件的原值也不扣除。

（5）自2006年1月1日起，凡在房产税征收范围内的具备房屋功能的地下建筑，包括与地上房屋相连的地下建筑以及完全建在地面以下的建筑、地下人防设施等，均应当依照有关规定征收房产税。

（6）对出租房产，租赁双方签订的租赁合同约定有免收租金期限的，免收租金期间由产权所有人按照房产原值缴纳房产税。

无租使用其他单位房产的应税单位和个人，依照房产余值代缴纳房产税（财税〔2009〕128号）。

（7）对按照房产原值计税的房产，无论会计上如何核算，房产原值均应包含地价，包括为取得土地使用权支付的价款、开发土地发生的成本费用等。容积率（建筑面积/土地面积）低于0.5的，按房产建筑面积的2倍计算土地面积并据此确定计入房产原值的地价。

（8）产权出典的房产，由承典人依照房产余值缴纳房产税。

（9）对于与地上房屋相连的地下建筑，如房屋的地下室、地下停车场、商场的地下部分等，应将地下部分与地上房屋视为一个整体，按照地上房屋建筑的有关规定计算征收房产税。出租的地下建筑，按照出租地上房屋建筑的有关规定计算征收房产税）。

（10）在确定计税余值时，房产原值的具体减除比例，由省、自治区、直辖市人民政府在税法规定的减除幅度内自行确定。

2. 以租金收入为依据

对于出租的房屋，以租金收入为计税依据，具体内容如表9-4所示。

表 9-4　房屋出租房产税计算

计 税 依 据	税率	计 税 公 式
（1）租金收入（包括实物收入和货币收入）以劳务或其他形式抵付房租收入的，按当地同类房产租金水平确定 （2）出租的地下建筑，按出租地上房屋建筑的有关规定计税	12%	应纳税额＝租金收入×12%或4%
个人按市价格出租的居民用房（出租后不论是否用于居住）	4%	

（1）投资联营及融资租赁房产的计税依据如表 9-5 所示。

表 9-5　投资联营及融资租赁房产的计税依据

情　形		税　务　处　理
投资联营	以房产投资联营，投资者参与投资利润分红，共担风险的	从价计征：以房产余值作为计税依据计征房产税
	以房产投资，收取固定收入，不承担联营风险的	从租计征：由出租方按租金收入计缴房产税
融资租赁	计税依据	以房产余值计算征收
	纳税人	承租人自融资租赁合同约定开始日的次月起或自合同签订的次月起从价计征

（2）居民住宅区内业主共有的经营性房产计税依据如表 9-6 所示（财税〔2006〕186 号）。

表 9-6　居民住宅区内业主共有的经营性房产计税依据

情　形	税　务　处　理
自营的	依照房产原值减除10%～30%后的余值计征，没有房产原值或不能将业主共有房产与其他房产的原值准确划分开的，由房产所在地税务机关参照同类房产核定房产原值
出租的	依照租金收入计征

二、应纳税额的计算

（1）地上建筑物房产税应纳税额计算如表 9-7 所示。

表 9-7　地上建筑物房产税应纳税额计算

计税方法	计税依据	税　率	税额计算公式
从价计征	房产计税余值	1.2%	全年应纳税额＝应税房产原值×（1－扣除比例）×1.2%
从租计征	房屋租金	12%(个人出租居住用房：4%)	全年应纳税额＝租金收入×12%（或4%）

（2）独立地下建筑物房产税应纳税额计算见表 9-8。

表 9-8　独立地下建筑物房产税应纳税额计算

房产用途	应税原值	税额计算公式
（1）工业用房产	房屋原价的 50%～60%作为应税房产原值	应纳房产税的税额＝应税房产原值×（1－原值减除比例）×1.2%
（2）商业和其他用房产	房屋原价的 70%～80%作为应税房产原值	应纳房产税的税额＝应税房产原值×（1－原值减除比例）×1.2%

（3）出租的地下建筑，按照出租地上房屋建筑的有关规定计算征收房产税
（4）地下建筑物的原价折算为房产原值的比例，由各省、自治区、直辖市和计划单列市财政和税务部门在幅度内自行确定

【例9-1·单选题】 （2016年税务师）某工厂企业2016年2月自建的厂房竣工并投入使用，该厂房的原值是8 000万元，其中用于储存物资的独立地下室为800万元，假设房产原值的减除比例为30%，地下室应税原值为房产原价的60%。该企业2016年应缴纳房产税（　　）。
A. 56万元　　　　B. 59.14万元　　　　C. 53.76万元　　　　D. 61.60万元
【答案】 C
【解析】 应缴纳的房产税＝（8 000－800）×（1－30%）×1.2%×10/12＋800×60%×（1－30%）×1.2%×10/12＝53.76（万元）。

第四节　减免税优惠

一、减免税基本规定

依据《房产税暂行条例》及有关规定，下列房产免征房产税。
（1）国家机关、人民团体、军队自用的房产。

特别提示

上述免税单位的出租房产以及非自身业务使用的生产、营业用房，不属于免税范围。
（2）国家财政部门拨付事业经费单位自用的房产。
（3）宗教寺庙、公园、名胜古迹自用的房产。
（4）个人所有非营业用的房产免征房产税；对个人拥有的营业用房或者出租的房产，应照章纳税。
（5）经财政部批准免税的其他房产。

二、减免税特殊规定

经财政部和国家税务总局批准，下列房产可免征房产税。
（1）对企业办的各类学校、医院、托儿所、幼儿园自用的房产，免征房产税。
（2）经有关部门鉴定，对毁损不堪居住的房屋和危险房屋，在停止使用后，可免征房产税。
（3）凡是在基建工地为基建工地服务的各种工棚、材料棚、休息棚和办公室、食堂、茶炉房、汽车房等临时性房屋，不论是施工企业自行建造还是由基建单位出资建造交施工企业使用，在施工期间，一律免征房产税。但是，如果在基建工程结束以后，施工企业将这种临时性房屋交还或者估价转让给基建单位，应当从基建单位接收的次月起，依照规定征收房产税。
（4）由省、自治区、直辖市人民政府根据本地区实际情况，以及宏观调控需要确定，对增值税小规模纳税人可以在50%的税额幅度内减征房产税。增值税小规模纳税人已依法享受房产税的，可叠加享受本规定的优惠政策。
（5）对纳税单位与免税单位共同使用的房屋，按各自使用的部分划分，分别征收或免征房产税。

（6）对老年服务机构自用的房产暂免征收房产税。

（7）对国家机关、军队、人民团体、财政补助事业单位、居民委员会、村民委员会拥有的体育场馆，用于体育活动的房产、土地，免征房产税。

对企业拥有并运营管理的大型体育场馆，其用于体育活动的房产、土地，减半征收房产税。

（8）自 2001 年 1 月 1 日起，对按政府规定价格出租的公有住房和廉租住房，包括企业和自收自支事业单位向职工出租的单位自有住房、房管部门向居民出租的公有住房、落实私房政策中带户发还产权并以政府规定租金标准向居民出租的私有住房等，暂免征收房产税。

扩展阅读 9.2：房产税减免税其他规定

（9）对房地产开发企业建造的商品房，在出售前不征收房产税。但对出售前房地产开发企业已使用或出租、出借的商品房应按规定征收房产税。

（10）对农林牧渔业用地和农民居住用房屋及土地，不征收房产税。

（11）对公共租赁住房免征房产税。

（12）自 2019 年 1 月 1 日至 2021 年 12 月 31 日，对高校学生公寓免征房产税。

第五节　申报和缴纳

一、纳税义务发生时间及截止时间

房产税纳税义务发生时间如表 9-9 所示。

表 9-9　房产税纳税义务发生时间

房产用途变化	纳税义务发生时间
（1）将原有房产用于生产经营	从生产经营之月起
（2）自建房屋用于生产经营	从建成之日的次月起
（3）委托施工企业建设的房屋	从办理验收手续之次月起
特例：对于验收前已使用或出租出借的新建房屋，应从使用或出租出借当月起计征房产税	
（4）纳税人购置新建商品房	自房屋交付使用之次月起
（5）购置存量房	自办理房屋权属转移、登记机关签发房屋权属证书之次月起
（6）纳税人出租、出借房产	交付出租、出借房产之次月起
（7）房地产开发企业自用、出租、出借本企业建造商品房	自房屋使用或交付之次月起
自 2009 年 1 月 1 日起，纳税人因房产的实物或权利状态发生变化而依法终止房产税纳税义务的，其应纳税款的计算应截至房产的实物或权利状态发生变化的当月末	

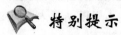 **特别提示**

融资租赁的房产，由承租人自融资租赁合同约定开始日的次月起依照房产余值缴纳房产税。合同未约定开始日的，由承租人自合同签订的次月起依照房产余值缴纳房产税。

二、纳税期限

房产税实行按年征收,分期缴纳。纳税期限由省、自治区、直辖市人民政府规定。各地一般按季或半年征收。

三、纳税申报

房产税的纳税申报,是房屋产权所有人或纳税人缴纳房产税必须履行的法定手续。纳税人应根据税法要求,将现有房屋的坐落地点、结构、面积、原值、出租收入等情况,据实向当地税务机关办理纳税申报,并按规定纳税。如果纳税人住址发生变更、产权发生转移,以及出现新建、改建、扩建、拆除房屋等情况,而引起房产原值发生变化或者租金收入变化的,都要按规定及时向税务机关办理变更登记。

四、纳税地点

房产税在房产所在地缴纳。房产不在同一地方的纳税人,应按房产的坐落地点分别向房产所在地的税务机关缴纳。

【例9-2·单选题】下列关于房产税纳税义务发生时间的表述中,不正确的是( )。
A. 纳税人自行新建房屋用于生产经营,从建成之月起缴纳房产税
B. 纳税人将原有房产用于生产经营,从生产经营之月起缴纳房产税
C. 纳税人出租房产,自交付出租房产之次月起缴纳房产税
D. 房地产开发企业自用本企业建造的商品房,自房屋使用之次月起缴纳房产税
【答案】 A
【解析】 选项A,纳税人自行新建房屋用于生产经营,从建成之日的次月起缴纳房产税。

即测即练

第十章

车 船 税

第一节 车船税概述

车船税是对在中华人民共和国境内的应税车辆、船舶（简称车船）的所有人或者管理人征收的一种税。现行《车船税法》于 2012 年 1 月 1 日起施行。车船税具有涉及面广、税源流动性强、纳税人多为个人等特点。

扩展阅读 10.1：《中华人民共和国车船税法》（主席令第 43 号）与《中华人民共和国车船税法实施条例》（国务院令第 611 号）

第二节 征税范围、纳税人和适用税额

一、征税范围

车船税的征税范围是在中华人民共和国境内属于《车船税法》所附《车船税税目税额表》规定的车辆、船舶。车辆、船舶可分为以下两类。

（1）依法应当在车船管理部门登记的机动车辆和船舶。

（2）依法不需要在车船管理部门登记、在单位内部场所行驶或者作业的机动车辆和船舶。

境内单位和个人租入外国籍船舶的，不征收车船税。境内单位将船舶出租到境外的，应依法征收车船税。

二、纳税人

在中华人民共和国境内属于《车船税法》所附《车船税税目税额表》规定的车辆、船舶的所有人或者管理人，为车船税的纳税人，应当依照《车船税法》缴纳车船税。

三、税目、税额

车船的适用税额，依照《车船税法》所附《车船税税目税额表》执行。

车船税税目税额如表 10-1 所示，税单位适用范围如表 10-2 所示。

表 10-1 车船税税目税额

税 目		计量单位	年基准税额	备 注
乘用车[按发动机气缸容量（排气量）分档]	1.0 升（含）以下的	每辆	60～360 元	核定载客人数 9 人（含）以下
	1.0 升以上至 1.6 升（含）的		300～540 元	
	1.6 升以上至 2.0 升（含）的		360～660 元	
	2.0 升以上至 2.5 升（含）的		660～1 200 元	

续表

税 目		计量单位	年基准税额	备 注
	2.5升以上至3.0升（含）的		1 200～2 400元	
	3.0升以上至4.0升（含）的		2 400～3 600元	
	4.0升以上的		3 600～5 400元	
商用车	客车	每辆	480～1 440元	核定载客人数9人以上，包括电车
	货车	整备质量每吨	16～120元	包括半挂牵引车、三轮汽车和低速载货汽车等
挂车		整备质量每吨	按照货车税额的50%计算	
其他车辆	专用作业车	整备质量每吨	16～120元	不包括拖拉机
	轮式专用机械车		16～120元	
摩托车		每辆	36～180元	
船舶	机动船舶	净吨位每吨	3～6元	（1）船舶、非机动驳船分别按照机动船舶税额的50%计算 （2）拖船按照发动机功率每1千瓦折合净吨位0.67吨计算征收车船税
	游艇	艇身长度每米	600～2 000元	

特别提示

（1）整备质量、净吨位、艇身长度等计税单位，有尾数的一律按照含尾数的计税单位计算车船税应纳税额。计算得出的应纳税额小数点后超过两位的可四舍五入保留两位小数。

（2）拖拉机、电动自行车不属于车船税的征税范围；纯电动乘用车和燃料电池乘用车不属于车船税征税范围；客货两用汽车，又称多用途货车，主要运货，可载3人以上乘客的货车；专用作业车，包括洒水车、消防车和清障车。

扩展阅读10.2：车船税具体税额特殊说明

表10-2 税单位适用范围

计税单位	适用范围	特别说明
每辆	乘用车、客车（包括电车）、摩托车	
整备质量每吨	货车（包括半挂牵引车、挂车、客货两用汽车、三轮汽车、低速货车）、专用作业车、轮式专用机械车（不包括拖拉机）	挂车按照货车税额的50%计算
净吨位每吨	机动船舶和非机动驳船	（1）拖船和非机动驳船分别按机动船舶税额的50%计算 （2）拖船按照发动机功率每1千瓦折合净吨位0.67吨计算征收车船税
艇身长度每米	游艇	

第三节 应纳税额的计算与代收代缴

一、应纳税额的计算

纳税人按照纳税地点所在的省、自治区、直辖市人民政府确定的具体适用税额缴纳车船税。车船税由税务机关负责征收。

（1）购置的新车船，购置当年的应纳税额自纳税义务发生的当月起按月计算。计算公式为

$$应纳税额 =（年应纳税额 \div 12）\times 应纳税月份数$$

$$应纳税月份数 = 12 - 纳税义务发生时间（取月份）+ 1$$

（2）在一个纳税年度内，已完税的车船被盗抢、报废、灭失的，纳税人可以凭有关管理机关出具的证明和完税证明，向纳税所在地的主管税务机关申请退还自被盗抢、报废、灭失月份起至该纳税年度终了期间的税款。

（3）已办理退税的被盗抢车船，失而复得的，纳税人应当从公安机关出具相关证明的当月起计算缴纳车船税。

（4）在一个纳税年度内，纳税人在非车辆登记地由保险机构代收代缴机动车车船税，且能够提供合法有效完税证明的，纳税人不再向车辆登记地的税务机关缴纳车辆车船税。

（5）已缴纳车船税的车船在同一纳税年度内办理转让过户的，不另纳税，也不退税。

【例10-1·计算题】 某运输公司拥有载货汽车15辆（每辆货车整备质量为10吨）；乘人大客车20辆；小客车10辆。计算该公司应纳车船税。

（注：载货汽车每吨年税额90元，乘人大客车每辆年税额1 200元，小客车每辆年税额800元）

【答案】

（1）载货汽车应纳税额 = 90 × 15 × 10 = 13 500（元）

（2）大客车应纳税额 = 1 200 × 20 = 24 000（元）

（3）小客车应纳税额 = 800 × 10 = 8 000（元）

全年应纳车船税税额 = 13 500 + 24 000 + 8 000 = 45 500（元）

二、保险机构代收代缴

从事机动车第三者责任强制保险业务的保险机构为机动车车船税的扣缴义务人，应当在收取保险费时依法代收车船税，并出具代收税款凭证。

（2）扣缴义务人应当及时解缴代收代缴的税款，并向税务机关申报。

第四节 减免税优惠

一、法定减免

（1）捕捞、养殖渔船。

（2）军队、武装警察部队专用的车船。

（3）警用车船。

（4）依照法律规定应当予以免税的外国驻华使领馆、国际组织驻华代表机构及其有关人员的车船。

（5）对节约能源的车船减半征收车船税，对使用新能源的车船免征车船税。具体标准参见《财政部 税务总局 工业和信息化部 交通运输部关于节能 新能源车船享受车船税优惠政策的通知》（财税〔2018〕74号）。

节约能源、使用新能源的车辆包括纯电动汽车、燃料电池汽车和混合动力汽车。纯电动汽车、燃料电池汽车和插电式混合动力汽车免征车船税，其他混合动力汽车按照同类车辆适用税额减半征税。

扩展阅读10.3：《财政部 税务总局 工业和信息化部 交通运输部关于节能 新能源车船享受车船税优惠政策的通知》（财税〔2018〕74号）

（6）省、自治区、直辖市人民政府根据当地实际情况，可以对公共交通车船，农村居民拥有并主要在农村地区使用的摩托车、三轮汽车和低速载货汽车定期减征或者免征车船税。

二、特定减免

（1）经批准临时入境的外国车船和香港特别行政区、澳门特别行政区、台湾地区的车船，不征收车船税。

（2）按照规定缴纳船舶吨税的机动船舶，自《车船税法》实施之日起5年内免征车船税。

（3）依法不需要在车船登记管理部门登记的机场、港口内部行驶或作业的车船，自《车船税法》实施之日起5年内免征车船税。

第五节　申报和缴纳

一、车船税的纳税期限

车船税纳税义务发生时间为取得车船所有权或者管理权的当月，即为购买车船的发票或者其他证明文件所载日期的当月。对于在国内购买的机动车，购买日期以《机动车销售统一发票》所载日期为准；对于进口机动车，购买日期以《海关关税专用缴款书》所载日期为准；对于购买的船舶，以购买船舶的发票或者其他证明文件所载日期的当月为准。

二、车船税的纳税地点

车船税的纳税地点为车船的登记地或者车船税扣缴义务人所在地。依法不需要办理登记的车船，车船税的纳税地点为车船的所有人或者管理人所在地。

三、车船税的申报缴纳

车船税按年申报，分月计算，一次性缴纳。纳税年度为公历1月1日至12月31日。

具体申报纳税期限由省、自治区、直辖市人民政府规定。

对于依法不需要购买机动车交通事故责任强制保险的车辆,纳税人应当向主管税务机关申报缴纳车船税。

 归纳

车船税征税管理如表10-3所示。

表10-3 车船税征税管理

基本要素	主 要 规 定
纳税期限	(1)车船税纳税义务发生时间为取得车船所有权或者管理权的当月 (2)取得车船所有权或者管理权的当月,应当以购买车船的发票或者其他证明文件所载日期的当月为准
纳税地点	(1)纳税人自行申报缴纳车船税的,纳税地点为车船登记地的主管税务机关所在地 (2)扣缴义务人代收代缴车船税的,纳税地点为扣缴义务人所在地 (3)依法不需要办理登记的车船,纳税地点为车船的所有人或者管理人所在地
纳税申报	车船税按年申报,分月计算,一次性缴纳。纳税年度为公历1月1日至12月31日
征收机关	车船税由税务机关负责征收
年度税不重征	(1)纳税人在购买机动车交通事故责任强制保险(简称"交强险")时,由扣缴义务人代收代缴车船税的,凭注明已收税款信息的"交强险"保险单,车辆登记地的主管税务机关不再征收该纳税年度的车船税。再次征收的,车辆登记地主管税务机关应予退还(国家税务总局公告2013年第42号)
年度税不重征	(2)已经缴纳车船税的船舶在同一纳税年度内办理转让过户的,在原登记地不予退税,在新登记地凭完税凭证不再纳税,新登记地海事管理机构应记录上述船舶的完税凭证号和出具该凭证的税务机关或海事管理机构名称,并将完税凭证的复印件存档备查(国家税务总局公告2013年第1号)

【例10-2·单选题】 (据2013年注税改编)某运输公司2012年有如下运输工具:运输卡车10辆,整备质量12.4吨/辆,4月购入乘用车12辆,当月办理登记取得车辆行驶证,当地政府规定的乘用车车船税税额1 000元/辆,运输卡车车船税税额80元/吨。2012年度该公司应缴纳车船税(   )元。

A. 18 920　　　　B. 19 000　　　　C. 21 920　　　　D. 22 000

【答案】 A

【解析】 应缴纳车船税 = 12.4 × 10 × 80 + 12 × 1 000 × 9/12 = 18 920(元)。

 即测即练

自学自测　扫描此码

第十一章

资 源 税

第一节 资源税概述

一、资源税的概念

资源税是以部分自然资源为课税对象,对在我国领域及管辖海域开采应税矿产品及生产盐的单位和个人,就其应税产品销售额或销售数量为计税依据而征收的一种税。《中华人民共和国资源税法》于2020年9月1日起施行。

扩展阅读 11.1:《中华人民共和国资源税法》与《中华人民共和国资源税暂行条例》(国务院令第605号)、《中华人民共和国资源税暂行条例实施细则》(国家税务总局令第66号)

二、资源税的特点

(1)只对特定资源征税。
(2)具有受益税性质。
(3)具有级差收入税的特点。

三、立法原则

普遍征收、级差调整。

第二节 纳税人与扣缴义务人

一、纳税人

在中华人民共和国领域和中华人民共和国管辖的海域开发应税资源的单位和个人,为资源税的纳税人,应当依照《资源税法》规定缴纳资源税。

二、扣缴义务人

独立矿山、联合企业及其他收购未税矿产品的单位为扣缴义务人。

【例 11-1·单选题】 下列企业既是增值税纳税人又是资源税纳税人的是(　　)。
A. 销售有色金属矿产品的贸易公司
B. 进口有色金属矿产品的企业
C. 在境内开采有色金属矿产品的企业
D. 在境外开采有色金属矿产品的企业
【答案】　C

【解析】 在我国领域及管辖海域开采应税矿产品或者生产盐的单位和个人,为资源税的纳税人。进口环节不缴纳资源税。

第三节 征税范围

《中华人民共和国资源税暂行条例》(以下简称《资源税暂行条例》)只将原油、天然气、煤炭、其他非金属矿原矿、黑色金属矿原矿、有色金属矿原矿和盐列入征税范围,可以分为矿产品和盐两大类。

一、矿产品

(一)原油

原油是指开采的天然原油,不包括人造石油。

(二)天然气

天然气是指专门开采或与原油同时开采的天然气。

(三)煤炭

煤炭是指原煤和未税原煤加工的洗选煤,不包括已税原煤加工的洗选煤及其他煤炭制品。在废弃的煤矸石中利用简易工具手工回收煤炭对外销售或使用,依法照章征收资源税。

(四)其他非金属矿原矿

其他非金属矿原矿是指上列产品和井矿盐以外的非金属矿原矿。未列举名称的其他非金属矿原矿和其他有色金属矿原矿由省、自治区、直辖市人民政府决定征收或暂缓征收资源税,并报财政部和国家税务总局备案。

矿泉水是含有符合国家标准的矿物质元素的一种水气矿产,可供饮用或医用等,矿泉水等水气矿产属于其他非金属矿原矿。

(五)黑色金属矿原矿和有色金属矿原矿

黑色金属矿原矿和有色金属矿原矿系指纳税人开采后自用或销售的,用于直接入炉冶炼或作为主产品先入选精矿、制造人工矿,再最终入炉冶炼的金属矿原矿。

二、盐

(一)固体盐

固体盐是指海盐原盐、湖盐原盐和井矿盐。

(二)液体盐

液体盐俗称卤水,指氯化钠含量达到一定浓度的溶液,是用于生产碱和其他产品的原料。

三、对岩金矿的征税规定

岩金矿原矿已缴纳过资源税,选冶后形成的尾矿进行再利用的,只要纳税人能够单独统计、核算，能与原矿明确区隔，不再征资源税。尾矿与原矿不能划分清楚的，应按原矿计征资源税。

第四节 税目与税额

一、资源税的税目

资源税的税目反映征收资源税的具体范围，是资源税课征对象的具体表现形式。《资源税暂行条例》采取列举法，即按照各种课税的产品类别设置7个税目，如表11-1所示。

表11-1 资源税税目表

类 别	范 围
原油	开采的天然原油征税，人造石油不征税
天然气	专门开采和与原油同时开采的天然气征税，煤矿生产的天然气不征税
煤炭	原煤和以未税原煤加工的洗选煤征税，已税原煤加工的洗选煤及其他煤炭制品不征税
其他非金属矿原矿	除原油、天然气、煤炭和井矿盐以外的非金属矿原矿
盐	包括固体盐、液体盐。固体盐包括海盐原盐、湖盐原盐和井矿盐，液体盐是指卤水

二、资源税的税额

纳税人具体适用的税率，根据纳税人所开采或者生产应税产品的资源品位、开采条件等情况，由财政部和国务院有关部门确定；财政部未列举名称且未确定具体适用税率的其他非金属矿原矿和有色金属矿原矿，由省、自治区、直辖市人民政府根据实际情况确定，报财政部和国家税务总局备案。

纳税人开采或者生产不同税目应税产品的，应当分别核算不同应税产品的销售额或者销售数量；未分别核算或者不能准确提供不同税目应税产品的销售额或者销售的，从高适用税率。资源税税目税率表如表11-2所示。

表11-2 资源税税目税率表

矿产品	税率形式	具体标准
原油、天然气	比例税率	6%～10%
煤炭	比例税率	2%～10%
金属、非金属	比例税率	1%～20%
	固定税额	黏土、砂石原矿
水资源	固定税额	地表水平均不低于每立方米0.4元；地下水平均不低于每立方米1.5元

第五节 应纳税额的计算

一、一般计税方法

资源税的应纳税额按照应税资源产品的课税数量和规定的单位税额计算。

（一）从价定率征收

应税产品为矿产品的，包括原矿和选矿产品。采用从价定率征收，其应纳税额的计算公式如下：

$$应纳税额 =（不含增值税）销售额 \times 比例税率$$

（二）从量定额征收

采用从量定额征收，其计算公式如下：

$$应纳税额 = 课税数量 \times 适用的单位税额$$

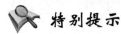

特别提示

（1）在税额计算过程中还要注意有无减征、免征规定。

（2）资源税具有单一环节一次课征的特点，只在开采后出厂销售或移送自用环节纳税。

（3）要关注资源税与增值税、所得税的关系。

（三）销售额的确定

1. 基本规定

销售额为纳税人销售应税产品（原油、天然气）向购买方收取的全部价款和价外费用，不包括增值税销项税额。

对同时符合以下条件的运杂费用，纳税人在计算应税产品计税销售额时，可予以扣减。

（1）包含在应税产品销售收入中。

（2）属于纳税人销售应税产品环节发生的运杂费用，具体是指运送应税产品从坑口或者洗选（加工）地到车站、码头或者购买方指定地点的运杂费用。

（3）取得相关运杂费用发票或者其他合法有效凭据。

（4）将运杂费用与计税销售额分别进行核算。

纳税人扣减的运杂费用明显偏高导致应税产品价格偏低且无正当理由的，主管税务关可以合理调整计税。

2. 特殊情形

（1）纳税人开采应税产品由其关联单位对外销售，按关联单位销售额征收资源税；既有对外销售应税产品，又有将应税产品用于连续生产应税产品以外其他方面的，则对自用的这部分应税产品，按纳税人对外销售应税产品的平均价格计算销售额征收资源税。

（2）纳税人有视同销售应税产品行为而无销售价格的，或者申报的应税产品销售价格明显偏低且无正当理由的，应按下列顺序确定其应税产品计税价格。

①按纳税人最近时期同类产品的平均销售价格确定。

②按其他纳税人最近时期同类产品的平均销售价格确定。

③按组成计税价格确定：

$$组成计税价格 = 成本 \times (1 + 成本利润率) + 资源税$$
$$= 成本 \times (1 + 成本利润率) \div (1 - 税率)$$

式中,成本为应税产品的实际生产成本;成本利润率由省、自治区、直辖市税务机关确定。

④按后续加工非应税产品销售价格,减去后续加工环节的成本利润后确定。

⑤按其他合理方法确定。

(四)课税数量的确定

(1)各种应税产品,凡直接对外销售的,均以实际销售数量为课税数量。

(2)各种应税产品,凡自产自用的,均以自用数量为课税数量。

扩展阅读 11.2:应纳税额计算的特殊规定

(3)纳税人不能准确提供应税产品销售数量或移送使用数量的,以应税产品的产量或主管税务机关确定的折算比换算成的数量为课税数量。

【例 11-2·单选题】 2018 年 5 月,某钨矿开采企业(增值税一般纳税人)销售自采钨矿原矿,取得不含税销售额 20 000 元。另收取从矿区到车站运输费用 3 480 元;将自采钨矿原矿加工为精矿销售,取得不含税销售额 30 000 元。钨矿原矿与精矿的换算比为 1.5。钨矿资源税税率 6.5%。该企业当月应纳资源税( )元。

A. 3 250   B. 3 900   C. 4 192.50   D. 3 445

【答案】 B

【解析】 纳税人开采并销售原矿的,将原矿销售额(不含增值税)换算为精矿销售额计算缴纳资源税。原矿销售额不包括从矿区到车站、码头或用户指定运达地点的运输费用。当月应纳资源税 = 20 000 × 1.5 × 6.5% + 30 000 × 6.5% = 3 900(元)。

二、代扣代缴

(1)目前资源税代扣代缴的适用范围是指收购的除原油、天然气、煤炭以外的资源税未税矿产品。

(2)代扣代缴资源税适用的单位税额规定如下。

①独立矿山、联合企业收购与本单位矿种相同的未税矿产品,按照本单位相同矿种应税产品的单位税额,依据收购数量代扣代缴资源税。

②独立矿山、联合企业收购与本单位矿种不同的未税矿产品,以及其他收购单位收购的未税矿产品,按照收购地相应矿种规定的单位税额,依据收购数量代扣代缴资源税。

③收购地没有相同品种矿产品的,按收购地主管税务机关核定的单位税额,依据收购数量代扣代缴资源税。

三、减免税规定

(1)纳税人开采或者生产应税产品自用的,应当依照规定缴纳资源税;但是,自用于连续生产应税产品的,不缴纳资源税。

(2)有下列情形之一,减征或免征资源税。

①开采原油过程中用于加热、修井的原油,免税。

扩展阅读 11.3:《财政部税务总局关于实施小微企业普惠性税收减免政策的通知》(财税〔2019〕13 号)

②纳税人开采或者生产应税产品过程中,因意外事故或者自然灾害等原因遭受重大损失的,由省、自治区、直辖市人民政府酌情决定减税或者免税。

③煤炭开采企业因安全生产需要抽采的煤层气。

④纳税人开采共伴生矿、低品位矿、尾矿。

⑤国务院规定的其他减税、免税项目。例如:自 2019 年 1 月 1 日至 2021 年 12 月 31 日,省、自治区、直辖市人民政府根据本地区实际情况,对增值税小规模纳税可以在 50%的税额幅度内减征资源税。

第六节 申报与缴纳

一、纳税义务发生时间

纳税义务的发生时间是指纳税人发生应税行为应当承担纳税义务的起始时间(表 11-3)。

表 11-3 纳税义务发生时间

具 体 情 形	纳税义务发生时间
分期收款	销售合同规定的收款日期的当天
预收货款	发出应税产品的当天
其他结算方式	收讫销售款或者取得索取销售款凭据的当天
自产自用应税产品应征资源税的	移送使用应税产品的当天
扣缴义务人代扣代缴税款	支付首笔货款或首次开具支付货款凭据的当天

二、纳税地点

纳税人应缴纳的资源税,应当向应税产品的开采或者生产所在地主管税务机关缴纳。纳税人在本省、自治区、直辖市范围内开采或者生产应税产品,其纳税地点需要调整的,由省、自治区、直辖市税务机关决定。

扩展阅读 11.4:资源税纳税地点具体情形

扣缴义务人代扣代缴的资源税,应当向收购地主管税务机关缴纳。

【例 11-3·单选题】(2019 年税务师)根据代扣代缴资源税的规定,下列说法正确的是( )。

A. 非矿山企业收购未税矿产品不代扣代缴资源税

B. 联合企业收购未税矿产品,按照税务机关核定的应税产品税额、税率标准扣缴资源税

C. 独立矿山收购未税矿产品,按照本单位应税产品税额、税率标准扣缴资源税

D. 个体工商户收购未税矿产品,不代扣代缴资源税

【答案】 C

【解析】 选项 A、D，根据《资源税暂行条例》的规定，收购未税矿产品的独立矿山、联合企业和其他单位为资源税扣缴义务人，其中收购未税矿产品的其他单位包括收购未税矿产品的非矿山企业、单位和个体户等；选项 B，独立矿山、联合企业收购未税矿产品的，按照本单位应税产品税额、税率标准，依据收购的数量代扣代缴资源税。

三、纳税期限

资源税的纳税期限自主管税务机关根据纳税人应纳税额的多少，分别核定为 1 日、3 日、5 日、10 日、15 日或者 1 个月。不能按固定期限计算纳税的，可以按次计算纳税。

对资源税的报税期限规定为：以 1 个月为一期纳税的，自期满之日起 10 日内申报纳税；以 1 日、3 日、5 日、10 日或 15 日为一期纳税的，自期满之日起 5 日内预缴税款，于次月 1 日起 10 日内申报纳税并结清上月税款。

【例 11-4 · 多选题】（2011 年注税）下列各项关于资源税的表述中，正确的有（   ）。

A. 对出口的应税产品免征资源税
B. 对进口的应税产品不征收资源税
C. 开采原油过程中用于修井的原油免征资源税
D. 开采应税产品过程中因自然灾害有重大损失的可由省级人民政府酌情决定减征或免征资源税

【答案】 BCD

【解析】 选项 A，按照税法规定，对出口的应税产品没有资源税减免税的优惠。

即测即练

自学自测　扫描此码

第十二章

契 税

第一节 契税概述

一、契税的概念

契税是以所有权发生转移的不动产为征税对象,向产权承受人征收的一种财产税。《中华人民共和国契税法》(以下简称《契税法》)已由中华人民共和国第十三届全国人民代表大会常务委员会第二十一次会议于 2020 年 8 月 11 日通过,自 2021 年 9 月 1 日起施行。契税法是由原来的《中华人民共和国契税暂行条例》(以下简称《契税条例》)平移上升为法,原来与契税法相适应的规章、制度只要不违背法的规定不会改变,原来《契税条例》中没有的,当然要按《契税法》的规定执行。

扩展阅读 12.1:《中华人民共和国契税法》《契税法》主要变化

二、契税的特点

契税与其他税种相比,具有如下特点。
(1)契税属于财产转移税。
(2)契税由财产承受人缴纳。

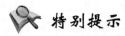 特别提示

契税一般实行先税后征。

第二节 征税范围、纳税人和税率

一、征税范围

契税的征税对象为发生土地使用权和房屋所有权权属转移的土地与房屋,具体征税范围包括:国有土地使用权出让;土地使用权转让,包括出售、赠与和交换;房屋买卖、赠与、交换。即以货币为媒介,出卖者向购买者过渡房产所有权的交易行为。

(一)国有土地使用权出让

国有土地使用权出让是国家以土地所有者的身份,将一定地块的国有土地使用权,有期限地让与土地使用者,并由土地使用者向国家支付土地使用金的行为。出让可

以使用拍卖、招标、双方协议的方式。

(二) 土地使用权转让

土地使用权转让是指土地使用者将土地使用权再转移的行为。转让可以使用出售、交换、赠与的方式。土地使用权转让，不包括土地承包经营权和土地经营权的转移。

以作价投资（入股）、偿还债务、划转、奖励等方式转移土地、房屋权属的，应当依照《契税法》规定征收契税。

(三) 房屋买卖

（1）房产抵债或实物交换房屋。经当地政府和有关部门批准，以房抵债和实物交换房屋，均视同房屋买卖，应由产权承受人按房屋现值缴纳契税。

以房产权补偿征地款的方式转移产权，实质上是一种以征地款购买房产的行为，应依法缴纳契税。

（2）以房产作投资或作股权转让。这种交易业务属房屋产权转移，应根据国家房地产管理的有关规定，办理房屋产权交易和产权变更登记手续，视同房屋买卖，由产权承受方按投资房产价值或房产买价缴纳契税。

扩展阅读 12.2：《财政部 国家税务总局关于企业改制过程中以国家作价出资（入股）方式转移国有土地使用权有关契税问题的通知》（财税〔2008〕129 号）

以自有房产作股投入本人经营企业，免纳契税。因为以自有的房地产投入本人独资经营的企业，房屋产权所有人和土地使用权人未发生变化，无须办理房产变更手续，也不办理契税手续。

对以国家作价出资（入股）方式转移国有土地使用权的行为，应视同土地使用权转让，由土地使用权的承受方按规定缴纳契税。

(四) 房屋赠与

房屋赠与是指房屋产权所有人将房屋无偿转让给他人所有。房屋赠与的前提必须是产权无纠纷，赠与人和受赠人双方自愿。

由于房屋是不动产，价值较大，故法律要求赠与房屋应有书面合同（契约），并到房地产管理机关或农村基层政权机关办理登记过户手续，才能生效。如果房屋赠与行为涉及涉外关系，还须公证处证明和外事部门认证，才能有效。房屋的受赠人要按规定缴纳契税。

以获奖方式取得房屋产权的，其实质是接受赠与房产，应照章缴纳契税（财法字〔1997〕52 号）。

居民个人根据国家房改政策购买的公有住房，取得房改房产权证后，将名下的房屋产权转移给其子女，属于赠与行为，应依照《契税法》及其有关规定缴纳契税。

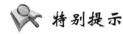 特别提示

继承土地房屋权属下的契税政策归纳如表 12-1 所示。

(五) 房屋交换

房屋交换，是指房屋住户、用户、所有人为了生活工作方便，互相之间交换房屋的

使用权或所有权的行为。交换的标的性质有公房、私房；标的种类有住宅、店面及办公用房等。

表 12-1　继承土地房屋权属下的契税政策归纳

特殊行为	具体情况	契税政策
继承土地房屋权属	法定继承人（包括配偶、子女、父母、兄弟姐妹、祖父母、外祖父母）继承土地房屋权属的	不征
	非法定继承人根据遗嘱承受死者生前土地房屋权属，属于赠与行为的	征收

房屋交换包括两种情况：①房屋使用权交换。经房屋所有人同意，使用者可以通过变更租赁合同，办理过户手续，交换房屋使用权。②房屋所有权交换。

房屋产权相互交换，双方交换价值相等，免纳契税，办理免征契税手续；其价值不相等的，按超出部分由支付差价方缴纳契税。

 特别提示

对承受国有土地使用权应支付的土地出让金，要征收契税。不得因减免出让金而减免契税。

 特别提示

买房者不论其购买目的是拆用材料还是得到旧房后翻建成新房，都要涉及办理产权转移手续，只要发生房屋权属变化，就要照章缴纳契税。

特别提示

某些特殊方式转移土地、房屋权属也视为土地使用权转让、房屋买卖，需缴纳契税。

（1）以房屋抵债或实物交换房屋，视同房屋买卖，由产权承受人按房屋现值缴纳契税。

（2）以房产作价投资或入股，应按规定办理房屋产权交易和产权变更登记手续，视同房屋买卖，由产权承受方按入股房产现值缴纳契税。

特例：以自有房产作股投入本人独资经营的企业，因未发生权属变化，不需要办理房产变更手续，故免纳契税。

（3）对以国家作价出资（入股）方式转移国有土地使用权的行为，应视同土地使用权转让，由土地使用权的承受方按规定缴纳契税。

【例题 12-1·单选题】 单位和个人发生下列行为，应该缴纳契税的是（　　）。

A. 转让土地使用权
B. 承受不动产所有权
C. 赠与不动产所有权
D. 转让不动产所有权

【答案】　B

【解析】契税是以所有权发生转移的不动产为征税对象,向产权承受人征收的一种财产税。

(六)企业改制重组中的契税政策

企业改制重组中的契税政策汇总如表12-2所示。

表12-2 企业改制重组中的契税政策汇总

特殊行为	具体情况	契税政策
企业改制	非公司制企业改制为有限责任公司或股份有限公司,有限责任公司变更为股份有限公司,股份有限公司变更为有限责任公司,原企业投资主体存续并在改制(变更)后的公司中所持股权(股份)比例超过75%,且改制(变更)后公司承继原企业权利、义务的,对改制(变更)后公司承受原企业土地、房屋权属的	免征
事业单位改制	原投资主体存续并在改制后企业中出资(股权、股份)比例超过50%的,对改制后企业承受原事业单位土地、房屋权属的	免征
企业合并	合并后的企业承受各方的土地、房屋权属的	免征
企业分立	分立为两个或两个以上与原公司投资主体相同的公司,对分立后公司承受原公司土地、房屋权属的	免征
企业破产	债权人承受破产企业土地、房屋权属以抵偿债务的	免征
企业破产	非债权人承受破产企业土地、房屋权属,与原企业30%以上职工签订服务年限不少于3年的劳动用工合同的	减半征收
企业破产	非债权人承受破产企业土地、房屋权属,与原企业全部职工签订服务年限不少于3年的劳动用工合同的	免征
资产划转	对承受县级以上人民政府或国有资产管理部门按规定进行行政性调整、划转国有土地、房屋权属的单位	免征
资产划转	企业改制重组,同一投资主体内部企业之间土地、房屋权属的划拨的	免征
债权转股权	国务院批准债转股企业,债转股后新设公司承受原企业土地、房屋权属的	免征
划拨用地出让或作价出资	以出让方式或国家作价出资(入股)方式承受原改制重组企业、事业单位划拨用地的,不属上述规定的免税范围	对承受方征收
企业股权转让	单位、个人承受企业股权,企业土地、房屋权属不发生转移的	不征

(七)房屋附属设施有关契税政策

(1)对于承受与房屋相关的附属设施(包括停车位、汽车库、自行车库、顶层阁楼以及储藏室,下同)所有权或土地使用权的行为,按照契税法律、法规的规定征收契税;对于不涉及土地使用权和房屋所有权转移变动的,不征收契税,具体如表12-3所示。

表12-3 房屋附属设施有关契税政策汇总

特殊行为	具体情况	契税政策
房屋的附属设施	承受附属设施所有权或土地使用权的	征收
房屋的附属设施	不涉及土地使用权和房屋所有权变动的	不征

(2)采取分期付款方式购买房屋附属设施土地使用权、房屋所有权的,应按合同规定的总价款计征契税(财税〔2004〕126号)。

（3）承受的房屋附属设施权属单独计价的，按照当地确定的适用税率征收契税；与房屋统一计价的，适用与房屋相同的契税税率（财税〔2004〕126号）。

扩展阅读12.3：《财政部国家税务总局关于房屋附属设施有关契税政策的批复》（财税〔2004〕126号）

（4）对纳税人因改变土地用途而签订土地使用权出让合同变更协议或者重新签订土地使用权出让合同的，应征收契税。

（5）土地使用者转让、抵押或置换土地，无论其是否取得了该土地的使用权属证书，无论其在转让、抵押或置换土地过程中是否与对方当事人办理了土地使用权属证书变更登记手续，只要土地使用者享有占有、使用、收益或处分该土地的权利，且有合同等证据表明其实质转让、抵押或置换了土地并取得了相应的经济利益，土地使用者及其对方当事人应当依照税法规定缴纳契税。

二、纳税人

在中华人民共和国境内转移土地、房屋权属，承受的单位和个人为契税的纳税人，包括：城镇、乡村居民个人，私营组织和个体工商户，华侨、港澳台同胞，外商投资企业和外国企业，以及外国人五大类，还包括国有经济单位。

三、税率

契税实行幅度比例税率，税率幅度为3%～5%。契税的具体适用税率，由省、自治区、直辖市人民政府在前款规定的税率幅度内提出，报同级人民代表大会常务委员会决定，并报全国人民代表大会常务委员会和国务院备案。省、自治区、直辖市可以依照前款规定的程序对不同主体、不同地区、不同类型的住房的权属转移确定差别税率。

第三节 计税依据和应纳税额的计算

一、计税依据

契税的计税依据按照土地、房屋交易的不同情况确定。

（1）土地使用权出让、出售，房屋买卖，为土地、房屋权属转移合同确定的成交价格，包括应交付的货币以及实物、其他经济利益对应的价款。

（2）土地使用权赠与、房屋赠与以及其他没有价格的转移土地、房屋权属行为，为税务机关参照土地使用权出售、房屋买卖的市场价格依法核定的价格。

（3）土地使用权互换、房屋互换，为所互换的土地使用权、房屋价格的差额。纳税人申报的成交价格、互换价格差额明显偏低且无正当理由的，由税务机关依照《税收征收管理法》的规定核定。

（4）国有土地使用权出让，其契税计税价格为承受人为取得该土地使用权而支付的全部经济利益。

①以协议方式出让的，其契税计税价格为成交价格。成交价格包括土地出让金、土地补偿费、安置补偿费、地上附着物和青苗补偿费、拆迁补偿费、市政建设配套费等承受者应支付的货币、实物、无形资产及其他经济利益。

没有成交价格或者成交价格明显偏低的，征收机关可依次按下列两种方式确定。

第一，评估价格：由政府批准设立的房地产评估机构根据相同地段同类房地产进行综合评定，并经当地税务机关确认的价格。

第二，土地基准地价：由县以上人民政府公示的土地基准地价。

②以竞价方式出让的，其契税计税价格，一般应确定为竞价的成交价格，土地出让金、市政建设配套费以及各种补偿费用应包括在内。

③先以划拨方式取得土地使用权，后经批准改为出让方式取得该土地使用权的，应依法缴纳契税，其计税依据为应补缴的土地出让金和其他出让费用。

④对通过"招、拍、挂"程序承受国有土地使用权的，应按照土地成交总价款计征契税，其中的土地前期开发成本不得扣除。

（5）房屋买卖的契税计税价格为房屋买卖合同的总价款，买卖已装修的房屋，装修费用应包括在内。

（6）土地使用者将土地使用权及所附建筑物、构筑物等（包括在建的房屋、其他建筑物、构筑物和其他附着物）转让给他人的，应按照转让的总价款计征契税。

（7）对纳税人因改变土地用途而签订土地使用权出让合同变更协议或者重新签订土地使用权出让合同的，其计税依据为因改变土地用途应补缴的土地收益金及应补缴政府的其他费用。

（8）企业承受土地使用权用于房地产开发，并在该土地上代政府建设保障性住房的，计税价格为取得全部土地使用权的成交价格。

（9）计征契税的成交价格不含增值税。

二、应纳税额的计算

契税应纳税额的计算公式为

$$应纳税额 = 计税依据 \times 税率$$

应纳税额以人民币计算。转移土地、房屋权属以外汇结算的，按照纳税义务发生之日中国人民银行公布的人民币市场汇率中间价，折合成人民币计算。

扩展阅读 12.4：《财政部 国家税务总局关于企业以售后回租方式进行融资等有关契税政策的通知》（财税〔2012〕82号）

扩展阅读 12.5：归纳1、2：契税纳税人及计税依据一览表

【例题 12-2·单选题】 甲企业 2019 年 1 月因无力偿还乙企业已到期的债务 3 000 万元，经双方协商甲企业同意以自有房产偿还债务，该房产的原值 5 000 万元，净值 2 000 万元，评估现值 9 000 万元，乙企业支付差价款 6 000 万元，双方办理了产权过户手续，则乙企业计缴契税的计税依据是（　　）万元。

A. 5 000　　　　　B. 6 000　　　　　C. 9 000　　　　　D. 2 000

【答案】 C

【解析】 以房屋抵债或实物交换房屋，视同房屋买卖，由产权承受人按房屋现值缴纳契税。本题中的房屋现值为 9 000 万元。

第四节　减免税优惠

一、契税减免的基本规定

（1）国家机关、事业单位、社会团体、军事单位承受土地、房屋权属用于办公、教

学、医疗、科研、军事设施，免征契税。

（2）非营利性的学校、医疗机构、社会福利机构承受土地、房屋权属用于办公、教学、医疗、科研、养老、救助，免征契税。

（3）法定继承人通过继承承受土地、房屋权属，免征契税。

（4）婚姻关系存续期间夫妻之间变更土地、房屋权属，免征契税。

（5）依照法律规定应当予以免税的外国驻华使馆、领事馆和国际组织驻华代表机构承受土地、房屋权属，免征契税。

（6）根据国民经济和社会发展的需要，国务院对居民住房需求保障、企业改制重组、灾后重建等情形可以规定免征或者减征契税，报全国人民代表大会常务委员会备案。

（7）省、自治区、直辖市可以决定对下列情形免征或者减征契税。

①因土地、房屋被县级以上人民政府征收、征用，重新承受土地、房屋权属。

②因不可抗力灭失住房，重新承受住房权属。

前款规定的免征或者减征契税的具体办法，由省、自治区、直辖市人民政府提出，报同级人民代表大会常务委员会决定，并报全国人民代表大会常务委员会和国务院备案。

二、财政部规定的其他减征、免征契税的项目

（1）售后回租及相关事项的契税政策汇总如表12-4所示。

表12-4 售后回租及相关事项的契税政策汇总

特殊行为	具体情况	契税政策
金融租赁公司售后回租业务	对金融租赁公司开展售后回租业务，承受承租人房屋、土地权属的	征收
	对售后回租合同期满，承租人回购原房屋、土地权属的	免征
房屋被征收的居民重置住房	（1）居民因个人房屋被征收而选择货币补偿用以重新购置房屋，并且购房成交价格不超过货币补偿的 （2）居民因个人房屋被征收而选择房屋产权调换，并且不缴纳房屋产权调换差价的	免征
	（1）选择货币补偿用以重新购置房屋，购房成交价格超过货币补偿的差价部分 （2）选择房屋产权调换，缴纳房屋产权调换的差价	征收
无实质性权属转移的房地产交易	单位、个人以房屋、土地以外的资产增资，相应扩大其在被投资公司的股权持有比例，无论被投资公司是否变更工商登记，其房屋、土地权属不发生转移的	不征
	个体工商户的经营者将其个人名下的房屋、土地权属转移至个体工商户名下，或个体工商户将其名下的房屋、土地权属转移回原经营者个人名下的，合伙企业的合伙人将其名下的房屋、土地权属转移至合伙企业名下，或合伙企业将其名下的房屋、土地权属转移回原合伙人名下的	免征

以"招、拍、挂"方式出让国有土地使用权的，纳税人为最终与土地管理部门签订出让合同的土地使用权承受人。企业承受土地使用权用于房地产开发，并在该土地上代政府建设保障性住房的，计税价格为取得全部土地使用权的成交价格

（2）棚户区改造的契税政策。对经营管理单位回购已分配的改造安置住房继续作为改造安置房源的，免征契税。

个人首次购买90平方米以下改造安置住房，按1%的税率计征契税；购买超过90平方米，但符合普通住房标准的改造安置住房，按法定税率减半计征契税。

改造安置住房是指相关部门和单位与棚户区被征收人签订的房屋征收（拆迁）补偿协议或棚户区改造合同（协议）中明确用于安置被征收人的住房或通过改建、扩建、翻建等方式实施改造的住房。棚户区是指简易结构房屋较多、建筑密度较大、房屋使用年限较长、使用功能不全、基础设施简陋的区域，具体包括城市棚户区、国有工矿（含煤矿）棚户区、国有林区棚户区和国有林场危旧房、国有垦区危房。棚户区改造是指列入省级人民政府批准的棚户区改造规划或年度改造计划的改造项目。

以上契税政策自 2013 年 7 月 4 日起执行，对于 2013 年 7 月 4 日至文到之日的已征税款，按有关规定予以退税。

（3）婚姻关系存续期间，房屋、土地权属原归夫妻一方所有，变更为夫妻双方共有或另一方所有的，或者房屋、土地权属原归夫妻双方共有，变更为其中一方所有的，或者房屋、土地权属原归夫妻双方共有，双方约定、变更共有份额的，免征契税。

（4）对已缴纳契税的购房单位和个人，在未办理房屋权属变更登记前退房的，退还已纳契税；在办理房屋权属变更登记后退房的，不予退还已纳契税。

（5）对社会保险费（基本养老保险、基本医疗保险、失业保险）征收机构承受用以抵缴社会保险费的土地、房屋权属免征契税。

（6）对县级以上人民政府教育行政主管部门或劳动行政主管部门批准并核发《社会力量办学许可证》，由企业事业组织、社会团体及其他社会组织和公民个人利用非国家财政性教育经费面向社会举办的教育机构，其承受的土地、房屋权属用于教学的，免征契税。

（7）对被撤销的金融机构在清算过程中催收债权时，接收债务方土地使用权、房屋所有权所发生的权属转移免征契税。

（8）已购公有住房经补缴土地出让金和其他出让费用成为完全产权住房的，免征土地权属转移的契税。

（9）灾后重建相关事项的优惠政策。因地震灾害灭失住房而重新购买住房的，准予减征或者免征契税，具体的减免办法由受灾地区省级人民政府制定。

（10）对公共租赁住房经营管理单位购买住房作为公共租赁住房，免征契税。

（11）为支持和帮助鲁甸地震受灾地区积极开展生产自救，重建家园，对受灾居民购买安居房，免征契税。

第五节　申报和缴纳

一、纳税义务发生时间

契税的纳税义务发生时间，为纳税人签订土地、房屋权属转移合同的当日，或者纳税人取得其他具有土地、房屋权属转移合同性质凭证的当日。

纳税人因改变土地、房屋用途应当补缴已经减征、免征契税的，其纳税义务发生时间为改变有关土地、房屋用途的当天。

二、纳税期限

纳税人应当在依法办理土地、房屋权属登记手续前申报缴纳契税。

三、纳税地点

契税在土地、房屋所在地的税务机关缴纳。

四、征收管理

契税由土地、房屋所在地的税务机关依照《契税法》和《税收征收管理法》的规定征收管理。

纳税人办理纳税事宜后,税务机关应当开具契税完税凭证。纳税人办理土地、房屋权属登记,不动产登记机构应当查验契税完税、减免税凭证或者有关信息。未按照规定缴纳契税的,不动产登记机构不予办理土地、房屋权属登记。在依法办理土地、房屋权属登记前,权属转移合同、权属转移合同性质凭证不生效、无效、被撤销或者被解除的,纳税人可以向税务机关申请退还已缴纳的税款,税务机关应当依法办理。

税务机关应当与相关部门建立契税涉税信息共享和工作配合机制。自然资源、住房城乡建设、民政、公安等相关部门应当及时向税务机关提供与转移土地、房屋权属有关的信息,协助税务机关加强契税征收管理。税务机关及其工作人员对税收征收管理过程中知悉的纳税人的个人信息,应当依法予以保密,不得泄露或者非法向他人提供。

 即测即练

扫描此码 自学自测 练12

第十三章

城镇土地使用税

第一节 城镇土地使用税概述

一、城镇土地使用税的概念

城镇土地使用税是以开征范围内的土地为征税对象,以实际占用的土地面积为计税依据,按规定税额对拥有土地使用权的单位和个人征收的一种税。现行《中华人民共和国城镇土地使用税暂行条例》于2007年1月1日起施行。

二、城镇土地使用税的特点

（1）对占用土地的行为征税。
（2）征税对象是土地。
（3）征税范围有所限定,现行城镇土地使用税征税限定在城市、县城、建制镇、工矿区。
（4）适用差别幅度税额。

扩展阅读13.1:《中华人民共和国城镇土地使用税暂行条例》（国务院令第483号）

第二节 征税范围、纳税人和应纳税额的计算

一、征税范围

城镇土地使用税的征税范围是城市、县城、建制镇和工矿区,不包括农村集体所有的土地。

二、纳税人

凡在城市、县城、建制镇、工矿区范围内使用土地的单位和个人,为城镇土地使用税的纳税人。单位包括国有企业、集体企业、私营企业、股份制企业、外商投资企业、外国企业以及其他企业和事业单位、社会团体、国家机关、军队以及其他单位。个人包括个体工商户及其他个人。税法根据用地者的不同情况,对纳税人做了如下具体规定。

（1）城镇土地使用税由拥有土地使用权的单位或个人缴纳。
（2）土地使用权未确定或权属纠纷未解决的,由实际使用人纳税。
（3）土地使用权共有的,由共有各方分别纳税。

三、适用税额

城镇土地使用税适用分级幅度税额。每平方米土地年税额规定如下。

扩展阅读 13.2：城镇土地使用税额规定

(1) 大城市 1.5～30 元。
(2) 中等城市 1.2～24 元。
(3) 小城市 0.9～18 元。
(4) 县城、建制镇、工矿区 0.6～12 元。

四、计税依据

城镇土地使用税以纳税人实际占用的土地面积（平方米）为计税依据。纳税人实际占用的土地面积，以房地产管理部门核发的土地使用证书与确认的土地面积为准；尚未核发土地使用证书的，应由纳税人据实申报土地面识，据以纳税，待核发土地使用证后再做调整。

对在城镇土地使用税征税范围内单独建造的地下建筑用地，按规定征收城镇土地使用税。其中，已取得地下土地使用权证的，按土地使用权证确认的土地面积计算应征税款；未取得地下土地使用权证或地下土地使用权证上未标明土地面积的，按地下建筑垂直投影面积计算应征税款，对地下建筑用地暂按应征税款的50%征收城镇土地使用税。

【例 13-1·单选题】（2017 年注会）某企业 2016 年度拥有位于市郊的一宗地块，其地上面积为 10 000 平方米，单独建造的地下建筑面积为 4 000 平方米（已取得地下土地使用权证）。该市规定的城镇土地使用税税额为 2 元/平方米。则该企业 2016 年度就此地块应缴纳的城镇土地使用税为（　　）万元。
A. 0.8　　　　B. 2　　　　C. 2.8　　　　D. 2.4
【答案】D
【解析】应缴纳的城镇土地使用税 = 1×2 + 0.4×2×50% = 2.4（万元）。

五、应纳税额的计算

城镇土地使用税的应纳税额依据纳税人实际占用的土地面积和适用单位税额计算。计算公式如下：

年应纳税额 = 计税土地面积（平方米）× 适用税额

土地使用权由几方共有的，由共有各方按照各自实际使用的土地面积占总面积的比例，分别计算缴纳土地使用税（先分后税）。

单独建造的地下建筑物的税额计算公式为：

全年应纳税额 = 证书确认应税土地面积或地下建筑物垂直投影面积（平方米）× 适用税额 × 50%

第三节　减免税优惠

一、减免税优惠的基本规定

城镇土地使用税的免税项目如下。
(1) 国家机关、人民团体、军队自用的土地。

> **特别提示**

人民团体是指经国务院授权的政府部门批准设立或登记备案,并由国家拨付行政事业费的各种社会团体。

(2)由国家财政部门拨付事业经费的单位自用的土地。

> **特别提示**

由国家财政部门拨付事业经费的单位,是指由国家财政部门拨付经费、实行全额预算管理或差额预算管理的事业单位,不包括实行自收自支、自负盈亏的事业单位。

> **特别提示**

企业办的学校、医院、托儿所、幼儿园,其用地能与企业其他用地明确区分的,可以比照由国家财政部门拨付事业经费的单位自用的土地,免征土地使用税。

(3)宗教寺庙、公园、名胜古迹自用的土地。

> **特别提示**

宗教寺庙自用的土地是指举行宗教仪式等的用地和寺庙内的宗教人员生活用地。

> **特别提示**

公园、名胜古迹自用的土地是指供公共参观游览的用地及其管理单位的办公用地。公园、名胜古迹附设的营业场所,如影剧院、饮食部、茶社、照相馆等用地,应征收城镇土地使用税。

(4)市政街道、广场、绿化用地等公共用地。非社会性质的公共用地不能免税,如企业内的广场、道路、绿化等占用的土地。

(5)直接用于农林牧渔业的生产用地。直接用于农林牧渔业的生产用地指直接从事种植、养殖、饲养的专业用地。农副产品加工厂占地和从事农林牧渔业生产单位的生活办公用地不包括在内。

(6)开山填海整治的土地。自行开山填海整治的土地和改造的废弃土地,从使用的月份起免缴城镇土地使用税5~10年。开山填海整治的土地是指纳税人经有关部门批准后自行填海整治的土地,不包括纳税人通过出让、转让、划拨等方式获得的已填海整治的土地。

(7)由财政部另行规定免税的能源、交通、水利用地和其他用地。

(8)省、自治区、直辖市税务局确定减免土地使用税的优惠:个人所有的居住房屋及院落用地,房产管理部门在房租改革前经租的居民住房用地,免税单位职工家属的宿舍用地。集体和个人举办的各类学校、医院、托儿所、幼儿园用地等的征免税,由各省、自治区、直辖市税务局确定。

二、减免税优惠的特殊规定

（1）城镇土地使用税与耕地占用税的衔接。为避免对一块土地同时征收耕地占用税和城镇土地使用税，凡是缴纳了耕地占用税的，从批准之日起满1年后缴纳城镇土地使用税；征收非耕地因不需要缴纳耕地占用税，应从批准征收之次月起缴纳城镇土地使用税。

（2）由省、自治区、直辖市人民政府根据本地区实际情况，以及宏观调控需要确定，对增值税小规模纳税人可以在50%的税额幅度内减征城镇土地使用税。增值税小规模纳税人已依法享受城镇土地使用税的，可叠加享受这一优惠政策。

（3）免税单位与纳税单位之间无偿使用的土地。对免税单位无偿使用纳税单位的土地（如公安、海关等单位使用铁路、民航等单位的土地）免征城镇土地使用税；对纳税单位无偿使用免税单位的土地，纳税单位应照章缴纳城镇土地使用税。

（4）房地产开发公司开发建造商品房的用地。房地产开发公司开发建造商品房的用地，除经批准开发建造经济适用房的用地，对各类房地产开发用地一律不得减免城镇土地使用税。

（5）自2019年1月1日至2021年12月31日，对农产品批发市场、农贸市场（包括自有和承租）专门用于经营农产品的房产、土地，暂免征收城镇土地使用税。对同时经营其他产品的农产品批发市场和农贸市场使用的房产、土地，按其他产品与农产品交易场地面积的比例确定免征城镇土地使用税。

（6）国家机关、军队、人民团体、财政补助事业单位、居民委员会、村民委员会拥有的体育场馆，用于体育活动的房产、土地，免征城镇土地使用税。

企业拥有并运营管理的大型体育场馆，其用于体育活动的房产、土地，减半征收城镇土地使用税。

（7）企业的绿化用地。对企业厂区（包括生产、办公及生活区）以内的绿化用地，应照章征收城镇土地使用税，厂区以外的公共绿化用地和向社会开放的公共用地，暂免征收城镇土地使用税。

（8）通过招、拍、挂方式取得的土地。通过招标、拍卖、挂牌方式取得的建设用地，不属于新征用的耕地，纳税人应从合同约定交付土地时间的次月起缴纳城镇土地使用税；合同未约定交付土地时间的，从合同签订的次月起缴纳城镇土地使用税。

扩展阅读13.3：城镇土地使用税减免税规定

（9）对公共租赁住房建设期间用地及公共租赁住房建成后占地免征城镇土地使用税。在其他住房项目中配套建设公共租赁住房，依据政府部门出具的相关材料，按公共租赁住房建筑面积占总建筑面积的比例免征建设、管理公共租赁住房涉及的城镇土地使用税。

【例13-2·单选题】（2016年税务师）下列关于城镇土地使用税减免税优惠的说法中，正确的是（　　）。

A. 企业的绿化用地免征城镇土地使用税
B. 港口的码头用地免征城镇土地使用税
C. 事业单位的业务用地免征城镇土地使用税

D. 农业生产单位的办公用地免征城镇土地使用税

【答案】 B

【解析】 选项 A，对企业厂区（包括生产、办公及生活区）以内的绿化用地，应照章征收城镇土地使用税，厂区以外的公共绿化用地和向社会开发的公共用地，暂免征收城镇土地使用税；选项 B，对港口的码头（即泊位，包括岸边码头、伸入水中的浮码头、堤岸、堤坝、栈桥等）用地，免征城镇土地使用税；选项 C，对事业单位本身的业务用地，免征城镇土地使用税；选项 D，直接用于农、林、牧、渔业的生产用地免税，对农业生产单位的办公用地不免税，应照章征税。

第四节 申报和缴纳

一、纳税义务发生时间

使用城镇土地，一般是从次月起发生纳税义务，只有新征用耕地是在批准使用之日起满 1 年时开始纳税。具体如表 13-1 所示。

表 13-1 纳税义务发生时间

情　形	纳税义务发生时间
购置新建商品房	房屋交付使用之次月起
购置存量房	房地产权属登记机关签发房屋权属证书之次月起
出租、出借房地产	交付出租出借房产之次月起
出让或转让有偿取得土地使用权	合同约定交付土地时间的次月起或合同签订的次月起
新征用的耕地	批准征用之日起满 1 年时
新征用的非耕地	批准征用次月起

特别提示

自 2014 年 12 月 31 日起，通过招标、拍卖、挂牌方式取得的建设用地，不属于新征用的耕地，纳税人应按照《财政部、国家税务总局关于房产税、城镇土地使用税有关政策的通知》第二条规定，从合同约定交付土地时间的次月起缴纳城镇土地使用税；合同未约定交付土地时间的，从合同签订的次月起缴纳城镇土地使用税。

【例 13-3·多选题】 （2019 年注会）下列关于城镇土地使用税纳税义务发生时间的表述中符合税法规定的有（　　）。

A. 纳税人出租房产，自交付出租房产之次月起纳税

B. 纳税人新征用的耕地，自批准征用之次月起纳税

C. 纳税人购置新建商品房，自房屋交付使用之次月起纳税

D. 纳税人出借房产，自出借房产之次月起纳税

【答案】 ACD

【解析】 选项 A、D，纳税人出租、出借房产，自交付出租、出借房产之次月起，缴纳城镇土地使用税。选项 B，纳税人新征用的耕地，自批准征用之日起满 1 年时开始

缴纳城镇土地使用税。选项 C，纳税人购置新建商品房，自房屋交付使用之次月起，缴纳城镇土地使用税。

二、纳税期限

城镇土地使用税按年计算，分期缴纳。缴纳期限由省、自治区、直辖市人民政府确定。各省、自治区、直辖市税务机关结合当地情况，一般分别确定按月、季、半年或一年等不同的期限缴纳。

三、纳税申报

纳税人应依照当地税务机关规定的期限，填写《城镇土地使用税纳税申报表》，将其占用的土地的权属、位置、用途、面积和税务机关规定的其他内容，据实向当地税务机关办理纳税申报登记，并提供有关的证明文件资料。纳税人新征用的土地，必须于批准新征用之日起 30 日内申报登记。纳税人如有地址变更、土地使用权属转换等情况，从转移之日起按规定期限办理申报变更登记。

四、纳税地点

城镇土地使用税的纳税地点为土地所在地，由土地所在地的税务机关负责征收。纳税人使用的土地不属于同一省、自治区、直辖市管辖范围内的，由纳税人分别向土地所在地的税务机关申报缴纳。在同一省、自治区、直辖市内，纳税人跨地区使用的土地，由各省、自治区、直辖市税务局确定纳税地点。

【例 13-4·单选题】（2013 年注税）位于某县城的化工厂，2012 年 1 月土地使用证书记载占用土地的面积为 80 000 平方米，8 月新征用耕地 10 000 平方米，已缴纳耕地占用税，适用城镇土地使用税税率为 10 元/平方米。该化工厂 2012 年应缴纳城镇土地使用税（　　）元。

A. 720 000　　　　B. 800 000　　　　C. 820 000　　　　D. 900 000

【答案】 B

【解析】 纳税人新征用的耕地，自批准征用之日起满 1 年时开始缴纳城镇土地使用税。应缴纳城镇土地使用税 = 80 000 × 10 = 800 000（元）。

 即测即练

自学自测　扫描此码

第Ⅴ篇　行为税

第十四章

印 花 税

第一节 印花税概述

一、印花税的概念

印花税是对经济活动和经济交往中书立、领受、使用的应税经济凭证所征收的一种税。现行《中华人民共和国印花税暂行条例》(以下简称《印花税暂行条例》)于1988年10月1日起施行。

二、印花税的特点

印花税与其他税种相比,具有如下特点。
(1) 兼有凭证税和行为税性质。
(2) 征税范围广泛。
(3) 税率低、税负轻。
(4) 由纳税人自行完成纳税义务。

扩展阅读 14.1:《中华人民共和国印花税暂行条例》(国务院令第11号)、《中华人民共和国印花税暂行条例施行细则》(财税字〔1988〕255号)

第二节 征税范围、纳税人和税率

一、征税范围

我国经济活动中发生的经济凭证种类繁多,数量巨大,现行印花税只对《印花税暂行条例》中列举的凭证征收,没有列举的凭证不征税;列举的凭证分为五类,即经济合同,产权转移书据,营业账簿,权利、许可证照和经财政部门确定征税的其他凭证。

(一) 经济合同

合同是指当事人之间为实现一定目的,经协商一致,明确当事人各方权利、义务关系的协议。以经济业务活动作为内容的合同,通常称为经济合同。我国印花税只对依法订立的经济合同征收,在税目税率表中列举了以下十大类合同。

(1) 购销合同。购销合同包括供应、预购、采购、购销结合及协作、调剂、补偿、易货等合同;还包括各出版单位与发行单位(不包括订阅单位和个人)之间订立的图书、报刊、音像征订凭证(国务院令第11号)。

对于工业、商业、物资、外贸等部门经销和调拨商品,物资供应的调拨单(或其他名称的单、卡、书、表等),应当区分其性质和用途,看其是作为部门内执行计划使用的,还是代替合同使用的,以确定是否贴花。凡属于明确双方供需关系,据以供货和结算，具有合同性质的凭证，应按规定缴纳印花税（国税发〔1991〕155号）。

对纳税人以电子形式签订的各类应税凭证按规定征收印花税（财税〔2006〕162号）。

扩展阅读14.2：《财政部 国家税务总局关于印花税若干政策的通知》（财税〔2006〕162号）

对发电厂与电网之间、电网与电网之间（国家电网公司系统、南方电网公司系统内部各级电网互供电量除外）签订的购售电合同按购销合同征收印花税。电网与用户之间签订的供用电合同不属于印花税列举征税的凭证，不征收印花税（财税〔2006〕162号）。

（2）加工承揽合同。加工承揽合同包括加工、定做、修缮、印刷、广告、测绘、测试等合同。

（3）建设工程勘察设计合同。建设工程勘察设计合同包括勘察、设计合同的总包合同、分包合同和转包合同。

（4）建筑安装工程承包合同。建筑安装工程承包合同包括建筑、安装工程承包合同的总包合同、分包合同和转包合同。

（5）财产租赁合同。财产租赁合同包括租赁房屋、船舶、飞机、机动车辆、机械、器具、设备等合同；还包括企业、个人出租门店、柜台等所签订的合同，但不包括企业与主管部门签订的租赁承包合同。

（6）货物运输合同。货物运输合同包括民用航空运输、铁路运输、海上运输、内河运输、公路运输和联运合同。

（7）仓储保管合同。仓储保管合同包括仓储、保管合同或作为合同使用的仓单、栈单（或称入库单）。对某些使用不规范的凭证不便计税的，可就其结算单据作为计税贴花的凭证。

（8）借款合同。借款合同包括银行及其他金融组织和借款人（不包括银行同业拆借）所签订的借款合同。

银行同业拆借是指按国家信贷制度规定，银行、非银行金融机构之间相互融通短期资金的行为。同业拆借合同不属于列举征税的凭证，不贴印花。

（9）财产保险合同。财产保险合同包括财产、责任、保证、信用等保险合同。

（10）技术合同。技术合同包括技术开发、转让、咨询、服务等合同。

技术转让合同包括专利申请转让、非专利技术转让所书立的合同，不包括专利权转让、专利实施许可所书立的合同。后者适用于"产权转移书据"合同。

扩展阅读14.3：《国家税务局关于对技术合同征收印花税问题的通知》（国税地字〔1989〕34号）

技术咨询合同是合同当事人就有关项目的分析、论证、评价、预测和调查订立的技术合同，而一般的法律、会计、审计等方面的咨询不属于技术咨询，其所立合同不贴印花。

技术服务合同的征税范围包括技术服务合同、技术培训合同和技术中介合同。

（二）产权转移书据

产权转移即财产权利关系的变更行为，表现为产权主体发生变更。产权转移书据是在产权的买卖、交换、继承、赠与、分割等产权主体变更过程中，产权出让人与受让人之间所订立的民事法律文书。

产权转移书据包括财产所有权、版权、商标专用权、专利权、专有技术使用权 5 项转移书据。

其中,财产所有权转移书据是指经政府管理机关登记注册的不动产、动产的所有权转移所书立的书据,包括股份制企业向社会公开发行的股票,因购买、继承、赠与所书立的产权转移书据。其他 4 项则属于无形资产的产权转移书据。

另外,土地使用权出让合同、土地使用权转让合同、商品房销售合同按照产权转移书据征收印花税。

 特别提示

转让专利权类和非专利权类适用税目如表 14-1 所示。

表 14-1 转让专利权类和非专利权类适用税目

类 别	行 为	适 用 税 目
专利类	转让专利权,专利实施许可	产权转移书据
	专利申请权转让	技术合同
非专利类	转让专有技术使用权	产权转移书据
	非专利技术转让	技术合同

(三)营业账簿

印花税税目中的营业账簿归属于财务会计账簿,是按照财务会计制度的要求设置的反映生产经营活动的账册。按照营业账簿反映的内容不同,在税目中分为记载资金的账簿(简称资金账簿)和其他营业账簿两类,以便于分别采用按金额计税和按件计税两种计税方法。

(1)资金账簿是指载有固定资产原值和自有流动资金的总分类账簿,或者专门设置的记载固定资产原值和自有流动资金的账簿。

(2)其他营业账簿是反映除资金资产以外的其他生产经营活动内容的账簿,即除资金账簿以外的,归属于财务会计体系的生产经营用账册,包括日记账簿和各明细分类账簿。

(3)营业账簿征免范围如表 14-2 所示。

表 14-2 营业账簿征免范围

(1)核算形式	一级核算形式的单位	财会部门设置的账簿贴花
	分级核算形式的单位	财会部门和设置在其他部门和车间的明细分类账均贴花
(2)事业单位	实行差额预算管理	记载经营业务的账簿,按其他账簿定额贴花,不记载经营业务的账簿不贴花
	经费来源自收自支	对其营业账簿,应就记载资金的账簿和其他账簿分别按规定贴花
(3)跨地区经营的分支机构(由各分支机构在其所在地缴纳)	上级单位核拨资金的	记载资金的账簿按核拨的账面资金数额计税贴花
	上级单位不核拨资金的	只就其他账簿按定额贴花

续表

（4）增量贴花的几种情形（凡原已贴花的部分可不再贴花，未贴花的部分和以后新增加的资金按规定贴花）	实行公司制改造并经县以上政府和有关部门批准的企业在改制过程中成立的新企业（重新办理法人登记的），其新启用的资金账簿记载的资金或因企业建立资本纽带关系而增加的资金
	以合并或分立方式成立的新企业
	企业债权转股权新增加的资金
	企业改制中经评估增加的资金
	企业其他会计科目记载的资金转为实收资本或资本公积的资金
（5）其他	车间、门市部、仓库设置的不属于会计核算范围或虽属会计核算范围，但不记载金额的登记簿、统计簿、台账等，不贴花
	对会计核算采用单页表式记载资金活动情况，以表代账的，在未形成账簿（账册）前，暂不贴花，待装订成册时，按册贴花

 特别提示

在确定应税经济合同的范围时，特别需要注意以下三点。
（1）具有合同性质的凭证应视同合同征税。
（2）未按期兑现合同亦应贴花。

扩展阅读14.4：经济合同应税范围的具体规定

（3）同时书立合同和开立单据的贴花方法：办理一项业务（如货物运输、仓储保管、财产保险、银行贷款等），如果既书立合同，又开立单据，只就合同贴花，履行完税手续。凡不书立合同，只开立单据，以单据作为合同使用，其使用的单据应按规定贴花。

（四）权利、许可证照

权利、许可证照是政府授予单位、个人某种法定权利和准予从事特定经济活动的各种证照的统称，包括政府部门发给的房屋产权证、工商营业执照、商标注册证、专利证、土地使用证等。

（五）经财政部门确定征税的其他凭证

经财政部门确定征税的其他凭证是指还没有纳入征税范围，但今后可能会征税的"其他"内容，都包括进来，以启动新的征税行为有法可依。

综上所述，正式列举的凭证分为五类，即经济合同，产权转移书据，营业账簿，权利、许可证照和经财政部门确定征税的其他凭证。

除了税法列举的以上五大类应税经济凭证，在确定经济凭证的征免税范围时，需要注意以下三点。

（1）由于目前同一性质的凭证名称各异，不够统一，因此，各类凭证不论以何种形式或名称书立，只要其性质属于条例中列举征税范围内的凭证，均应照章纳税。

（2）应税凭证均是指在中国境内具有法律效力，受中国法律保护的凭证。

（3）适用于中国境内，并在中国境内具备法律效力的应税凭证，无论在中国境内或者境外书立，均应依照印花税的规定贴花。

二、纳税人

凡在我国境内书立、领受、使用属于征税范围内所列凭证的单位和个人,都是印花税的纳税人,包括各类企业、事业、机关、团体、部队,以及中外合资经营企业、合作经营企业、外资企业、外国公司企业和其他经济组织及其在华机构等单位和个人。印花税纳税人分类如表14-3所示。

表 14-3　印花税纳税人分类

纳税人	具体情况	注意问题
（1）立合同人	指各类合同的当事人,即对凭证有直接权利义务关系的单位和个人,但不包括合同的担保人、证人、鉴定人 当事人的代理人有代理纳税的义务	凡由两方或两方以上当事人共同书立的应税凭证,其当事人各方都是印花税的纳税人,应各就其所持凭证的计税金额履行纳税义务
（2）立据人	订立产权转移书据的单位和个人	
（3）立账簿人	设立并使用营业账簿的单位和个人	
（4）领受人	领取或接受并持有权利、许可证照的单位和个人	
（5）使用人	在国外书立、领受,但在国内使用应税凭证的单位和个人	
（6）电子凭证签订人	纳税人以电子形式签订的各类应税凭证按规定征收	

三、税率

现行印花税采用比例税率和定额税率两种税率（国务院令第11号）,如表14-4所示。

表 14-4　印花税税率

税率形式	应税凭证	税率
比例税率	借款合同	0.05‰
	购销合同、建筑安装工程承包合同、技术合同	0.3‰
	加工承揽合同、建设工程勘察设计合同、货物运输合同、产权转移书据、记载资金的营业账簿	0.5‰
	财产租赁合同、仓储保管合同、财产保险合同、股权转让书据（2008年9月19日起,单边征收）	1‰
定额税率	其他营业账簿；权利、许可证照	每件5元

特别提示

扩展阅读14.5：印花税计税依据的确定及税率选择的一般规定

根据国家税务总局等的规定,股份制企业向社会公开发行的股票,对买卖、继承、赠与所书立的A股、B股股权转让书据实行单边收取,对出让方按1‰的税率征收证券（股票）交易印花税（财税明电〔2008〕2号）。

2014年6月1日起,在上海证券交易所、深圳证券交易所、全国中小企业股份转让系统买卖、继承、赠与优先股所书立的股权转让书据,均依书立时实际成交金额,由出让方按1‰的税率计算缴纳证券（股票）交易印花税。

2014年6月1日起,在全国中小企业股份转让系统买卖、继承、赠与股票所书立的股权转让书据，依书立时实际成交金额，由出让方按1‰的税率计算缴纳证券（股票）交易印花税。

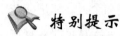 **特别提示**

在确定适用税率时，如果一份合同载有一个或几个经济事项，可以同时适用一个或几个税率分别计算贴花。但属于同一笔金额或几个经济事项金额未分开的，应按其中的较高税率计算纳税，而不是分别按多种税率贴花。

第三节 计税依据和应纳税额的计算

一、计税依据

印花税根据不同征税项目，分别实行从价计征和从量计征两种征收方法。

（一）从价计税情况下计税依据的确定

实行从价计税的凭证，以凭证所载金额为计税依据。具体规定如下。

（1）各类经济合同，以合同上所记载的金额、收入或费用为计税依据。

①购销合同的计税依据为购销金额，不得做任何扣除，特别是调剂合同和易货合同，应包括调剂、易货的全额。

在商品购销活动中，采用以货换货方式进行商品交易签订的合同，是反映既购又销双重经济行为的合同。对此，应按合同所载的购、销金额合计数计税贴花。合同未列明金额的，应按合同所载购、销数量，依照国家牌价或市场价格计算应纳税额。

②加工承揽合同的计税依据是加工或承揽收入的金额。相关内容总结如表14-5所示。

表14-5 加工承揽合同计税依据

情 形		计 税 规 定
由受托方提供原材料	在合同中分别记载加工费金额与原材料金额的	加工费金额按加工承揽合同 0.5‰计税
		原材料金额按购销合同 0.3‰计税
	合同中未分别记载的	就全部金额依照加工承揽合同计税贴花，税率0.5‰
由委托方提供原材料	对委托方提供的主要材料或原料金额不计税贴花	
	无论加工费和辅助材料金额是否分别记载，均以辅助材料与加工费的合计数，依照加工承揽合同计税贴花，税率0.5‰	

③货物运输合同的计税依据为取得的运输费金额（即运费收入），不包括所运货物的金额、装卸费和保险费等。货物运输合同计税办法如表14-6所示。

表14-6 货物运输合同计税办法

情 形		计 税 办 法
国内各种形式的货物联运	在起运地统一结算全程运费	以全程运费为计税依据，由起运地运费结算双方缴纳印花税
	分程结算运费	以分程运费作为计税依据，分别由办理运费结算的各方缴纳印花税

续表

情　形		计税办法
国际货运	由我国运输企业运输的	运输企业所持的运费结算凭证，以本程运费为计税依据计算应纳税额
		托运方所持的运费结算凭证，以全程运费为计税依据计算应纳税额
	由外国运输企业运输进出口货物的	运输企业所持的运费结算凭证免纳印花税
		托运方所持的运费结算凭证应计算应纳税额
	国际货运运费结算凭证在国外办理的	应在凭证转回我国境内时按规定缴纳印花税

④仓储保管合同的计税依据为仓储保管的费用（即保管费收入）。

⑤借款合同的计税依据为借款金额。针对实际借贷活动中不同的借款形式，税法规定了不同的计税办法，如表 14-7 所示。

表 14-7　借款合同计税办法

具 体 形 式	计 税 办 法
（1）一项信贷业务既签整体借款合同，又一次或分次填开借据的	以借款合同所载金额为依据计税贴花
（2）一项信贷业务只填开借据作为合同使用的	以借据所载金额为依据计税贴花
（3）流动资金周转性借款合同，规定最高限额，借款人在规定期限和最高限额内随借随还，该合同一般按年（期）签订	以其规定的最高限额为依据，在签订时贴花一次；期限及限额内不签订新合同的，不再另贴印花
（4）借款方以财产做抵押，取得抵押贷款的合同	按借款合同贴花
（5）借款方因无力偿还借款而将抵押财产转移给贷款方时	就双方签订的产权转移书据，按产权转移书据的规定计税贴花
（6）银行及其他金融组织融资租赁业务签订的融资租赁合同	按合同所载租金总额，暂按借款合同计税
（7）银团借款	各方分别在所执正本上，按各自的借款金额计税贴花
（8）基建贷款按年度用款计划分年签订借款合同，最后一年签订包含分合同的总借款合同	按分合同分别贴花，最后签订的总合同，只就借款总额扣除分合同借款金额后的余额计税贴花

⑥财产保险合同的计税依据为支付（收取）的保险费金额，不包括所保财产的金额。

⑦技术合同的计税依据为合同所载的价款、报酬或使用费。

为了鼓励技术研究开发，对技术开发合同，只就合同所载的报酬金额计税，研究开发经费不作为计税依据。但对合同约定按研究开发经费一定比例作为报酬的，应按一定比例的报酬金额贴花。

（2）产权转移书据以书据中所载的金额为计税依据。

（3）记载资金的营业账簿，以实收资本和资本公积的两项合计金额为计税依据，具体计税办法如表 14-8 所示。

跨地区经营的分支机构的营业账簿在计税贴花时，为了避免对同一资金重复计税，规定上级单位记载资金的账簿，应按扣除拨给下属机构资金数额后的其余部分计算贴花。

2002 年 1 月 28 日，外国银行在我国境内设立的分行，其境外总行须拨付规定数额的"营运资金"，分行在账户设置上不设"实收资本"和"资本公积"账户。外国银行

表 14-8 营业账簿计税办法

情　形		计税办法
（1）记载资金的营业账簿以实收资本和资本公积的两项合计金额为计税依据，凡资金账簿在次年度的实收资本和资本公积未增加的		对其不再计算贴花
（2）实收资本和资本公积两项的合计金额大于原已贴花资金的		就增加的部分补贴印花
（3）其他营业账簿		计税依据为应税凭证件数
（4）对有经营收入的事业单位	记载经营业务的账簿	按每件5元贴花
	不记载经营业务的账簿	不贴花

分行记载由其境外总行拨付的"营运资金"账簿，应按核拨的账面资金数额计税贴花。

（4）确定合同计税依据时应当注意的一个问题是，有些合同在签订时无法确定计税金额，如技术转让合同中的转让收入，是按销售收入的一定比例收取或是按实现利润分成；财产租赁合同只是规定了月（天）租金标准而无期限。对于这类合同，可在签订时先按定额5元贴花，以后结算时再按实际金额计税，补贴印花。

（二）从量计税情况下计税依据的确定

实行从量计税的其他营业账簿和权利、许可证照，以计税数量为计税依据（国务院令第11号）。

二、印花税应纳税额的计算

（一）印花税应纳税额的计算方法

印花税应纳税额的计算方法如表14-9所示。

表 14-9 印花税应纳税额的计算方法

税率形式	适用范围	应纳税额计算方法
定额税率	其他营业账簿；权利、许可证照	应纳税额＝凭证件数×固定税额（5元）
比例税率	其他税目	应纳税额＝计税金额×比例税率

 特别提示

印花税计税依据及税率如表14-10所示。

表 14-10 印花税计税依据及税率

合同或凭证	计税依据	税率
购销合同	购销金额	0.3‰
加工承揽合同	（1）受托方提供原材料的加工、定作合同，材料和加工费分开记载的，分别按照购销合同和加工承揽合同贴花；未分别记载的，按全部金额依照加工承揽合同贴花 （2）委托方提供原料或主要材料的加工合同，按照合同中规定的受托方的加工费收入和提供的辅助材料金额之和，按加工承揽合同贴花	0.5‰
建设工程勘察设计合同	收取的费用	0.5‰
建筑安装工程承包合同	承包金额	0.3‰
财产租赁合同	租赁金额，如果经计算，税额不足1元的，按1元贴花	1‰

续表

合同或凭证	计税依据	税率
货物运输合同	运输费用，但不包括所运货物的金额以及装卸费用和保险费用等	0.5‰
借款合同	借款金额，有具体规定	0.05‰
财产保险合同	保险费收入	1‰
技术合同	合同所载金额（不含研发经费）	0.3‰
产权转移书据	所载金额	0.5‰
营业账簿	记载资金的账簿的计税依据为"实收资本"与"资本公积"两项合计金额	0.5‰
	其他账簿按件计税	5元
权利、许可证照	按件计税	5元

（二）计算印花税应纳税额应当注意的问题

（1）按金额比例贴花的应税凭证，未标明金额的，应按照凭证所载数量及市场价格计算金额，依适用税率贴足印花。

（2）应税凭证所载金额为外国货币的，按凭证书立当日国家外汇管理局公布的外汇牌价折合人民币，计算应纳税额。

（3）同一凭证由两方或者两方以上当事人签订并各执一份的，应当由各方所执的一份全额贴花。

（4）同一凭证因载有两个或两个以上经济事项而适用不同税率，如分别载有金额的，应分别计算应纳税额，相加后按合计税额贴花；如未分别记载金额的，按税率高的计税贴花。

（5）已贴花的凭证，修改后所载金额增加的，其增加部分应当补贴印花税票。

（6）按比例税率计算纳税而应纳税额又不足1角的，免纳印花税；应纳税额在1角以上的，其税额尾数不满5分的不计，满5分的按1角计算贴花。对财产租赁合同的应纳税额超过1角但不足1元的，按1元贴花。

第四节 减免税优惠

一、基本优惠

根据《印花税暂行条例》及其施行细则和其他有关税法的规定，下列凭证免纳印花税。

（1）已缴纳印花税的凭证副本或抄本。由于这种副本或抄本属于备查性质，不是正式文本，对外不发生法律效力，因此对其不应再征收印花税。但副本或者抄本作为正本使用的，应另行贴花。

（2）财产所有人将财产赠给政府、社会福利单位、学校所立的书据。其中，社会福利单位是指扶养孤老伤残的社会福利单位。

（3）国家指定的收购部门与村民委员会、农民个人书立的农业产品收购合同。

（4）无息、贴息贷款合同。例如，经财政贴息的项目贷款合同、农副产品收购贷款、储备贷款及农业综合开发和扶贫贷款等财政贴息贷款合同。

（5）外国政府或国际金融组织向我国政府及国家金融机构提供优惠贷款所书立的合同。

（6）农牧业保险合同。

二、其他优惠

（1）房地产管理部门与个人订立的租房合同，凡房屋属于用于生活居住的，暂免贴花。

（2）对国家邮政局及所属各级邮政企业，从1999年1月1日起独立运营新设立的资金账簿，凡属在邮电管理局分营前已贴花的资金免征印花税，1999年1月1日以后增加的资金按规定贴花。

（3）证券（股票）交易印花税的税收优惠。

①对经国务院和省级人民政府决定或批准进行的国有（含国有控股）企业改组改制而发生的上市公司国有股权无偿转让行为，暂不征收证券（股票）交易印花税。对不属于上述情况的上市公司国有股权无偿转让行为，仍应征收证券（股票）交易印花税。

②资产公司收购、承接和处置的国有银行不良资产范围内的上市公司股权受让或者出让行为，可以报请审核免征证券（股票）交易印花税。

③对全国社会保障基金理事会委托社保基金投资管理人运用社保基金买卖证券应缴纳的印花税实行先征后返。

④从2003年1月1日起，继续对投资者（包括个人和机构）买卖封闭式证券投资基金免征印花税。

⑤国有股东按照《境内证券市场转持部分国有股充实全国社会保障基金实施办法》向全国社会保障基金理事会转持国有股，免征证券（股票）交易印花税。

（4）企业改制过程中印花税征免规定如表14-11所示。

表14-11 企业改制过程中印花税征免规定

凭证项目	情况	贴花规定
资金账簿	公司制改造改制重办法人登记的新企业，新启用资金账簿记载的资金或建立资本纽带关系而增加的资金	原已贴花的部分不再贴花，未贴花的部分和以后新增加的资金按规定贴花
	以合并或分立方式成立的新企业，新启用的资金账簿	
	企业债权转股权新增的资金	增加的资金按规定贴花
	企业改制中经评估增加的资金	
	其他会计科目转为实收资本或资本公积的资金	按规定贴花
应税合同	改制前签订但未履行完的已贴花的各类应税合同，改制后仅改变执行主体但未改变内容条款的，如中国铁路总公司（财税〔2015〕57号）	不再贴花
产权转移书据	因改制签订的产权转移书据，如中国邮政集团公司（财税〔2010〕92号）和中国铁路总公司（财税〔2015〕57号）	免予贴花

（5）证券投资者保护基金有限责任公司发生的下列凭证和产权转移书据享受印花税的优惠政策。

①新设立的资金账簿免征印花税。

②与中国人民银行签订的再贷款合同、与证券公司行政清算机构签订的借款合同，免征印花税。

③接收被处置证券公司财产签订的产权转移书据，免征印花税。

④以保护基金自有财产和接收的受偿资产与保险公司签订的财产保险合同，免征印花税。

值得注意的是：与保护基金有限责任公司签订上述应税合同或产权转移书据，只是对保护基金有限责任公司免征印花税，对应税合同或产权转移书据相关的其他当事人应照章征收印花税。

（6）廉租住房、经济适用住房和住房租赁的税收优惠如下：对个人出租、承租住房签订的租赁合同，免征印花税。

（7）对商品储备管理公司及其直属库资金账簿免征印花税；对其承担商品储备业务过程中书立的购销合同免征印花税，对合同其他各方当事人应缴纳的印花税照章征收。

（8）自2018年5月1日起，对按0.5‰税率贴花的资金账簿减半征收印花税，对按件贴花5元的其他账簿免征印花税。经企业主管部门批准的国有、集体企业兼并，对并入单位的资产，凡已按资金总额贴花的，接收单位对并入的资金不再补贴印花。

（9）对铁路、公路、航运、水路承运快件行李、包裹开具的托运单据，暂免贴印花。

（10）图书、报纸、期刊以及音像制品的各类发行单位之间，以及发行单位与订阅单位或个人之间书立的征订凭证，暂免征收印花税。

（11）对办理借款展期业务使用借款展期合同或其他凭证，按信贷制度规定，仅载明延期还款事项的，可暂不贴花。

（12）财政等部门的拨款改贷款签订的借款合同，凡直接与使用单位签订的，暂不贴花；凡委托金融单位贷款，金融单位与使用单位签订的借款合同应按规定贴花。

（13）中国人民银行各级机构向专业银行发放的各种期限的贷款不属于银行同业拆借，所签订的合同或者借据应缴纳印花税。对于日拆性贷款（在此专指20天内的贷款），由于其期限短、利息低，并且贷放和使用均有较强的政策性。因此，对此类贷款所签的合同或借据，暂免征收印花税。

（14）对被撤销金融机构接收债权、清偿债务过程中签订的产权转移书据，免征印花税。2003年7月3日前，属免征事项的应纳税款不再追缴，已征税款不予退还。

（15）棚户区改造有关的印花税优惠如财税〔2013〕101号。

（16）关于支持抗震救灾和灾后恢复重建的税收政策：由政府组织建设的安居房，对所签订的建筑工程勘察设计合同、建筑安装工程承包合同、产权转移书据、房屋租赁合同，免征印花税；对财产所有人将财产（物品）直接捐赠或通过公益性社会团体、县级以上人民政府及其部门捐赠给受灾地区或受灾居民所书立的产权转移书据，免征印花税。

扩展阅读14.6：《财政部国家税务总局关于棚户区改造有关税收政策的通知》（财税〔2013〕101号）

（17）开展融资租赁业务签订的融资租赁合同（含融资性售后回租），统一按所载明的租金总额依照"借款合同"税目，按0.005%的税率计税贴花。在融资性售后回租业务中，对承租人、出租人因出售租赁资产及购回租赁资产所签订的合同，不征收印花税。

第五节　申报和缴纳

一、印花税的缴纳方法

印花税的纳税方法有自行贴花、汇贴或汇缴和委托代征三种方法，如表 14-12 所示。

表 14-12　印花税的缴纳方法

方　　法	适 用 范 围	具 体 规 定
自行贴花	应税凭证较少或贴花次数较少的纳税人	自行计算应纳税额，自行购买印花税票，自行一次贴足印花税票并加以注销或划销
		对于已贴花的凭证，修改后所载金额增加的，其增加部分应当补贴印花税票，但多贴印花税票者，不得申请退税或者抵用
汇贴或汇缴	应纳税额较大或者贴花次数频繁的纳税人	汇贴：当一份凭证应纳税额超过 500 元时，应向税务机关申请填写缴款书或者完税凭证
		汇缴：同一种类应税凭证需要频繁贴花的。汇总缴纳的期限，由当地税务机关确定，但最长不得超过 1 个月
委托代征		税务机关委托由发放或者办理应纳税凭证的单位代为征收印花税

特别提示

对国家政策性银行记载资金的账簿，一次贴花数额较大、难以承担的，经当地税务机关核准，可在 3 年内分次贴足印花（国税地字〔1988〕25 号）。

二、印花税票

印花税票可以委托单位或个人代售，并由税务机关付给 5% 的手续费，支付来源从实征印花税款中提取。

三、纳税环节和纳税地点

（一）纳税环节

印花税应当在书立或领受时贴花，具体是指在合同签订时、账簿启用时和证照领受时贴花。如果合同是在国外签订，并且不便在国外贴花，应在将合同带入境时办理贴花纳税手续。

（二）纳税地点

印花税纳税地点如表 14-13 所示。

表 14-13　印花税纳税地点

一般实行就地纳税	
对于全国性商品物资订货会（包括展销会、交易会等）上所签订合同应纳的印花税	由纳税人回其所在地后及时办理贴花完税手续
对地方主办，不涉及省际关系的订货会、展销会上所签合同的印花税	纳税地点由各省、自治区、直辖市人民政府自行确定

即测即练

第十五章

耕地占用税

第一节 耕地占用税概述

一、耕地占用税的概念

耕地占用税是对占用耕地建房或从事其他非农业建设的单位和个人,就其实际占用的耕地按面积征收的一种税,它属于对特定土地资源占用课税。《中华人民共和国耕地占用税法》(以下简称《耕地占用税法》)自 2019 年 9 月 1 日起施行。

二、耕地占用税的特点

耕地占用税作为一个出于特定目的、对特定的土地资源课征的税种,与其他税种相比,具有比较鲜明的特点,主要表现在以下几方面。

(1)兼具资源税与特定行为税的性质。
(2)采用地区差别税率。
(3)在占用耕地环节一次性课征。

扩展阅读 15.1:《中华人民共和国耕地占用税法》和《中华人民共和国耕地占用税法实施办法》(财政部公告 2019 年第 81 号)

第二节 纳税人和征税范围

一、纳税人

耕地占用税的纳税人,为占用耕地建房或者从事非农业建设的单位或者个人。

二、征税范围

耕地占用税的征税范围为用于建房或从事其他非农业建设而征(占)用的国家所有和集体所有的耕地。此处耕地是指种植农业作物的土地。如种植粮食作物、经济作物的农田,还包括种植蔬菜和果树的菜地、园地(包括花圃、苗圃、菜园、果园、桑园和其他种植经济林木的土地)及其附属的土地(如田间道路等)。

此外,耕地占用税的征税范围还应该包括如下两种情况。

扩展阅读 15.2:耕地占用税具体范围

(1)占用园地建房或者从事非农业建设的,视同占用耕地征收耕地占用税。
(2)占用林地、牧草地、农田水利用地、养殖水面以及渔业水域滩涂等其他农用地建房或从事非农业建设,比照占用耕地征收耕地占用税。

归纳

房地产税收总结如表 15-1 所示。

表 15-1 房地产税收总结

交易环节		持有环节
转让方	承受方	
增值税、城市维护建设税、教育费附加、土地增值税、印花税、所得税	契税、印花税、耕地占用税	土地使用税、房产税

第三节 应纳税额的计算

一、计税依据

耕地占用税以纳税人占用耕地的面积为计税依据，以每平方米为计量单位。

二、税率

实行地区差别幅度定额税率。人均耕地面积越少，单位税额越高。耕地占用税的税额规定如下。

（1）人均耕地不超过 1 亩的地区（以县级行政区域为单位，下同），每平方米为 10 元至 50 元。

（2）人均耕地超过 1 亩但不超过 2 亩的地区，每平方米为 8 元至 40 元。

（3）人均耕地超过 2 亩但不超过 3 亩的地区，每平方米为 6 元至 30 元。

（4）人均耕地超过 3 亩的地区，每平方米为 5 元至 25 元。占用基本农田的，应当按照《耕地占用税法》第四条第二款或者第五条确定的当地适用税额，加按 150%征收。自 2019 年 9 月 1 日起，占用基本农田以外的优质耕地，适用税额可以适当提高，但是提高的部分最高不得超过当地适用税额的 50%。

在人均耕地低于 0.5 亩的地区，省、自治区、直辖市可以根据当地经济发展情况，适当提高耕地占用税的适用税额，但提高的部分不得超过《耕地占用税法》第四条第二款确定的适用税额的 50%。

纳税人未经批准占用应税土地，应税面积不能及时准确确定的，主管税务机关可根据实际占地情况核定征收耕地占用税，待应税面积准确确定后结清税款，结算补税不加收滞纳金。

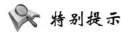 **特别提示**

扩展阅读 15.3：耕地占用税各地税额情况表

每一地区单位最高税额是单位最低税额的 5 倍。

【例 15-1·多选题】（2015 年税务师）下列关于耕地占用税的说法中，正确的是（   ）。

A. 占用园地从事非农业建设，视同占用耕地征收耕地占用税

B. 耕地占用税由地方税务局负责征收
C. 减免耕地占用税后纳税人改变原占地用途，不再属于减免税情形的，应当补缴耕地占用税
D. 耕地占用税采用地区差别比例税率
E. 医院内职工住房占用耕地的，应按照当地适用税额缴纳耕地占用税

【答案】ABCE
【解析】选项 D，耕地占用税采用地区差别定额税率，而非比例税率。

三、税额计算

耕地占用税应纳税额的计算公式为

$$应纳税额 = 实际占用耕地面积（平方米） \times 适用定额税率$$

第四节 税 收 优 惠

一、免征耕地占用税

（1）军事设施占用耕地。
①地上、地下的军事指挥、作战工程。
②军用机场、港口、码头。
③营区、训练场、试验场。
④军用洞库、仓库。
⑤军用通信、侦察、导航、观测台站和测量、导航、助航标志。
⑥军用公路、铁路专用线，军用通信、输电线路，军用输油、输水管道。
⑦其他直接用于军事用途的设施。
（2）学校、幼儿园、养老院、医院占用耕地。
学校内经营性场所和教职工住房占用耕地的，按照当地适用税额缴纳耕地占用税。
医院内职工住房占用耕地的，按照当地适用税额缴纳耕地占用税。
（3）以下占用土地行为不征收耕地占用税（国家税务总局公告 2016 年第 2 号）：
①农田水利占用耕地的。
②建设直接为农业生产服务的生产设施占用林地、牧草地、农田水利用地、养殖水面以及渔业水域滩涂等其他农用地的。
③农村居民经批准搬迁，原宅基地恢复耕种，凡新建住宅占用耕地不超过原宅基地面积的。

二、减征耕地占用税

（1）铁路线路、公路线路、飞机场跑道、停机坪、港口、航道占用耕地，减按每平方米 2 元的税额征收耕地占用税。
专用铁路和铁路专用线占用耕地的，按照当地适用税额缴纳耕地占用税。
专用公路和城区内机动车道占用耕地的，按照当地适用税额缴纳耕地占用税。
（2）农村居民占用耕地新建住宅，按照当地适用税额减半征收耕地占用税。

农村居民经批准搬迁,原住宅基地恢复耕种,凡新建住宅占用耕地不超过原住宅基地面积的,不征收耕地占用税;超过原住宅基地面积的,对超过部分按照当地适用税额减半征收耕地占用税;新建农村居民住房社区中学校、道路等占用耕地符合减免条件的,可以依法减免耕地占用税。

(3)自 2019 年 9 月 1 日起,农村烈士遗属、因公牺牲军人遗属、残疾军人以及符合农村最低生活保障条件的农村居民,在规定用地标准以内新建自用住宅,免征耕地占用税。

(4)自 2019 年 1 月 1 日至 2021 年 12 月 31 日,为支持小微企业发展,省、自治区、直辖市人民政府可根据本地区实际情况,以及宏观调控需要确定,对增值税小规模纳税人可以在 50%的税额幅度内减征耕地占用税。

【例 15-2·单选题】 (2019 年税务师)农村居民张某 2019 年 1 月经批准,在户口所在地占用耕地 2 500 平方米,其中 2 000 平方米用于种植中药材,500 平方米用于新建住宅。该地区耕地占用税税额为每平方米 30 元。张某应缴纳耕地占用税(   )元。
A. 7 500   B. 15 000   C. 37 500   D. 75 000
【答案】 A
【解析】 农村居民占用耕地新建住宅,按照当地适用税额减半征收耕地占用税。占用 2 000 平方米耕地种植中药材,不征收耕地占用税。张某新建住宅应缴纳的耕地占用税 = 500 × 30 × 50% = 7 500(元)。应缴纳耕地占用税 7 500 元。

【例 15-3·单选题】 (2014 年税务师)2012 年 3 月某公司在郊区新建设立一家分公司,共计占用耕地 15 000 平方米,其中 800 平方米修建幼儿园、2 000 平方米修建学校,当地耕地占用税税额为 20 元/平方米。该公司应缴纳耕地占用税(   )元。
A. 244 000   B. 260 000   C. 284 000   D. 300 000
【答案】 A
【解析】 学校、幼儿园占用耕地免税,应纳税额 = (15 000 - 800 - 2 000) × 20 = 244 000(元)。

归纳

耕地占用税税收优惠总结如表 15-2 所示。

表 15-2 耕地占用税税收优惠总结

税 的 优 惠	相 关 情 形
免征耕地占用税	(1)军事设施占用耕地 (2)学校、幼儿园、养老院、医院占用耕地 (3)灾区住房倒塌的农(牧)民重建住房
减征耕地占用税	(1)铁路线路、公路线路、飞机场跑道、停机坪、港口、航道占用耕地,减按每平方米 2 元的税额征收耕地占用税 (2)农村居民占用耕地新建住宅,按当地适用税额减半征收耕地占用税
经审核批准后,免征或减征	(1)农村烈士家属、残疾军人、鳏寡孤独以及革命老根据地、少数民族聚居区和边远贫困山区生活困难的农村居民,在规定用地标准以内新建住宅缴纳耕地占用税有困难 (2)新建农村居民住房社区中学校、道路等占用耕地符合减免条件的,可以依法减免耕地占用税

免征或减征耕地占用税后,纳税人改变原占地用途,不再属于免征或者减征耕地占用税情形的,应当按照当地适用税额补缴耕地占用税

第五节　申报和缴纳

一、纳税义务发生时间

自 2019 年 9 月 1 日起，耕地占用税的纳税义务发生时间为纳税人收到自然资源主管部门办理占用耕地手续的书面通知的当日。

已享受减免税的应税土地改变用途，不再属于减免税范围的，耕地占用税纳税义务发生时间为纳税人改变土地用途的当天。

因挖损、采矿塌陷、压占、污染等损毁耕地的纳税义务发生时间为自然资源、农业农村等相关部门认定损毁耕地的当日。

二、纳税期限

获准占用应税土地的单位或者个人应当在收到土地管理部门的通知之日起 30 日内向主管税务机关申报缴纳耕地占用税；未经批准占用应税土地的纳税人，应在实际占地之日起 30 日内申报缴纳耕地占用税；纳税人改变原占地用途，不再属于免征或减征情形的，应自改变用途之日起 30 日内申报补缴税款。

三、纳税地点

耕地占用税由耕地所在地税务机关负责征收。

四、征收管理

（1）自 2019 年 9 月 1 日起，纳税人因建设项目施工或者地质勘查临时占用耕地，应当缴纳耕地占用税。纳税人在批准临时占用耕地期满之日起 1 年内依法复垦，恢复种植条件的，全额退还已经缴纳的耕地占用税。

（2）自 2019 年 9 月 1 日起，占用园地、林地、草地、农田水利用地、养殖水面、渔业水域滩涂以及其他农用地建设建筑物、构筑物或者从事非农业建设的，依照规定缴纳耕地占用税。

占用以上规定的农用地的，适用税额可以适当低于本地区按照《耕地占用税法》第四条第二款确定的适用税额，但降低的部分不得超过 50%。具体适用税额由省、自治区、直辖市人民政府提出，报同级人民代表大会常务委员会决定，并报全国人民代表大会常务委员会和国务院备案。

建设直接为农业生产服务的生产设施占用上述规定的农用地的，不征收耕地占用税。

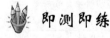

第十六章 车辆购置税

第一节 车辆购置税概述

一、车辆购置税的概念

车辆购置税是以在中国境内购置规定的车辆为课税对象、在特定的环节向车辆购置者征收的一种税。《中华人民共和国车辆购置税法》于2019年7月1日起实施。

扩展阅读 16.1：《中华人民共和国车辆购置税法》（主席令第 19 号）

二、车辆购置税的特点

车辆购置税的特点主要有以下几点。
（1）征收范围有限。
（2）征收环节单一。
（3）征税目的特定。
（4）价外征税。

第二节 纳　税　人

车辆购置税的纳税人是指在中华人民共和国境内购置应税车辆的单位和个人。

一、车辆购置税应税行为

车辆购置税的应税行为是指在中华人民共和国境内购置应税车辆的行为。具体来讲，这种应税行为包括以下几种情况（国务院令第294号）。
（1）购买自用行为。包括购买自用国产应税车辆和购买自用进口应税车辆。
（2）进口自用行为。纳税人直接从境外进口或委托代理进口自用的应税车辆，即非贸易方式进口自用的应税车辆。
（3）受赠使用行为。
（4）自产自用行为。
（5）获奖自用行为。
（6）其他自用行为。如拍卖、抵债、走私、罚没等方式取得并自用的应税车辆。

二、车辆购置税征税区域

我国车辆购置税的适用区域在中华人民共和国境内，只要在中华人民共和国境内发生了车辆购置税的应税行为，都要征收车辆购置税。

在中华人民共和国境内，是指应税车辆的购置或使用地在中华人民共和国境内。应税车辆的购置地与应税行为的发生地是一致的。

三、车辆购置税纳税人的具体范围

车辆购置税纳税人的范围包括单位和个人，具体如下。

（1）单位是指国有企业、集体企业、私营企业、股份制企业、外商投资企业、外国企业以及其他企业、事业单位，社会团体、国家机关、部队以及其他单位。

（2）个人是指个体工商业户及其他个人。泛指具有民事权利能力，依法享有民事权利，承担民事义务的自然人，包括中华人民共和国公民和外国公民。

第三节 征税对象和征税范围

一、车辆购置税的征税对象

应税车辆是车辆购置税的征税对象。

二、车辆购置税的征税范围

自 2019 年 7 月 1 日起，车辆购置税的征税范围包括汽车、有轨电车、汽车挂车、排气量超过 150 毫升的摩托车。具体范围按《车辆购置税征收范围表》（表 16-1）执行。

表 16-1 车辆购置税征收范围表

类　　别
（1）汽车：包括各类汽车。
（2）摩托车。
①轻便摩托车：最高设计车速不大于 50 千米/小时，发动机气缸总排量不大于 50 立方厘米的两个或三个车轮的机动车。
②二轮摩托车：最高设计车速大于 50 千米/小时，或发动机气缸总排量大于 50 立方厘米的两个车轮的机动车。
③三轮摩托车：最高设计车速大于 50 千米/小时，或发动机气缸总排量大于 50 立方厘米，空车重量不大于 400 千克的三个车轮的机动车
（3）电车。 ①无轨电车：以电能为动力，由专用输电电缆线供电的轮式公共车辆。 ②有轨电车：以电能为动力，在轨道上行驶的公共车辆
（4）挂车。 ①全挂车：无动力设备，独立承载，由牵引车辆牵引行驶的车辆。 ②半挂车：无动力设备，与牵引车辆共同承载，由牵引车辆牵引行驶的车辆
（5）农用运输车。 ①三轮农用运输车：柴油发动机，功率不大于 7.4 千瓦，载重量不大于 500 千克，最高车速不大于 40 千米/小时的三个车轮的机动车（三轮农用运输车，自 2004 年 10 月 1 日起免征车辆购置税）。 ②四轮农用运输车：柴油发动机，功率不大于 28 千瓦，载重量不大于 1 500 千克，最高车速不大于 50 千米/小时的四个车轮的机动车

车辆购置税征收范围的调整,由国务院决定,其他任何部门、单位和个人只能认真执行政策规定,无权擅自扩大或缩小车辆购置税的征税范围。

 特别提示

车辆购置税的征税范围大于消费税征税车辆的范围。

 归纳

增值税、消费税与车辆购置税应税行为辨析如表 16-2 所示。

表 16-2 增值税、消费税与车辆购置税应税行为辨析

行 为	增值税	消费税	车购税
自产、进口小汽车(含中轻型商务车)用于销售、捐赠、投资、偿债	√	√	
自产、进口大卡车、大货车用于销售、捐赠、投资、偿债	√		
自产、进口小汽车(含中轻型商务车)自用		√	√
自产、进口卡车、货车、电车、挂车、农用运输车(农用三轮运输车除外)自用			√
购置、受赠、获奖、接受投资小汽车、卡车、货车、电车、挂车、农用运输车(农用三轮运输车除外)等车辆自用			√

【例 16-1·单选题】 (2018 年税务师)纳税人购买下列车辆时,不需要缴纳车辆购置税的是( )。

A. 汽车 B. 摩托车
C. 三轮农用运输车 D. 挂车

【答案】 C
【解析】 车辆购置税的征收范围包括汽车、摩托车、电车、挂车、农用运输车。三轮农用运输车,自 2004 年 10 月 1 日起免征车辆购置税。

第四节 税率与计税依据

一、车辆购置税的税率

我国车辆购置税实行统一比例税率(指一个税种只设计一个比例的税率),税率为 10%。

二、车辆购置税的计税依据

车辆购置税以应税车辆为征税对象,实行从价定率、价外征收的方法计算应纳税额,应税车辆的价格(不含税)即计税价格就成为车辆购置税的计税依据。但是,由于应税车辆购置的来源不同,应税行为的发生不同,计税价格的组成也就不一样。因此,车辆购置税计税依据的构成也就不同。

(一)购买自用应税车辆计税依据的确定

纳税人购买自用的应税车辆,计税价格为纳税人购买应税车辆而支付给销售者的全

部价款和价外费用,不包含增值税税款。

在确定车辆购置税计税依据时,应将未扣除增值税款的或是价款与增值税款合并收取的发票价格换算为不含增值税的销售价格。其换算公式为

计税价格=(含增值税的销售价格+价外费用)÷(1+增值税税率或征收率)

(二)进口自用应税车辆计税依据的确定

纳税人进口自用的应税车辆以组成计税价格为计税依据。

(三)其他自用应税车辆计税依据的确定

(1)纳税人自产自用、受赠使用、获奖使用和以其他方式取得并自用应税车辆的,凡不能取得该型车辆的购置价格,或者低于最低计税价格的,以国家税务总局核定的最低计税价格为计税依据计算征收车辆购置税。

(2)自2019年7月1日起,纳税人自产自用应税车辆的计税价格,按照同类应税车辆(即车辆配置序列号相同的车辆)的销售价格确定,不包括增值税税款;没有同类应税车辆销售价格的,按照组成计税价格确定。组成计税价格计算公式如下:

组成计税价格=成本×(1+成本利润率)

属于应征消费税的应税车辆,其组成计税价格中应加计消费税税额。

上述公式中的成本利润率,由国家税务总局各省、自治区、直辖市和计划单列市税务局确定。

(3)自2019年7月1日起,纳税人以受赠、获奖或者其他方式取得自用应税车辆的计税价格,按照购置应税车辆时相关凭证载明的价格确定,不包括增值税税款。

(4)国家税务总局未核定最低计税价格的车辆,计税依据为纳税人提供的有效价格证明注明的价格。有效价格证明注明的价格明显偏低的,主管税务机关有权核定应税车辆的计税价格。

(5)下列车辆的计税价格为纳税人提供的有效价格证明注明的价格。纳税人无法提供有效价格证明的,主管税务机关有权核定应税车辆的计税价格。

①进口旧车。

②因不可抗力因素导致受损的车辆。

③库存超过3年的车辆。

④行驶8万千米以上的试验车辆。

⑤国家税务总局规定的其他车辆。

(6)2015年2月1日起,免税条件消失的车辆,自初次办理纳税申报之日起,使用年限未满10年的,计税价格以最新核发的同类型车辆最低计税价格为基准,每满1年扣减10%;未满1年的,计税价格为免税车辆的原计税价格;使用年限10年(含)以上的,计税价格为0。

第五节 税 收 优 惠

一、车辆购置税减税免税的具体规定

我国车辆购置税实行法定减免税。具体规定如下:

（1）外国驻华使馆、领事馆和国际组织驻华机构及其外交人员自用车辆免税。

（2）中国人民解放军和中国人民武装警察部队列入军队武器装备订货计划的车辆免税。

（3）设有固定装置的非运输车辆免税。

（4）防汛部门和森林消防等部门购置的用于指挥、检查、调度、报汛（警）、联络的设有固定装置的指定型号的专用车辆。

（5）城市公交企业购置的公共汽电车辆免税。

（6）回国服务的在外留学人员用现汇购买1辆个人自用国产小汽车免税。长期来华定居专家进口的1辆自用小汽车免税。

（7）自2004年10月1日起，对三轮农用运输车免征车辆购置税。

（8）自2015年10月1日起至2016年12月31日止，对购置1.6升及以下排量乘用车减按5%的税率征收车辆购置税。

（9）自2018年1月1日至2020年12月31日，对购置的符合条件新能源汽车免征车辆购置税。

（10）自2018年7月1日至2021年6月30日，对购置挂车减半征收车辆购置税。

二、车辆购置税的退税

纳税人已经缴纳车辆购置税但在办理车辆登记注册手续前，需要办理退还车辆购置税的，由纳税人申请，征收机构审核后办理退还车辆购置税手续。

第六节　应纳税额的计算

车辆购置税应纳税额的计算公式为

$$应纳税额 = 计税价格 \times 税率$$

一、购买自用应税车辆应纳税额的计算

纳税人购买自用的应税车辆，其计税价格由纳税人支付给销售者的全部价款（不包括增值税税款）和价外费用组成。

计税依据包括随购买车辆支付的工具件和零部件价款、支付的车辆装饰费、销售单位开展优质销售活动所开票收取的有关费用（各项费用在一张发票上难以划分的）。

计税依据不包括支付的控购费、增值税税款。

代收款项应区别征税：①凡使用代收单位（受托方）票据收取的款项，应视作代收单位价外收费，应并入计税价格中征税。②凡使用委托方票据收取，受托方只履行代收义务和收取代收手续费的款项，应按其他税收政策规定征税。

二、进口自用应税车辆应纳税额的计算

纳税人进口自用的应税车辆以组成计税价格为计税依据（国务院令第294号）。计税价格的计算公式为

$$计税价格 = 关税完税价格 + 关税 + 消费税$$

或者计税价格 =（关税完税价格 + 关税）÷（1 – 消费税税率）

 特别提示

纳税人进口应税车辆自用的，由进口自用方纳税；如果进口车辆用于销售、抵债、以物易物等方面，不属于进口自用应税车辆的行为。

三、其他方式取得并自用应税车辆应纳税额的计算

纳税人自产自用、受赠使用、获奖使用和以其他方式取得并自用应税车辆的，凡不能取得该型车辆的购置价格，或者低于最低计税价格的，以国家税务总局核定的最低计税价格为计税依据计算征收车辆购置税。其中，购置时应税车辆的相关凭证是指原车辆所有人购置或者以其他方式取得的应税车辆时载明的价格凭证。无法提供相关凭证，参照同类应税车辆市场平均交易价格确定计税价格。无同类应税车辆销售价格的，按组成计税价确定。纳税人申报的应税车辆计税价格明显偏低，又无正当理由的，由税务机关按规定核定其应纳税额。

扩展阅读 16.2：特殊情形自用应税车辆应纳税额的计算

第七节　申报与缴纳

车辆购置税的征收管理主要根据 2019 年《国家税务总局关于车辆购置税征收管理有关事项的公告》。

一、车辆购置税的纳税申报

车辆购置税实行一车一申报制度。

二、车辆购置税的纳税环节

扩展阅读 16.3：《国家税务总局关于车辆购置税征收管理有关事项的公告》（国家税务总局公告 2019 年第 26 号）

车辆购置税是对应税车辆的购置行为课征，征税环节选择在使用环节（即最终消费环节）。具体而言，纳税人应当在向公安机关等车辆管理机构办理车辆登记注册手续前，缴纳车辆购置税。车辆购置税选择单一环节，实行一次课征制度，购置已征车辆购置税的车辆，不再征收车辆购置税。但免税条件消失的车辆，即免税车辆因转让、改制后改变了原免税前提条件的，就不再属于免税范围，应按规定缴纳车辆购置税。

三、车辆购置税的纳税地点

（1）需要办理车辆登记注册手续的纳税人，向车辆登记注册地的主管税务机关办理纳税申报。车辆登记注册地是指车辆的上牌落籍地或落户地。

（2）不需要办理车辆登记注册手续的纳税人，向纳税人所在地的主管税务机关办理纳税申报。

四、车辆购置税纳税期限

车辆购置税纳税期限如表 16-3 所示。

表 16-3　车辆购置税纳税期限

情　　形	纳　税　期　限
（1）购买自用的应税车辆	自购买之日（即购车发票上注明的销售日期）起 60 日内申报纳税
（2）进口自用的应税车辆	自进口之日（报关进口的当天）起 60 日内申报纳税
（3）自产、受赠、获奖和以其他方式取得并自用的应税车辆	自取得之日起 60 日内申报纳税
（4）免税车辆因转让、改变用途等原因，其免税条件消失的	在免税条件消失之日起 60 日内重新申报纳税
（5）免税车辆发生转让，但仍属于免税范围的	受让方应当自购买或取得车辆之日起 60 日内重新申报免税

车辆购置税税款于纳税人办理纳税申报时一次缴清。

五、车辆购置税的缴税管理

车辆购置税缴款方法的选择如下。

（1）自报核缴。

（2）集中征收缴纳。

（3）代征、代扣、代收。

扩展阅读 16.4：车辆购置税的退税制度

即测即练

自学自测　扫描此码

第十七章

船舶吨税

第一节 船舶吨税概述

一、船舶吨税的概念

船舶吨税是海关对自中华人民共和国境外港口进入境内港口的船舶所征收的一种税,其征收税款主要用于港口建设维护及海上干线公用航标的建设维护。现行《中华人民共和国船舶吨税法》,于2018年7月1日起施行。

扩展阅读17.1:《中华人民共和国船舶吨税法》(主席令第85号)

二、船舶吨税的特点

(1)船舶吨税主要是对进出中国港口的国际航行船舶征收。
(2)以船舶的净吨位为计税依据。
(3)对不同的船舶分别适用于普通税率或优惠税率。
(4)所征税款主要用于港口建设维护及海上干线公用航标的建设维护。

第二节 税目、税率和应纳税额

一、税目和税率

船舶吨税设置优惠税率和普通税率。中华人民共和国籍的应税船舶,船籍国(地区)与中华人民共和国签订含有相互给予船舶税费最惠国待遇条款的条约或者协定的应税船舶,适用优惠税率。其他应税船舶,适用普通税率。吨税的税目、税率依照《吨税税目税率表》(表17-1)执行。

表17-1 吨税税目税率表

税目 (按船舶净吨位划分)	税率(元/净吨)						备 注
	普通税率 (按执照期限划分)			优惠税率 (按执照期限划分)			
	1年	90日	30日	1年	90日	30日	
不超过2 000净吨	12.6	4.2	2.1	9.0	3.0	1.5	(1)拖船按照发动机功率每千瓦折合净吨位0.67吨
超过2 000净吨但不超过10 000净吨	24.0	8.0	4.0	17.4	5.8	2.9	(2)无法提供净吨位证明文件的游艇按照发动机功率每千瓦折合净吨位0.05吨

续表

税目 （按船舶净吨位划分）	税率（元/净吨）						备注
	普通税率 （按执照期限划分）			优惠税率 （按执照期限划分）			
	1年	90日	30日	1年	90日	30日	
超过10 000净吨但不超过50 000净吨	27.6	9.2	4.6	19.8	6.6	3.3	（3）拖船和非机动驳船分别按相同净吨位船舶税率的50%计征税款
超过50 000净吨	31.8	10.6	5.3	22.8	7.6	3.8	

 特别提示

净吨位是指由船籍国（地区）政府签发或者授权签发的船舶吨位证明书上标明的净吨位。非机动驳船是指自身没有动力装置，依靠外力驱动且在船舶登记机关登记为驳船的船舶。拖船是指专门用于拖（推）动运输船舶的专业作业船舶。

二、应纳税额

船舶吨税按照船舶净吨位和吨税执照期限征收。吨税执照期限，是指按照公历年、日计算的期间。应税船船负责人在每次申报纳税时，可以按照《吨税税目税率表》选择申领一期限的吨税执照。

吨税的应纳税额按照船舶净吨位乘以适用税率计算，即

$$应纳税额 = 船舶净吨位 \times 定额税率$$

下列情况导致应税船舶在吨税执照期限内船舶净吨位或适用税率发生改变，吨税执照继续有效。

（1）因修理、改造导致净吨位变化的，吨税执照继续有效。应税船舶办理出入境手续时，应当提供船舶经过修理、改造的证明文件。

（2）因税目税率调整或者船籍改变而导致适用税率变化的，吨税执照继续有效。其中，因船籍改变的，应税船舶在办理出入境手续时，应当提供船籍改变的证明文件。

【例17-1·计算题】2018年6月20日，A国某运输公司一艘货轮驶入我国某港口，该货轮净吨位为40 000吨，货轮负责人已向我国该海关领取了吨税执照，在港口停留期限为30天，A国已与我国签订有相互给予船舶税费最惠国待遇条款。请计算该货轮负责人应向我国海关缴纳的船舶吨税。

（1）根据船舶吨税的相关规定，该货轮应享受优惠税率，每净吨为3.3元。

（2）应缴纳的船舶吨税 = 40 000 × 3.3 = 132 000（元）。

第三节 减免税优惠

一、直接优惠

下列船舶免征吨税。

（1）应纳税额在人民币 50 元以下的船舶。

（2）自境外以购买、受赠、继承等方式取得船舶所有权的初次进口到港的空载船舶。

（3）吨税执照期满后 24 小时内不上下客货的船舶。

（4）非机动船舶（不包括非机动驳船）。

（5）捕捞、养殖渔船。

（6）避难、防疫隔离、修理、改造、终止运营或者拆解，并不上下客货的船舶。

（7）军队、武装警察部队专用或者征用的船舶。

（8）警用船舶。

（9）依照法律规定应当予以免税的外国驻华使领馆、国际组织驻华代表机构及其有关人员的船舶。

（10）国务院规定的其他船舶（由国务院报全国人民代表大会常务委员会备案）。

其中，符合第（5）～（9）项规定的船舶，应当提供海事部门、渔业船舶管理部门或者出入境检验检疫部门等部门、机构出具的具有法律效力的证明文件或使用关系证明文件，申明免税的依据和理由。

二、延期优惠

在吨税执照期限内，应税船舶发生下列情形之一的，海关按照实际发生的天数批注延长吨税执照期限。

（1）避难、防疫隔离、修理、改造，并不上下客货。

（2）军队、武装警察部队征用。

上述船舶应当提供海事部门、渔业船舶管理部门或者出入境检验检疫部门等部门、机构出具的具有法律效力的证明文件或者使用关系证明文件，申明延长吨税执照期限的依据和理由。

【例 17-2·单选题】（2018 年税务师）下列从境外进入我国港口的船舶中，免征船舶吨税的是（　　）。

A. 拖船

B. 机动船舶

C. 非机动驳船

D. 军队征用的船舶

【答案】 D

【解析】 选项 A、C：分别按相同净吨位船舶税率的 50% 计征税款；选项 B：正常纳税，没有免税的优惠。

第四节　申报和缴纳

一、纳税义务发生时间

船舶吨税纳税义务发生时间为应税船舶进入港口的当日。应税船舶在吨税执照期满后尚未离开港口的，应当申领新的吨税执照，自上一次执照期满的次日起续缴吨税。

二、纳税期限

应税船舶负责人应当自海关填发吨税缴款凭证之日起 15 日内缴清税款。未按期缴清税款的，自滞纳税款之日起至缴清税款之日止，按日加收滞纳税款万分之五的税款滞纳金。

三、纳税申报

应税船舶到达港口前，经海关核准先行申报并办结出入境手续的，应税船舶负责人应当向海关提供与其依法履行吨税缴纳义务相适应的担保；应税船舶到达港口后，向海关申报纳税。

可以用于担保的财产、权利有以下几种。

（1）人民币、可自由兑换货币。
（2）汇票、本票、支票、债券、存单。
（3）银行、非银行金融机构的保函。
（4）海关依法认可的其他财产、权利。

应税船舶在进入港口办理入境手续时，应当向海关申报纳税领取吨税执照，或者交验吨税执照。应税船舶在离开港口办理出境手续时，应当交验吨税执照。

应税船舶负责人申领吨税执照时，应当向海关提供下列文件。

（1）船舶国籍证书或者海事部门签发的船舶国籍证书收存证明。
（2）船舶吨位证明。

应税船舶因不可抗力在未设立海关地点停泊的，船舶负责人应当立即向附近海关报告，并在不可抗力原因消除后，向海关申报纳税。

四、征收管理

（1）吨税执照在期满前毁损或者遗失的，应当向原发照海关书面申请核发吨税执照副本，不再补税。

（2）多征或少征漏征税款的处理办法见表 17-2。

表 17-2　多征或少征漏征税款的处理办法

情　形		处　理　办　法
少征或漏征税款的	海关发现少征或者漏征税款的	应当自应税船舶应当缴纳税款之日起 1 年内，补征税款
	因应税船舶违反规定造成少征或者漏征税款的	海关可以自应当缴纳税款之日起 3 年内追征税款，并自应当缴纳税款之日起按日加征少征或者漏征税款 0.5‰ 的滞纳金
多征税款的	海关发现多征税款的	应当在 24 小时内通知应税船舶办理退还手续，并加算银行同期活期存款利息
	应税船舶发现多缴税款的	可以自缴纳税款之日起 3 年内以书面形式要求海关退还多缴的税款并加算银行同期活期存款利息

（3）应税船舶有下列行为之一的，由海关责令限期改正，处 2 000 元以上 30 000 元

以下的罚款。

①未按照规定申报纳税、领取吨税执照。

②未按照规定交验吨税执照（或者申请核验吨税执照电子信息）以及提供其他证明文件。

不缴或者少缴应纳税款的，处不缴或者少缴应纳税款50%以上5倍以下的罚款，但罚款不得低于2 000元。

（4）吨税税款、税款滞纳金、罚款以人民币计算。

【例17-3·单选题】（2018年税务师）船舶吨税的纳税人未按期缴清税款的，自滞纳税款之日起至缴清税款之日内，按日加收滞纳金的比率是滞纳税款的（　　）。

A. 0.2%　　　　　B. 0.5‰　　　　　C. 2%　　　　　D. 5%

【答案】 B

【解析】因应税船舶违反规定造成少征或者漏征税款的，海关可以自应当缴纳税款之日起3年内追征税款，并自应当缴纳税款之日起按日加征少征或者漏征税款0.5‰的滞纳金。

即测即练

扫描此码
自学自测

第十八章

环境保护税

第一节 环境保护税概述

一、环境保护税的概念

环境保护税是对在中华人民共和国领域以及管辖的其他海域直接向环境排放应税污染物的企事业单位和其他生产经营者征收的一种税,目的是保护和改善环境,减少污染物排放,推进生态文明建设。

扩展阅读18.1:《中华人民共和国环境保护税法》(主席令第61号)与《中华人民共和国环境保护税法实施条例》(国务院令第693号)

二、环境保护税的特点

(1)征税项目为四种重点污染物。保护税开征是原有的排污费"平移"费改税的结果,根据排污费项目设置税目,对大气污染物、水污染物、固体废物、噪声等重点污染源收费。

(2)纳税人主要是企事业单位和其他经营者。根据环境保护税法,直接向环境排放应税污染物的企业事业单位和其他生产经营者为环境保护税纳税人,而家庭和个人即便有排放污染物的行为,也不属于环境保护税的纳税人。

(3)直接排放应税污染物是必要条件。如果企业事业单位和其他生产经营者是将污染物集中或排放到污染物处理场所,或者进行综合利用和无害化处理,则不需要缴纳环境保护税。

(4)税额为统一定额税和浮动定额税结合。对于固体废弃物和噪声污染实行的是全国统一的定额税制,对于大气污染物和水污染物实行各省(区、市)浮动定额税率。

(5)税收收入全部归地方。

三、环境保护税的征收情形

(1)在中华人民共和国领域以及管辖的其他海域,企事业单位和其他生产经营者直接向环境排放应税污染物的,应当缴纳环境保护税。

(2)依法设立的城乡污水集中处理、生活垃圾集中处理场所超过国家和地方规定的排放标准向环境排放应税污染物的,应当缴纳环境保护税。

(3)企事业单位和其他生产经营者储存或者处置固体废物不符合国家和地方环境保护标准的,应当缴纳环境保护税。

(4)有下列情形之一的,不属于直接向环境排放污染物,不缴纳相应污染物的环境保护税。

①企事业单位和其他生产经营者向依法设立的污水集中处理、生活垃圾集中处理场

所排放应税污染物的。

②企事业单位和其他生产经营者在符合国家和地方环境保护标准的设施、场所储存或者处置固体废物的。

③达到省级人民政府确定的规模标准并且有污染物排放口的畜禽养殖场，依法对畜禽养殖废弃物进行综合利用和无害化处理的。

四、环境保护税的税目、税率

环境保护税的税目、税额依照《环境保护税法》所附《环境保护税税目税额表》执行。

应税大气污染物和水污染物的具体适用税额的确定和调整，由省、自治区、直辖市人民政府统筹考虑本地区环境承载能力、污染物排放现状和经济社会生态发展目标要求，在《环境保护税法》所附《环境保护税税目税额表》规定的税额幅度内提出，报同级人民代表大会常务委员会决定，并报全国人民代表大会常务委员会和国务院备案。

环境保护税税目、税额归纳如表 18-1 所示。

表 18-1　环境保护税税目、税额归纳

税　　目		计税单位	税　　额	备　　注
大气污染物		每污染当量	1.2 元至 12 元	
水污染物		每污染当量	1.4 元至 14 元	
固态废物	煤矸石	每吨	5 元	
	尾矿	每吨	15 元	
	危险废物	每吨	1 000 元	
	冶炼渣、粉煤灰、炉渣、其他固体废物（含半固态、液态废物）	每吨	25 元	
噪声	工业噪声	超标 1~3 分贝	每月 350 元	（1）一个单位边界上有多处噪声标准，根据最高一处超标声级计算应纳税额；沿边界长度超过 100 米有两处以上噪声超标的，按照两个单位计算应纳税额 （2）一个单位有不同地点作业场所的，应当分别计算应纳税额，合并征税 （3）昼、夜均超标的环境噪声，昼、夜分别计算应纳税额，累计计征 （4）声源一个月内超标不足 15 天的，减半计算应纳税额 （5）夜间频繁突发和夜间偶然突发厂界超标噪声，按等效声级和峰值噪声两种指标中超标分贝值高的一项计算应纳税额
		超标 4~6 分贝	每月 700 元	
		超标 7~9 分贝	每月 1 400 元	
		超标 10~12 分贝	每月 2 800 元	
		超标 13~15 分贝	每月 5 600 元	
		超标 16 分贝以上	每月 11 200 元	

第二节　计税依据和应纳税额

一、计税依据

（一）一般规定

应税污染物的计税依据按照下列方法确定。

（1）应税大气污染物按照污染物排放量折合的污染当量数确定。
（2）应税水污染物按照污染物排放量折合的污染当量数确定。
（3）应税固体废物按照固体废物的排放量确定。
（4）应税噪声按照超过国家规定标准的分贝数确定。

（二）以污染当量数为计税依据的具体规定

（1）应税大气污染物、水污染物的污染当量数，以该污染物的排放量除以该污染物的污染当量值计算。每种应税大气污染物、水污染物的具体污染当量值，依照《环境保护税法》所附《应税污染物和当量值表》执行。

扩展阅读18.2：应税污染物和当量值表

（2）每一排放口或者没有排放口的应税大气污染物，按照污染当量数从大到小排序，对前三项污染物征收环境保护税。

（3）每一排放口的应税水污染物，按照《环境保护税法》所附《应税污染物和当量值表》，区分第一类水污染物和其他类水污染物，按照污染当量数从大到小排序，对第一类水污染物按照前五项征收环境保护税，对其他类水污染物按照前三项征收环境保护税。

🔍 特别提示

纳税人有下列情形之一的，以其当期应税大气污染物、水污染物的产生量作为污染物的排放量。

（1）未依法安装使用污染物自动监测设备或者未将污染物自动监测设备与环境保护主管部门的监控设备联网。
（2）损毁或者擅自移动、改变污染物自动监测设备。
（3）篡改、伪造污染物监测数据。
（4）通过暗管、渗井、渗坑、灌注或者稀释排放以及不正常运行防治污染设施等方式违法排放应税污染物。
（5）进行虚假纳税申报。

（三）以排放量和分贝数为计税依据的具体规定

（1）应税固体废物的计税依据按照固体废物的排放量确定。固体废物的排放量为当期应税固体废物的产生量减去当期应税固体废物的储存量、处置量、综合利用量的余额。

固体废物的储存量、处置量是指在符合国家和地方环境保护标准的设施、场所储存或者处置的固体废物数量；固体废物的综合利用量是指按照国务院发展改革、工业和信息化主管部门关于资源综合利用要求以及国家和地方环境保护标准进行综合利用的固体废物数量。

（2）应税噪声按照超过国家规定标准的分贝数确定每月税额，超过国家规定标准的分贝数是指实际产生的工业噪声与国家规定的工业噪声排放标准限值之间的差值。

特别提示

纳税人有下列情形之一的，以其当期应税固体废物的产生量作为固体废物的排放量。
（1）非法倾倒应税固体废物的。
（2）进行虚假纳税申报的。

扩展阅读18.3：计税依据确定时遵循的方法和顺序

二、应纳税额

环境保护税应纳税额按照下列方法计算。
（1）应税大气污染物的应纳税额为污染当量数乘以具体适用税额。
（2）应税水污染物的应纳税额为污染当量数乘以具体适用税额。
①一般水污染物的应纳税额为污染当量数乘以具体适用税额。
②禽畜养殖业的水污染物的应纳税额为污染当量数乘以具体适用税额。其污染当量数以禽畜养殖数量除以污染当量值计算。
③医院排放的水污染物的应纳税额为污染当量数乘以具体适用税额。其污染当量数以病床数或污水排放量除以污染当量值计算。
（3）应税固体废物的应纳税额为固体废物排放量乘以具体适用税额。
（4）应税噪声的应纳税额为超过国家规定标准的分贝数对应的具体适用税额。

【例18-1·计算题】 某企业6月向大气直接排放二氧化硫160吨、氮氧化物228吨，烟尘45吨、一氧化碳20吨，该企业所在地区大气污染物的税额标准为1.2元/污染当量（千克），该企业只有一个排放口。已知二氧化硫、氮氧化物的污染当量值为0.95，烟尘污染当量值为2.18，一氧化碳污染当量值为16.7。要求：请计算该企业6月大气污染物应缴纳的环境保护税（结果保留两位小数）。

第一步，计算各污染物的污染当量数。
二氧化硫：160×1 000÷0.95＝168 421.05；氮氧化物：228×1 000÷0.95＝240 000；烟尘：45×1 000÷2.18＝20 642.20；一氧化碳：20×1 000÷16.7＝1 197.60

第二步，按污染物的污染当量数排序。
氮氧化物（240 000）＞二氧化硫（168 421.05）＞烟尘（20 642.20）＞一氧化碳（1 197.60）

第三步，选取前三项污染物计算应纳税额：氮氧化物：240 000×1.2＝288 000（元）；二氧化硫：168 421.05×1.2＝202 105.26（元）；烟尘：20 642.20×1.2＝24 770.64（元）

该企业6月应纳环保税税额＝288 000＋202 105.26＋24 770.64＝514 875.90（元）

第三节 减免税优惠

一、环境保护税免征规定

（1）农业生产（不包括规模化养殖）排放应税污染物的。
（2）机动车、铁路机车、非道路移动机械、船舶和航空器等流动污染源排放应税污染物的。
（3）依法设立的城乡污水集中处理、生活垃圾集中处理场所排放相应应税污染物,不超过国家和地方规定的排放标准的。

(4)纳税人综合利用的固体废物,符合国家和地方环境保护标准的。

(5)国务院批准免税的其他情形,由国务院报全国人民代表大会常务委员会备案。

二、环境保护税减征规定

(1)纳税人排放应税大气污染物或者水污染物的浓度值低于国家和地方规定的污染物排放标准30%的,减按75%征收环境保护税。

(2)纳税人排放应税大气污染物或者水污染物的浓度值低于国家和地方规定的污染物排放标准50%的,减按50%征收环境保护税。

(3)纳税人噪声声源一个月内累计昼间超标不足15昼或者累计夜间超标不足15夜的,分别减半计算应纳税额。

扩展阅读18.4:减征限制规则

第四节 申报和缴纳

一、纳税义务发生时间

纳税义务发生时间为纳税人排放应税污染物的当日。

二、纳税期限

(1)环境保护税按月计算,按季申报缴纳。不能按固定期限计算缴纳的,可以按次申报缴纳。

纳税人申报缴纳时,应当向税务机关报送所排放应税污染物的种类、数量,大气污染物、水污染物的浓度值,以及税务机关根据实际需要要求纳税人报送的其他纳税资料。

(2)纳税人按季申报缴纳的,应当自季度终了之日起15日内,向税务机关办理纳税申报并缴纳税款。纳税人按次申报缴纳的,应当自纳税义务发生之日起15日内,向税务机关办理纳税申报并缴纳税款。

三、纳税地点

纳税人应当向应税污染物排放地的税务机关申报缴纳环境保护税。应税污染物排放地是指应税大气污染物、水污染物排放口所在地,应税固体废物产生地,应税噪声产生地。

纳税人跨区域排放应税污染物,税务机关对税收征收管辖有争议的,由争议各方按照有利于征收管理的原则协商解决;不能协商一致的,报请共同的上级税务机关决定。

【例18-2·多选题】 关于环境保护税,下列说法正确的有(   )。

A. 环境保护税纳税人不包括家庭和个人

B. 环境保护税税率为统一比例税率

C. 机动车和船舶排放的应税污染物暂时免征环境保护税

D. 环境保护税是原有的排污费费改税"平移"过来的税收

E. 环境保护税收入全部归地方

【答案】 ACDE

【解析】 选项 B，应税污染物的适用税率有两种，一是全国统一定额税，二是浮动定额税。

 即测即练

第十九章

城市维护建设税、教育费附加与烟叶税

第一节 城市维护建设税

一、城市维护建设税的概念和特点

（一）城市维护建设税的概念

城市维护建设税是对从事工商经营，在中华人民共和国境内缴纳增值税、消费税的单位和个人征收的一种税。目前《中华人民共和国城市维护建设税法》（以下简称《城建税法》）已由中华人民共和国第十三届全国人民代表大会常务委员会第二十一次会议于2020年8月11日通过，自2021年9月1日起施行。《城建税法》是由原来的《中华人民共和国城市维护建设税暂行条例》（以下简称《城建税条例》）平移上升为法，其原来与城建税法相适应的规章、制度只要不违背法的规定不会改变，原来城建税条例中没有的，当然要按《城建税法》的规定执行。

（二）城市维护建设税的特点

城市维护建设税与其他税种相比，具有以下特点。
（1）税款专款专用，具有受益税性质。
（2）属于一种附加税。
（3）根据城镇规模设计税率。
（4）征税范围较广。

扩展阅读 19.1：《中华人民共和国城市维护建设税法》（主席令第51号）、城市维护建设税法的主要变化

二、城市维护建设税的基本规定

（一）征税范围

城市维护建设税的征税范围比较广。具体包括城市市区、县城、建制镇，以及税法规定征收增值税、消费税的其他地区。城市市区、县城、建制镇的范围应以行政区划为标准，不能随意扩大或缩小各自行政区域的管辖范围。

（二）纳税人

城市维护建设税的纳税人是指在中华人民共和国境内缴纳增值税、消费税的单位和个人。个体商贩及个人在集市上出售商品，对其征收临时经营的增值税，是否同时按其实缴税额征收城市维护建设税，由各省、自治区、直辖市政府根据实际情况确定。自2010年12月1日起，对外商投资企业和外国企业及外籍个人开始征收城市维护建设税。

（三）税率

（1）城市维护建设税税率的基本规定。城市维护建设税实行地区差别比例税率。按

照纳税人所在地的不同，税率分别规定为 7%、5%、1%三个档次。具体如表 19-1 所示。

表 19-1　城市维护建设税税率

纳税人所在地	税率/%
城市市区	7
县城、建制镇	5
不在城市市区、县城、建制镇	1
开采海洋石油资源的中外合作油（气）田所在地在海上	1

（2）城市维护建设税税率的特殊规定。纳税单位和个人缴纳城市维护建设税的适用税率一律按其纳税所在地的规定税率执行。县政府设在城市市区，其在市区办的企业按照城市市区的规定税率计算纳税。纳税人所在地为工矿区的，应根据行政区划分别按照7%、5%、1%的税率缴纳城市维护建设税。

城市维护建设税的适用税率，一般规定按纳税人所在地的适用税率执行。但对下列两种情况可按纳税人缴纳增值税、消费税所在地的规定税率就地缴纳城市维护建设税。
① 由受托方代收、代扣增值税、消费税的单位和个人。
② 流动经营等无固定纳税地点的单位和个人。

撤县建市后，纳税人所在地在城市市区的，城市维护建设税的适用税率为 7%；纳税人所在地在城市市区以外其他镇的，城市维护建设税的适用税率仍为 5%。

对铁道部应纳城市维护建设税的税率，鉴于其计税依据为铁道部实际集中缴纳的增值税税额，难以适用地区差别税率，因此税率统一为 5%。

特别提示

前款所称纳税人所在地，是指纳税人住所地或者与纳税人生产经营活动相关的其他地点，具体地点由省、自治区、直辖市确定。

（四）计税依据

城市维护建设税以纳税人实际缴纳的增值税、消费税为计税依据。增值税、消费税实际缴纳税额，包括被查补的上述税额，但不包括加收的滞纳金和罚款。以此为基础针对以下特殊情况，也存在相关调整。

（1）海关对进口产品代征增值税、消费税的，不征收城市维护建设税。

（2）对由于减免增值税、消费税而发生的退税，同时退还已缴纳的城市维护建设税，但对出口产品退还增值税、消费税的，不退还已缴纳的城市维护建设税。生产企业出口货物实行免抵退税办法后，经主管税务机关正式审核批准的当期免抵的增值税税额应纳入城市维护建设税和教育费附加的计征范围，分别按规定的税（费）率征收城市维护建设税和教育费附加。

（3）对实行增值税期末留抵退税的纳税人，应当按照规定从城市维护建设税的计税依据中扣除期末留抵退税退还的增值税税额。

（4）对进口货物或者境外单位和个人向境内销售劳务、服务、无形资产缴纳的增值税、消费税税额，不征收城市维护建设税。

（5）中外合作油气田开采的原油、天然气，按规定缴纳增值税后，以合作油气田缴纳的增值税税额为依据缴纳城市维护建设税和教育费附加。

扩展阅读 19.2：《国家税务总局关于中外合作开采石油资源适用城市维护建设税教育费附加有关事宜的公告》（国家税务总局公告〔2010〕31号）

【例 19-1·单选题】 市一卷烟厂委托某县城一烟丝加工厂加工一批烟丝，委托方提供烟叶成本为 60 000 元，支付加工费 8 000 元（不含增值税），受托方无同类烟丝的市场销售价格。受托方应代收代缴的城建税为（　　）元。（烟丝消费税税率 30%）

A. 1 504.7　　　　B. 1 457.14　　　　C. 1 050　　　　D. 2 040

【答案】 B

【解析】 由受托方代收、代扣"二税"的单位和个人，按纳税人缴纳"二税"所在地的规定税率就地缴纳城市维护建设税。受托方代收代缴消费税 =（60 000 + 8 000）÷（1 - 30%）× 30% = 29 142.86（元），代收代缴城建税 = 29 142.86 × 5% = 1 457.14（元）。

（五）减税、免税

城市维护建设税以增值税、消费税为计税依据，并与增值税、消费税同时征收。这样税法规定对纳税人减免增值税、消费税时，相应也减免了城市维护建设税。因此城市维护建设税原则上不单独规定减免税。

此外，对增值税、消费税实行先征后返、先征后退、即征即退办法的，除另有规定，对随增值税、消费税附征的城市维护建设税和教育费附加，一律不予退（返）还。

自 2019 年 1 月 1 日至 2021 年 12 月 31 日，为支持小微企业发展，省、自治区、直辖市人民政府可根据本地区实际情况，以及宏观调控需要确定，对增值税小规模纳税人可以在 50% 的税额幅度内减征城市维护建设税。

自 2020 年 1 月 1 日起，为支持新型冠状病毒感染的肺炎疫情防控工作，单位和个体工商户将自产、委托加工或购买的货物，通过公益性社会组织和县级以上人民政府及其部门等国家机关，或直接向承担疫情防治任务的医院，无偿捐赠用于应对新型冠状病毒感染的肺炎疫情的，免征城市维护建设税。

扩展阅读 19.3：《财政部 税务总局关于实施小微企业普惠性税收减免政策的通知》（财税〔2019〕13 号）

根据国民经济和社会发展的需要，国务院对重大公共基础设施建设、特殊产业和群体以及重大突发事件应对等情形可以规定减征或者免征城市维护建设税，报全国人民代表大会常务委员会备案。

🔍 特别提示

城市维护建设税与教育费附加的税收优惠政策可以合并记忆，因为二者的征免一般情况下是一致的。

 归纳

城市维护建设税、教育费附加与增值税、消费税的退免之间关系的处理办法如表 19-2 所示。

表19-2 城市维护建设税、教育费附加与增值税、消费税的退免之间关系的处理办法

退免增值税、消费税的原因	城市维护建设税、教育费附加的退免处理办法
错征税款导致退还增值税、消费税	退还附征的城市维护建设税和教育费附加
法定免税的实施导致退还增值税、消费税	退还附征的城市维护建设税和教育费附加
对增值税、消费税采用先征后返、先征后退、即征即退办法的	除另有规定，对随增值税、消费税附征的城市维护建设税和教育费附加，一律不予退（返）还
出口退还增值税、消费税的	不退还附征的城市维护建设税和教育费附加
出口企业经国家税务局批准的当期免抵的增值税	应计征城市维护建设税和教育费附加

扩展阅读 19.4：城市维护建设税减税、免税的特殊规定

【例 19-2·单选题】 下列关于城建税的说法中，正确的是（　　）。

A. 城建税一律不单独加收滞纳金和罚款
B. 增值税实行即征即退的，一律退还城建税
C. 城建税原则上不单独规定减免税
D. 计税依据包括增值税、消费税的滞纳金和罚款

【答案】 C
【解析】 如果纳税人不按规定缴纳城建税，则可以单独加收滞纳金及罚款。

（六）应纳税额的计算

城市维护建设税的应纳税额按以下公式计算：

应纳税额 =（实际缴纳的增值税税额 + 实际缴纳的消费税税额）× 适用税率

（七）征收管理

城市维护建设税的征收管理、纳税环节等事项，比照增值税、消费税的有关规定办理。根据税法规定的原则，针对一些比较复杂并有特殊性的纳税地点，财政部和国家税务总局做了如下规定。

（1）纳税人直接缴纳增值税、消费税的，在缴纳增值税、消费税地点，同时缴纳城市维护建设税。

（2）代扣代缴的纳税地点。代征、代扣、代缴增值税、消费税的企业单位，同时也要代征、代扣、代缴城市维护建设税。没有代扣城市维护建设税的，应由纳税单位或个人回到其所在地申报纳税。

由于城市维护建设税是与增值税、消费税同时征收的，因此一般情况下城市维护建设税不单独加收滞纳金或罚款。但是，如果纳税人缴纳了增值税、消费税之后，却不按规定缴纳城市维护建设税，则可以对其单独加收滞纳金，也可以单独罚款。

第二节　教育费附加

一、教育费附加的概念

教育费附加是以单位和个人缴纳的增值税和消费税税额为计算依据征收的一种附加费。目的是调动各种社会力量办教育的积极性，开辟多种渠道筹措教育经费。

二、教育费附加的征税范围及计税依据

教育费附加对缴纳增值税、消费税的单位和个人征收，以其实际缴纳的增值税、消费税税额为计税依据，分别与增值税、消费税同时缴纳。自 2010 年 12 月 1 日起对外商投资企业、外国企业及外籍个人开始征收教育费附加。

扩展阅读 19.5：《征收教育费附加的暂行规定》（国发〔1986〕50 号）与《关于修改〈征收教育费附加的暂行规定〉的决定》（国务院令 2005 年第 448 号）

三、教育费附加的征收比率和计算

现行教育费附加的征收比率为 3%，地方教育附加为 2%。其计算公式如下：

应缴纳教育费附加 =（实际缴纳的增值税税额 + 实际缴纳的消费税税额）× 征收比率

 归纳

教育费附加知识点归纳如表 19-3 所示。

表 19-3 教育费附加知识点归纳

要素	教育费附加	地方教育附加
征收比率	3%	2%
开征范围	实际缴纳增值税、消费税的单位和个人	
计算依据	实际缴纳的增值税、消费税税额	
缴纳期限	与增值税、消费税同时缴纳	
计算公式	应缴纳教育费附加 = 实际缴纳的增值税、消费税税额 × 3%	应缴纳地方教育附加 = 实际缴纳的增值税、消费税税额 × 2%

四、教育费附加的减免规定

自 2016 年 2 月 1 日起，将免征教育费附加、地方教育附加的范围，由现行按月纳税的月销售额或营业额不超过 3 万元（按季度纳税的季度销售额或营业额不超过 9 万元）的缴纳义务人，扩大到按月纳税的月销售额或营业额不超过 10 万元（按季度纳税的季度销售额或营业额不超过 30 万元）的缴纳义务人。

自 2019 年 1 月 1 日至 2021 年 12 月 31 日，为支持小微企业发展，省、自治区、直辖市人民政府可根据本地区实际情况，以及宏观调控需要确定，对增值税小规模纳税人在 50% 的税额幅度内减征地方教育附加。

自 2020 年 1 月 1 日起，为支持新型冠状病毒感染的肺炎疫情防控工作，单位和个体工商户将自产、委托加工或购买的货物，通过公益性社会组织和县级以上人民政府及其部门等国家机关，或直接向承担疫情防治任务的医院，无偿捐赠用于应对新型冠状病毒感染的肺炎疫情的，免征城市维护建设税。

一般来说，城市维护建设税减免，教育费附加也会同时减免。

第三节 烟叶税

一、烟叶税概述

烟叶税是对我国境内收购烟叶的行为，以实际支付的收购价款为征税依据而征收的一种税，体现国家对烟草实行"寓禁于征"政策。2017年12月27日，《中华人民共和国烟叶税法》颁布，自2018年7月1日起施行。

扩展阅读 19.6：《中华人民共和国烟叶税法》（主席令第84号）

二、烟叶税的基本规定

（一）纳税人

在中华人民共和国境内收购烟叶的单位为烟叶税的纳税人。收购烟叶的单位是指依照《中华人民共和国烟草专卖法》的规定有权收购烟叶的烟草公司或者受其委托收购烟叶的单位。

征税范围：晾晒烟叶、烤烟叶。

（二）税率

烟叶税实行比例税率，税率为20%。

（三）计税依据

烟叶税的计税依据是收购烟叶实际支付的价款总额。实际支付的价款总额计算如下：

实际支付的价款总额 = 烟叶收购价款 + 价外补贴 = 收购价款 × （1 + 10%）

纳税人收购烟叶实际支付的价款总额包括纳税人支付给烟叶生产销售单位和个人的烟叶收购价款和价外补贴，对价外补贴统一按烟叶收购价款的10%计算。

（四）应纳税额的计算

应纳税额的计算公式如下：

应纳烟叶税 = 实际支付的价款总额 × 税率

【例19-3·单选题】 某卷烟厂为增值税一般纳税人，2019年1月收购烟叶5 000公斤，实际支付的价款总额为65万元，已开具烟叶收购发票，关于烟叶税的税务处理，下列表述正确的是（   ）。

A. 卷烟厂代扣代缴烟叶税14.30万元
B. 卷烟厂自行缴纳烟叶税13.00万元
C. 卷烟厂代扣代缴烟叶税13.00万元
D. 卷烟厂自行缴纳烟叶税14.30万元

【答案】 B

【解析】 烟叶税的纳税人是收购烟叶的单位，应自行缴纳的烟叶税 = 65 × 20% = 13（万元）。

（五）征收管理

（1）烟叶税的纳税地点为烟叶收购地的主管税务机关。

（2）烟叶税纳税义务发生时间为纳税人收购烟叶的当天。即纳税人向烟叶销售者收讫收购烟叶款或者开具收购烟叶凭证的当天。

（3）烟叶税按月计征，纳税人应当于纳税义务发生月终了之日起 15 日内申报并缴纳税款。

 即测即练

参 考 文 献

[1] 曹越，谭光荣，曹燕萍. 税法[M]. 3 版. 北京：中国人民大学出版社，2019.
[2] 中国注册会计师协会. 2020 年注册会计师全国统一考试辅导教材——税法[M]. 北京：中国财政经济出版社，2020.
[3] 中国注册会计师协会. 注册会计师全国统一考试历年试题汇编[M]. 北京：中国财政经济出版社，2020.
[4] 全国税务师职业资格考试教材编写组. 税法(一)[M]. 北京：中国税务出版社，2020.
[5] 全国税务师职业资格考试教材编写组. 税法(二)[M]. 北京：中国税务出版社，2020.
[6] 刘颖. 中国税制[M]. 北京：电子工业出版社，2019.
[7] 东奥会计在线组. 2019 年税务师职业资格考试应试指导及全真模拟测试：税法（二）[M]. 北京：北京科学技术出版社，2019.
[8] 中华会计网校组. 2019 年税法（二）应试指南[M]. 北京：人民出版社，2019.